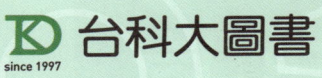

# 創意機械專題實作

## 含 SDGs 永續發展目標與 ESG

鄧富源・葉忠福・WonDerSun　編著

# 自 序

近來有非常多的專家學者及業界代表暢言，應使技職教育與高級中學教育有所區別，能夠發展出技職的特色。雖然「全國技藝競賽」是高職教育的一大特色，尤以工科 28 個職種最為龐大，把技職的專業詮釋得淋漓盡致，但是，這畢竟是少數同學的競賽，並不能全數參與，也不容易達成。而『**專題實作**』就是一個高職的全民必修學程，且容易達成預定的目標，只是，想讓同學盡情揮灑創意並非易事，需要有長期的規劃與各項資源促成。

在機械科的正規領域，「**綜合機械加工實習**」即是一項極為優質的學習課程，將過去所學透過各式機械加工完成，通常會以機構、組合件或具備特殊功能的組件實施教學，讓同學整合各項技能，也可以用小組合作方式進行，是一項值得推薦的課程。『**專題實作**』可以「**綜合機械加工實習**」的形式延伸，可使對機械加工有濃厚興趣者，有更多發揮的空間。

本書以過去職訓中心訓練教材為底，並以現階段資源易於取得為由，針對不易製作之零件稍作修改，同學如能融入其精神，相信可以在短時間完成一項頗具功能的作品。若覺得零件繁複不易自行完成，則可尋覓適當的組員，只要能按圖施工，裝配應該不難達成。老師、同學也可因您實際需求更改零件規格，透過電腦輔助機械製圖的設計予以改良，可以讓您的『**專題實作**』做得有聲有色，更可以帶回家作為典藏的作品。

「機械加工」乙級題目是很特別的教材，這六道題目充分發揮無限的想像力，完成作品是六組精美的**機構**，即使作為實作題目亦覺深度足夠。本書特別摘錄一題**乙級實作範例**，並將加工過程遇到的問題做深入的探討而撰寫成**小論文**，希望藉此吸引同學的關注。由於各式作品都需要一些螺釘、定位銷、墊圈等零件，該課程能讓同學多熟悉機件原理中內涵，若材料室沒有合適的零件，還得跑一趟機械五金行，也讓您體會小螺絲的重要，並多瞭解各零件之規格。

本書的初衷不僅僅是『**專題實作**』，希望讀者也能以創新、創意的元素融入專題，自覺原創設計不妥，即可著手改善，或許經過你們的改善使之昇華。更期許同學在進行『**專題實作**』時，莫忘機械**與時俱進**的宗旨，能夠精進自身的專業知識與實習技能，從專題中體驗精密機械製造的精髓，學習團隊合作的精神，完成「**實物**」的專題實作課程，往後無論就業或繼續深造，這些寶貴的的實務經驗正是你人生精彩的一頁，這是技職體系學生的一片天，讓我們一齊共同努力。

鄧富源　謹識

# ▶ 如何使用本書

　　本書分為六篇，第壹篇是**理論篇**，本篇是針對專題實作的背景、目的及實施流程作介紹，其次是深入的探討**綜合機械加工及常用的機械加工作介紹**。第貳篇是**引導篇**，本篇是針對專題實作將遇到問題作剖析，內容有研究主題的選擇與規劃、專題實作的進行與記錄及問題解決與改善計畫。第參篇是**創意體驗篇**，本篇以雷射雕刻機操作示範，從設計→修改→操作→完成**創意手機架鑰匙圈**，是一個全新的實作體驗，可以讓讀者充分發揮創意的空間。第肆篇是**呈現篇**，本篇以兩種格式分別介紹小論文及作品說明書的書寫方法，介紹專題報告的撰寫方式，另外還有製作專題簡報。第伍篇是**範例篇**，本篇是以**作品說明書及小論文**分別列舉二個範例，內容包括**平行夾、V型座、C形夾、精密磨削虎鉗及乙級實作範例探討**，既實用又有研究價值。第陸篇是**錦囊篇**，本篇針對範例中的作品提供詳細的零件工作圖（**需特別注意，這些工作圖源自於歐洲荷蘭繪製，使用的是第一角法**，務必仔細了解**視圖的相關位置**），以及常見專題實作的格式介紹。

　　本書循序漸進引導學習，旨在宣導專題實作的重要性，以及如何執行專題實作，而將綜合機械加工融入專題實作。建議讀者先從理論篇接觸，瞭解專題實作的目的及訴求後，透過引導篇的介紹，學習如何組織團隊，如何勾勒您的專題實作題目。而後的範例篇希望能喚起您的興趣，只要稍加用心投入，跟著範例的引導實作，相信大部分同學可以逐步完成作品。若實在無法解題，再建議您從錦囊篇尋找解答，希望對您的專題實作有所助益。

　　專題實作，有的強調創意，有的強調思考，筆者卻認為應著重於**製作**，著重於動手做，強調實務與務實，才能讓機械的本質往下扎根，使機械的領域再創奇蹟。光是憑空想像，很難塑造一個實物，只是一直製作，也不易創新。若能實務與理論結合，才能不斷創造務實的新物，因此做中學、學中改、反覆改、反覆做，就能創新，創新也要實用才有用，所以才會有集體創作的專題實作。

　　專題呈現篇主要在指導專題完成後的書面報告書寫格式，本書也以高職生最常見的小論文寫作格式，以及科學展覽的作品說明書作為主軸，讓完成專題的你可以用來參加各式競賽。作研究應該有始有終，而不是像平常的實習課，交工件就交差了事，失去專題實作的立意。競賽想要得到好成績，必定要有創新思維的設計，或者異於他人的發明，希望這些範例能啟發您的大腦，讓您的專題實作不再卻步不前。

# 目 錄

## 壹 理論篇

### Chapter 1 專題通論
- 1-1　專題實作的意義　2
- 1-2　專題實作的目的　4
- 1-3　專題實作流程　6
- ※　學後評量　7

### Chapter 2 創意思考訓練
- 2-1　設備教具與學習步驟　10
- 2-2　學習單：「直覺力」的自我測驗　13
- 2-3　創造性思考訓練的意涵　15
- 2-4　思考方式的二元論　19
- 2-5　創意的產生與技法體系　22
- ※　學後評量　24

### Chapter 3 創造力訓練
- 3-1　學習單：「創造力」的自我測驗　26
- 3-2　創造力的迷思及表現之完整過程　29
- 3-3　創造力的殺手與如何培養創造力　31
- 3-4　台灣奇蹟：創意好發明行銷全世界　35
- ※　學後評量　39

### Chapter 4 綜合機械加工介紹
- 4-1　綜合機械加工的意義　42
- 4-2　被遺忘的綜合加工課程　43
- 4-3　綜合工場的發展史　44
- 4-4　銑床加工介紹　45
- 4-5　車床加工介紹　49
- 4-6　磨床加工介紹　51
- 4-7　光學尺介紹　53
- 4-8　裝配介紹　55
- ※　學後評量　56

# CONTENTS

## 貳 引導篇

### Chapter 1 研究主題的選擇與規劃

| 1-1 | 題目的選擇 | 58 |
| 1-2 | 人員的組合 | 58 |
| 1-3 | 計畫書的擬定 | 59 |
| ※ | 學後評量 | 64 |

### Chapter 2 專題實作的進行與記錄

| 2-1 | 工作分配 | 66 |
| 2-2 | 量具的使用與檢查 | 68 |
| 2-3 | 利用數位工具記錄 | 69 |
| 2-4 | 機具操作安全 | 72 |
| ※ | 學後評量 | 76 |

### Chapter 3 問題解決與改善計畫

| 3-1 | 技術上的瓶頸 | 78 |
| 3-2 | 小組討論的形式 | 79 |
| 3-3 | 問題諮詢 | 80 |
| 3-4 | 改善計畫 | 82 |
| ※ | 學後評量 | 84 |

## 參 創意體驗篇

### Chapter 1 什麼是創客運動與創客空間　　85

### Chapter 2 創客運動的發展　　89

# CONTENTS

## Chapter 3 雷射雕刻機—創意手機架鑰匙圈

| 3-1 | 前言 | 96 |
| 3-2 | 作品介紹 | 97 |
| 3-3 | 著手設計 | 100 |
| 3-4 | 圖形設置 | 104 |
| 3-5 | 雷雕機操作 | 109 |
| 3-6 | 結語 | 111 |

# 肆 呈現篇

## Chapter 1 專題報告之內涵

| 1-1 | 常見的標題 | 114 |
| 1-2 | 常見的專題寫作格式 | 119 |

## Chapter 2 撰寫作品說明書

| 2-1 | 專題報告架構設定 | 124 |
| 2-2 | 撰寫摘要 | 129 |
| 2-3 | 撰寫研究動機、研究目的 | 131 |
| 2-4 | 撰寫研究設備及器材 | 134 |
| 2-5 | 撰寫研究過程或方法 | 135 |
| 2-6 | 撰寫研究結果 | 135 |
| 2-7 | 撰寫討論、結論 | 136 |
| 2-8 | 撰寫參考資料及其他 | 137 |

## Chapter 3 撰寫小論文

| 3-1 | 小論文架構設定 | 140 |
| 3-2 | 撰寫前言 | 152 |
| 3-3 | 撰寫正文 | 154 |
| 3-4 | 撰寫結論 | 154 |
| 3-5 | 撰寫引註資料 | 155 |

# CONTENTS

## Chapter 4 撰寫專題報告

4-1 專題報告設定 … 158
4-2 撰寫前言、正文、結論及引註資料 … 158
4-3 表格及圖片 … 158

## Chapter 5 製作專題簡報

5-1 投影片設計 … 172
5-2 投影片版面設置 … 176
5-3 簡報設計要點 … 180
5-4 動畫配置 … 181
5-5 投影片放映 … 183
5-6 如何作簡報 … 186

# 伍 範例篇

## Chapter 1 作品說明書

一、平行夾 … 189
二、V型座 … 209

## Chapter 2 小論文

一、C形夾的探討與製作 … 227
二、精密磨削虎鉗 … 239
三、從溝槽銑削探討材料變形 … 251

# CONTENTS

## 陸 錦囊篇

### 附 錄

| | |
|---|---|
| 一、平行夾完整工作圖 | 264 |
| 二、V型座完整工作圖 | 272 |
| 三、C形夾完整工作圖 | 277 |
| 四、精密磨削虎鉗完整工作圖 | 284 |
| 五、作品説明書格式 | 291 |
| 六、小論文格式 | 298 |

### 升學篇 　　　　　　　　　　　　　　　　　　　附 1

### 建構理解 SDGs 與 ESG 的系統性思考篇　　　附 25

# 壹 理論篇

## Chapter 1
## 專題通論

1-1 專題實作的意義

1-2 專題實作的目的

1-3 專題實作流程

## 1-1 專題實作的意義

專題導向學習（Project Base Learning，PBL）的學習方式蘊含了 John Dewey 的教育哲學，強調以學生為中心與活動為主的教學方式。2004 年在 Barak 與 Dori 的研究中更具體提出，專題導向學習不僅能提供學生團隊合作與問題解決的機制，讓學生在學習的過程中，培養溝通、管理、創造等技巧，更能透過專題實作來提升學生解決問題的能力。

基於專題導向學習的觀念與理論設計的專題實作課程，定義為「讓學生能整合知識，並透過團隊合作方式進行學習，以提升問題解決能力」的一門科目。希望學生能應用所學的專業知識與理論，透過訂定主題、蒐集資料，進行實驗、測試、實地訪查、問卷調查、統計分析與製作等過程，完成預設的工作目標。這種實務性的課程實施，將會提升學生蒐集與統整資料的能力，並藉著專題實作，讓學生貼近與產業界的距離。

專題實作課程採取開放式問題，由學習者主導學習活動，提高學習動機。透過小組（通常 2～4 人）合作模式，學生可藉由分工與討論等方式達成目標，不但能增進表達協調能力，也訓練學生負責任的態度。老師處於指導者的位置，有別於傳統單向教學，學習活動可以是雙向的。

專題實作課程的特色有以下幾點：

### 1. 學習者主動

老師轉換為「指導協調」的角色，學習者由傳統被動學習轉為主動。由學習者主動設定研究主題、主動蒐集與學習相關資料、主動完成專題成品等。

### 2. 團隊合作

透過小組合作的方式，完成專題目標，學生除了學會分工、合作、討論、協調等團隊合作的能力外，也會經歷包容、關懷等心境，學習聆聽、腦力激盪的歸納概括能力等。

### 3. 做中學

利用所學理論基礎，實際動手實現設定的研究主題，直到完成。除了理論與實務的結合之外，也能較貼近產業界的脈動。

### 4. 問題解決

從發現問題、尋求解答，到問題解決，是實務工作中最需要的能力，專題實作過程提供完整解決問題的訓練。建議老師不要在問題發生的第一時間，立即給予學生答案與解決對策，應給予學習者學習空間。

### 5. 歷程學習

專題實作課程的實施，不侷限在課堂上，老師不僅要定期瞭解學生進度，評量專題報告與成品外，更應重視專題實施過程，要求學生記錄學習歷程，透過專題實施過程，反饋與省思，讓學習更扎實。

## 1-2 專題實作的目的

　　專題學習的目的是期望學生以專題導向學習為基礎，並透過團隊合作的方式，培養學習者獨立思考與解決問題，訓練學習者在目前的知識基礎上，透過尋找問題、設定問題、蒐集資料、應用資訊，以達到解決問題為目的，學習者經歷建立假設、嘗試錯誤等過程，進行更有意義的學習。概括來說，專題實作課程的目的為提升學習者以下的能力。

### 一 解決問題的能力

　　學習者透過開放的學習空間與時間，尋找問題，然後蒐集、分析資料，選定主題進行探究知識的過程。當發生問題時，學習者（或小組）必須獨立思考，尋找解決問題的方法，進而解決問題。不同於傳統紙筆測驗或口頭問答，問題與答案的廣度與深度都加深了，老師也由教授者轉換為指導者，甚至旁觀者。解決問題的過程並可以培養學習者獨立學習、主動學習的學習態度。

### 二 蒐集資料的能力

　　網路資料無遠弗屆、不分國籍，我們身處在資訊發達的世代，該如何蒐集、整理這些資料（data），成為我們所需的資訊（information）是非常重要的工作，我們可以透過專題實作一開始時的資料蒐集，學習蒐集資料、過濾可用資料的各種技巧。

### 三 實務應用的能力

學習者能運用所學的專業知識和技能，與現有的儀器、設備及工具等，整合製作出實物或成品，驗證所學的專業知識，讓學習更貼近產業界的實際狀態。

### 四 團隊合作的能力

以 2～4 人為小組，在專題實作過程中通力合作，透過溝通、協調、分工、互補的學習過程，培養學習者團隊合作的素養與能力。

### 五 知識整合與表達能力

透過撰寫專題計畫、專題報告，整合有關專題的相關知識，完整呈現專題實作的過程與結果。另外，期中與期末的口頭報告，也可訓練學習者表達與反覆思考的能力。這種書面報告與口頭報告的能力，也是未來大學，甚至研究所階段，進行較為嚴謹研究時所需具備的能力。

## 1-3 專題實作流程

專題實務製作透過理論與實務的結合，進行學習活動。整個專題課程由尋找組員與設定題目開始，撰寫專題的計畫書，並擬定分工與時程表後，大量蒐集相關資料，作為製作過程的參考。再來，可能採用實作、問卷、實驗等方式實施與完成專題目標。最後則需要將專題實作過程與結果撰寫成專題報告，並進行期末口頭報告，以成品、專題報告、口頭報告等供老師評量專題實施成效。另外，也應把握各種機會，參加競賽或研討會等，分享專題成果，爭取榮譽。

依據專題實作的過程，我們將專題實作的實施流程區分為準備（Preparation）、實施（Implementation）、呈現（Presentation）、評量（Evaluation）與進階（Advance）等五個階段，簡稱為 PIPE-A，各個階段說明如下。

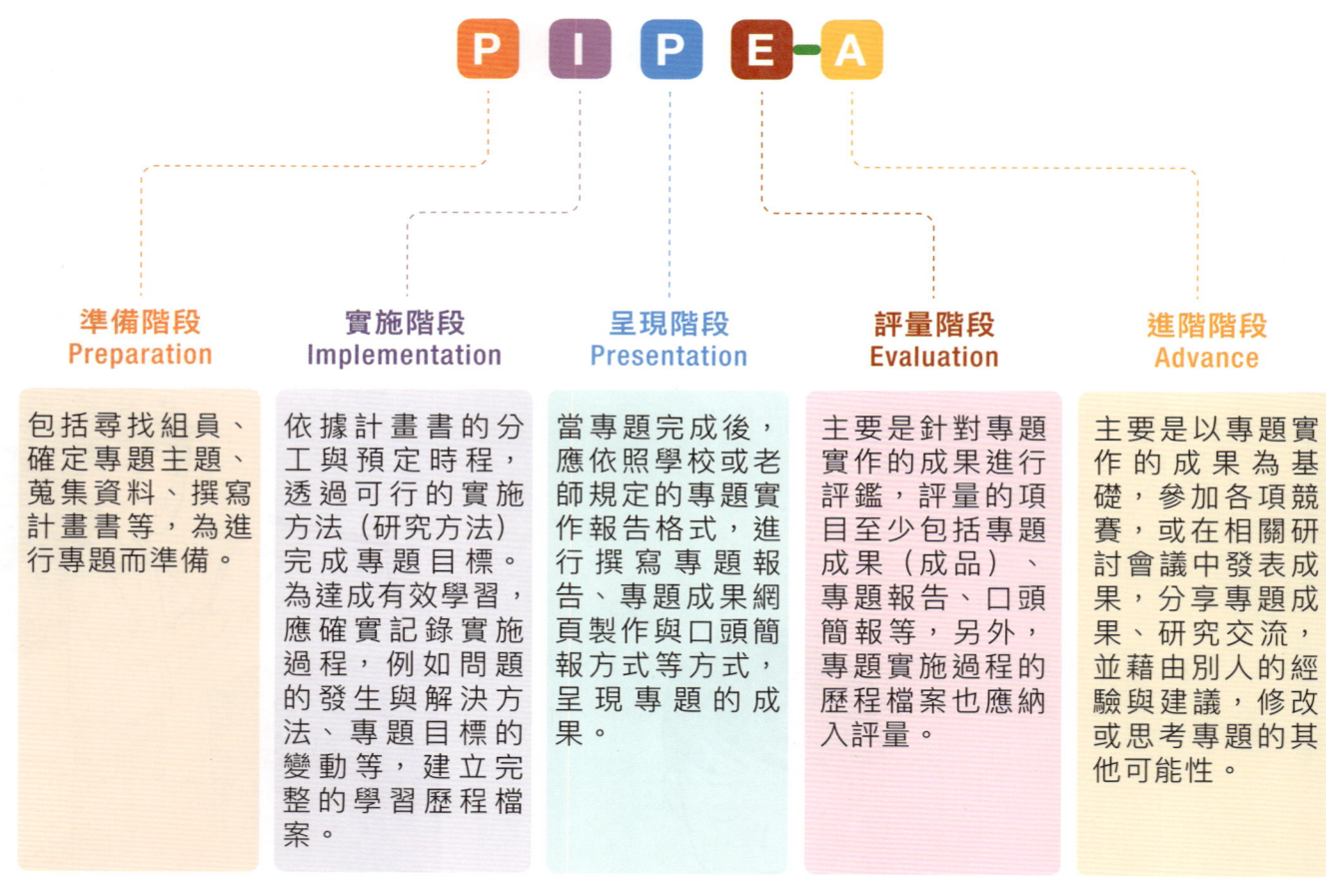

**準備階段 Preparation**
包括尋找組員、確定專題主題、蒐集資料、撰寫計畫書等，為進行專題而準備。

**實施階段 Implementation**
依據計畫書的分工與預定時程，透過可行的實施方法（研究方法）完成專題目標。為達成有效學習，應確實記錄實施過程，例如問題的發生與解決方法、專題目標的變動等，建立完整的學習歷程檔案。

**呈現階段 Presentation**
當專題完成後，應依照學校或老師規定的專題實作報告格式，進行撰寫專題報告、專題成果網頁製作與口頭簡報方式等方式，呈現專題的成果。

**評量階段 Evaluation**
主要是針對專題實作的成果進行評鑑，評量的項目至少包括專題成果（成品）、專題報告、口頭簡報等，另外，專題實施過程的歷程檔案也應納入評量。

**進階階段 Advance**
主要是以專題實作的成果為基礎，參加各項競賽，或在相關研討會議中發表成果，分享專題成果、研究交流，並藉由別人的經驗與建議，修改或思考專題的其他可能性。

# Chapter 01 學後評量

## 🕐 選擇題

( ) 1. 關於實施專題實作課程的目的,哪一個是錯的?
(A) 培養學生具有統整知識的能力
(B) 培養學生具有解決問題的能力
(C) 訓練學生獨力工作的能力
(D) 培養學生具備面對與適應未來快速變化的工作環境。

( ) 2. 「專題導向學習」(Project Base Learning,PBL)具有哪些特點?
(A) 提供學生團隊合作與問題解決的機制
(B) 強調以學生為中心與活動為主的教學活動
(C) 培養學生溝通、管理、創造等技巧
(D) 以上皆是。

( ) 3. 下列哪一個不是專題實作課程的實施流程之一?
(A) 準備階段　(B) 磨合階段　(C) 評量階段　(D) 呈現階段。

( ) 4. 下列哪一個不是「專題實作課程」的特色?
(A) 學習者主動　(B) 紙筆測驗學習　(C) 做中學　(D) 團隊合作。

( ) 5. 專題實作課程無法提升學生何種能力?
(A) 解決問題的能力　(B) 蒐集資料的能力
(C) 實務應用的實力　(D) 單打獨鬥的能力。

( ) 6. 專題實作的準備階段的工作,不包括下列哪一項?
(A) 尋找組員　(B) 確定專題主題
(C) 撰寫計畫書　(D) 製作專題雛形。

( ) 7. 專題實作的呈現階段的工作,不包括下列哪一項?
(A) 撰寫專題報告　(B) 參加研討會議
(C) 口頭簡報　(D) 專題成果網頁製作。

( ) 8. 專題評量的項目通常不包括哪一項?
(A) 專題成品　(B) 專題報告
(C) 口頭報告　(D) 團隊小組會議次數與內容。

(　　) 9. 專題實作完成並實施專題評量後，為何還要有「進階階段」？
　　　　(A) 將成果分割給團隊成員
　　　　(B) 專題報告或簡報應印製廣告單宣傳
　　　　(C) 以目前專題實作成果參加各種競賽或研討會，學術交流
　　　　(D) 銷毀成果或報告電子檔，防止他人盜用，侵犯著作權。

(　　) 10. 愈來愈多的課程朝向專題導向式設計，為的是什麼？
　　　　(A) 實施專題式課程老師比較輕鬆
　　　　(B) 專題式課程具有主動、動手、團隊與問題解決等特性，是一種全方位、革命性的學習
　　　　(C) 專題有成果比較容易評分
　　　　(D) 專題課程是學習者與老師角色互換，是一種全新的課程理念。

## 問答題

1. 請說明專題實作課程的特色。

2. 專題實作課程可以提升學習者哪些能力？

3. 請敘述專題實作 PIPE-A 五階段，並簡述各階段的工作重點。

# Chapter 2
# 創意思考訓練

2-1　設備教具與學習步驟

2-2　學習單:「直覺力」的自我測驗

2-3　創造性思考訓練的意涵

2-4　思考方式的二元論

2-5　創意的產生與技法體系

## 2-1 設備教具與學習步驟

### 一 設備教具

1. 學習單及活動單：於每章後。
2. 討論桌：小組討論時，可移動桌子方便構成「小組討論桌」。
3. 可上網的電腦：練習「群眾募資平台」登入之用。

### 二 學習步驟

**步驟 1　創意思考訓練**

有系統的瞭解「創意」產生的原理，讓學員有效學習並激發個人及團隊的創意新想法。

🚀 **好玩的地方**

1. 備有「直覺力」自我測驗學習單，讓學員有趣學習，瞭解自我的特質。
2. 在「水平式創意思考練習」之練習單，讓學員可發揮自我的想像力，激發創意思考的能力。

**步驟 2　腦力激盪與團體創意訓練**

腦力激盪創意技法，是目前在世界上最被廣泛應用的團體創意思考技法，這是從事創意、創新工作者，必定要學會使用的一種技能。

🔧 **實用技能學習**

1. 除了有系統說明「腦力激盪」創意技法的應用原則外，更加入其他實用創意技法概要介紹，提供學員交叉應用的知識。
2. 在「腦力激盪」實作題練習中，讓學員在小組討論的互動過程，學習團隊合作和共同解決問題的能力。

**步驟 3**

## 創造力訓練

讓學員真正體會並瞭解「創造力」的創造性思考有別於智商，智商高或會念書的人創造力不一定就表現好。「創造力」的高低取決於好奇心、夢想、問題及需求的察覺等，非智力因數居多。

### 🔨 靈活練習方式

1. 除了有系統的介紹「創造力」的原理外，更加入「創造力」的自我測驗及「問題觀察紀錄單」等，提供給學員做自我練習。
2. 在「問題觀察紀錄單」的練習中，學員保有對問題點自主決定觀察紀錄練習的靈活性。

**步驟 4**

## 創新發明訓練

讓學員學習具有正確創新發明的概念和要領，當面對從新產品設計到消費者使用端，應有的態度和認知。

### ⚙ 實際應用與挑戰

1. 本節讓學員在明瞭創新發明的原理及流程後，就其「創意」產生到「創新」成果，乃至「商品化」實踐所學知識，實際進行「創意提案」練習。
2. 在「創意提案」活動單練習完成後，可進一步輪流上台發表分享，以擴大交流增進學習效果。

**步驟 5**

## 智慧財產保護

當一切的創新智慧是具有價值時，對於「智慧財產」的保護就顯得重要。我們必須要有專利方面的基本概念，方能保護自身應有的權益。

### 💡 進一步地智慧加值

1. 讓學員明瞭創新智慧具有價值，更讓學員具備專利的基本知識。
2. 融入實務「專利檢索」查詢網站連結資訊，避免重複發明及侵權的發生。

## 步驟 6　創客運動與群眾募資

使學員瞭解最新「創客運動」與「群眾募資」的風潮與運作模式,進而習得因創造力所產出的智慧型資產作品能與市場接軌,以及更加實用的技能及要領。

### 🛠 創客的未來發展

1. 讓學員明瞭 3D 列印技術的進步及成本降低、網路社群發展成熟及群眾募資平台的興起,都是對創客未來發展很有利的條件。
2. 融入實務「創客競賽」網站連結資訊,鼓勵學員參加競賽,自我挑戰。
3. 在活動單中,融入「群眾募資平台」登入練習,讓學員爾後參與資助他人的募資活動或自己提案募資,皆能運用此平台資源。

## 2-2 學習單：「直覺力」的自我測驗

　　創意的產生需要靠**直覺力**，即東方文化思想中所謂的**直觀**，也就是不細切分析即能整體判斷的一種快速感應（反應）能力。

　　下表有一份小測驗，將可測試您的「直覺力」敏銳強度。測驗很簡單，只要花 5 分鐘的時間，用直覺的方式，回想一下之前的親身體驗，來作為快速自我評分即可。注意不要刻意去揣測如何作答才能得高分。

　　評分方式：每一題分數為 1～10 分（1 分表示有 10% 的準確度，10 分表示有 100% 的準確度機率）。

### 🖉「直覺力」測試題目

| | 題　　目 | 自我評分 |
|---|---|---|
| 1 | 您在猜拳時贏的機率有多高？ | 分 |
| 2 | 當身處在一個陌生的地方，您曾依靠直覺找對路的機率有多高？ | 分 |
| 3 | 以「直覺」下決定而做對了的機率有多高？ | 分 |
| 4 | 如果您心中有好的預兆，不久，就有好事發生的機率有多高？ | 分 |
| 5 | 如果您心中有不好的預兆，結果真的有壞事來臨的機率有多高？ | 分 |
| 6 | 當腦海中浮現好久不見的老友時，卻能在不久之後真的於偶然場合中相遇的機率有多高？ | 分 |
| 7 | 做夢時的夢境在現實中出現的機率有多高？ | 分 |
| 8 | 例如，球賽的輸贏、股市大盤的漲跌、候選人是否當選等，預測時事或事件可能的走向準確率有多高？ | 分 |
| 9 | 新朋友在初識時，對他的第一印象，有關人格及個性方面與後來的差距有多大？ | 分 |
| 10 | 打牌時，您時常是贏家嗎？ | 分 |
| 11 | 當電話鈴聲響起時，您是否經常能猜到是誰打來的呢？ | 分 |
| 12 | 您正想要打電話給某人時，結果對方反而在您撥打之前正好就先打電話給您了，這種情況經常發生嗎？ | 分 |
| 13 | 您是否經常能正確的感受到周遭人員的情緒？ | 分 |
| 14 | 您是否經常能正確的感受到寵物或其他動物的情緒？ | 分 |
| 15 | 您是否經常覺得許多巧合的事，都在您身邊發生了？ | 分 |

| 16 | 您在做某些決定時,是否經常覺得冥冥之中有一股神祕的力量在指引著您? | 分 |
| 17 | 您是否曾在沒有證據的情況下,心中覺得某人在對您說謊,而後來證實您的感覺是對的? | 分 |
| 18 | 在抽獎活動時,我感覺自己會中獎,結果自己真的抽中了,這種事情經常發生嗎? | 分 |
| 19 | 您是否曾感應過不祥的事將要發生,而決定不做那件事,結果真的逃過一劫?(如飛安事件或交通事故) | 分 |
| 20 | 當有人從背後無聲無息靠近時,即使後腦杓沒有長眼睛,憑著感覺,我也常能感受環境的變化,知道有人在身後? | 分 |

**總分 160 以上**

**直覺敏銳度極強**

您從小應該就常以直覺來作決定,這種行為也得到不錯的成果,**恭喜您保有人類這項天賦的本能**。但是要注意,**不能凡事全靠直覺**,也應適度加入邏輯的判斷,如此您所做的決策將會更完美。

**總分 120~159**

**感覺良好**

**總分 80~119**

**直覺平平**

**總分 79 以下**

**直覺似乎沒有發揮作用**

您的直覺似乎被隱藏起來了,可能您的成長過程中,對於自我的要求非常嚴格,一切的判斷與決定都是依照理性及邏輯思考而來。**直覺是上天賦予人們的本能之一**,所以您不用擔心,只要多加練習,您必能重啟敏銳的第六感。

一切事物的「創新」,其根源就在於「創意」。

—— 佚名

## 2-3 創造性思考訓練的意涵

創造性思考的訓練，是在培養學員如何應用創造性思考激發創造力的潛能，而將它運用於各種環境中，產生出更大的價值來，早在 1938 年，美國通用電氣公司（General Electric Company, GE，又稱奇異），就已創設了訓練員工的創造力相關課程，成果相當卓著。

在以往傳統式的教育環境中，大部分人所受到的訓練，都是**注重認知既有事實與知識**上，或強調邏輯思考的訓練，而鮮有對創造性思考的啟發與訓練，在這樣的教育環境中，其結果常是塑造出一大批習慣於**被動接受知識**的人。

創造性思考訓練，主要是在於訓練個體人格上獨立自信的思考模式，能運用**想像力、創造力**來取得各種**創意**，進而解決面臨的各種問題及創造更新的**前瞻性知識**。

創意機械專題實作

 創造力導引創新

| 創造力 | 創　意 | 創　新 |
|---|---|---|
| 　　亦為創造思考能力，也就是一種創造表現的能力。它的主要關鍵在於「思考進行的模式」，而行為所表現出來的結果，可能顯現在發明創新、文學創作、藝術創造、經營管理革新等多方面領域中，具**首創**與**獨特**之性質。 | 　　即是「創造出有別於過去的新意念」之意，或可簡單的說，創意包含了過去所沒有的及剛有的新想法這兩項特質。 | 　　指引進新的事物或新的方法，也可說就是「將知識體現，透過思考活動的綜合、分解、重整、調和過程而敏銳變通，產生具有價值的原創性事物，做出新穎與獨特的表現。」如新發明、新藝文創作、新服務、新流程等。 |

　　**創新**有別於**創意**，則在於創新是「**創意＋具體行動＝成果**」的全部完整過程之實踐；而創意可以從寬認定，只要是任何**新而有用的想法**，而不管是否去實踐它，都算是有了**創意**。

「創意」不等於「創新」；
「創新」是將腦袋裡的「創意概念」
加以具體實踐後所得的結果。
　　　　　　　　　　　── 佚名

## 二 創造性思考是一種能力

因為創造是一種能力，故通常我們會以「**創造力**」一詞來表達而稱之。創造性思考有別於智商，故智商高的人創造力不一定就表現好，依心理學的研究來說，**創造性思考是屬於高層次的認知歷程**，創造的發生始於好奇心、夢想、懶惰（不方便）、問題（困擾、壓力）及需求的察覺，以心智思考活動探索，找出因應的方案，而得到問題的解決與結果的驗證。

創造性思考不可能完全無中生有，必須以知識和經驗作為基礎，再加上正確的思考方法，才能獲得發展，並可經由有效的訓練而給予增強，經由持續的新奇求變、冒險探索及追根究柢，而表現出**精緻、察覺、敏感、流暢、變通、獨特**之原創特質（如下圖）。

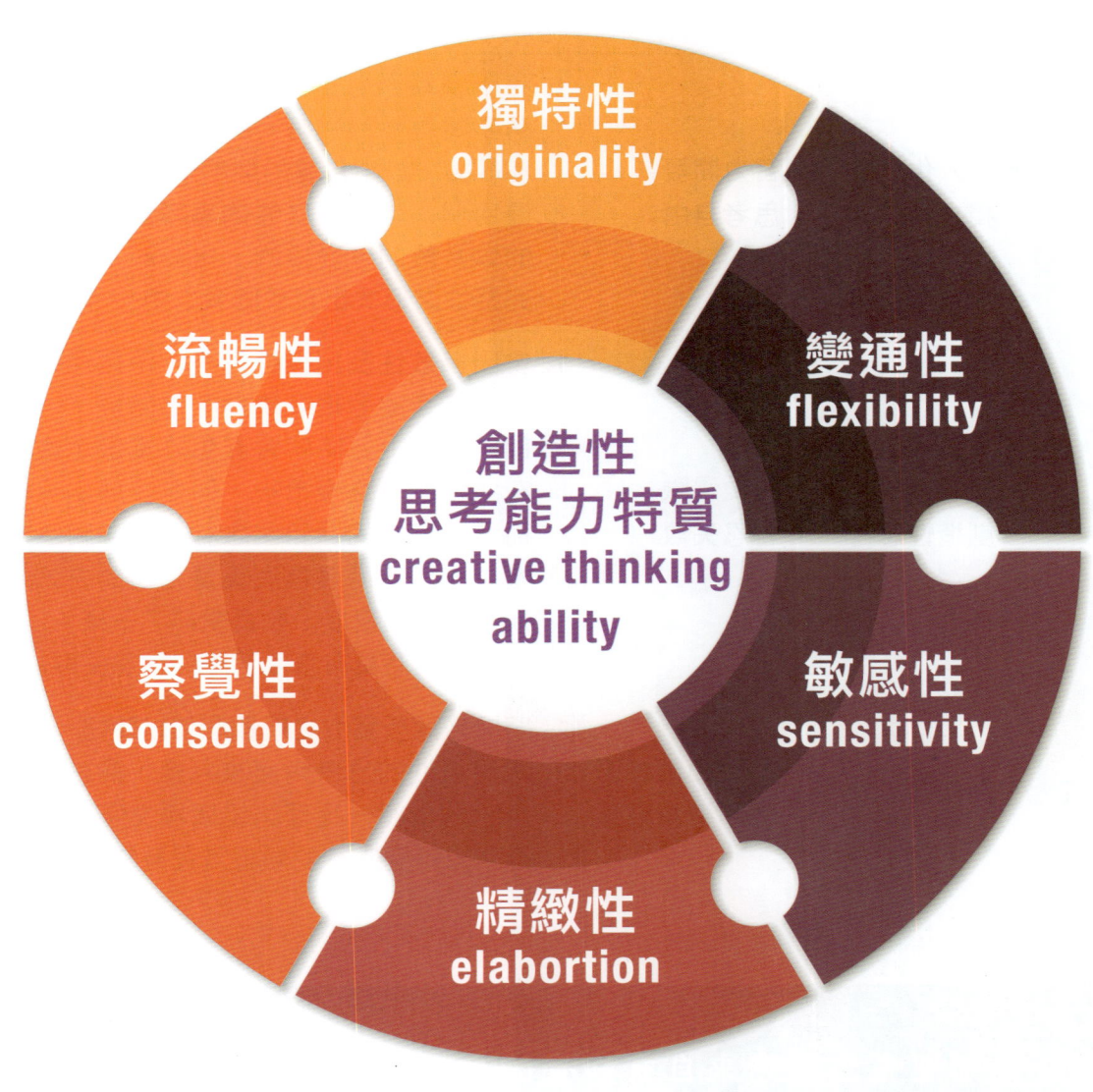

▲ 創造性思考能力之特質發展

## 三 創造性思考的歷程與階段

心理學家瓦拉斯（G. Wallas）在 1926 年的研究指出，創造是一種「自萌生意念之前，進而形成概念到實踐驗證的整個歷程」，在這個歷程中，包括四個階段，在每個階段中的思考模式及人格特質，有其不同的發展，所以創造也可說就是一種思考改變進化的過程。

### 創造歷程的四個階段

| 階段 | 特性 — 思考模式 | 特性 — 人格特質 | 說明 |
|---|---|---|---|
| 預備期 | ● 記憶性<br>● 認知學習 | ● 專注<br>● 好奇<br>● 好學<br>● 用功 | 1. 主要在於記憶性及認知的學習，經由個體的學習而獲得知識。<br>2. 相似於學校、家庭中所進行的學習，重點乃在於**蒐集整理有關的資料，累積知識於大腦中**。<br>3. 人格上有好奇、好學等特質。 |
| 醞釀期 | ● 個人化思考<br>● 獨立性思考 | ● 智力開發<br>● 思考自由 | 1. 將所學習到的知識和經驗儲存於潛意識中，當遇到問題或困難時，即會**將潛意識當中的知識和經驗，以半自覺的型態來作思考**。<br>2. 運用個人化及獨立性的思考模式，會如夢境般的以片段的、變換的、扭曲的、重新合成等非完整性之形式出現於腦海之中。 |
| 開竅期 | ● 擴散性思考<br>● 創造性思考 | ● 喜愛冒險<br>● 容忍失敗 | 1. 會因擴散性及創造性思考，使個體及時頓悟，進而有新的發現，覺得突然開竅了，有豁然開朗的體驗，此時就會**產生許多啟示性的概念**。在綜合所得之概念後，即能發展出另一種全新而清晰完整的「新觀念」。就如阿基米德在浴缸中得到利用體積與重量相比的方法，測得不規則物體的密度，頓悟開竅了一樣。<br>2. 人格上同時具有喜愛冒險與容忍失敗的特質。 |
| 驗證期 | ● 評鑑性思考 | ● 用智力訓練來導引邏輯結果 | 1. **將開竅期所獲取之新觀念加以驗證**。<br>2. 用評鑑性的思考角度來判斷、評估、應用，再將它轉化為一種理論組織與文字語言之說明表達，以得到完善的驗證流程及結果。 |

創意來自哪裡呢？創意來自有知覺的生活，你要認真去過每一天的生活！

—— 台灣廣告界　創意奇才　孫大偉

## 2-4 思考方式的二元論

在大腦思考方式學理的長期發展上,有兩種很重要的思考模式概念,那就是大家所悉知的思考方式的二元論,而「二元」所指乃是所謂的「**垂直式思考**」(Vertical Thinking)與「**水平式思考**」(Lateral Thinking)兩者,其特質上的差異如下:

### 垂直與水平思考方式之特質差異

|  | 垂直式思考 | 水平式思考 |
|---|---|---|
| 型態 | 是一種「**收斂性思考**」或稱「**邏輯性思考**」,思路模式從「問題」出發,依循著各種可確信的線索,而紛紛向解答集中,更進而推向那唯一的目標或標準的解答。 | 是一種「**擴散性思考**」或稱「**開放性思考**」,思路模式由「問題」本身出發,而向四面八方輻射擴散出去,能跳脫邏輯性的限制,把原本彼此間無聯繫的事物或構想連結起來,建立新的相關性,並指向各自不同而多元的可能解答。 |
| 特色 | • **理性導向**<br>• 想找到標準答案<br>• 依循固定的模式及程序進行思考<br>• 是非對錯分明,而且堅持 | • **感性、知覺、直觀導向**<br>• 樂於挖掘更多的可能解答<br>• 無固定的模式及程序,隨興進行思考<br>• 會因應環境的變化,而產生合理的是非對錯看法 |
| 優缺點 | 優點:<br>　　有助於我們的分析能力及對事物中誤謬性的指出或澄清,以及對問題或解答的評估與判斷,亦能協助我們處事的條理性。<br><br>缺點:<br>　　難以協助發展較具創見性的新觀點,依賴過度時,則易使人心智僵化或陷於窠臼之中。 | 優點:<br>　　有助於問題解決的多元化思維,提供多種可能的解決方案,有時雖是天馬行空的想法,但這也是一種別出心裁獨特創見的重要來源。<br><br>缺點:<br>　　若無後續的歸納整理及理性的評量與規劃,則會變成流於空幻。 |

|  | 垂直式思考 | 水平式思考 |
|---|---|---|
| 涵蓋面 | 分析、評估、判斷、比較、對照、檢視、邏輯…… | 創意、創新、發明、創造、發現、假設、想像、非邏輯…… |
| 行為顯現 | • 肯學、具耐心<br>• 喜愛上學<br>• 易於接受教師的指導<br>• 按規定行事、服從性高<br>• 推理性與批判性強 | • 好奇、勇於嘗新<br>• 覺得學校有太多拘束與限制<br>• 思路複雜，教師指導不易，常是教師眼中的麻煩人物<br>• 不愛聽命行事、自由意志高、我行我素<br>• 創意點子多 |
| 醫學觀點 | 左腦思考 | 右腦思考 |
| 大腦運作層次 | 「意識」層次運作的思考 | 「潛意識」層次運作的思考 |
| 比喻 | 把一個洞精準的挖深，直到找到泉水 | 再多找其他地方挖洞試試看 |

## 二元思考的相輔相成

　　當有一個問題我們已經想到某一種解答方向，而以垂直式思考，在做進一步的邏輯推演時，有時會遇到無法突破的瓶頸，當無法再用邏輯的方式進行下去時，我們則可改用水平式思考，運用綜合性與直觀性，從另外的角度思考，打破現有框架尋得新的方向。當新的方向已經明確後，我們即可回到垂直式的思考模式，以嚴謹的推理、計算、比較、分析，直到找出最理想的解答。

　　水平式思考的功能，在於產生新創意點子或新概念，以提供運用者更多的可為選擇。而垂直式思考的功能，則在於以邏輯性來歸納分析，由水平式思考所產生的創意點子或概念的合理性與正確性。所以「垂直式思考」與「水平式思考」兩者的並存與相互的運用（就是所謂：全腦開發 Whole Brain Development），並沒有任何矛盾之處。

創造力是跳脫已建立的模式，藉以用不同方法看事情。
　　── 心理學家　愛德華・波諾（Edward De Bono）

## 2-5 創意的產生與技法體系

在諸多創意的產生方法中，有屬於「直觀方式」的，也有經使用各種「創意技法」或以「實物調查分析」而得到創意的方案。目前世界上已被開發出來的創意技法超過兩百種以上，諸如腦力激盪法、特性列表法、梅迪奇效應創思法、型態分析法、因果分析法、特性要因圖法、關連圖法、KJ法（親和圖法）、Story（故事法）等，技法非常多，也因各種技法的適用場合不一，技巧性與方法各異，但綜合各類技法的創意產生特質，可將之歸納為**分析型**、**聯想型**和**冥想型**等三大體系。

### 分析型
根據實物目標題材設定所做的各種「調查分析」技法運用，而後所掌握新需求的創意或解決問題的創意方案等均屬之。

例如：特性列表法、問題編目法、因果分析法、型態分析法等，這是一種應用面非常廣的技法體系。

### 冥想型
透過心靈的安靜以獲致精神統一，並藉此來建構能使之進行創造的心境，也就是由所謂的「**靈感**」來啟動產生具有新穎性、突破性的創意。

從心理學的角度來看，**靈感**是「人的精神與能力在特別充沛和集中的狀態下，所呈現出來的一種複雜而微妙的心理現象」。

例如：在東方文化中的禪定、瑜伽、超覺靜坐；西方文化中的科學催眠等。

### 聯想型
透過人的思考聯想，將不同領域的知識及經驗，做「連結和聯想」而能產生新的創思、想法、觀念等。

例如：梅迪奇效應創思法、腦力激盪法、相互矛盾法、觀念移植法、語言創思法等，這也是一項最常被應用的技法體系。

△ 創意技法的三大體系

一個創意的產生，有時可由上述的某個單一體系而產生，有時並非單純的依靠著某個單一體系完成，而是經由這三大體系的多種技法交互作用激盪而產生出來的。

## 高品質創意的誕生過程

要如何讓天生具有創造力的人提升其創意的獨特性與質量？如何讓較不具創造力的人達到激發創意的效果？這就要靠良好的創造性思考訓練了。

一個「好」創意的誕生需要經過幾個過程：

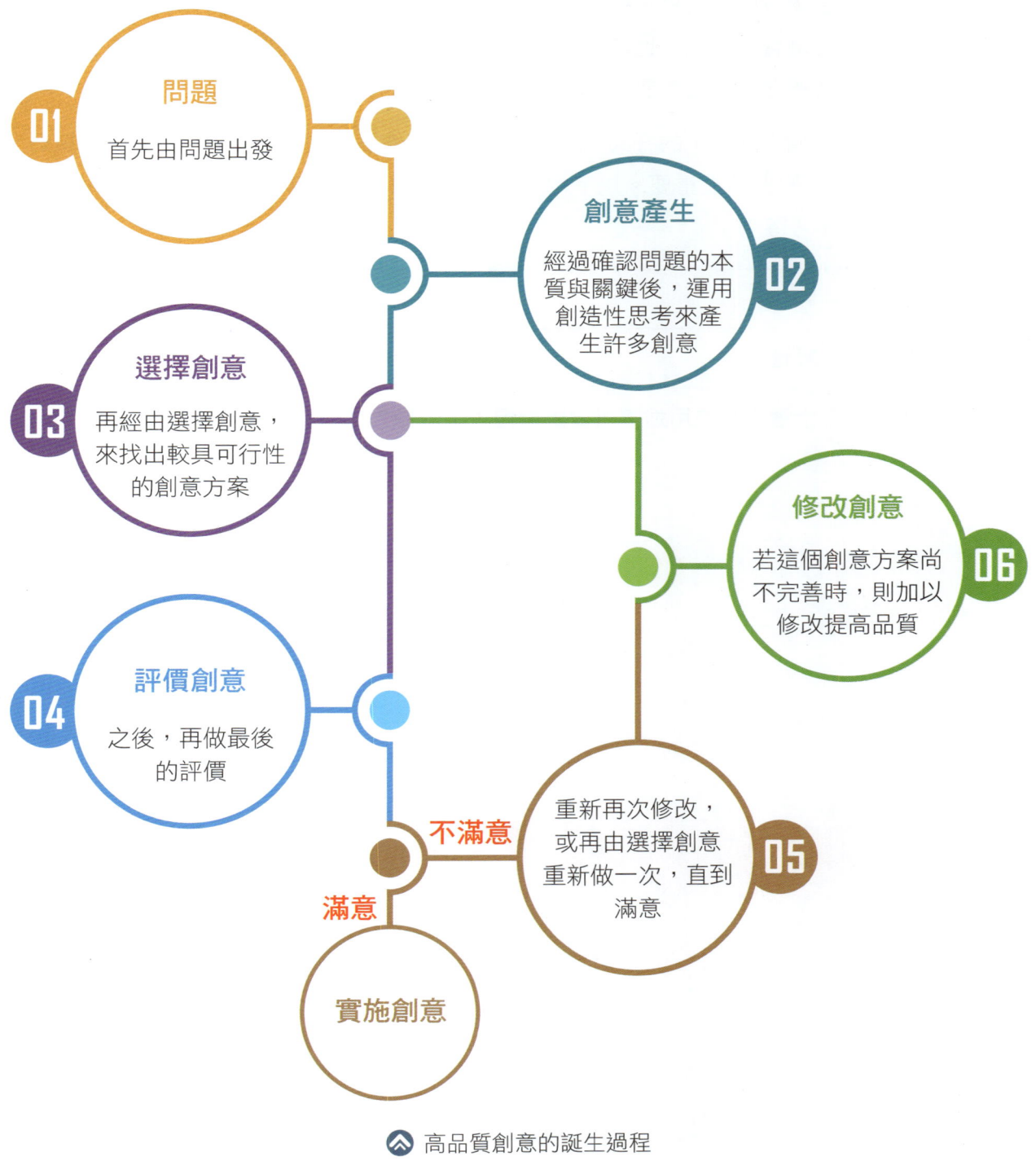

△ 高品質創意的誕生過程

## Chapter 02 學後評量

# 水平式創意思考練習：個人練習單

「水平式創意思考」的思考模式是跳躍式的、天馬行空的、聯想的、無拘無束的、無邏輯性的，也許會覺得匪夷所思，這都是無妨的，只要想到就行了！我們可以海闊天空的想像，無須問為什麼會這麼想，也無所謂對與錯，因為這種方式經常能夠產生獨具創意、令人拍案叫絕的新概念，這也就是所謂的「創造性思考」了！

本練習單用「個人練習」的方式進行，其目的在訓練個人的「**獨立思考**」能力，這對日後創意思考能力的提升很重要。以下用「吸管」為例，至少寫出二十種不同的用途。（可參考第三篇參考答案）

| 一、姓名： |
| --- |
| 二、物品名稱：吸管 |
| 三、至少寫出二十種不同的用途：（愛因斯坦說：想像力比知識更重要） |
|  |

# Chapter 3
# 創造力訓練

3-1 學習單:「創造力」的自我測驗

3-2 創造力的迷思及表現之完整過程

3-3 創造力的殺手與如何培養創造力

3-4 台灣奇蹟:創意好發明行銷全世界

創意機械專題實作

## 3-1 學習單：「創造力」的自我測驗

在未正式開始進入介紹「創造力」的內容之前，您可先行測驗瞭解一下，目前自己的「創造潛力」指數為何？

這是一份能測驗「自我創造潛力」的有趣問卷，以下有 50 道題目，請您用約 10 分鐘的時間作答，並以直接的個人感受勾選，千萬不要試圖去猜測勾選哪一個才是富有創造力的，**請盡量以自己實際的觀點、直覺，坦率地快速勾選即可**（註：測驗者若為學生，請自行將以下題目中之相關情境角色做轉換即可，例如，上班→上課；同事→同學）。

### 🖉 「自我創造潛力」的有趣問卷

勾選說明：

A：非常贊同；B：贊同；C：猶豫、不清楚、不知道；D：反對；E：非常反對

| | 題　目 | 請勾選 |
|---|---|---|
| 1 | 我經常以「直覺」來判斷一件事情的正確或錯誤。 | A　B　C　D　E |
| 2 | 我有明確及堅定的自我意識，且常與人爭辯。 | A　B　C　D　E |
| 3 | 要對一件新的事情發生興趣，我總覺得比別人慢且困難。 | A　B　C　D　E |
| 4 | 有時我很欣賞詐騙集團的騙術很有獨創性，雖然騙人是不對的行為。 | A　B　C　D　E |
| 5 | 喜歡做白日夢或想入非非是不切實際的人。 | A　B　C　D　E |
| 6 | 對於工作上的種種挫折和反對，我仍能保持工作熱情不退。 | A　B　C　D　E |
| 7 | 在空閒時我反而常會想出好的主意。 | A　B　C　D　E |
| 8 | 愛用古怪或不常用的詞彙，像這種作家，我認為其實他們是為了炫耀自己罷了。 | A　B　C　D　E |
| 9 | 我希望我的工作對別人是具有影響力的。 | A　B　C　D　E |
| 10 | 我欣賞那種對他自己的想法非常堅定不移的人。 | A　B　C　D　E |
| 11 | 我能在工作忙碌緊張時，仍保持內心的沉著與鎮靜。 | A　B　C　D　E |
| 12 | 從上班到回家的這段路，我喜歡變換路線走走看。 | A　B　C　D　E |
| 13 | 對於同一個問題，我能以很長的時間，發揮耐心的去解決它。 | A　B　C　D　E |
| 14 | 除目前的本職外，若能由兩種工作再挑選一種時，我會選當醫生，而不會選當一名偵探家。 | A　B　C　D　E |
| 15 | 為了做一件正確的事，我會不管家人的反對，而努力去做。 | A　B　C　D　E |
| 16 | 若只是提出問題而不能得到答案，我認為這是在浪費時間。 | A　B　C　D　E |
| 17 | 以循序漸進，一切合乎邏輯分析的方法來解決所遭遇的問題，我認為這是最好也最有效率的方法。 | A　B　C　D　E |

| | 題　目 | | 請勾選 | | | |
|---|---|---|---|---|---|---|
| 18 | 我不會提出那種看似幼稚無知的問題。 | A | B | C | D | E |
| 19 | 在生活中，我常遇到難以用「對」或「錯」直接了當去判斷的事情，常常是、非、對、錯總是在灰色地帶遊走。 | A | B | C | D | E |
| 20 | 我樂於一人獨處一整天。 | A | B | C | D | E |
| 21 | 我喜歡參與或觀賞各種藝文展覽、活動。 | A | B | C | D | E |
| 22 | 一旦有任務在身，我會克服一切困難挫折，堅決的將它完成。 | A | B | C | D | E |
| 23 | 我是一個做事講求理性的人。 | A | B | C | D | E |
| 24 | 我用了很多時間來想像別人到底是如何看待我這個人的。 | A | B | C | D | E |
| 25 | 我有蒐集特定物品的癖好（如 Kitty、史努比、套幣、模型等）。 | A | B | C | D | E |
| 26 | 我欣賞那些用點小聰明而把事情做得很好的人。 | A | B | C | D | E |
| 27 | 對於美感，我的鑑賞力與領悟力特別敏銳。 | A | B | C | D | E |
| 28 | 我看不慣那些做事緩慢、動作慢條斯理的人。 | A | B | C | D | E |
| 29 | 我喜愛在大家一起努力下工作，而不愛一個人單獨做事。 | A | B | C | D | E |
| 30 | 我不喜歡做那些無法預料或沒把握的事。 | A | B | C | D | E |
| 31 | 我不太在意同僚們是否把我看成一位「好」的工作者。 | A | B | C | D | E |
| 32 | 我經常能正確的預測到事態的發展與其最後的結果。 | A | B | C | D | E |
| 33 | 工作第一、休假第二，這是很好的工作原則。 | A | B | C | D | E |
| 34 | 憑直覺去判斷解決問題，我認為這是靠不住的。 | A | B | C | D | E |
| 35 | 我常會忘記路名、人名等看似簡單的問題。 | A | B | C | D | E |
| 36 | 我常因無意間說話不小心中傷了別人而感到愧疚。 | A | B | C | D | E |
| 37 | 我認為喜歡出怪主意的人，其實他們只是想表現自己的與眾不同。 | A | B | C | D | E |
| 38 | 一些看起來沒有價值的建議，就不需再浪費時間去推敲了。 | A | B | C | D | E |
| 39 | 我經常會在沒事做時胡思亂想、做白日夢。 | A | B | C | D | E |
| 40 | 在小組討論時，我經常為了讓氣氛融洽，而不好意思提出不受歡迎的意見。 | A | B | C | D | E |
| 41 | 我總是先知先覺的提出可能會發生的問題點與其可能導致的結果。 | A | B | C | D | E |
| 42 | 對於那些做事猶豫不決的人，我會看不起他們。 | A | B | C | D | E |
| 43 | 若所提出的問題是得不到答案的，那提出這個問題簡直就是在浪費時間。 | A | B | C | D | E |
| 44 | 按邏輯推理，一步一步去探索解決問題，是最好的方法。 | A | B | C | D | E |
| 45 | 我喜歡去新開的餐館吃飯，縱然我還不知道口味好不好。 | A | B | C | D | E |
| 46 | 我不愛閱讀本身興趣以外的書報、雜誌、網路文章等。 | A | B | C | D | E |
| 47 | 「人生無常」，像這種對事情看法是「事事難料」的人生觀，我心有同感。 | A | B | C | D | E |
| 48 | 我難以忍受和個性不合的人一起做事。 | A | B | C | D | E |
| 49 | 我認為看待問題的觀點和角度，常是影響問題能否順利解決的關鍵。 | A | B | C | D | E |
| 50 | 我常會想到一些生活中的小祕方，讓生活變得更美好。 | A | B | C | D | E |

請依下表計算您的得分,再將分數做加總。

### • 問卷計分方式 •

| 題目 | 1 | 2 | 3 | 4 | 5 | 6 | 7 | 8 | 9 | 10 | 11 | 12 | 13 | 14 | 15 | 16 | 17 | 18 | 19 | 20 |
|---|---|---|---|---|---|---|---|---|---|---|---|---|---|---|---|---|---|---|---|---|
| A | 4 | 0 | 0 | 4 | 0 | 4 | 4 | 0 | 4 | 0 | 4 | 4 | 4 | 0 | 4 | 0 | 0 | 0 | 4 | 4 |
| B | 3 | 1 | 1 | 3 | 1 | 3 | 3 | 1 | 3 | 1 | 3 | 3 | 3 | 1 | 3 | 1 | 1 | 1 | 3 | 3 |
| C | 2 | 2 | 2 | 2 | 2 | 2 | 2 | 2 | 2 | 2 | 2 | 2 | 2 | 2 | 2 | 2 | 2 | 2 | 2 | 2 |
| D | 1 | 3 | 3 | 1 | 3 | 1 | 1 | 3 | 1 | 3 | 1 | 1 | 1 | 3 | 1 | 3 | 3 | 3 | 1 | 1 |
| E | 0 | 4 | 4 | 0 | 4 | 0 | 0 | 4 | 0 | 4 | 0 | 0 | 0 | 4 | 0 | 4 | 4 | 4 | 0 | 0 |

| 題目 | 21 | 22 | 23 | 24 | 25 | 26 | 27 | 28 | 29 | 30 | 31 | 32 | 33 | 34 | 35 | 36 | 37 | 38 | 39 | 40 |
|---|---|---|---|---|---|---|---|---|---|---|---|---|---|---|---|---|---|---|---|---|
| A | 4 | 4 | 0 | 0 | 0 | 4 | 4 | 0 | 0 | 0 | 4 | 4 | 0 | 0 | 4 | 0 | 0 | 0 | 4 | 0 |
| B | 3 | 3 | 1 | 1 | 1 | 3 | 3 | 1 | 1 | 1 | 3 | 3 | 1 | 1 | 3 | 1 | 1 | 1 | 3 | 1 |
| C | 2 | 2 | 2 | 2 | 2 | 2 | 2 | 2 | 2 | 2 | 2 | 2 | 2 | 2 | 2 | 2 | 2 | 2 | 2 | 2 |
| D | 1 | 1 | 3 | 3 | 3 | 1 | 1 | 3 | 3 | 3 | 1 | 1 | 3 | 3 | 1 | 3 | 3 | 3 | 1 | 3 |
| E | 0 | 0 | 4 | 4 | 4 | 0 | 0 | 4 | 4 | 4 | 0 | 0 | 4 | 4 | 0 | 4 | 4 | 4 | 0 | 4 |

| 題目 | 41 | 42 | 43 | 44 | 45 | 46 | 47 | 48 | 49 | 50 |
|---|---|---|---|---|---|---|---|---|---|---|
| A | 4 | 0 | 0 | 0 | 4 | 0 | 4 | 0 | 4 | 4 |
| B | 3 | 1 | 1 | 1 | 3 | 1 | 3 | 1 | 3 | 3 |
| C | 2 | 2 | 2 | 2 | 2 | 2 | 2 | 2 | 2 | 2 |
| D | 1 | 3 | 3 | 3 | 1 | 3 | 1 | 3 | 1 | 1 |
| E | 0 | 4 | 4 | 4 | 0 | 4 | 0 | 4 | 0 | 0 |

總分 **151~200**
高創造潛力者

總分 **101~150**
一般創造潛力者

總分 **100** 以下
低創造潛力者

本測驗主要針對人的先天性格方面,僅供參考,而後天的創造力是能透過技法訓練來獲得提升的。

## 3-2 創造力的迷思及表現之完整過程

### 一 創造力的迷思

#### ◉ 迷思一：愈聰明就代表愈有創造力？

依據許多的研究及事實證明，創造力與智能的關係只在某一種基本的程度內成立而已，一個人只要具有中等以上的智能，在創造力的表現方面，就幾乎很難再從智能上看出高下了，反倒是**人格特質、意志力、挫折承受力、興趣等非智力因素的影響較大**，因此，在使用學業成績或智商測驗之類的方法，要來篩選出企業所需的創意人才，其在方法上是錯誤的。

#### ◉ 迷思二：只有大膽的冒險者才有創造力？

創造力的展現是要冒風險的，這並沒有錯，但它不等同於你必須要完全特異獨行，天不怕地不怕的盲目冒險，因為此般做法是很危險的。喬治‧巴頓（George S. Patton）將軍曾說：「冒險之前應經過仔細規劃，這和莽撞有很大不同，我們要的是**勇士**，而不是莽夫。」

所謂冒險的精神，應該是願意冒經過詳細評估過的風險，這樣才會對創造力有所助益，且不至使企業陷入危險的狀態。

#### ◉ 迷思三：年輕者較年長者更有創造力？

事實上，年齡並非創造力的主要決定因素，然而，我們會有這樣的刻板印象，其主因乃在於通常年長者在某一方面領域的深厚專業使然，專業雖然是很多知識的累積，但專業也可能扼殺創造力，專家有時會難以跳脫既有的思考模式或觀察的角度。所以，**當從事於創新研發時，請顧及新人與老手之間的平衡，老手擁有深厚的專業，而新人的思維可能更加開放**，若能結合兩者的優點，必能發揮更強的創造力。

> **最高招的發明**：就是用最簡單的原理和低成本來解決問題，這就是所謂——創意的高價值。
>
> —— 佚名

## 迷思四：創造力是個人行為？

其實創造力不只在個體產生，它更可以用集體的方式來產生更具價值的創意，世界上有很多重要的發明都是運用集體的智慧腦力激盪、截長補短，靠許多人共同合作而完成的。

## 迷思五：創造力是無法管理的？

雖然我們永遠無法預知誰會在何時產生何種創意、創意內容是什麼，或是如何產生的；但企業的經營者卻能營造出有利於激發創造力的環境，諸如，適當的資源分配運用、獎勵措施、研習訓練、企業組織架構、智慧財產管理制度等，在這些方面做良好的管理，是能有效激發創造力的。

## 二、創造力表現之完整過程

在整個創造力表現的完整過程中，學理上包含了內在行為的「**創意的產生**」和外在行為的「**具體的行動**」兩大部分。

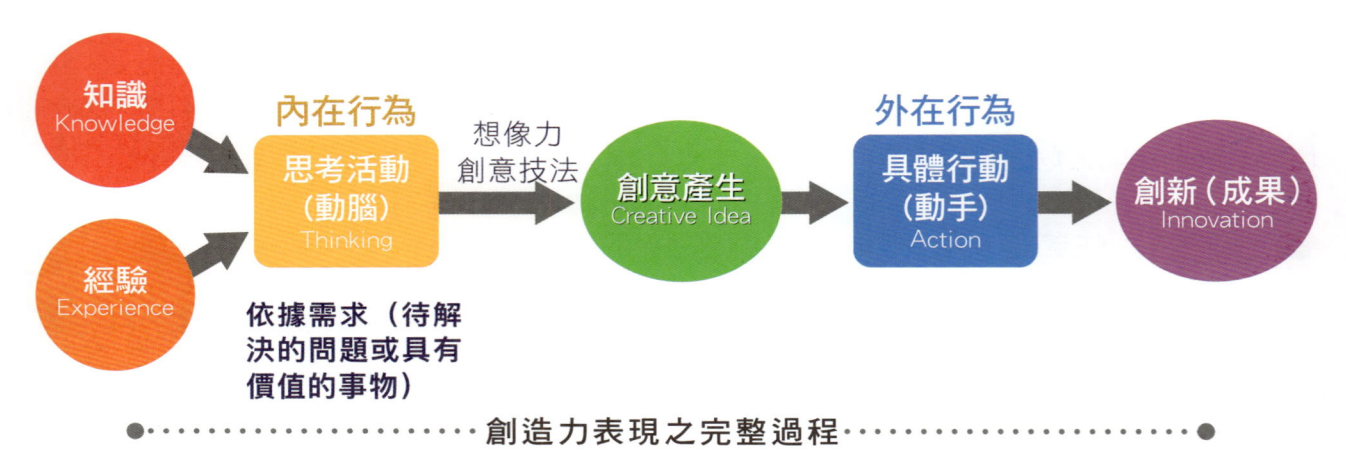

知識 Knowledge → 內在行為 思考活動（動腦）Thinking ← 經驗 Experience

想像力 創意技法 → 創意產生 Creative Idea → 外在行為 具體行動（動手）Action → 創新（成果）Innovation

依據需求（待解決的問題或具有價值的事物）

‧‧‧‧‧‧‧‧‧‧‧‧‧‧‧創造力表現之完整過程‧‧‧‧‧‧‧‧‧‧‧‧‧‧‧

若一個人他的創意產生是很豐富的，但都沒有具體行動去執行，那此人的創造力（或稱創新力）也就只是表現了一半而已，變成流於空幻，故以創造力表現之完整過程而論，其具體行動的能力乃是相當重要的一部分。所以，創新能力的公式即為：

創造力 ＝ 創意力 ＋ 執行力

## 3-3 創造力的殺手與如何培養創造力

### 一 創造力的殺手

在社會上工作時，無論是企業或機關常因文化上、制度上、管理上的某些做法或限制，而阻礙了創造力的發揮。

綜觀，創造力的發展阻礙有「個人因素」及「組織因素」兩大區塊。據調查資料結果顯示，創造力的殺手具有下表幾個面向：

| 因　　素 | | 造成創造力發展阻礙的要項 |
|---|---|---|
| 個人因素 | 習慣方面 | 依循傳統的個性 |
| | | 舊有習慣的制約 |
| | | 價值觀念的單一 |
| | | 對標準答案的依賴 |
| | 心態方面 | 自滿與自大 |
| | | 缺乏信心，自我否定與被否定 |
| | | 缺乏勇氣，害怕失敗的心理 |
| 組織因素 | 文化方面 | 保守心態，一言堂 |
| | | 循例照辦，墨守成規 |
| | 制度方面 | 防弊多於興利的諸多限制 |
| | | 扣分主義，多做多錯，少做少錯 |
| | | 缺乏激勵制度，有功無賞 |
| | 管理方面 | 由上而下，單線領導 |
| | | 缺乏授權，有責無權 |
| | | 本位主義，溝通不良 |

---

只是「夢想家」──不是發明家；

只有「實踐家」──才是發明家。

── 佚名

創意機械專題實作

## 二 如何培養創造力

　　創造學於二十世紀興起於美國，許多學者認為創造力的形成要素中，部分是先天遺傳的，部分是後天磨練出來的，也就是說，先天和後天交互影響的結果，絕大部分是受後天的影響居多。「知識的創造者」，主要依靠想像力及實踐力，將創意實踐後再經由驗證過程進而創造出新的知識，世界上眾多發明作品和科學新知都是這類的人所創造出來的。

　　創造力人人都能培養，但並非一蹴可幾，而是須經過長時間的習慣養成與落實於日常生活中，如此才能真正出現成效。依據許多心理學家的研究結果及去探索以往富有創造性的發明家或科學家的成長背景，不難發現他們有共同的成長背景因素，如加以歸納整理必可發現培養創造力的有效方法。

## 三 培養創造力的有效方法

**1　激發好奇心**

　　「好奇」是人類的天性，人類的創造力起源於好奇心，居里夫人說：「好奇心是人類的第一美德。」但是一個人有了好奇心並不一定就能成大器，必須還要再加上汗水的付出，不斷的努力去實踐與求證的毅力才行。

**2　營造輕鬆的創造環境**

　　輕鬆的學習環境或工作環境能催化人的創造性思維，雖然人在處於高度精神壓力之下也有集中意志、激發創意的效果，但這只是短期的現象，若人在長期的高度精神壓力之下，對於創造力的產生反倒是有負面的影響，以常態性而言，在較為輕鬆的環境下，人更容易產生具有創造性的思維。

**3　突顯非智力因素的作用與認知**

　　舉凡意志力、承受挫折能力、抗壓性、熱情、興趣等，排除智力因素外的其他因子影響人的認知心理因素都稱為「非智力因素」。在心理學的研究裡，顯示一個人的成就，智力因素大約只占了 20% 左右，而非智力因素所占的比重約高達 80%，創造力的培養更應著重於非智力的種種因素上。

### 4 培養獨立思考及分析問題、解決問題的能力

　　培養個人的獨立思考能力是不可缺少的重要一環，若做事都是依賴他人的指示或決定去做，無法自己去分析問題與尋求解決之道，則因此創造心理逐漸被淡化，反而養成依賴心理。

△ 創客新設計：冰滴咖啡沖泡器　　　　　　　　　　圖片來源：葉忠福攝影

### 5 養成隨時觀察環境及事物的敏感性

　　「創造」通常都需要運用自己已知的知識或經驗，再利用聯想力（想像力）來加工產生的，簡言之，即事物在組合中變化，在變化中產生新事物，也就是說「已知的知識及經驗是創造力的原料」，而觀察力卻又是吸收累積知識與經驗的必備條件，所以有了敏銳的觀察力就能快速的累積知識及經驗，也就能保有充足的創造力原料。

創意機械專題實作

**6** 培養追根究柢的習慣

宇宙之間的智識浩瀚無窮，人類累積的知識並不完美，至今仍是非常有限的，從事研究創新工作時必須依靠追根究柢的精神，才能探求真理發現新知。

**7** 培養追根究柢的習慣

實踐的行動力甚為重要，若無實踐的行動力則一切將流於空談無所成果。而「創造意識」就是主動想要去創造的欲望及自覺性，而希望改善現狀與成就感都是產生創造意識的重要動機。

△ 戶外取暖的煤氣爐設計

圖片來源：葉忠福攝影

## 3-4 台灣奇蹟：創意好發明行銷全世界

台灣地區天然資源貧乏，只有用之不盡的腦力資源才是台灣最大的資產，而具原創性的「創意」又是一切創新的開頭。從台灣的發明史上來觀察，我們可以看出台灣的好創意、好發明、好產品是受到世界肯定的。所謂：「學習別人成功的經驗，是使自己通往成功的最佳捷徑。」以下幾項由台灣人所創意發明出來的好產品，並行銷全世界的成功實例，我們可藉由這樣的成功軌跡，找尋下一個可能成就偉大市場潛力的發明新作品。

### 案例故事 1　台灣發明「免削鉛筆」登上大英百科全書

「免削鉛筆」的發明是為女兒削鉛筆時感到太麻煩，才得以發明出來的。免削鉛筆的創意發明是在 1960 年代的台灣。據聞，當時發明人洪蠣是位造船工人，因每天下班之後，總要為就讀小學的女兒削鉛筆。有一天，他下班回家時，將戴在頭上的斗笠放到桌邊成疊的斗笠堆上時，想到待會兒又要為女兒削鉛筆，真煩人呀！於是靈機一動有了免削鉛筆的創意發明靈感，若能像剛剛放斗笠時一樣，將鉛筆頭一支又一支重複疊起來，用鈍了就抽換另一支，這樣就不必再天天削鉛筆。經實驗後洪蠣很滿意這樣的發明，並在 1964 年向當時的中央標準局申請了發明專利，這也引起當時紡織廠商人莊金池的興趣和關注，後來莊金池以八百萬元的天價買下專利權，以當時的物價，這筆錢可在都市裡買下十棟房子。

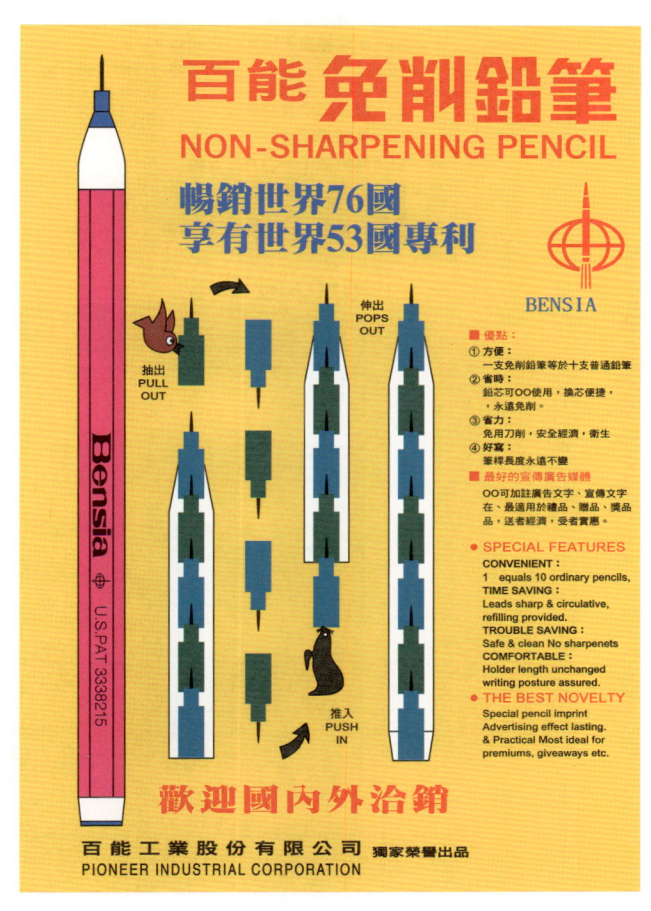

▲ 百能免削鉛筆：商品原圖
圖片來源：www.facebook.com/FormosaMuseum
秋惠文庫

創意機械專題實作

　　這項專利，並於 1967 年成立百能文具公司（Bensia，台語「免削」的拼音），「**Bensia 免削鉛筆**」還登上大英百科全書，是第一個聞名全球的台灣創意發明產品，行銷世界九十幾個國家，為台灣賺進很多外匯，是令世界驚嘆的好創意妙發明，時至今日仍是熱銷的文具商品之一。

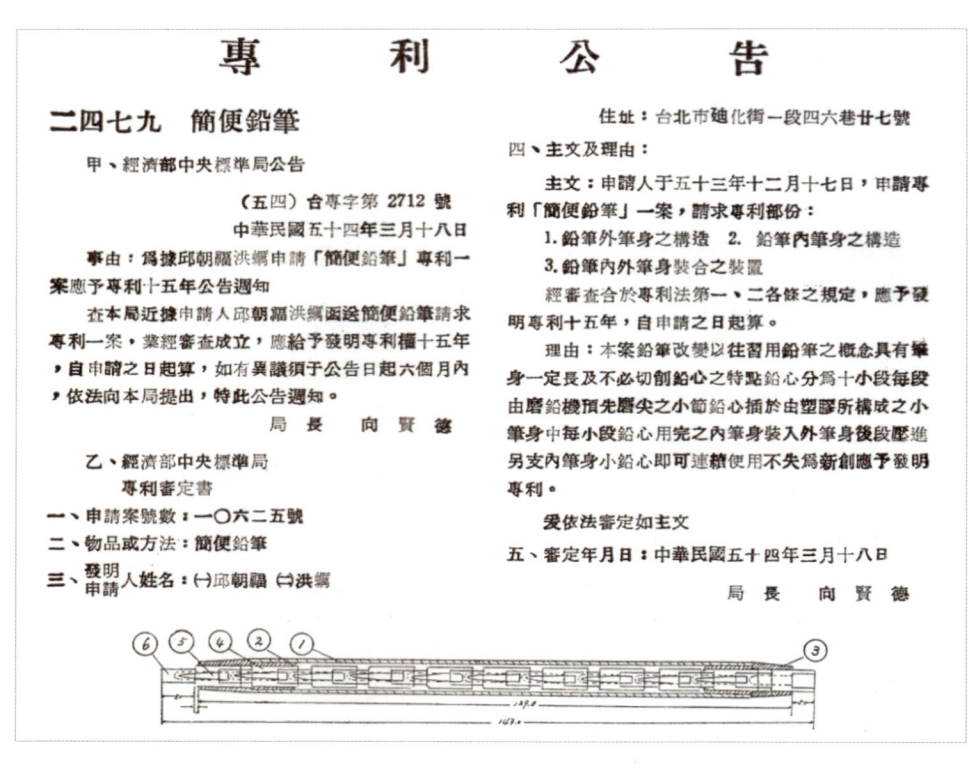

▲ 免削鉛筆於 1964 年，向當時的中央標準局提出發明專利申請

圖片來源：https://www.tipo.gov.tw/ 經濟部智慧財產局

## 案例故事 2　打掃拖地好創意：發明「好神拖」行銷全世界

　　打掃拖地也能有好創意，在發明界清潔用品類中的台灣之光「好神拖」，自 2007 年上市以來，可謂是全球旋轉式拖把的先驅發明者，迄今銷售超過數千萬組，不僅榮獲德國紅點設計獎、台灣金點設計獎，更是家庭主婦家事清潔的好幫手。

　　「好神拖」的點子靈感來源，最早是由位於花蓮從事開設餐廳的丁明哲所發明，當年他開餐廳每天打烊時，都必須拖地打掃餐廳清潔環境。每天遇到沙發、櫃子底部因傳統拖把厚度太高而伸不進去，遇到桌腳或柱子拖把就會卡住，為了要改善自己整天的工作所需，於是靈機一動，他設計出扁平圓盤狀的拖把，圓盤狀拖把遇到桌腳、柱子可自動旋轉滑過不會卡住，而且圓形拖把可利用離心水槽的離心脫水，省去用手擰乾且太費力的缺點，更因拖地過程中不再需要用手去接觸髒兮兮的拖布，讓使用者的手更乾淨衛生，這發明更在 2005 年申請了專利。

　　丁明哲花了二年的時間到處找人合作要開發成商品，卻都未能完成商品化，直到經友人介紹與 1984 年就創立的鉅宇企業負責人林長儀合作開發成商品，因林長儀以彈簧產品及塑膠射出廠起家，熟悉如何產品設計商品化及生產行銷等，於是二人一拍即合，成功的將扁平圓形拖把商品化生產製造出來。

好神拖 C600 雙動力旋轉　拖把組

> 創意必須是自由的，如果創意循一定的規則，應該這樣，應該那樣，那就不是創意，那叫乏味。
> ——佚名

創意機械專題實作

## 為你的發明商品取一個響亮的好名字很重要

「好神拖」此一商品名稱的由來，也是一個有趣的故事，當產品開發出來，工作人員在試用時，發現使用效果實在太好了，於是脫口讚嘆說了一句：「哇！好神」，經公司討論後，覺得此一讚嘆「好神」不但讓消費者好記，更可顯現出這支拖把的好用與神奇，於是「好神拖」這樣的商品名稱就此確定了，也成為日後圓形旋轉式拖把商品的代名詞了。

好神拖在台灣剛上市時，曾在電視購物台推出銷售，當時市面上最貴的拖把也只不過三、四百元，而好神拖一組超過一千元，沒想到播出四十分鐘賣出823組，銷售業績近百萬元，創下當時生活用品類最高銷售紀錄。除了台灣市場大賣之外，好神拖也曾在韓國電視購物台銷售，原計畫第一檔銷售目標一萬二千組產品，沒想到一開播三十分鐘內就銷售一空，又創下新的銷售紀錄。好神拖外銷到世界其他國家也都創下銷售佳績，為發明人帶來極大的獲益。

## 抓住懶人經濟就有好商機

「好神拖」的新創意發明產品出現了，它解決了多數人拖地時的困擾，就是以往要用手去擰拖布，以及拖地時的卡卡不順暢。而且在行銷上「好神拖」是用整個套餐式的販售，包括水桶及拖把本身和拖布一整組銷售，日後可再購買新拖布組以作為後續耗材的更換，以提高消費者的回客率，這正是運用懶人經濟學來提升商品銷售的好範例。

創意創新、發明創造是不限男女老少、學歷、經歷，只要您在生活的周遭多加留意及用心，隨時都可得到很好的創意點子，再將實用的創意點子加以具體化實踐，即可成為發明作品。好的發明創意靈感構想，就在我們的身邊生活環境中，只要我們多加留意身旁的困擾與不方便，小創意也能創造大商機。

多功能符合人體工學：好神拖 C600 雙動力旋轉拖把組

## Chapter 03 學後評量

# 觀察力練習活動單（問題觀察紀錄單）

　　本練習可以是個人的練習，也可以用 2～5 人的小組討論做練習，其目的在於訓練敏銳觀察力，透過日常生活中的小細節，觀察周遭環境發現問題與困擾不方便之處並提出紀錄，這對創意思考練習能有很大幫助。

（註：學員在練習完成後，可輪流上台發表分享，以擴大群體交流，增進學習效果。可參考第三篇參考答案）

| 一、姓名： |
|---|
| **二、主題：問題的發現** |
| **三、每人至少提出二個困擾不方便或生活中的問題點** |

NOTE

# Chapter 4
# 綜合機械加工介紹

4-1　綜合機械加工的意義

4-2　被遺忘的綜合加工課程

4-3　綜合工場的發展史

4-4　銑床加工介紹

4-5　車床加工介紹

4-6　磨床加工介紹

4-7　光學尺介紹

4-8　裝配介紹

## 4-1 綜合機械加工的意義

談起一般機械的領域，我們都會耳熟能詳地回答『車、鉗、銑、鉋、磨』，亦即「車床」、「鉗工」、「銑床」、「鉋床」及「磨床」，這是過去學機械加工的流程，是一種循序漸進式的學習。

說到基礎，從 95 暫綱起，這些基礎到精密的加工實習逐漸改變，變成統整式的學習，像是「機械基礎實習」便是一項改變，將過去的「鉗工」與「車床」整合，108 課綱又加入「銲接」與「鑄造」；其次，是「機械加工實習」，將過去的「銑床」、「車床」與「磨床」整合。教育部將所有的職業類科整合，以職群為中心設定所謂的「部定課綱」，機械科專業科目的「部定課綱」包含專業與實習，專業部分有「機械材料」、「機械製造」、「機件原理」及「機械力學」，而實習部分有「機械基礎實習」、「基礎電學實習」及「機械製圖實習」，總計 28 學分。這 28 學分便是機械科的基礎，擁有這 28 學分才顯得出您與其他科別的差異，其中也包含統測的考科，因此而確定。

『綜合加工』的理念很早就有，就是希望將機械科二三年所學做個整合，並且教導非制式的基礎課程，所以同學上到『綜合加工』課程就會有一種概念，那便是：

1. 我已經是高三的學生了。

2. 我必須製作一件成品了。

3. 我即將踏入業界服務了。

從上而知，高職機械科在過去的經驗裡『綜合加工』是一門最終的考驗。所以，在機械科制式的工場名稱中，就有一間「綜合工場」，工場內放置的機械就是『車、鉗、銑、鉋、磨』，像是一個大雜燴，也讓參與實習的同學不必做一件事情需要換好幾間工場，「綜合工場」就是在這樣的時空中因應而生。為了區別是新的課綱課程，以及與機械加工檢定場的密切性，新課綱實施後，大多改為「綜合機械加工工場」，而實習課名稱為「綜合機械加工實習」。

## 4-2 被遺忘的綜合加工課程

　　過去在職訓單位中，有一個頗負盛名的高級技工班，其中就把這重要的『綜合加工』規劃於內，將傳統的『車、鉗、銑、鉋、磨』重新組合，演變成『模具、銑床、車床、綜合機械』。這樣的技能分類，同學從高一至高二，可以循序漸進地學習技能，每一種技能的學習，都能製作一些零組件，直到綜合機械工場時，才開始教你「鉋床」、「磨床」及各式組裝與裝配技能，將各式零組件組裝成具備功能的作品，這樣的課程非常受到業界的喜愛，而這循序漸進學習技能的方式稱為能力本位式教學。高級技工班很早就應用到階梯式教學、產訓學合作、輔導考乙級技術士證照，這些畢業的優質學生，早就導入業界多年，也擔任許多中小企業的頂尖幹部，由於政治、教育、經濟的變遷，被大家遺忘在台灣的教育洪流中。

　　極大部分的機械科同學，學了三年的技能，幾乎被訓練成機械製造者，所以必須懂得製造的技術與流程，而使用的材料、機件，都應該符合力學，也因此機械加工顯得格外重要。『綜合加工』課程恰好符合上述需求，能夠整合過去的各式基礎實習，適時地加入幾項新興的技術，讓同學完成一項較為完整的工件。

　　如果透過正規的課程，給予同學一個目標，譬如考取乙級技術士證照，真的是「前可攻，後可守」，除了可以技優推甄，對於未來進入社會，等於具備符合所需的證照，相當於一魚二吃。目前，許多技能檢定都已經整併，其考照難度增加許多，但業界是持著信賴的角度正視，所以，筆者也非常建議同學藉此訓練自我，提昇一些技能。所以，真的沒有題材時，做一做乙級題目也未嘗不可，這也是一門很好的訓練題材。

　　『綜合加工』算是「專題實作」嗎？很多人會有這樣的質疑，若以狹義的角度來看，『綜合加工』較不像「專題實作」的各項整合完整，專題實作較強調研究歷程，重視研究程序與研究背景等探討。若用廣義的角度來看，筆者認為有過之而不及，以『綜合加工』的內涵，做出一項頗具功能的成品，如同科學展覽一般，則『綜合加工』的類別又更勝一籌了，因為這樣的成品極具機械加工的特色，更能凸顯『綜合加工』的課程特色。那麼，綜合加工較傾向作品的展示，能夠秀出預定的作品，似乎就是一種自我的肯定，對於書面報告反而易於輕描淡寫。但108課綱中的「綜合機械加工實習」是「機械加工實習」的延伸，主要內容是「銑床」、「車床」的技能教學。

　　我們會有一種隱藏在內心深處的吶喊，能夠以小組完成一項研究，或者是集體創作一項作品，皆為專題實作，倒不必逐事依樣畫葫蘆。但是，我們應該逐步自我要求，學會包裝、宣傳、延伸，讓每一個研究能夠延續發展，則「專題實作」得以深入我們的身心，有一天，您會發現「專題實作」的形式不再侷限於制式的教學。

創意機械專題實作

## 4-3 綜合工場的發展史

綜合工場這個名稱至少存在二三十年以上，很多學校的工場掛牌也許還留著，過去的綜合工場有很多典故在裡頭，請讀者聽我細細道來。

先說早期綜合工場的工場佈置，裡頭常見的機器為鉋床、車床、銑床、磨床、鑽床，屬於傳統的機械加工。由於過去鉗工是一門專業實習，所以有專屬的實習工場，車床實習也有專屬的實習工場，而其餘的工作母機都會擺設於「綜合工場」，這也是綜合工場初期設置的緣由。綜合工場的使用，以銑床實習、磨床實習及綜合加工實習為主，使用到的年級以二三年級為主。當銑床實習、磨床實習教授技能至一定程度時，就會以綜合加工實習作一個總結，讓同學將過去所學綜合運用。有經驗的老師，總會蒐集較具代表性的作品，讓同學一方面磨練實習技能，另一方面可以將完成的作品帶回家作紀念。過去常出現在機械科的作品有大砲、各式機構等，例如蝸桿蝸輪、日內瓦機構、四連桿機構等，這些作品都具備相當的紀念價值，勾勒出機械的一些寫照。

至於工作母機的配件也會因校而異，舉例來說，銑床號稱工作母機之王，能夠加工的範疇最多，而其附件也多，迴轉盤、分度頭、搪孔刀，若加上臥式銑床則更是不勝枚舉。迴轉盤可以在銑床上銑削圓弧，而分度頭可以將圓等分成若干等分，這無論在過去或現在都是很吃香的，只是礙於實習時數的銳減，使得一些機械製造書上說的，無法讓同學實際操作。

現在的「綜合工場」，為了結合技能檢定，大都改為機械加工檢定的場地，機械加工檢定一般分為乙丙級，丙級場地的機具包含銑床（一人一部）、車床（約二人一部）、鑽床（五人一部）及鉗工崗位（個人），而且有使用面積之規範。乙級場地除了上述之外，銑床需配備光學尺，另外還有平面磨床（五人一部）。

## 4-4 銑床加工介紹

　　銑床加工在機械加工的範疇中屬於份量最重的，而銑床能夠做的工作幾乎是最多的，從六面體到鑽鉸孔，無一不是銑床的工作。因此，同學若是忘了銑床的基本操作，建議您還是將機械加工實習拿出來複習，本書僅就專題實作的應用作深入的探討，不再作理論的剖析。銑床加工主要將工件固定，一般是藉著虎鉗作夾持，而利用銑刀旋轉對工件作切削加工，銑刀屬於多刀鋒的切削，銑刀每一刀刃皆具切削能力，逐次地對工件切削。

　　以下是機械加工中銑床常用的技能：

1. 六面體：

   六面體銑削為往後各式加工之基礎，更應了解正確銑削步驟。拿到的材料若其六面體不差，則可依其基準面邊做尺寸加工，為了加快其他工件的分割，應預留鋸切或輪磨量。想銑削流利，夾持是一項技術，務必選擇適當夾持面積，其次是順逆銑的選擇，正確的加工可以控制尺寸及加工面，而且能適度延長銑刀壽命。

2. 端銑削（圖1）：

   端銑削是機械加工銑床的重頭戲，顯得格外重要。由於機械加工乙級的工件尺寸極小，因此，大部分的加工使用銑刀也比較小，$\phi 10$ 以下的不在少數，且加工複雜度及加工精度也提高。建議小尺寸的端銑刀可使用碳化物刀具，或是披覆碳化鈦的銑刀，才足以應付難度極高的加工。

▲ 圖1　端銑削

L型、T型的工件形狀端銑削較易應付，只要多留意尺寸要求，便知道如何以精銑刀控制尺寸，需注意粗銑削時應留下精銑削的預留量，至於內孔、溝槽、V型槽難度較高，在後項分述之。

3. 溝槽銑削（圖2）：

溝槽的尺寸若比銑刀大很多，則可事先畫輔助線，目測對刀即可，粗銑削需預留適量尺寸，需要注意排屑及冷卻問題，並適時地添加切削劑。精銑削時，則以量具測量後，將多餘材料透過光學尺控制切除即可。

4. 內孔銑削（圖3）：

由於內孔銑削的寬度公差很小，該項目建議以碳化物銑刀為之，應該較易操控。可以事先在內孔銑削內鑽孔，並自行製作特殊平行塊墊高，或者直接懸空，以便端銑刀貫穿時不致傷及工件，並擁有較大的容屑空間。

5. 倒角銑削（圖4）：

此項與外圓弧加工類似，當倒角尺寸不大時，可以銼刀銼削即可。但如果有倒角銑刀，只要工件夾持正確，其速度可以更快，倒角銑削如同端銑削一般，無論X、Y、Z軸其進刀的尺寸就是倒角的尺寸。

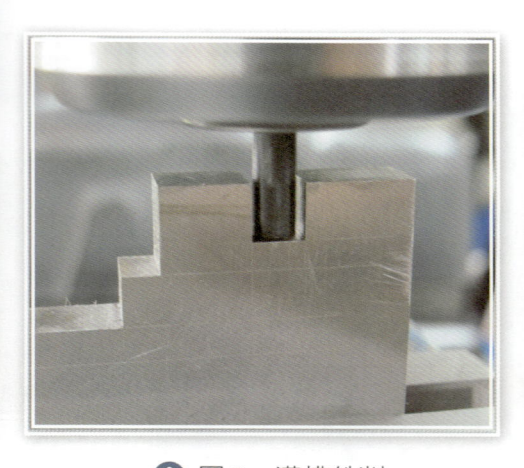

▲ 圖2　溝槽銑削 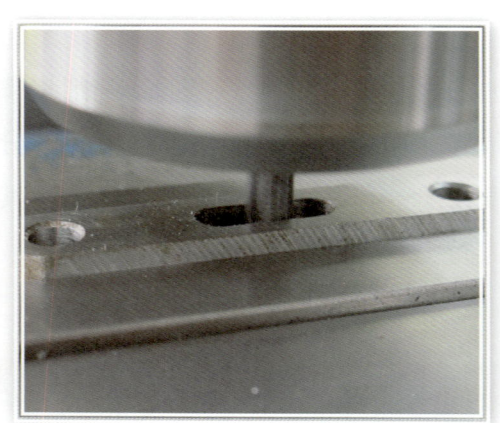　　　　▲ 圖3　內孔銑削 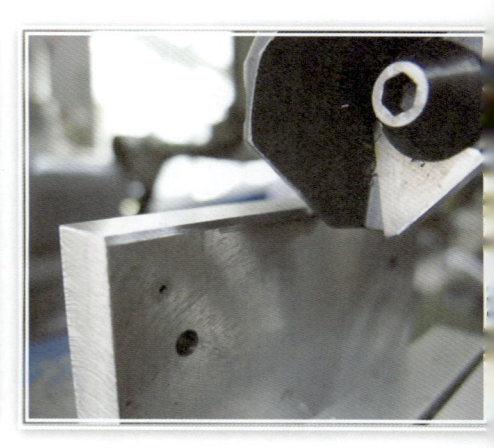　　　　▲ 圖4　倒角銑削

## 6. V槽銑削（圖5）：

V槽的銑削常見的方式有二種：(1) 其一是將工件以V型枕放置，使其基準邊與V型枕之V槽貼緊，工件自然呈現45度的傾斜，再以銑刀銑削，如圖4-9(a)所示；(2) 其二是以倒角銑刀銑削，利用刀具本身的傾斜角度，對工件作成型的角度銑削，如圖4-9(b)所示。事實上，尚有第三種方法，就是將銑床頭傾斜45度，則仍然以一般的端銑刀作角度銑削，此法雖然可行，但由於需將主軸傾斜較為費時，目前並不常用。

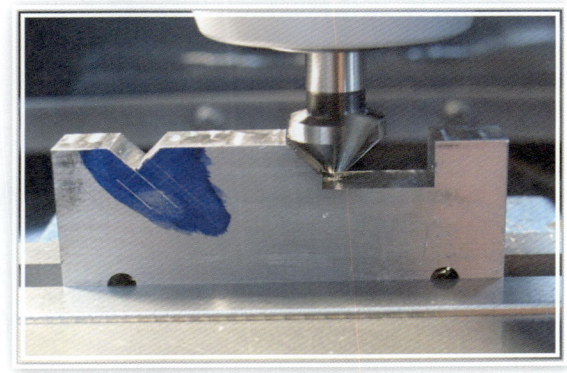

(a)      (b)

▲ 圖5　V槽銑削

## 7. 尋邊定位（圖6）：

時間如果許可，大多數的柱坑孔、螺絲孔、定位銷孔，皆可於銑床上加工。對刀可以用 $\phi 8$ 或 $\phi 10$ 的標準棒，塗上奇異筆，當床台接近工件，可檢視標準棒上的奇異墨水變化，便可輕易對刀。對刀完，應將銑床移動標準棒的半徑，然後將光學尺歸零，之後再移至欲加工之位置。

## 8. 鉸孔：

鉸孔的方式有二，一為鑽床上，另一為銑床上。先鑽預鉸孔（約為公稱尺寸減去 0.1～0.2mm，例如：$\phi 10H7$ 為 10 − 0.2 = 9.8mm），待擴孔至預鉸尺寸後，換上鉸刀（此時以機械鉸刀為宜，並以筒夾夾持），將主軸轉速調整為 200rpm 左右，一邊進給切削，一邊添加切削劑。完成鉸孔後，應迅速退回鉸刀，避免再傷及已加工之孔。

▲ 圖6　尋邊定位

創意機械專題實作

9. 鑽定位銷孔（圖7）：

   定位銷的鑽孔，通常是最後的步驟，定位銷的用意在於分解組裝件後，可藉著定位銷將組合件定位，而後鎖緊。定位銷孔的鉸削，同於一般的鉸孔，需留意的是鑽孔的深度。

10. 光學尺使用（圖8）：

    目前，新購進的銑床大多備有光學尺，光學尺應該熟悉使用的方法，使用的方法大同小異，卻因廠牌也有所差異，對操作的細節仍以各校任課教師教授為主。光學尺實際上只是一支極為準確的尺，還需藉著顯示器才能將床台位置顯示無誤，而顯示器會因為搭配的程式而有功能上的差異。

    (1) 光學尺最常使用的是座標軸的定位，這對於端銑削及鑽鉸孔加工十分有益，只要將基準邊定義正確，通常會以尋邊器進行，而後可以依圖面標示的正確位置作加工。

    (2) 其次，是座標系的選用，可因夾持位置的不同，或者基準面不同的選擇，可定義數個座標系，分別原點設定後，依工作來選用，這對於複雜的加工有十足的範用性。

    (3) 最後是分度的功能，這對於同心圓的分度加工十分有效，只要將床台移至欲加工的圓心上，輸入直徑值、分度的孔數及起始的角度，則可依顯示之數值移至正確的孔位加工。

    ▲ 圖7　鑽定位銷孔　　　　　　▲ 圖8　光學尺使用

## 4-5 車床加工介紹

車床一直是機械加工中圓件的加工機械，車床屬於單刀鋒的切削加工，切削時工件需夾持於車床夾頭上，夾頭（如圖9）可以驅動動力旋轉，而利用床鞍帶動被固定的刀具對旋轉的工件作切削加工。以下是機械加工中車床常用的技能：

1. 夾持（圖10）：

   四爪夾頭夾持工件應迅速且準確，並確實夾緊，夾頭扳手切勿以其他管具輔助之。由於本項工件尺寸較小，若換端夾持時仍以四爪夾頭夾持者，又顧及不夾傷工件，是件不容易之事。可以考慮使用夾具，或採一次加工並切斷，可大幅減少校正時間。

2. 壓花（圖11）：

   壓花的方式，應以進刀深大進給，切削次數愈少愈好，並加適量潤滑油，須注意壓花後直徑的膨脹量（約 0.4～0.5mm）。其次是壓花刀的中心高度應特別注意校正，中心高度的不準容易造成亂紋。

3. 偏心（圖12）：

   以四爪夾頭配合量表校正為宜，偏心量也較為準確，量表顯示值應為偏心量的 2 倍。

4. 切槽：

   與切斷都屬於橫向進給，注意切削轉速的選用。

5. 切斷：

   切斷是操作車床上極為重要的工作，切斷刀的中心高度應特別注意校正，不可掉以輕心。

圖9　夾頭

圖10　夾持

圖11　壓花

圖12　偏心

6. 孔攻牙（圖 13）：

   車床上攻牙與鉗工無異，其預鑽孔為公稱直徑－節距，攻牙時先將螺絲攻夾持於鑽夾上，以手動預攻 3～5 牙後，再攜至虎鉗以鉗工完成。（註：切勿啟動電源轉動主軸）

7. 外螺紋：

   研磨牙刀須注意牙角（60°）及導程角。練習目標為 M10×1.5 及 M6×1.0，螺紋切削方式儘可能以斜進法，或者直進法配合左右進刀，並輔以切削劑。另外，須注意牙標的使用，確保無亂紋產生。

8. 螺絲鏌使用（圖 14）：

   當螺紋公稱直徑太小時，切削螺紋顯得較為不易，此時可改用螺絲鏌鉸削螺紋，鉸削時需注意螺絲鏌要牢牢貼緊尾座，使其中心垂直軸心，切削油應適量加注。

9. 夾具使用：適當地使用夾具，可大幅改善四爪夾頭不易夾持小尺寸工件的缺點，且其夾持面積增大，又不易夾傷工件。目前機械加工乙級術科是限制使用夾具，請特別留意檢定規範。

10. 熟悉車床特性：

    了解車床縱向手輪與橫向手輪刻度環用途、複式刀座的調整與固定、自動進給的使用、螺紋切削的設定等，並開始練習階級桿的車削與切斷。

11. 刀具研磨（圖 15）：

    外徑粗車刀、外徑精車刀、切斷刀、切槽刀、牙刀與倒角刀是必備的刀具，應妥善研磨，因工作項目而改變刀具，可延長刀具壽命，且尺寸精度較易控制。

12. 切削時間的掌握：

    了解刀具特性後，應該膽大心細的加工，不要浪費切削行程。

13. 倒角與毛邊整修：

    必須依圖施工，有倒角但未註明倒角者大多為 1×45°，而圖上未畫倒角處，應以油石去角，不可畫蛇添足自行倒角，以免造成與圖不符。

圖 13　孔攻牙

圖 14　螺絲鏌使用

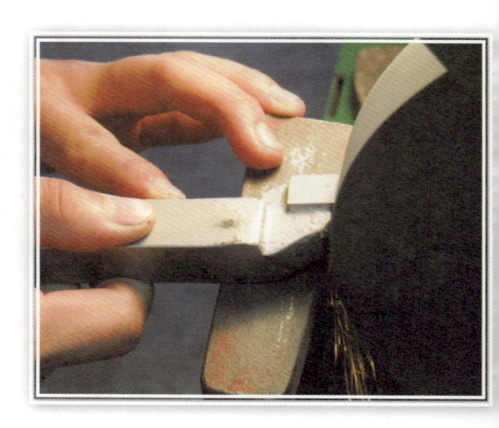

圖 15　刀具研磨

## 4-6 磨床加工介紹

磨床（圖 16）在精密加工是不可或缺的機器，其精密的研磨加工，不僅加工的表面粗糙度佳，對於尺寸的控制也極為精確。目前座落在機械加工場地的磨床，大多為平面磨床，主要的工作當然是研磨平面，為了要加工不同的形式，因此需要不同的夾具，最常見的不外是精密虎鉗，精密虎鉗的功能在研磨垂直面。而操作磨床常用的技能如下：

1. 工件固定：

   磨床上的工件固定多以電磁鐵或永久磁鐵為之，所以應留意電磁鐵開啟的強弱，工件盡量選擇接觸多條的磁力線，以增加吸持穩定度，工件固定後應以手推動檢視，可避免不必要的疏忽。

▲ 圖 16　磨床

2. 對刀：

   建議對刀應先於砂輪靜止時測試，並退刀少許後，才旋轉砂輪動態對刀。

3. 砂輪修整：

   砂輪使用一段時間，會開始積屑而鈍化，因此應利用鑽石修整器予以修整（如圖 17 所示），方可事半功倍。

4. 油壓移動床台：

   部分的磨床床台設有自動油壓移動，可視工件長度調整左右極限位置，油壓移動行程應比工件略長。啟動油壓需將左右移動之手輪脫離齒條，啟動前應使工件遠離砂輪，並緩緩啟動油壓裝置（如圖 18）。油壓的快慢應視工件粗細磨而定，一般而言，粗磨速度慢，精細磨速度宜快，且精細磨需考慮單向進刀。

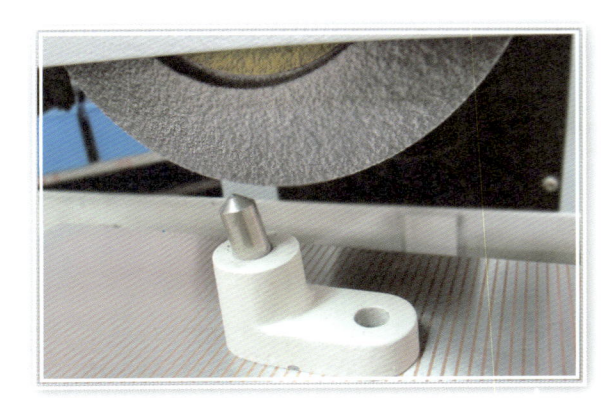

▲ 圖 17　利用鑽石修整器修整

▲ 圖 18　啟動油壓裝置

5. 手動移動床台（圖19）：

   有的磨床並未設置油壓裝置，且考慮使用者有習慣手動移動床台者，因此，手動移動床台變成是一種基礎訓練。手動移動床台並無特殊，乃利用左右移動之手輪藉著齒輪與齒條的關係移動，若幾經訓練其加工表面粗糙度及速度並不輸給油壓傳動者。

6. 尺寸量測：

   工件通常是大面需要輪磨，其允許之公差相對地會減少許多，一般是 ±0.02 至 ±0.03mm，故工件之尺寸量測顯得更為重要，建議以分厘卡測量，可減少判讀上之誤差。

7. 保護已加工面：

   加工至第二面，為了保護已加工面，在吸磁工件前，可於工件底面放置一乾淨略大於工件大小的紙片（圖20），可確保退磁後移開工件時，不再刮傷已加工面。需注意的是，第二面加工時，因為墊上紙張，因此須將砂輪上移 0.12mm 以上，再重新對刀。

8. 工件修除毛邊（圖21）：

   工件經過輪磨，其研磨後產生之毛邊極小，應以油石修除，修整時應添加潤滑油或煤油，利於切屑的掉落及潤滑。

圖19　手動移動床台

圖20　保護已加工面

圖21　工件修除毛邊

## 4-7 光學尺介紹

　　光學尺的應用已行之有年，在許多工作母機上都會配備使用，它的可靠性雖然和數值控制機械有些差距，但提供的數值顯示，比起原有的刻度環更為準確。而在機械加工乙級的機具配備已經列為標準設備，因此，藉著本節之介紹，盼能啟發您對光學尺的實用價值。

　　光學尺是編碼器的一種，所謂編碼器即是將量測時所得到的類比信號轉換成數位的編碼信號。電腦或錄影機上常利用旋轉式的編碼器以得知位移量，在加工機械設備上，也常可見到旋轉編碼器的使用，旋轉編碼器得到角度量後，換算成旋轉的圈數，再乘上螺桿每旋轉一圈的螺距，即為直線位移量。此法的優點是價格便宜且量測行程限制少，但缺點是螺桿間隙可能存在著誤差，因此量測值與待測物本身真正的位置之間存在一些差距。

　　光學尺又可分為兩種量測方法：1.線性平行格子型、2.疊紋型。欲觀察光學尺這兩種量測方法，可先將不等間隔光柵重疊，即可見到疊紋之產生，計算光柵條紋之間隔，並測量疊紋條紋之間隔，利用數學觀念，導出兩者之關係。將上面的一片光柵輕微移動，此時將可看到疊紋圖形產生劇烈的變化，觀察疊紋移動的距離大小，與光柵移動之距離是否成等比例放大的結果，並記錄之。此即疊紋將小位移信號轉換成大位移信號的具體呈現。再將等間隔光柵平行重疊，此時可能無疊紋產生，輕輕轉動上面一張光柵，則可發現有間隔很大的疊紋出現，當轉動的角度越大疊紋的間隔越小，但對比越強烈，當上下兩片光柵之傾斜角為90度時則疊紋間隔最密，仔細觀察仍然可以找到疊紋的存在，計算其間隔之大小。

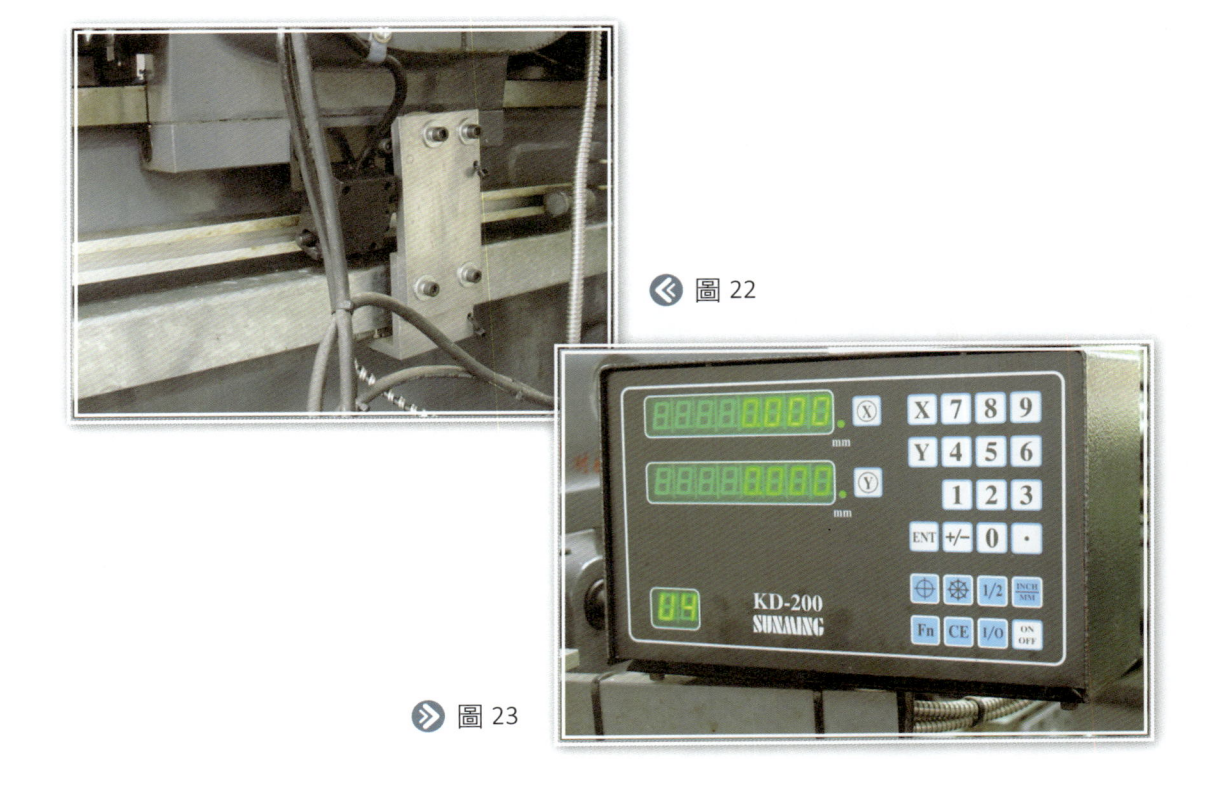

圖 22

圖 23

廠商如三豐、日本光學等皆採線性平行格子型，而雙葉電子，ACU RITE, QUALITY 則採疊紋型之量測方法。最早的光學尺始自英國 NEL（National Engineering Laboratory）及 NPL（National Physical Laboratory）所開發之光柵（Optical Grating）式精密量測。當時所採取的方式即為疊紋型光學尺，時至今日仍然被許多廠商所樂用。常見光學尺之各部位名稱如圖 24 所示。

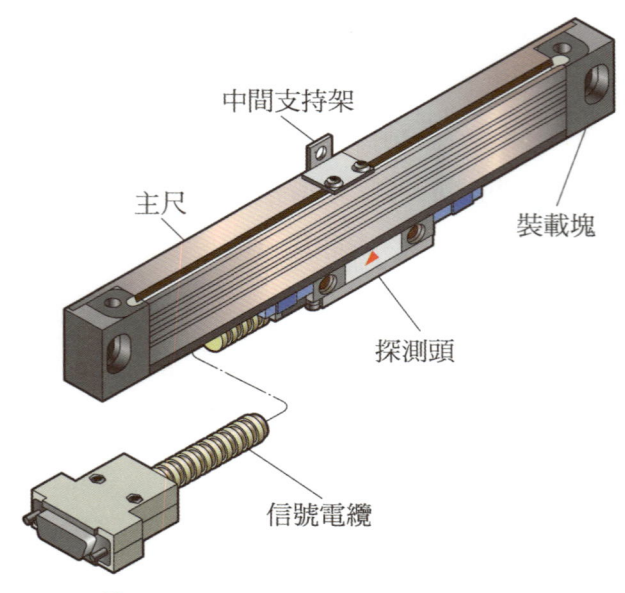

◎ 圖 24　常見光學尺之各部位名稱

光學尺依輸出型式亦可分為：1. 絕對值輸出、2. 增量值輸出。

其意義與旋轉圓編碼器之輸出相似。光學尺是利用主尺與副尺的光柵產生疊級效果，來進行量測。有些光學尺廠商宣稱他們的光學尺是使用格子條紋式的量測方式，其實就廣義而言，這也是一種疊級，只是兩個光柵間隔相同，但彼此角度接近於 0。

光學尺的優點如下：

1. 不易受干擾：不像電磁式編碼器怕磁力線干擾。

2. 精確度高：經雷射干涉儀校正後，精確度不容易失去。

3. 維護容易：量測時主尺副尺不接觸，故不發生磨損。

光學尺由於有保護裝置，不易故障，不會讓切屑或切削油侵入，使用時注意事項如下：

1. 不可擠壓光學尺。

2. 必須常用抹布將光學尺上的油污擦掉。

3. 不可使用壓縮空氣清除光學尺上的灰塵。

4. 須讓信號電纜自然垂下，避免纏繞或綁緊導致電纜損毀。

## 4-8 裝配介紹

製作組合件，在各零件製作完成後，必須將零件組裝，這時應按圖施工，通常會以螺絲將重要部位固定，而活動部位則以磨光銷固定，直到組裝完成符合工作圖之指定功能。在組裝完成後，需要在螺絲固鎖位置加裝定位銷，這樣就算完成裝配。

一般而言，零件的加工若能依照工作圖的公差製作，組裝應當不難。不過，有時組裝並不會如此順利，這是有原因的，以下將裝配應注意的事項分述之：

1. **基準邊的重要性：**

   一般工作圖的尺寸標註都會有一項基準，那便是基準邊的概念，這在製造上有很大的意義。從圖上仔細查閱，您會發現有一個直角邊，所有的尺寸都是從此標註，而此直角邊便是所謂的基準邊（如圖25左下角）。知道了基準邊的由來，在製造時就應依照這個準則加工，方便事後的裝配。

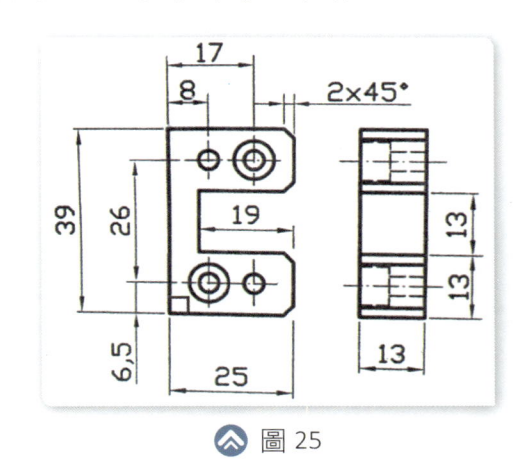

   ◆ 圖 25　　　　　　　　　　　　　　　◆ 圖 26

2. **垂直度的重要性：**

   各零件加工時，應該注重垂直度（如圖26），這些幾何公差在個別加工時，也許會疏忽了這些細節，一旦裝配組裝時，就容易發生「失之毫釐差之千里」的事了。也因此，零件個別加工時，千萬不可等閒視之，認為符合一般尺寸公差即可，則爾後出現組裝不易的事，就淺而易見了。

3. **倒角的重要性：**

   一般的零件加工常會出現毛邊，我們應該有隨時去除毛邊的習慣，除了可以避免被毛邊割傷之外，也能增加尺寸量測的準確性。其次，則是圖面上指示的倒角邊，大部分的零組件都有設計（如圖27），以避免銳角的干涉，因此倒角顯得格外重要，需注意的是，倒角後仍會有產生毛邊之虞，還是得設法去除。

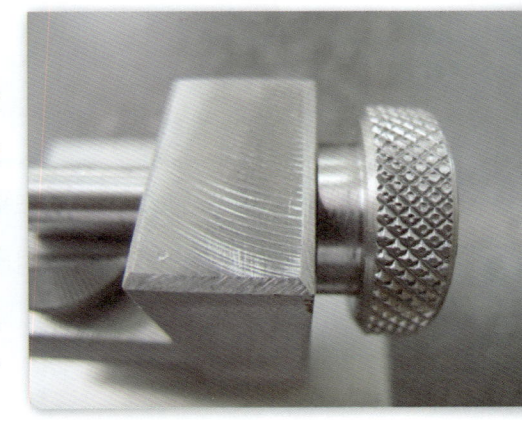

   ◆ 圖 27

創意機械專題實作

4. 螺紋孔的攻製：

通常裝配都是靠鎖螺絲的方式，而螺紋的配合是一陽一陰，陽螺紋稱之為螺絲或螺釘，陰螺紋稱之為螺紋孔。螺絲或螺釘若是檢定會特別提供，有的需要在車床上車製或鉸製；而螺紋孔一般需要以螺絲攻（如圖28）攻製。

5. 柱坑鑽的加工技巧：

需要用到螺絲裝配的場合，常用的是內六角承窩螺釘，則需要柱坑以利內六角承窩螺釘的置放，該端是通孔設計，另一機件則如上述第4項攻製螺紋孔，則可利用內六角承窩螺釘及螺紋孔的配合鎖緊機件。鑽柱坑鑽通常需先鑽一底孔（該孔約比配合之螺絲直徑大0.5mm），然後可以用沉頭銑刀（如圖29）銑製，或者以柱坑鑽完成。

6. 螺絲的鎖固技巧：

螺絲的鎖固在裝配上需視螺絲類別而定，可以用螺絲起子或六角扳手鎖固（如圖30），如果零件只有一個螺紋孔，則直接鎖固，如果有兩個螺紋孔以上，則應該分別依序鎖緊。

△ 圖 28     △ 圖 29 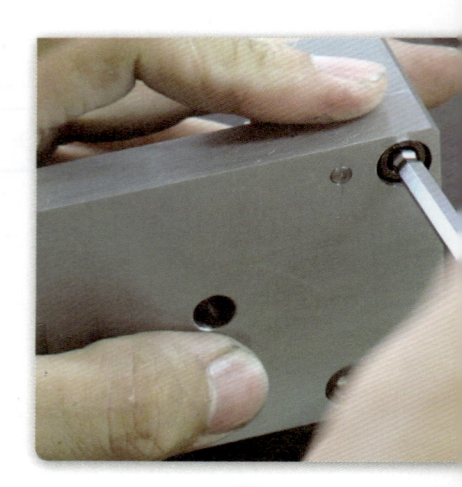    △ 圖 30

## Chapter 04 學後評量

1. 「機械加工乙級」主要是哪四種機具的應用？
2. 光學尺的優點及使用時須注意的事項為何？

# 貳 引導篇

## Chapter 1
## 研究主題的選擇與規劃

1-1 題目的選擇

1-2 人員的組合

1-3 計畫書的擬定

創意機械專題實作

## 1-1 題目的選擇

綜合機械加工題目的類型一般可分為三種類型,分別是探討型、改良型及實作型,以下分別介紹:

### 一 探討型

探討型的綜合機械加工題目,建議針對實習過的教材作深入的探討分析,或者以技能檢定題目作剖析,有別於實習課後的實習報告,實習報告通常只是實習過程及心得的寫作,任課教師較不會嚴格要求。至於探討型的綜合機械加工題目,應該按照規定的格式書寫,除了要有理論探討,並且需要完整的工作程序、操作佐圖、完成作品的分析比較等等。這類型的題目不難尋找,要引人入勝卻要別出心裁,不要過於制式,只要略為用心思索,一樣可以成就不凡的作品。

### 二 改良型

無法勝任探討型的綜合機械加工題目者,可以朝前人作過的題目思考,針對某些項目作改良設計及測試,這也是一種型式。無論設計如何細密,總是會有忽略的地方,或者製作不易的窘境,後人可以在同題演練時作一番改良,也許稱不上創新,但改良後如能增加實用性,還是製造上的技術精進,不失為一種專題的研究。

### 三 實作型

對於理論探討與創新思考都不感興趣的人,可以實作的題型作為研究方向,談不上研究的投入深淺,至少也能從頭至尾作一項專題,比起枯燥乏味的理論探討,有些同學能更提得起勁,而完成的作品也相對的更具實用價值。

## 1-2 人員的組合

對於綜合機械加工的人員組合,考量到本型態的專題實作傾向於實作,是故人員的組合宜截長補短互取所需,盡量考慮不同專長的人員組合最佳。對於組長的挑選,應該從溝通能力、領導能力及表達能力著眼,在研究進行後,可以追蹤組員的進度,適時給予協助,甚至能時常請益師長,才能使研究的腳步延續。

筆者建議類似綜合加工的專題實作，每組以 2～4 人為宜，視題目難易而酌予調整，使組員皆有其任務為佳。對於人員的組合，由於是綜合加工題型，最好能涵蓋各種專長的同學最佳，但常常同學之間的專業能力差異極大，在銑床、車床、鉗工等機具操作，最好都有好手負責，如此可使專題實作的進展順利。即使真的難於組合也不用過於沮喪，因為專題實作就是一種另類的學習，能夠利用這課程時間多向老師同學請教，對本身的技藝有無限延伸的意味。

## 1-3 計畫書的擬定

一般而言，作一份研究應該先從計畫書的擬定開始，專題實作較屬於開放性的教材，不適合漫無目標地研究，也因此計畫書的擬定顯得格外重要，好比是一本書的起頭，起頭敘說著研究的方向、研究的方法，這才令人豁然開朗，明白研究的背景、目的等等。

無論什麼形式的專題實作，計畫書的擬定都是一件大事，這也在訓練同學的寫作能力，瞭解如何去執行一項工程。計畫書擬定不外是 5W1H，何謂 5W1H？即 Who、When、Where、What、Why 及 How，所謂 Who 是指什麼人、When 是指什麼時候、Where 是指在哪裡、What 是指做什麼、Why 是指為什麼、How 是指怎麼做。因此，計畫書中應清楚交待是什麼人要執行專題實作、什麼時候執行專題實作、在哪裡執行專題實作、專題實作要做什麼研究、為什麼要執行該專題實作、又該如何去執行，這樣算是簡單地介紹該專題實作的背景及各項原由。

而由以上 5W1H 演化而來的是研究背景、研究動機、研究目的、研究方法等，清楚地交待這些狀況，基本上已經是計畫書的雛型，若再附上研究時程、研究工具及預期成果等，已然是完整的計畫書。實際上，計畫書大可不必完整詳述，可以略為簡單敘述，簡單扼要闡明各項原由，讓指導老師瞭解研究的來龍去脈，就是一份成功的計畫書。

計畫書的擬定應具備申請表，而後在計畫書中須提及個人資料、研究背景與動機、研究設備及工具、材料清單、預定進度表及預期成果，必要時可以附上圖片佐證，讓指導老師易於辨別。以下列舉一個案例介紹：

## 105 機械科專題計畫書

| 編　　　　　號 | |
|---|---|
| 專　題　性　質 | ☐ 探討型　　　☐ 改良型　　　☑ 實作型 |
| 學校/科別/班別 | ○立　　　　　　　　　學校　機械科　　年　　班 |
| 專　題　名　稱 | 平行夾 |
| 指導老師姓名 | 吳○○、黃○○ |
| 參與學生姓名 | 周○○、姚○○、林○○ |
| 專題執行日期 | 105 年 9 月 1 日至 106 年 1 月 16 日 |
| 預定使用工場 | ☐ 數控實習工場　　☑ 綜合工場　　☐ 車床工場<br>☐ 電腦繪圖教室　　☐ 製圖教室　　☐ 銲接工場<br>☐ 其他（請列舉）： |
| 預定使用設備 | ☑ 銑床　☑ 車床　☑ 鑽床　☑ 磨床　☑ 鉗工桌<br>☑ 砂輪機　☐ 個人電腦　☐ 萬能繪圖儀<br>☐ 其他（請列舉）： |
| 審　查　意　見 | 機械科 | 1. 是否執行：☐ 是　☐ 否<br>2. 改善意見：<br><br><br>教師簽章：<br>科主任簽章： |
| | 實習處 | |

## 一 專題性質：實作型綜合加工型

## 二 個人資料

| 學生姓名： | 周○○ | 聯絡電話： | 0912-345678 | 大頭照 |
|---|---|---|---|---|
| 性　別： | 男 | 生　日： | 80.12.31 | |
| 血　型： | O | 星　座： | 山羊座 | |
| 專長學科： | 計概 | 專長實習： | 鉗工實習 | |
| 興　趣： | 打籃球、表演、作曲、爬山 | | | |
| 學生姓名： | 姚○○ | 聯絡電話： | 0987-654321 | 大頭照 |
| 性　別： | 男 | 生　日： | 80.06.06 | |
| 血　型： | A | 星　座： | 雙子座 | |
| 專長學科： | 機械材料 | 專長實習： | 車床實習 | |
| 興　趣： | 單兵基本教練、看月亮、找星星 | | | |
| 學生姓名： | 林○○ | 聯絡電話： | 0923-456789 | 大頭照 |
| 性　別： | 女 | 生　日： | 81.01.01 | |
| 血　型： | B | 星　座： | 山羊座 | |
| 專長學科： | 國文 | 專長實習： | 製圖、電繪 | |
| 興　趣： | 唱歌、演戲、看職棒 | | | |

## 三 研究背景與動機（約 100 至 300 字）

　　機械加工中少不了需要夾持工作物，而夾持工作物的器具一般稱為「夾具」，雖然通用的夾具是虎鉗、C 形夾等，但通用的夾具並不適用所有夾持，因此，夾具的設計與使用顯出其重要性。如能製作泛用性的夾具，不但可以因時制宜，更能物盡其用。

　　本研究主要興起於實習課機械操作，機械科的實習課有機械基礎實習、銑床實習及數值控制機械加工實習等。實習工場常見的夾具多為通用之範疇，幾乎是制式的虎鉗，多是為了工作需要而裝置，例如鋸切需要夾持工件。但有時夾持僅需少許組件，便可迅速達到夾持效果。因此，藉著本研究探討「平行夾」的功能，從專業科目的機件原理及機械製造瞭解傳達運動及力量的方法，最後以夾具的理論，製作出符合需求的夾具。（本研究動機為舉例）

## 四　研究設備及工具

| 名　　稱 | 規　　格 | 單位 | 數量 | 備　　註 |
|---|---|---|---|---|
| 立式銑床 | ＃1.6，5HP | 部 | 1 | 圖1 |
| 高速精密車床 | 400×750，5HP | 部 | 1 | 圖2 |
| 桌上鑽床 | φ13mm | 支 | 1 | 圖3 |
| 平面磨床 | 450mm×150mm | 部 | 1 | 圖4 |
| 鉗工桌 | 1800×100mm | 座 | 1 | |
| 鉗工虎鉗 | 200mm | 部 | 1 | |

圖1　立式銑床

圖2　高速精密車床

圖3　桌上鑽床

圖4　平面磨床

## 五 材料清單

| 名　稱 | 規　格 | 數　量 | 備　註 |
|---|---|---|---|
| 1. 方鐵 | S20C 25×25×75mm | 1 | 磨光低碳鋼 |
| 2. 扁鐵 | S20C 12×75×75mm | 1 | 磨光低碳鋼 |
| 3. 磨光圓鐵 | S20C φ25×80mm | 1 | 磨光低碳鋼 |

## 六 預定進度表（包含甘特圖）

| 項次及進度 | 101年 9～10月 | 101年 11～12月 | 102年 1～2月 | 102年 2～3月 | 102年 4～5月 |
|---|---|---|---|---|---|
| 1. 擬定專題題目 | ■ | | | | |
| 2. 蒐集資料 | ■ | | | | |
| 3. 提出計畫書 | | ■ | | | |
| 4. 申請材料 | | ■ | | | |
| 5. 實習操作 | | ■ | ■ | | |
| 6. 組裝與測試 | | | | ■ | |
| 7. 成品修改 | | | | ■ | ■ |
| 8. 撰寫說明書 | | | ■ | ■ | ■ |
| 9. 設計簡報 | | | | ■ | ■ |
| 10. 成品發表 | | | | | ■ |

## 七 預期成果

透過本研究，我們可以更清楚「平行夾」的工作原理，從研究過程能體會夾治具製造的艱辛，學會使用、設計各式夾治具。

本研究之預期成果有四：

一、探討夾具的功能。

二、探討夾緊的原理與方式。

三、製作平行夾。

四、瞭解平行夾的使用方法。

## Chapter 01 學後評量

1. 何謂 5W1H？
2. 試著擬訂一份專題計畫書。

# Chapter 2
# 專題實作的進行與記錄

2-1　工作分配

2-2　量具的使用與檢查

2-3　利用數位工具記錄

2-4　機具操作安全

創意機械專題實作

## 2-1 工作分配

專題實作的進行非常注重工作的分配，分配得當則工作輕鬆易於掌握，分配不均則容易產生怨懟致協調不當，這些都是淺而易見的，也希望同學開始分工時，就應特別注意。

綜合加工的專題工作分配上須注意的有以下幾件事：

### 一、工作圖的確認

工作圖好比是作戰的藍圖，對於工作的推展十分重要，而視圖與製圖正是製圖實習的內涵，唯有視圖正確才能擬定爾後的各項工作。從工作圖上可以判讀幾項方針：

| 配 合 | φ6H7 | φ12H7 | φ16H7 |
|---|---|---|---|
| 許可差 | +0.015 0 | +0.018 0 | +0.018 0 |

| 機械加工 | 技術士技能檢定術科測試試題 |||||
|---|---|---|---|---|---|
| 級 別 | 乙 級 | 測試時間 | 6小時 | 題 號 | 18500-106204 |
| 投影法 | ⊕ | 比 例 | 1：1 | 單 位 | 公釐(mm) |
| 材 料 | 光面圓銅：S20C φ38±0.5x110±1<br>光面方銅：S20C 32±0.5x32±0.5x110±1<br>黑皮扁銅：S20C 16±0.5x100±1x75±1 || 核定單位 | 勞動部勞動力發展署技能檢定中心 ||
| ^ | ^ || 核定日期 | 民國106年03月17日 ||

1. 投影法：常用的為第一或第三角法，這會影響視圖的方位（圖示紅色區塊處），此為第三角法，視圖為前視圖、左視圖及仰視圖。

2. 比例：研判圖面使用的比例，一般為 1：1（圖示綠色區塊處），亦即工作圖的長寬可以利用直尺量測比對。

3. 單位：常見的公制為公厘（圖示棕色區塊處），而英制為英吋。

4. 配合公差：研判為基軸制或基孔制，以利削孔加工方式選擇（圖示藍色區塊處），此例為基孔制（H7）。

5. 一般公差：可以明確加工的裕度，如下表為機械加工乙級之一般許可差，例如超過 3 至 6mm 的一般許可差為 ±0.20mm，亦即 0.40mm 的公差。

| 一般許可差 ||
|---|---|
| 標示尺寸 | 許可差 |
| 0.5 以上至 3 | ±0.15 |
| 超過 3 至 6 | ±0.20 |
| 超過 6 至 30 | ±0.50 |
| 超過 30 至 120 | ±0.80 |
| 超過 120 至 315 | ±1.20 |

6. 表面加工符號：判斷是否需要加工，應該以何種機械加工，如下圖左上圖件 2 綠色區塊處之表面粗糙度為 Ra 3.2，而紅色區塊處之表面粗糙度為 Ra 1.6 且須以輪磨完工。

7. 材料尺寸：研判科裡是否已經庫存該材料種類，如圖右下角之紅色區塊處，件1表示為黑皮扁鋼（S20C 16×100×75），件2、3共用光面方鋼（S20C 32×32×110），件4、5共用光面圓鋼（S20C φ38×110），材料尺寸及公差請查閱前頁圖之工作圖—中下方的材料表。

8. 註：是指備註，在圖面上為避免過多圖面符號造成混淆，通常會將一般須知以備註方式顯現，因此，在讀圖時應該多加留意。如圖右上角之綠色區塊處，其備註項目有四點，包含毛邊去除、固定部位的固鎖、去角及組裝功能要求。

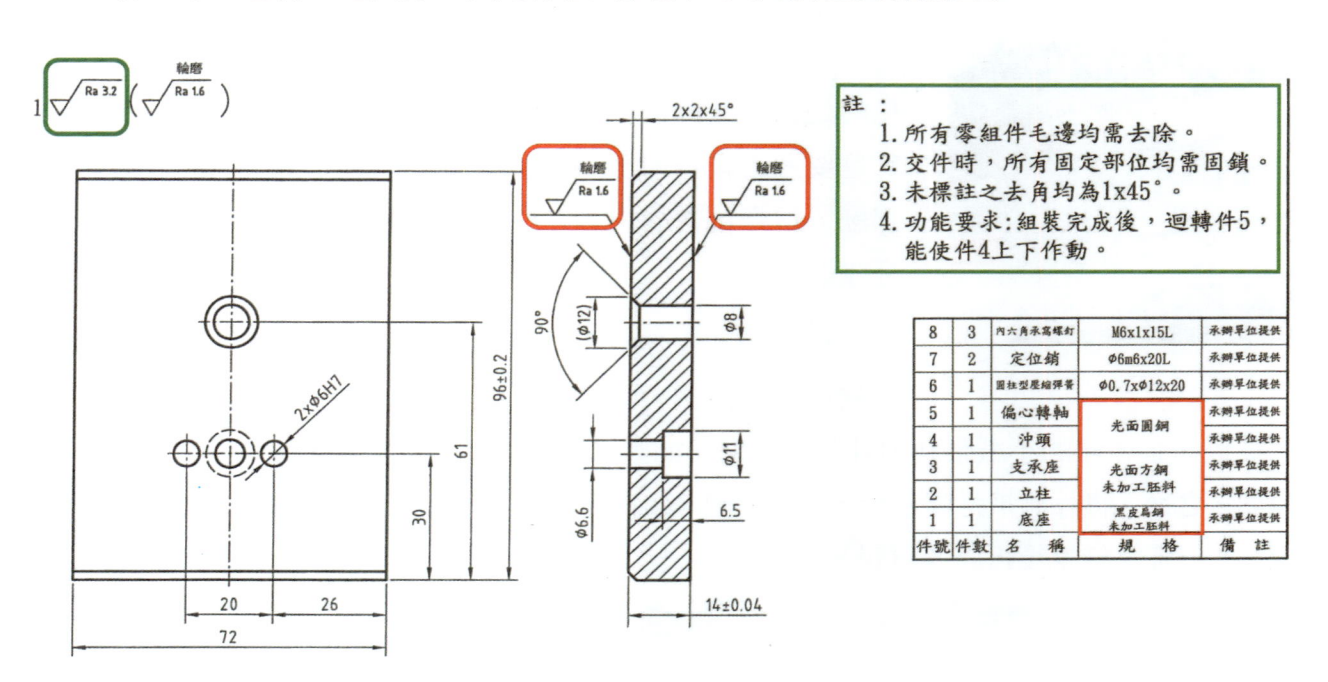

### 材料零件的申購

對於科裡既有的材料，可從實習材料的申請處理，這須透過指導老師、材料管理員及技士(佐)的管理可得。而針對不常用的材料或零件，應該由各科的材料採購循序申購，這也是為何須提出計畫書最重要的緣故。若急需採用，未能在正常管道申購，得因學校是否有專題研究基金或者各組另外自行採購。

### 機具操作的分配

有的實習工場，其機具數量有限，因此在實習操作前應妥為分配使用，才不致發生某機具不敷使用，而另一機具卻乏人問津。

綜合上述三點：1.工作圖的確認；2.材料零件的申購；3.機具操作的分配，可知專題計畫書的重要性，它不僅可以讓老師明瞭各組機具的使用狀況，也可以洞悉各組研究須使用到的材料、零件等等。有妥善的規劃與分工，工作才得以無往不利。

創意機械專題實作

### 四 進度的追蹤與掌握

如果工作的進行沒有一個進度控管,那麼工作很容易停滯或延宕,人總是有惰性,沒有人緊逼著你,很可能研究的成功與否變得遙遙無期。每次實習完,組長都應集合該組組員,作一次工作進度得確認,作為下次實習改善的研究內容。

## 2-2 量具的使用與檢查

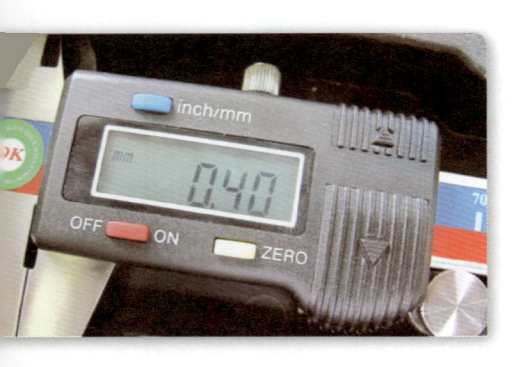

在機械加工的量具使用上,一般還是推薦游標卡尺,最常見的是精度 0.02mm 者,隨著技能的成長與使用的便利性,尤其是要考乙級技術士者,會再添購附表式卡尺或電子式卡尺。那麼,這類精密的量具在使用前、中、後須作何檢查呢?以下分述之:

使用前,應作清潔及歸零檢察。游標卡尺的清潔工作是先以乾淨抹布擦拭,包含卡尺的本尺、附尺及夾爪及深度測桿,然後以一張乾淨的小紙張利用外測爪夾緊(如圖1),再將紙張慢慢拉出,可使外測爪清潔無塵。之後,將外測爪推緊密合,朝向亮處(如日光燈),檢視測爪是否微微露出一隙縫(如圖2),確定無誤後再將表盤歸零。

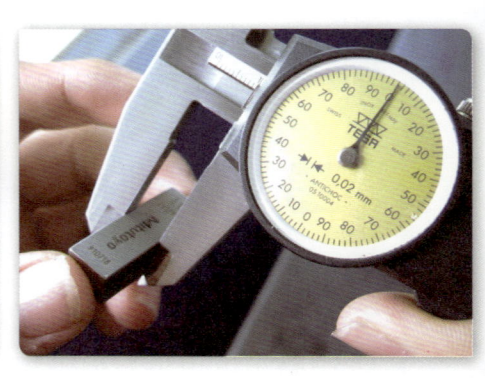

▲ 圖1　　　　　▲ 圖2　　　　　▲ 圖3

緊接著,取出兩只塊規(如 10mm 及 20mm),分別量測此兩只塊規,盡量由內側漸至外側,取其平均值檢視表盤是否歸零(如圖3、4),若量測此兩只塊規之數值有些微差異,此時須衡量是否取其平均值歸零,使量測之誤差減至最低。經過這樣的歸零後,常常會發現真正將夾爪推緊後,反而使表盤不能歸零,我們必須考量真正量測實際的需求才是最重要的。

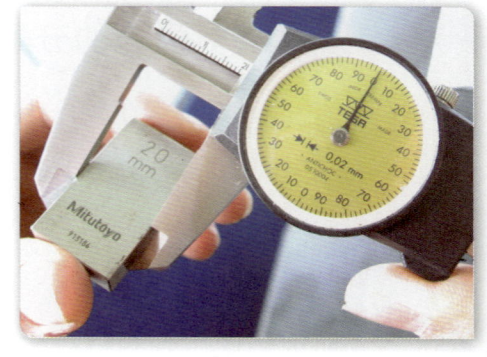

▲ 圖4

## 2-3 利用數位工具記錄

　　凡走過必留痕跡，無論研究成功與否，總是為自己的努力留下美好的回憶。而普遍易見的便是數位工具，這包含數位相機、攝影機及手機等等，尤其是手機幾乎人手一機，其數位攝影部分，功能愈來愈強大，像素也不斷成長，是記錄的最佳首選。只不過，筆者會嫌棄其鏡頭遠不如數位相機，若與單眼相機相比，實有天壤之別。但無論如何比較，能夠勝任攝錄影工作的皆可，同學也需視個人能力而定，萬不可為了記錄而大花一筆，這對家長而言確實是一項負擔。

　　筆者建議類似綜合加工的專題實作，應該在重要的過程加上圖解，可使讀者更易於理解，尤其是較易弄錯的步驟或程序，甚至可以用多張佐圖，可避免次序混淆的遺珠之憾。卻也因為機械操作容易有切屑的不當飛出，在做專題的記錄時，更應特別地小心，不要為了抓鏡頭而發生其他的意外，這是大家都不樂見的。

　　數位工具的拍攝，若工場亮度不足，可以適當地加上閃光燈補光，或者增加曝光值（提高 ISO 值），最好是以相機光圈愈大者愈容易勝任，近來業者為了提昇夜拍效果，號稱手持相機即可拍攝夜景，這樣的噱頭是很容易達成的，如上所述加大鏡頭的光圈、提高 ISO 值或者增加防手震功能，都可以提高拍照的成功率。而利用三腳架固定相機也是另一項可行之道，使用三腳架可以確保相機的穩定性，對於弱光的場所，可以多留下現場的氣氛。

　　拍攝照片應注意以下事項，可使拍照更易達成：

1. 感光度：感光度是指相機對光源的敏感度，一般是以 ISO 值顯示，ISO 值愈高則快門速度愈快，相對地相片的組成粒子元素會變得愈粗糙，筆者建議調整為 HI，亦即相機會自動提高 ISO 值，因為機械操作的拍攝場合，其光源都明顯不足。

2. 對焦模式：對於固定不動的物體，將對焦模式設定為合焦後固定。對於移動的物體，可以設定為追蹤對焦，以確保物體被鎖定。

3. 曝光模式：現今相機多樣化，功能也愈來愈先進，曝光模式的選擇不外乎 Auto、P、A、S、M。

   所謂 Auto 是指全自動，也就是快門光圈皆由相機決定，您只要負責取景構圖按快門；所謂 P 是指程式自動，程式自動相較於全自動，差別在快門與光圈可以任意的組合，只要在曝光允許的範圍；所謂 A 是指光圈先決，也就是光圈由您設定，快門由相機配當，這對於想要淺景深、深景深的控制權易於處置；所謂 S 是指快門先決，也就是快門由

您設定，光圈由相機配當，這對於想要凝結物體或營造流線感的快門的控制權易於處置。最後的 M 是指全手動的意味，拍攝者可參考相機的測光自行決定曝光值，拍攝者擁有較多創作意境。

4. 像素選擇：像素的大小決定可以沖洗照片的大小，一般來說，4×6 的照片大約需要 250 萬畫素，A4 的照片大約需要 450 萬畫素，A3 的照片大約需要 800 萬畫素，A2 的照片大約需要 1800 萬畫素，畫素愈大則相機處理的速度愈慢，因為它需要更多的記憶體空間，若無特別需求，800 萬畫素已足夠應付大多數的場合。

5. 測光模式：測光模式將影響相機對主體測光的差異，由於被拍攝物體可能順光、側光、逆光或背光，測光模式選擇正確，則可以得到主體正確的曝光。測光模式通常有權衡式測光、局部測光、重點測光及中央偏重平均測光等。

    (1) 權衡式測光：是大多數相機內建的建議設定，它可以適應大多數的場合，這種測光模式是將欲拍攝的畫面分割成若干等分來進行測光，由相機計算出最適當地曝光值，對於反差極大的畫面卻不易處理。

    (2) 局部測光：是偏重於畫面中央 10% 的圓形區域，其餘部位會被忽略，這對於主體周圍或背景過亮的情況相當適用，像逆光的場合特別適用。

    (3) 重點測光：是僅偏重於畫面最中央的 4% 作點的測光，其餘周圍的光亮將被忽略，對於極度反差或光源多向化的場合極為適用。

    (4) 中央偏重平均測光：在較新的相機上會配備，該模式雖然會對整個場景測光，仍然也會針對中央的局部圓形區塊另行測光，兩者權宜比重測光，當主體佔據畫面中央大部分時，像人物、寵物的拍攝就分場適合。

以下為權衡式測光（圖 (a)）、中央偏重平均測光（圖 (b)）及重點測光（圖 (c)）在同樣逆光光源條件下測試的比較圖，由三圖可以發現重點測光在逆光的環境下，對人物的臉部有較佳的曝光，而中央偏重平均測光在人物與背景的取捨上，有適當的取捨可兼顧二者。

(a) 權衡式測光　　　　　(b) 中央偏重平均測光　　　　　(c) 重點測光

圖 5

6. 光圈（圖6）：光圈是控制光進入鏡頭的「量」，鏡頭會以一群葉片縮小或放大來控制光圈的大小，要注意的是光圈值是鏡頭焦距的倒數，亦即光圈值愈小則鏡頭葉片會開得愈大，反之愈小。光圈有另外一個效果，光圈值愈小，會產生淺景深，也就是散景效果，對於人物或凸顯主體的情況，可以有最佳的主控權。

7. 快門（圖7）：快門是控制光進入鏡頭的「時間」，也就是快門的時間長短，快門值一般是以秒數的倒數顯示，亦即「15」為 1/15 秒，「125」為 1/125 秒，而「1″」則是 1 秒，以此類推。快門可以用來控制被拍攝主體動作的凝結與否，速度愈快，則適合運動物體的動作凝結；而速度愈慢，則適合營造運動物體的動作流線，例如瀑布、下雨、煙火等。

8. 閃光燈：閃光燈對於光線較暗或逆光的場合，可以作補光的效果，由於普通相機提供閃光燈的 GN 值較小，盡可能在 3 公尺以內拍攝，否則距離愈遠光線會遞減，則效果會明顯下降。而有一些場合不適合打閃光燈，譬如嬰兒、工作場所、某些表演場合或是禁止使用閃光燈的場所，應該將閃光燈強制關閉，避免對被拍攝者的負面影響。

9. 快門鈕（圖8）：快門鈕是啟動相機曝光的按鈕，只要讓光線進入底片（CMOS 或 CCD 感光元件）都稱為曝光，曝光有正確、不足、過量之分。而快門鈕的使用需要一些訣竅，為了讓主體得以對焦無誤，快門最好是半壓（對焦）後，等到對焦完成顯示後，再將快門鈕完全壓下。在半壓的過程裡，還可以適度地對主體作構圖，以呈現最佳的組合，但是在記錄專題過程若時間緊迫，則不必過於吹毛求疵，焦點正確才是記錄成功之道。

10. 長寬比：由於相機提供的感光元件的不同，市面上有 2：3、3：4、4：5、16：9 及 1：1 等，正確的挑選長寬比，可以適用於不同的場景。2：3 是過去相機底片的比例，也是 DSLR（數位單眼相機）的預設值，適合大部分的拍攝。3：4 是消費型數位相機（一般的數位相機）的常見比例，比較符合常見的顯示器螢幕比例。4：5 是適合人相的長寬比，拍攝人像時，具有較佳的親和力。16：9 是目前推廣的顯示器螢幕的比例，用來強調風景的壯闊感，具有強烈的視覺張力。而 1：1 的長寬比，可有助於凸顯主體的存在感，特別適合某些特定風景的構圖。

圖6　光圈 　　　　　　　　　圖7　快門 　　　　　　　　　圖8　快門鈕

## 2-4 機具操作安全

筆者受過二年職業養成訓練，我很喜歡職訓中心的標語－『安全第一、品德至上、技術為先』，沒有安全，一切都是空談，因此安全是工場管理非常重要的一環。其次是品德，所謂品德包含職業道德、個人品德及工作習慣，這些品德都是技術人員應該具備的。最後才是我們以為很重要、能夠一技在身勝過萬貫家財的技能，縱使技術超群、技壓群雄，缺少了品德與安全，那是無法縱橫天下的。

**機具的操作首重安全**，因此操作機器前的機具安全檢查顯得非常重要，除了對機具正常與否，也可以落實工場管理。而後，是機具的各項操作性能檢查，有良好的操作習慣，加上使用完機具的清潔保養，才能使機具運轉正常，並延長使用的年限。以下先介紹常用機具使用前的檢查事項：

### ➡ 銑 床

銑床使用前，應該留意如下幾個事項。

1. **潤滑床台**：檢查潤滑油盃存量，若低於 1/4 應該適時填充至八分滿，並拉加注手柄（圖 9）使潤滑油流至各床軌，如果是自動加油盃，則檢查潤滑油盃存量即可。適當地潤滑床台，可使床台移動順暢，使床軌配合面不易鏽蝕。而潤滑油充斥於床軌，其床台受力易於平均分布。

2. **主軸暖機**：機器運轉應該冷熱適中，過冷過熱都是不好的，機械要正常操作前，最好讓主軸、馬達能適度地暖機（圖 10），時間大約 10～15 分鐘，也能藉此檢查是否有不正常的異音。其次，主軸頭附近的注油口，是為了主軸運轉時的機件潤滑，應該適當地加注。

圖 9

圖 10

3. **固鎖檢查**：為了使加工的穩定度提升，不移動的軸向，通常我們會將之固鎖，而固鎖的螺絲常會因個人使用習慣而異，若在固鎖的情況下刻意移動床台，不僅會使得操作更加費力外，固鎖螺絲也會加速其磨損。

   一般來說，X 軸有兩個固鎖螺絲（圖 11(a)）、Y 軸有一個固鎖螺絲，而 Z 軸也有兩個固鎖螺絲，操作前應該確實地檢查無誤。銑床主軸頭另外有一個在鑽孔的固鎖螺絲（圖 11(b) 所示），如沒有應用鑽孔，記得需將其鎖固，避免面銑削的撞擊。

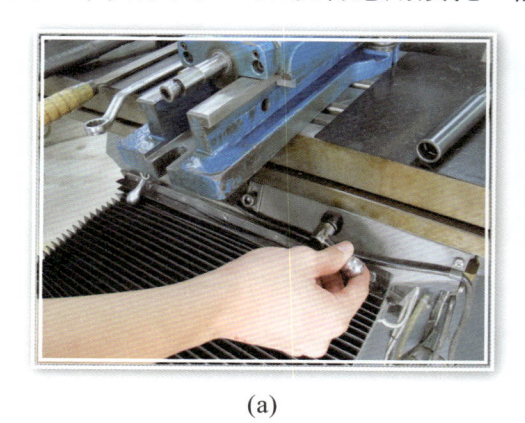

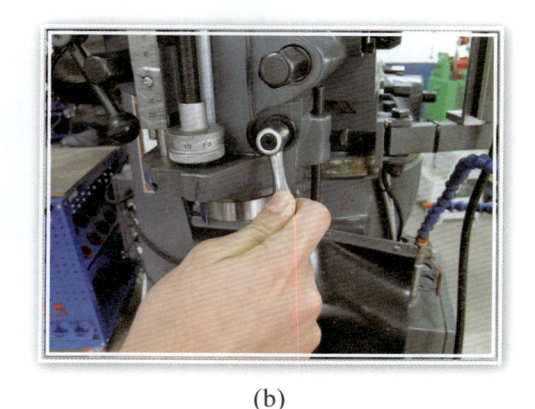

   (a)      (b)

   ▲ 圖 11　固鎖檢查

4. **床台移動**：工件的移動在銑床上是透過床台的移動，且由於大部分加工的工件不大，常常床台會移動的空間會侷限在某一部分。此時，可以藉著機具檢查將每一軸來回移動（圖 12），使床軌潤滑更徹底，傳動的螺桿也較能均勻的滑配。如果有自動進給機構，可以考慮用較慢的進給為之，可以較為省力。

   ▲ 圖 12

5. **塔輪檢查**：為了同學操作上的安全起見，目前銑床的傳動塔輪，最好能加裝防護蓋（圖 13），避免意外的傷害情事。除此之外，並檢查傳動皮帶之鬆緊度是否正常，過鬆過緊對傳動皮帶都會有負面的影響。太鬆的皮帶傳動，會使傳動功率不足，產生皮帶面的滑移；太緊的皮帶傳動，會使皮帶繃的太緊，減短皮帶的使用壽命。

   ▲ 圖 13

## 二 車　床

車床使用前，應該留意如下幾個事項。

1. **潤滑床台**：適當地潤滑床台，可使床台移動順暢，使床軌配合面不易鏽蝕。檢查潤滑油盃存量（圖14(a)），若低於 1/4 應該適時填充至八分滿（圖14(b)），並拉加注手柄（圖14(c)）使潤滑油流至各床軌。

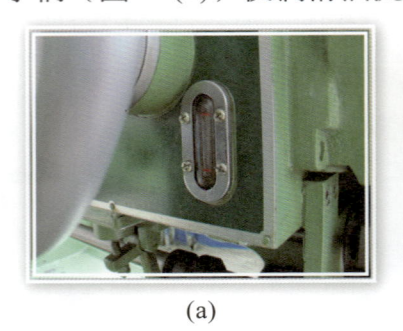

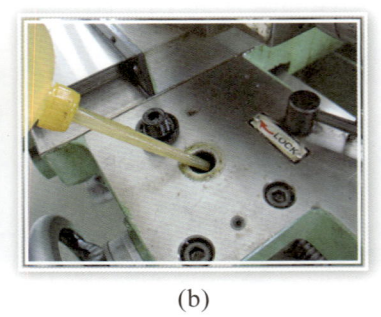

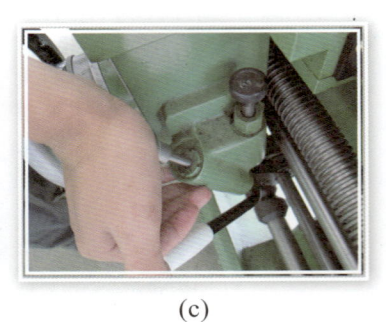

(a)　　　　　　　　(b)　　　　　　　　(c)

▲ 圖 14　潤滑床台

2. **主軸暖機**：車床要正常操作前，最好讓主軸、馬達能適度地暖機，也能藉此檢查是否有不正常的異音。主軸暖機時間大約 10～15 分鐘，一般都是以最低速運轉（圖15），可以避免自動進給機構或切螺紋機構不當的切入，造成傳動上的失誤。

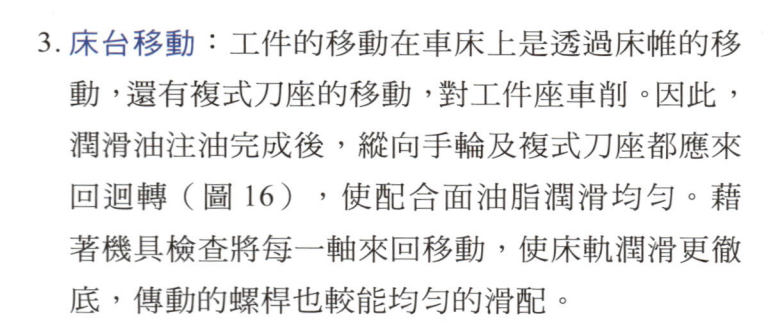

▲ 圖 15　主軸暖機

3. **床台移動**：工件的移動在車床上是透過床帷的移動，還有複式刀座的移動，對工件座車削。因此，潤滑油注油完成後，縱向手輪及複式刀座都應來回迴轉（圖16），使配合面油脂潤滑均勻。藉著機具檢查將每一軸來回移動，使床軌潤滑更徹底，傳動的螺桿也較能均勻的滑配。

▲ 圖 16　床台移動

4. **複式刀座檢查**：複式刀座在車床加工上佔據極重要的角色，舉凡尺寸控制、錐度、刀具交換等等，因此，操作車床前應該審慎地檢查。鳩尾槽配合面應該保持潔淨潤滑，刻度環迴轉正常、歸零正常，刀座迴轉正常。其次，是複式刀座上的油脂潤滑，應該利用注油器加注（圖17），可使配合面潤滑均勻。

▲ 圖 17　注油器加注

## 三 機械操作中之注意事項

做完了機具檢查,接下來便可以正式運轉機器,而操作機械中有一些注意事項,也是不容忽視的。

1. 實習工作服(圖 18):至實習工場操作機械,是屬於實習課,應該依各校規定穿著實習服裝。

2. 安全眼鏡(圖 18):操作旋轉機械(包含銑床、車床、磨床等),為了避免切屑的不當飛出,應該佩戴安全眼鏡,因為切屑不長眼,嚴格上只戴近視眼鏡,還是稍嫌安全性不足,佩戴防護較優的安全眼鏡,對操作安全有十足的提升。

3. 安全護具:所謂安全護具並非安全眼鏡一概而論,在銑床、車床上,為了避免切屑的飛出,很多新式的機具都配備有安全護具,舉例來說,有的車床在夾頭部位會加裝擋屑罩(圖 19),甚至需將擋屑罩合上才能啟動;對於銑床而言,目前在檢定規範都會律定需加裝擋屑罩(圖 20),以避免切屑飛向他人或自己。

4. 工作習慣:操作機械應該學習良好的工作習慣,譬如:使用的工具要排列整齊以利使用、量具與刀具不要混放、不妨礙他人的操作、工作台隨時保持乾淨等等。

圖 18

圖 19

圖 20

操作完機械,工場收工時應該將所有機具作確實的清潔保養,這機具保養和操作前的機具檢查一樣重要,馬虎不得。所謂清潔保養當然包含「清潔」與「保養」兩件事,「清潔」是將機具上在切削過成中的切屑清除,「保養」是將機具保持良好的性能及養護不佳的部位,使機具呈現優異的性能並延長使用年限。過去業界推行的 5S 及 6S,後來也在勞委會的大力推廣下,成為工場管理的一個典範。

5S 是以日文的羅馬拼音分別為 Seiri（整理）、Seiton（整頓）、Seiso（清掃）、Seiketsu（清潔）及 Shitsuke（教養），因其第一個字都是 S，所以簡稱為 5S。任何運動或活動之進行，都得持之以恆，才能看得見結果，因此，近年來日本也開始強調 5S 應該使其「習慣化（Shukanka）」，且「認真（Shikkari）的執行，因此，有所謂的 6S、7S 運動的出現…」。也有另一個解釋如下：

整理（Seiri）：把「要」與「不要」的物品，區分清楚。

整頓（Seiton）：把要的物品以定位和定量的方式擺放並標示。

清掃（Seiso）：使工作場所或設備乾淨無塵埃。

清潔（Seiketsu）：將整理、整頓、清掃，徹底執行後的良好情況維持。

教養（Shitsuke）：遵守單位的規定並養成習慣，確實遵行。

後來加一項安全（Safety），就成了 6S。

無論工場如何管理，無非是希望工安事件不要發生，很多工場將工安視為公司的一個安全指標，他們標示著已經幾日安全無恙，代表工場的安全管理步上軌道，得以確保勞工工作安全，在學校亦然，更應落實各項安全管理。

# Chapter 02 學後評量

1. 專題工作分配上須注意的有哪些事？
2. 何謂管理的 6S？

# Chapter 3

# 問題解決與改善計畫

3-1　技術上的瓶頸

3-2　小組討論的形式

3-3　問題諮詢

3-4　改善計畫

## 3-1 技術上的瓶頸

綜合機械加工題型的專題實作，在進行上難免會發生技術上的瓶頸，一般可分為四種型態，分別是「夾持類」、「刀具類」、「切削加工」及其他，分別作介紹如下：

### 一 夾持類

常會出現的夾持類型問題很多，通常是經驗不足，機械製造知識不夠，若不能及時處理，不當的夾持常會導致工件脫離，進而使得切削不穩、振動，甚者致使刀具裂損、工件損壞等情事。簡單的排除方式有四：

1. 夾持工件的比例盡量超過 1/2 以上。
2. 刀具露出的長度盡量縮短。
3. 使用輔助夾具（如 C 形夾）。
4. 設計專屬的夾治具。

如以上仍不敷您操作上的需求，建議您還是向任課老師請教，才不會導致嚴重的後果。

### 二 刀具類

在車床上常見的刀具選擇，一般而言，K 系碳化物（紅色刀柄）適合鑄鐵材料，M 系碳化物（黃色刀柄）適合不鏽鋼等韌性大材料，而 P 系碳化物（藍色刀柄）適合大部分碳鋼材料。銑床上比較值得注意的多為端銑刀，端銑刀有高速鋼、高速鋼披覆塗層及碳化鎢多種選擇，除了須視學校提供的刀具而定外，必要時可以自行添購，以提高加工速度及品質。如學校具備端銑刀研磨機，則可在刀具磨損後適度地研磨修整，大大提昇刀具的再生使用性能，減少刀具的耗損成本。鑽頭及端銑刀的磨損，即使在沒有鑽頭研磨機的窘境下，學校教師或技士多有手工研磨的技術，同學可以向師長請益。

### 三 切削加工

關於切削加工，攸關切削理論的知識與應用，諸如銑削時順逆銑的判斷、轉速的判斷、切削劑的使用、進給速度的判斷等等，同學應該熟讀切削理論後再來操作，以免操作中尋求解答，老師同學不見得隨時在旁等你求救。而對於較為罕見的切削，例如「薄小的工件」、「不規則工件」，或者「大而長」的工件，同學可以請教師長，多數可以獲得良好的解決途徑，至於難於實習工場加工的狀況，倒是可以尋求鄰近技專校院或業界的支援。

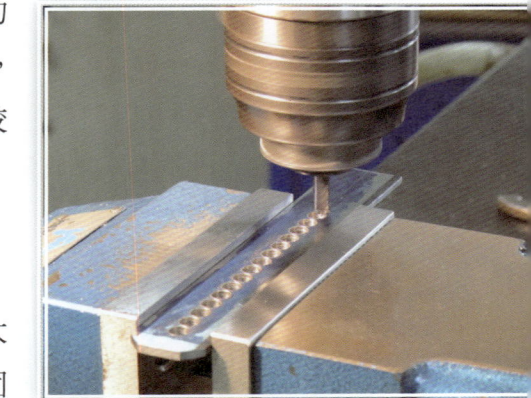

### 四 其 他

尚有許多的切削狀況很難一次完整介紹，這些狀況大多視操作者操作的機具而定，機具穩定性高者、夾持穩固者、床台穩性高者，其切削狀況會比較佳，反之則切削不良。這時，應該尋求改善上述現象，若是無法改善，則需以其他方式改善，萬不可勉強操作。另外，機具的校正也不容忽視，例如：銑床主軸頭的校正、銑床虎鉗的校正、車床偏心的校正、磨床砂輪的平衡等等，都應該事前準備，而不是臨陣磨槍，因而導致實習時間的延滯、操作時間的縮減。

## 3-2 小組討論的形式

對於一般性的問題，同學大可以用小組討論的方式處理，只要小組成員相處融洽、服從性高或者團結性佳者，很容易從小組的討論達成問題解決。對於小組討論的形式，按理可不必過於拘束、過於正式，筆者建議以下幾種形式展開問題討論：

### 一 現場即時性討論

正當操作過程遇到的問題，顯得比較無跡可尋，也來的比較突然，這是無法預期的，卻又急需馬上處置的狀況。這類狀況通常會發生在操作技術性問題、加工程序的諮詢、機具操作上的狀況等等。這類狀況建議該組員可以立即展開現場即時性討論，只要問題非技術困難者，俗話說：「三個臭皮匠勝過一個諸葛亮」，集思廣益可以解決當下的困境，甚至運用同學的資源，可以在無教師下尋求解答。

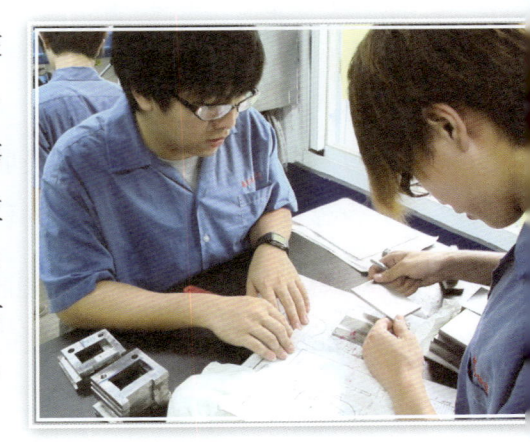

創意機械專題實作

### 二 定時討論

專題實作並非三天兩夜可以完成，通常需要漫長幾週或大半學期才能完工，小組的定時討論顯得格外重要，尤其組長有召開此討論的必須性，除了可以瞭解各成員的進度外，也能讓組員清晰本組進度的進行狀況，此定時討論指導老師可視情況參與，並提供小組專業的諮詢。

### 三 網路視訊會議

當學校實習課無法讓小組從容討論時，若成員皆裝有視訊會議軟硬體，可以考慮利用之。

### 四 即時通訊

若成員沒有前項之視訊會議，只要有網路就可使用即時通訊，所謂即時通訊包含電話、即時通、LINE 或 FaceBook 等軟體，都可以輕易地達成，其重點在小組成員是否有討論的需求性，否則這些通訊將是聊天打屁的藉口，將使小組徒然浪費更多時間罷了。

## 3-3 問題諮詢

一般而言，小組討論無法解決時，就應該將問題上呈諮詢與改善，而諮詢方式當然是與指導老師或其他師長方可達成。不過，諮詢管道其實很多，我們如能善加運用，專題實作的進行相信更能無後顧之憂。多年來，教育部及業界尚在磨合，希望透過各式平台使二者得以相輔相成，但理想與實際總是有一段距離，只要是對二者皆有益者，我們必須懂得如何使其銜接，如此可使同學在技職體系完成學業後，很快地進入業界。此專題實作便是這之間的橋樑，無論是業界或學校，應該從更高的思維去考量，則業界可以藉此覓尋到適合的人才，而同學可藉此吸收實務經驗，以彌補教科書知識的不足，綜看此觀點，我們應該多多尋覓與自我切身關連的資源，讓自己成長茁壯，增添個人智識。

專題實作進行後的問題諮詢，其資源不勝枚舉，在此僅就垂手可得的簡介，盼各先進、師生能舉一反三，找到更優的泉源。

## 一 校科諮詢委員會

　　透過學校（實習輔導處）或各科組成的諮詢委員會，就是一個最直接的諮詢管道，但前提是學校要有這樣的機構，否則只能找科裡的老師。原本專題實作應該須在規模架構具備的前提下運作，才能得到良性的付出與回饋，如果僅把專題實作視為一門課堂課或實習課，那麼將會失去這堂課的立意。但追究根源，和學生實習接觸最多的，便是自己所屬的科及實習輔導處，這些資源是最佳運用的資源。

## 二 技專校院輔導

　　學校若能與鄰近的技專院校合作，很多專題便可因應而生，由於技專院校無論在師資、設備及各式軟硬體都優於高職，善加利用者則能享受其多項資源。有的學校就善加運用這資源，共同開發許多研究方案，這使二者皆互蒙其利。

## 三 職業訓練機構

　　職業訓練機構主要在訓練民眾就業之技能，而其相關的產業資源就更加廣泛，而職業訓練機構所使用的機具也有相對的優勢。例如是機械加工炙手可熱的五軸加工機，職業訓練中心就有訓練的教材及師資，比起少數高職僅有的機具，有過之而無不及。透過這樣的平台，和職業訓練機構相互提攜，實是一項優良的合作案。

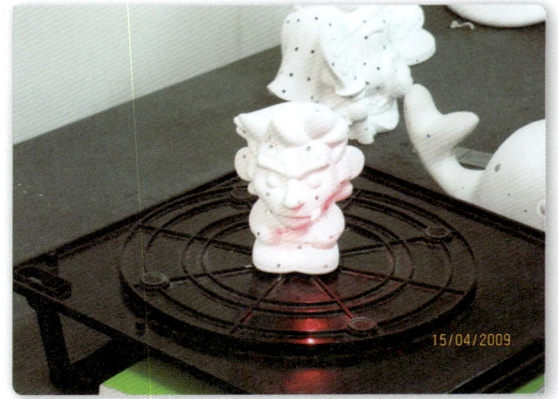

創意機械專題實作

### 四 業界諮詢

業界是與客戶最直接接觸的，他們的訴求即是滿足客戶的需要，因此，若能得到產業界的資助，這無論是金錢上、技術上或課程都是很好的助力。有的學校就能善加運用這些資源，在建教合作、產學攜手及重點產業專班等課程，讓同學利用某些課程實習，並進而觀摩、開發一些計畫案，這也是相當好的一項資源。

透過這些諮詢平台，您可找到一些適合的解決管道，危機即是轉機，遇到問題時不要一味地排斥，似乎當前的問題被排解了，事實不然，那只是鴕鳥心態。能夠為此追根究柢的人，也許當時被認為是愚蠢，豈知吃虧就是占便宜，卻因此而獲得更多知識。有句老生常談的諺語－『天助自助者』，要上天助你一臂之力，也需要您自身的努力，才能使工作推行無阻。

## 3-4 改善計畫

有了諮詢管道，同學應該懂得如何去運用，如何去解決。筆者於此分享一則故事：在美國有位年輕人，用生平的十年積蓄購得一部汽車，花了數月光陰將這部汽車完整拆解，再用數月光陰將其組裝，鄰居以為他頭殼壞了，只當他怪人一個。豈知這年輕人在拆裝的過程裡，透析汽車的每一個機構，藉此他洞悉各個零組件，使他興起製造汽車的念頭，原來他就是克萊斯勒的創辦人－華特‧克萊斯勒（Walter Chrysler）。

以上是一則再平實不過的小故事，平常人卻不會因此而創辦一間汽車公司，需經過無數的努力與失敗，才能成就大事的。重點在何處？在於遭遇問題時如何因應與解決，能夠從容不迫擬定各式解決之道，能夠解決問題的，最後終究能夠達成使命。屈就於現狀而不願改變自我者，終究逃不過被淘汰的命運，即為『物競天擇』，唯有不斷追求問題解決之道者得以生存，希望您也能秉持這樣的精神研究，總有一天您也會成就不凡的事業。以下提供幾項改善計畫，期盼能給您一些方向，使您的專題實作能夠達成使命：

## 一 改良設計圖

在不同的時空環境下，二、三十年前的設計圖，現下的課程也許無法製作完成，這時是可以因現有的知識予以改良，尤其在材料規格、組成零件等等，也許經過你稍加的改良，精簡許多製程、材料及零件，加工過程也簡單許多，同學可以多加用心思索、創意發明，你會發現工作因此而改善許多。

## 二 改變材料

許多設計在材料的選擇上，考慮並非周詳，或許當初設計的理念也並非當下的需求，製作者在課程實施當下應該就地取材，不必諸事因循，致使延宕許多時間。變更材料是最容易的思維，舉例來說，切削中低碳鋼的切削行為，原本就是以硬切軟，如果不影響其功能的考量下，更改為鋁材、銅材或塑膠，將使得切削變得容易許多，不但製程簡化，也使刀具磨損變小。其次，改變材料後，像鋁材、銅材的亮度及防鏽性能，將超越原先的鐵材。

## 三 利用規格化產品

在製作綜合加工的題材，很多零件因為加工的機具差異極大，也許學校的設備不足以應付，則利用規格化產品改善卻是容易達成的。機械科的學生常常被訓練成「按圖施工」，只知為達使命寧可丟命，殊不知改良一些難以製作的項目，使命卻「易如反掌」般地達成，這就是行萬里路勝讀萬卷書。

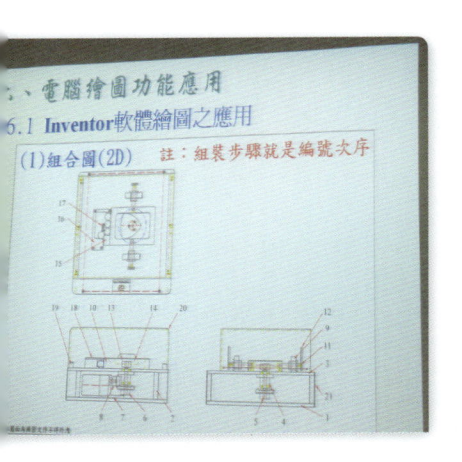

## 四 改變連接方式

　　零件的連結方式大都藉著螺絲的鎖固，但機件的連接方式卻不只如此，例如銲接、榫接、鉚接、干涉配合等等，無一不是連接機件的方式。但我們常被畫地自限的思考邏輯限制，卻不想法子跳出這死胡同，一味地依樣畫葫蘆，很難有自我的風格。雖說模仿是學習的第一步，但如果沒有跳出這樣的學習模式，充其量像是唸唐詩三百首，不見得就可以吟詩作詞，盼您能廣為學習，而終能學以致用。

## Chapter 03 學後評量

1. 簡單排除夾持上問題的方式有哪些？
2. 專題改善計畫的方案有哪些？

# 參 創意體驗篇

## Chapter 1

# 什麼是創客運動與創客空間？

創意機械專題實作

　　自從 3D 列印技術問世並普及化和近年興起「**群眾募資**」平台之後，全球各地正吹起一股「**創客**」風潮，創客也就是「**發明家**」的意思，創客一詞概念源自英文「**Maker**」和「**Hacker**」兩詞的綜合釋義。

　　**創客是一群熱愛科技與文創新事物，且熱衷動手實踐**，他們以交流思想創意、分享技術、動手自造、實現夢想為樂。而當這樣的一群人聚集起來，便成了創客社群，再加上有實際的分享空間和共享的自造設備（如 3D 列印機、雷射切割機、車床、銑床、電動工具、手工具等），便成為「**創客空間（Maker Space）**」。他們善用不同專長領域創客的外部能量，激發每個人的創造力。就如 15 世紀的文藝復興時代，所產生的「**梅迪奇效應（Medici Effect）**」一樣，他們跨越聯想障礙，在這裡彼此交流，增加跨領域創新能力。

　　目前全球已有上萬個創客空間社群，光是中國大陸就約有二千個聚落，創客們在創客空間社群中聚會交流創意及腦力激盪，已創造出許多膾炙人口的創新作品，且得到頗大的市場價值和認同，相信再經幾年之後，**創客經濟**將會是全球重要的發展指標項目之一，創客們五花八門的創意作品，也將為人們的生活帶來全新的感受與體驗。

▲ 創客們的創意交流與腦力激盪
圖片來源：Taipei Hackerspace 創客空間

▲ Dynamic-狗輪椅
圖片來源：Fablab 創客公司

創客的特質就是透過動手去主動學習，把自己的點子實現出來，能清楚解釋作品的原創思考，不用考試成績來定義自己，而是用動手實做展現自己解決問題的能力和自信。創客對每件新事物做出的過程都充滿好奇，對新的人事物及交流分享會有一種滿足與成就感。

18 世紀瓦特在英國打造發明了蒸氣機，帶領第一次工業革命，19 世紀的愛迪生和特斯拉對於直流電與交流電的發明應用及相關產品，改變了人類的近代生活模式。1970 年代賈伯斯在車庫創造了第一台蘋果電腦，引領了近代資訊產業發展數十年。其實他們也就是早期的「創客」，也都對人類的發明史做出巨大的貢獻。

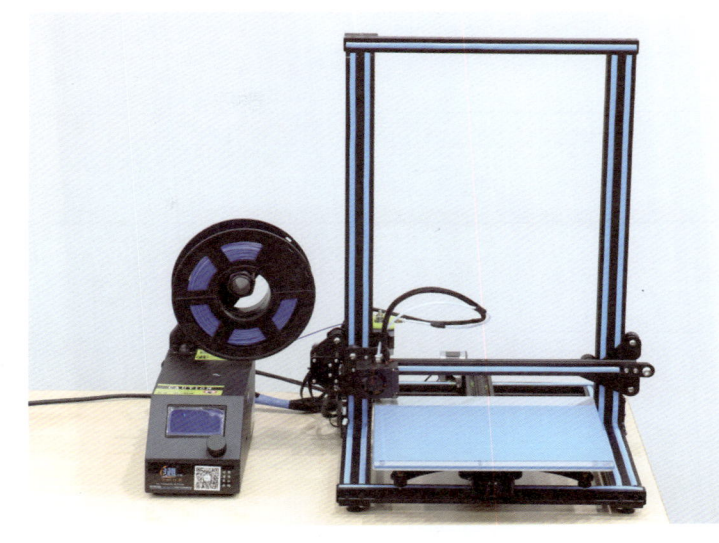

▲ 3D 列印機可讓創客製作樣品的成本大幅降低

在現今創客的精神中，**點子創新、數位應用、DIY 動手實做**是三個關鍵元素，更因近年各種製造生產技術資訊的開放，透過網際網路即可學習，加上動手自造設備成本門檻的降低，及各領域人才交流社群平台發達，使得現代的創客運動蓬勃發展，相信這股風潮必定為人類的發明史，寫下嶄新的一頁。

為何創客運動會出現呢？因適逢近年來幾項條件的成熟：

1. 網路社群發展成熟，便於創客交流。

2. 樣品製作門檻及成本降低，拜 3D 列印技術的成熟之賜，設備成本不斷降低。

3. 自由開發板的興起（如 Arduino 的誕生）讓創客們發揮創意自由運用。

4. 搭上物聯網趨勢，適合少量多樣的作品發展。

5. 募資平台興起，無論是群眾募資、股權群募、天使基金或創投，多重管道可幫助創客實現夢想。

NOTE

# Chapter 2

# 創客運動的發展

創意機械專題實作

## 一 創客運動發展所產生的影響

近期的創客運動由美國盛行發展至今，可明顯看出對創新產業規則的影響，其層面包括：

### 科技業由技術競爭轉化為創新競爭

以往科技業的生存發展之道，就是不斷的研發新技術，以技術取勝競爭對手，但近年的發展已轉變成對使用者的「創新體驗」，如手機產品設計更為人性化的操作介面，這也許並不是太高科技的技術，但需多一點巧思和體貼、簡單化、人性化設計，對使用者的創新體驗是非常重要的。

### 創新型態由集中到分散的改變

以往大企業包辦了大多數的創新研發人才與成果，而在創客風潮興起後將會轉變為創新能量散布在各處的創客人群之中，這有助於擴大整體社會的創新動能。大企業若想保持優勢，則必須設法與民間創客社群合作，共享軟硬體資源共創雙贏。

### 創客空間社群將愈來愈受重視

全世界有上萬個創客空間社群，這些創客來自於不同領域行業的創新愛好者，他們彼此交流腦力激盪，所產生的創意點子往往更勝於大企業研發部門的同質性人員所想像。所以，爾後會有更多的創客作品顛覆傳統大企業的產品概念，甚至能演變成企業的興衰大洗牌。

### 通路先行需求驅動供給

在創客經濟生態圈中，**群眾募資**是重要的一環，創客們借助群眾的支持，取得實踐創意的資金，這也是最直接的市調結果，當有了市場需求才讓你的創意實現，這種通路先行的模式能大幅降低失敗的風險。

### 教育方面的翻轉

東方國家教育大都是填鴨式的背考方式，難以培養出真正具創新思考的人才，**當創客運動盛行後，東方國家教育模式亦會開始由靜態學習轉變為更重視實做勝於理論**。反觀美國的車庫創客精神成果，光是一家蘋果公司對台灣的零組件採購金額是全台上市櫃公司市值的 10%。蘋果智慧型手機獲利比重，更占了全球所有智慧型手機公司獲利總數的 95%，難怪其他國家的許多手機公司要裁員或倒閉。

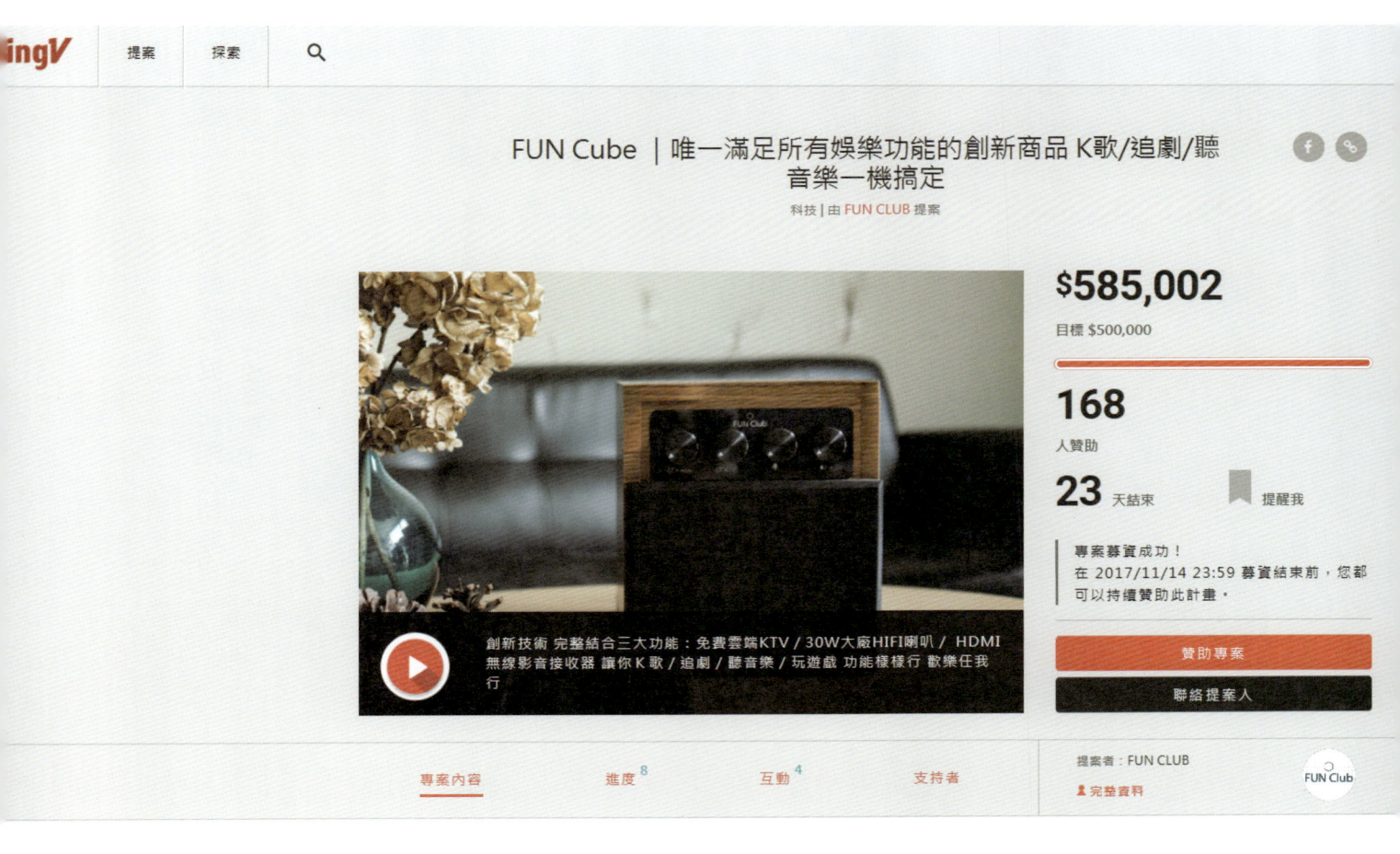

台灣綜合型的群眾募資平台 FlyingV

圖片來源：FlyingV 官網

創意機械專題實作

## 三 創客運動大環境的推手逐步到位

```
2005 ── 2006 ── 2007 ── 2008 ── 2009 ── 2011 ── 2012 ── 2014
```

- **2005**：《Make》雜誌創立：「Maker」一詞出現
- **2005**：Arduino 開發板誕生
- **2005**：手工藝電子商務平台 Etsy 創立
- **2006**：第一屆 Maker Faire，全球最大創客嘉年華
- **2007**：第一家 TechShop 創客空間開張
- **2008**：Indiegogo 創立（美國最早成立的綜合型募資平台）
- **2009**：Kickstarter 創立（全球規模最大募資平台）
- **2009**：熔融沉積 3D 列印技術專利到期
- **2011**：FlyingV 創立（台灣最大的綜合型群眾募資平台）
- **2011**：Beaglebone Black 開發板誕生
- **2012**：樹莓派（Raspberry Pi）開發板誕生
- **2012**：在 Kickstarter 成功募資的 Pebble 智慧手錶，募資金額達 1,030 萬美元，創下募資案最高金額
- **2014**：雷射燒結 3D 列印技術專利到期
- **2014**：在噴噴 zeczec 成功募資的八輪滑板，募得金額達新台幣 3,900 萬元
- **2014**：金管會櫃買中心（OTC）成立「創櫃板」，全球首創政府協助新創公司募資

---

> 任何一次機遇的到來，都必將經歷四個階段：「看不見」、「看不起」、「看不懂」、最後：「來不及」！「發明」就是：「讓創意化為真實」。
> ——馬雲（阿里巴巴創辦人）

## 三 創客競賽：實務參考資料（網站連結）

1. 愛寶盃創客機器人大賽：https://use360.net/iPOE2017
2. IoT 創客松競賽網站：http://mft2017.iot.org.tw
3. IEYI 世界青少年創客發明展暨臺灣選拔賽：http://www.ieyiun.org/
4. Maker Faire：https://makerfaire.com
5. Mzone 大港自造特區：https://www.facebook.com/mzon.KH
6. vMaker 台灣自造者：https://vmaker.tw
7. LimitStyle（HOLA 特力和樂）：http://ideas.limitstyle.com

NOTE

# Chapter 3

# 雷射雕刻機──
# 創意手機架鑰匙圈

3-1 前　言

3-2 作品介紹

3-3 著手設計

3-4 圖形設置

3-5 雷雕機操作

3-6 結　語

## 3-1 前言

　　雷射雕刻機是繼 3D 列印機之後的創克機器，但它比起 3D 列印機昂貴許多，主要是雷射雕刻機的切削動力來自於雷射。除此之外，雷射雕刻機的機器整體近似於 CNC（電腦數值控制）機具，只是二軸的軸向控制，其軸向的移動指令仍與 CNC 機具的指令類似。常見的機械加工切削動力，不外是馬達連結塔輪、皮帶輪經齒輪變速箱驅動，或者是馬達直接驅動，但雷射雕刻機的切削動力─雷射（Light Amplification by Stimulated Emission of Radiation 的縮寫 Laser，譯為受激輻射式光波放大），雷射是用共振器將光（電磁波）增幅後獲得的人工光線。雷射光擁有良好的指向性、集中性，以及能維持固定波長等物理特性，這些特性被活用於高附加價值的尖端加工用途上。

　　雷射雕刻機（簡稱雷雕機）的機種差異很大，本書僅以基本款（50W 封離式二氧化碳玻璃雷射管）做教學，其切割的材料限於 3～5mm 木板及壓克力板，該款雷雕機的切割範圍約為 30×40cm，外接循環式冷水機，具備升降平台，雕刻速度：0～72000mm/min，工作電壓：AC 220V、50～60HZ，機台具斷水保護功能，足以應付一般文創設計製作。

　　雖然，基本款雷雕機的切割範圍及材料有限，但是事在人為，筆者服務學校的該款雷雕機 2 部，不僅應付電腦輔助製造實習，在彈性課程上也開過數門類似的課程亦游刃有餘。這樣的創客機器、文創課程的重點不在操作機器，而是在設計與應用，若只將現有的檔案演示與操作，將作品完成交差了事，很難發現創客的樂趣。筆者希望後續的一些些小創思，可以勾起你玩創意、瘋設計的念頭，用心地用電繪軟體設計，進而美工修改，完成一項實用的文創作品。

圖 1

## 3-2 作品介紹

　　雷雕機的作品很多，筆者做過魯班鎖的『三星歸位』、七巧板、直尺、杯墊、桌上飾品等。魯班鎖極為有趣，巧妙的應用木工的榫接原理，讓物件的接合不用一顆釘，確實趣味十足而融入中國古代的智慧，三星歸位如圖2，是由三支木板組成，其中間有不同缺口的形狀，組合後變成一組三軸相交的組合體。

▲ 圖2

　　為了避免燒燙的杯子弄傷桌面，可以自行設計不同圖案的隔熱杯墊，是頗為實用的作品。圖3左為5mm木板切割出的隔熱杯墊，純粹切割間隔條紋的樣貌，而圖3右為3mm木板雕刻出的隔熱杯墊，中央的咖啡圖案是以雕刻呈現。

▲ 圖3

創意機械專題實作

　　用來畫線及量測的直尺，若能刻上紀念性的詞句，自用送人兩相宜。圖 4 為 3mm 木板雕刻出的 15cm 木尺，具備公英制二種單位，並在尺面中央雕刻勵志的英文字句（Never put off till tomorrow what you can do today. 今日事今日畢。）。

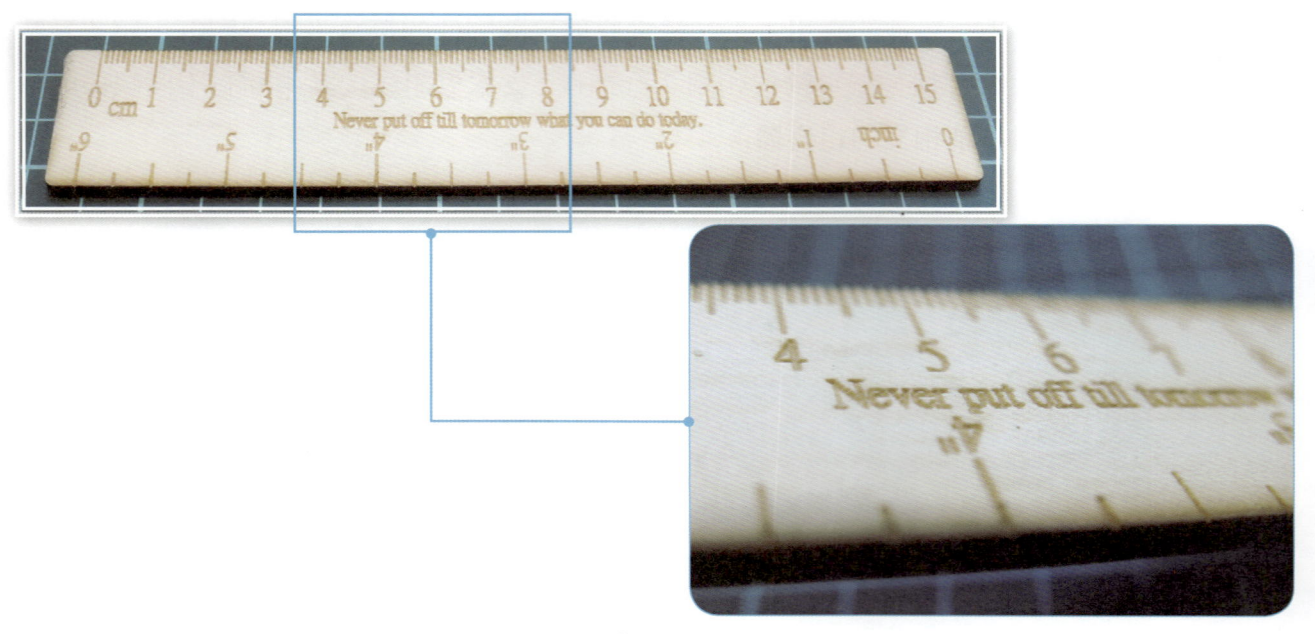

▲ 圖 4

　　古人喜歡揮灑書法，這些墨寶也可轉印至透明的壓克力上，成為水晶般的桌上飾品。圖 5 為蘇軾著名的水調歌頭，筆者先將書法雕刻在 3mm 透明壓克力上，再另外以較大體積的壓克力做斜插底座，並在底座下層雕刻機械科字樣。

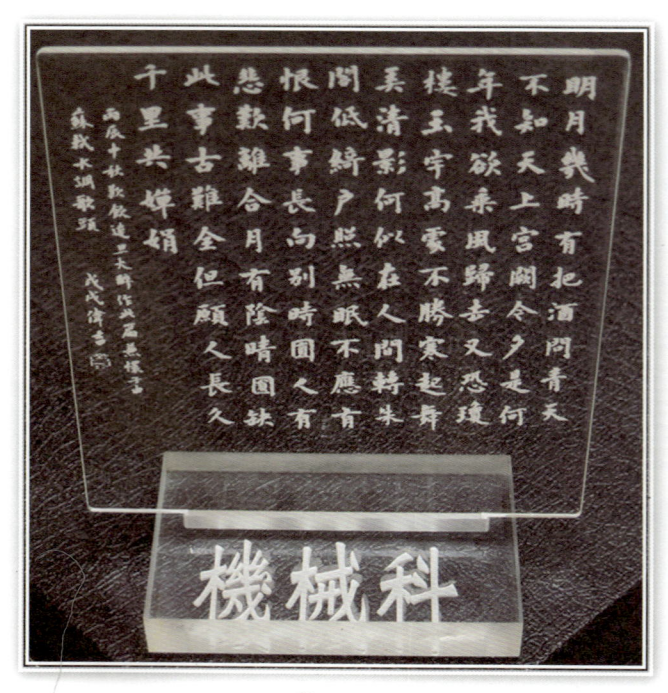

▲ 圖 5

雷射雕刻機─創意手機架鑰匙圈 ❸

參 創意體驗篇

最後介紹的是圖 6 的祈福鑰匙圈，這是筆者頗為自豪的一項作品，當透明壓克力的祈福卡（圖面刻著永保安康）穿過鑰匙圈，使鑰匙圈增色許多，符合東方人求福祈福的韻味，但祈福鑰匙圈另外蘊藏著一項隱藏功能。常會被誤認為是開罐器，或者一種特殊的卡榫，您不妨猜猜～

若將圖樣改為討喜 Q 版的媽祖，加上金榜題名字樣（圖 7），更是考生「追分成功」的致勝法寶，創意來自生活，結合周遭文化的創意便是文化創意。

△ 圖 6　　　　　　　　　　　　△ 圖 7

將祈福鑰匙圈的透明壓克力祈福卡上的凹槽崁入手機側邊時，儼然變成一個輕便的手機架（如圖 8 所示），當忙碌的人們坐下休息，想看個手機上的新聞或追劇時，免不了需要手機架，這正是一個集多項功能於一身的創意手機架鑰匙圈，下一單元筆者就將這文創品的製作過程呈現。

△ 圖 8

創意機械專題實作

## 3-3 著手設計

### 一 外型繪製

首先是手機架的外型，請見圖 9(a) 的尺寸標註，可以利用各式電腦輔助繪圖軟體（筆者是以 AutoCAD 2014 版）繪製，只有圖面上被圈上紅色的尺寸 10（mm），應該依照手機的厚度設計，若配備果凍套者，則應以包覆果凍套時量測（如圖 9(b)），量測後的值需加上 0.2（mm）作為伸縮量。而圖面上的小圓圈，其直徑為 3.3（mm），主要用途是穿掛鑰匙圈之用，而所有直角處都需倒圓角（R = 1.5mm），至於手機架的長寬需視手機大小而略為調整，圖 9(a) 僅提供參考用。

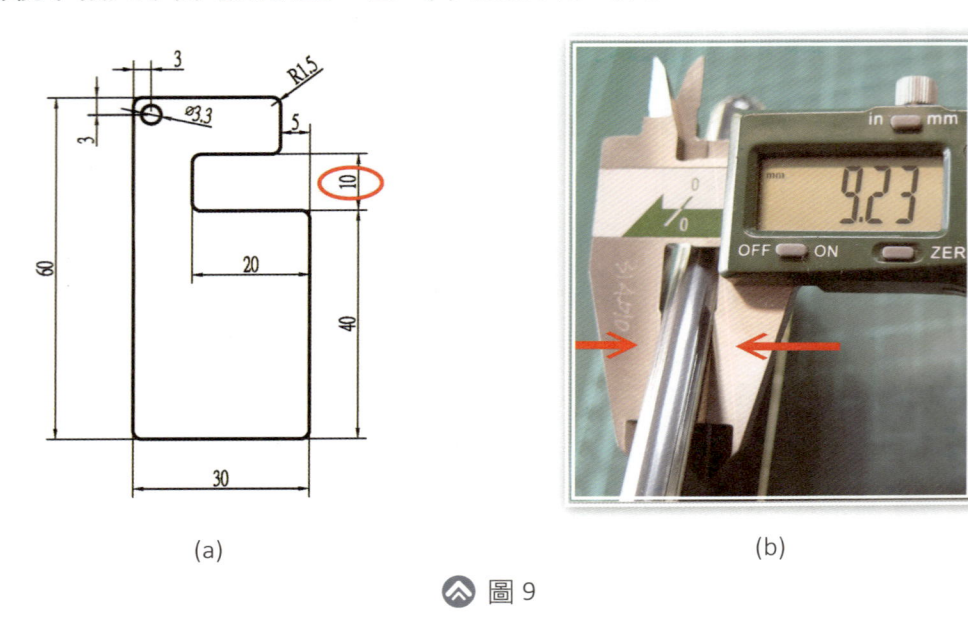

(a)　　　　　　　　　　　　(b)

圖 9

繪製完成後先存檔再另存為 *.dxf 檔，繪製的主要線條必須是粗實線，標註線可以留著，它不會被轉成雷雕機欲切割的線條，如圖 10。

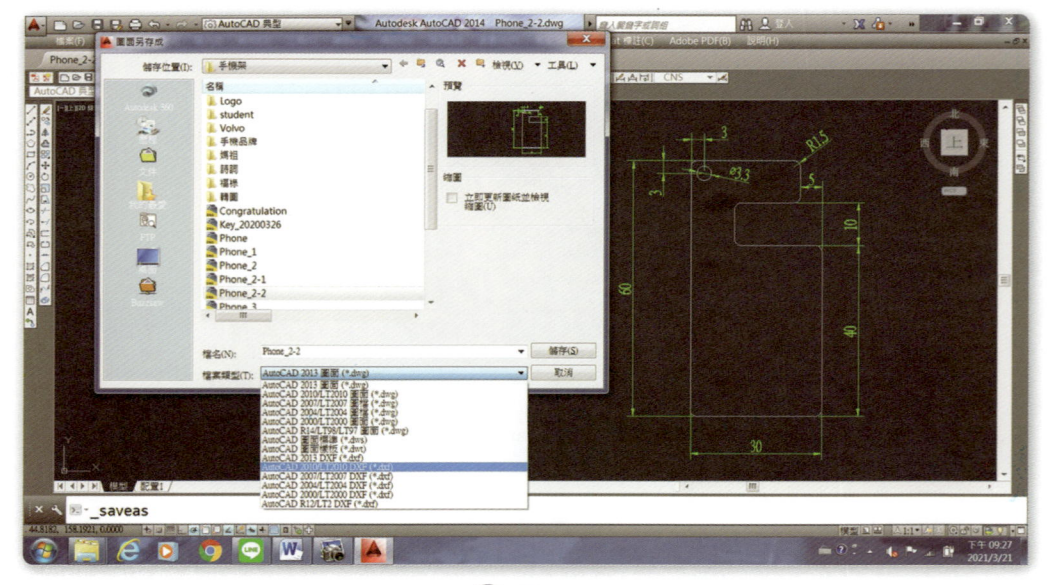

圖 10

100

存好的 DXF 檔，在指定的資料匣會出現圖 11 的檔案圖示。

## 二 圖形轉檔

想雕刻圖案，不是有圖檔就可以執行了嗎？為什麼需要圖形轉檔呢？原因是一般的圖檔是包含許多顏色的點陣圖，無法直接應用在線性圖案的後製，所以需要一些轉換的過程。首先，先將常見的點陣圖（如 PNG、BMP、JPG）轉成 SVG（可縮放的向量圖，通常是單色），再從向量圖轉回點陣圖。圖形經過二次的轉檔，不僅將彩色轉換為單色，也使原來多色澤的圖層單純化，將有利用雷射雕刻時的線路依循。

△ 圖 11

**1. 圖形轉檔的第一程序如下：**

**Step 1** 首先開啟 Free SVG converter 的網頁（網址：https://picsvg.com/?fbclid=IwAR1kYB6m8rudyOOA5s9FSnq2OvYJ-NGd1ruxrB97AdAQz5qy2GOIA3TOmrs），開啟網頁後（如圖 12），將滑鼠移至畫面中央按（UPLOAD A PICTURE），接著點選欲轉檔的圖形檔（如圖 13）。

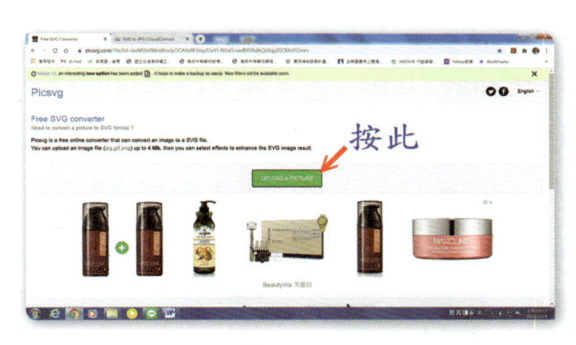

△ 圖 12 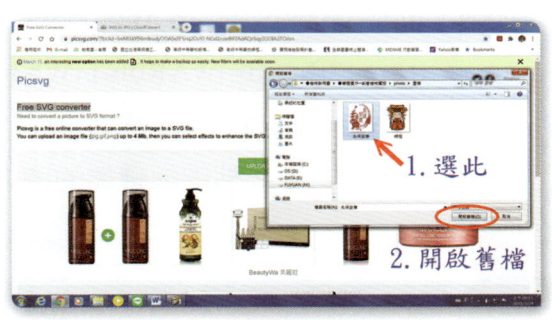　　　　　　　　　　　　△ 圖 13

**Step 2** 點選的圖形檔上傳之後，會出現轉檔細項選擇（如圖 14），第一項為細節選擇，可以都試試看，左邊是上傳的原圖，而右邊會出現轉檔後的預覽圖。

**Step 3** 第二項是過濾器選擇，多達七種選項，可以都試試，並從右邊的預覽圖檢視是否滿足個人的期望，最後點選向量圖下載（如圖 15）。

△ 圖 14 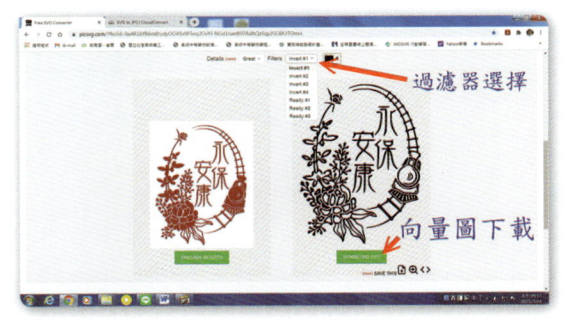　　　　　　　　　　　　△ 圖 15

創意機械專題實作

**Step 4** 之後，便是存檔（如圖 16），將存檔位置及檔案名設定好，即可存檔。

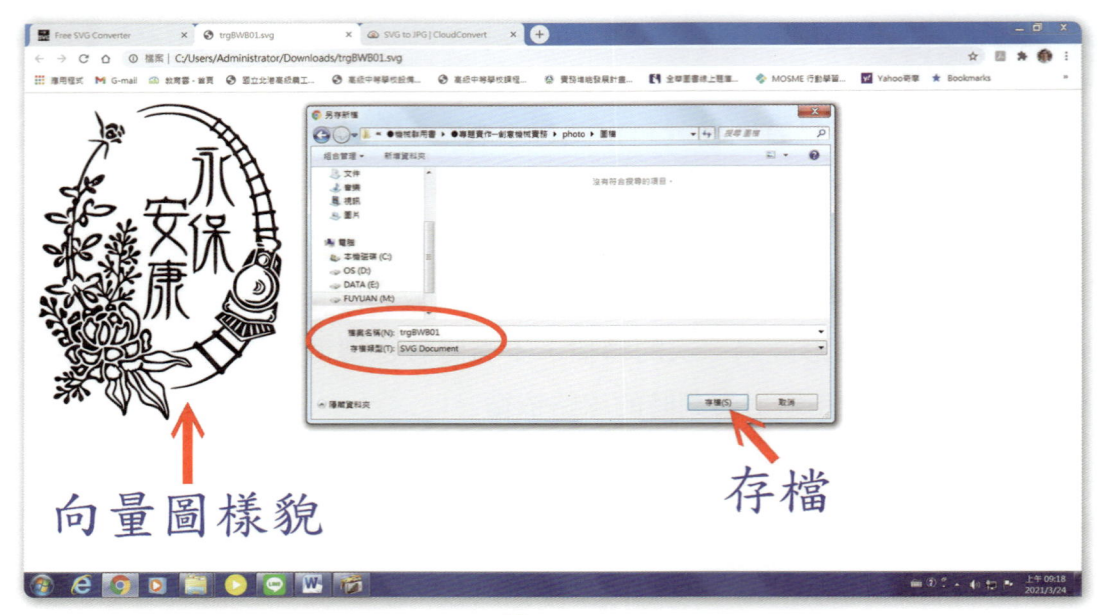

▲ 圖 16

**2. 轉檔的第二程序如下：**

**Step 1** 首先開啟 SVG to JPG Converter 的網頁（網址：https://cloudconvert.com/svg-to-jpg?fbclid=IwAR0b-mWh3dEUEzqsvV0uRTA_WpCHFSA9x0TOMTmNsoQsBNFYuI4jFZCCkaE），開啟網頁後（如圖 17），將滑鼠移至畫面中央按（Select File），接著點選欲轉檔的圖形檔（如圖 18），也就是第一程序的完成 SVG 檔。

▲ 圖 17　　　　　　　　　　　▲ 圖 18

102

> **Step 2** 緊接著會進到下一畫面（如圖19），轉檔的設定如下：①左邊是來源（需選擇SVG檔），②右邊是域轉換的檔案類型（選擇JPG），③再按下轉換（convert）。則可得到轉換後的JPG圖檔（是黑色單色版），④接著按下（Download）可以下載該圖檔（如圖20）。

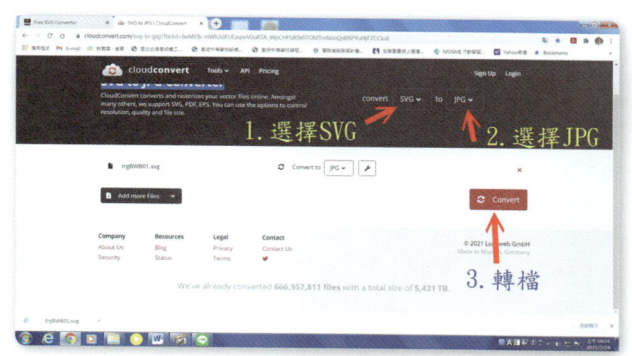

▲ 圖19

▲ 圖20

> **Step 3** 如圖21所示，點選（存檔），即可完成存檔動作，檢視資料夾圖示，如圖22所示。

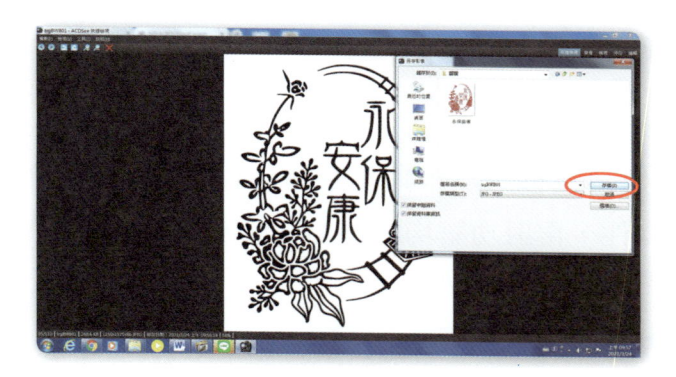

▲ 圖21

▲ 圖22

創意機械專題實作

## 3-4 圖形設置

**Step 1** 開啟 RDWorks 載圖：開啟軟體後如圖 23，在紅色箭頭處點選載入圖檔（亦即外型繪製的 DXF 圖檔）。

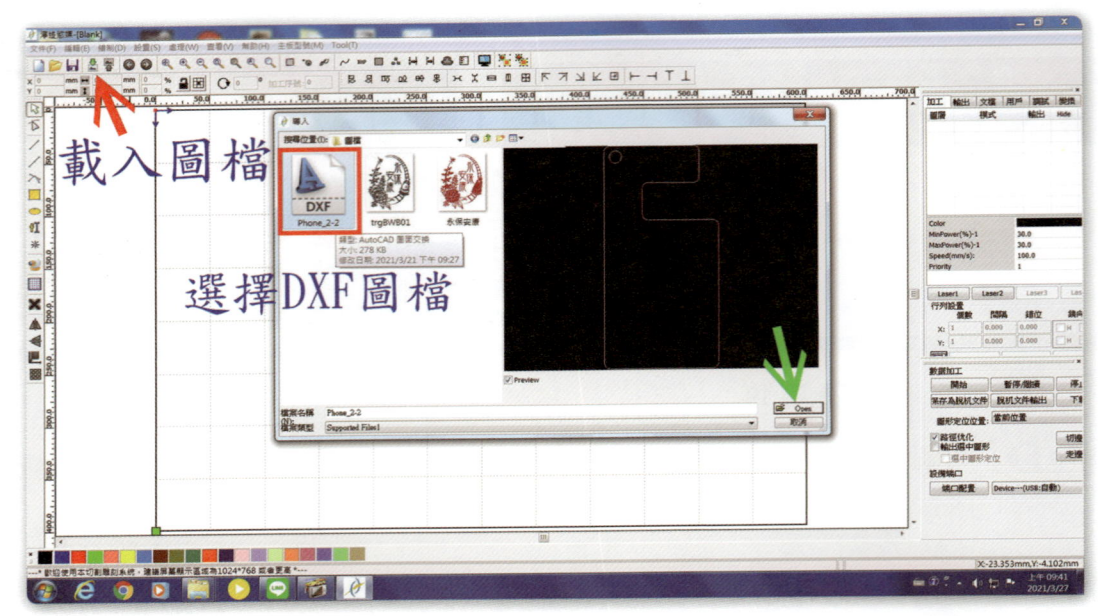

◎ 圖 23

**Step 2** 設定切割條件：DXF 圖檔載入後，將滑鼠移至左下角點選黑色圖樣（若已呈現黑色則不用再改），接著設定切割條件，雷射功率均設為 40.0%，移動速度設為 6.0mm/s。

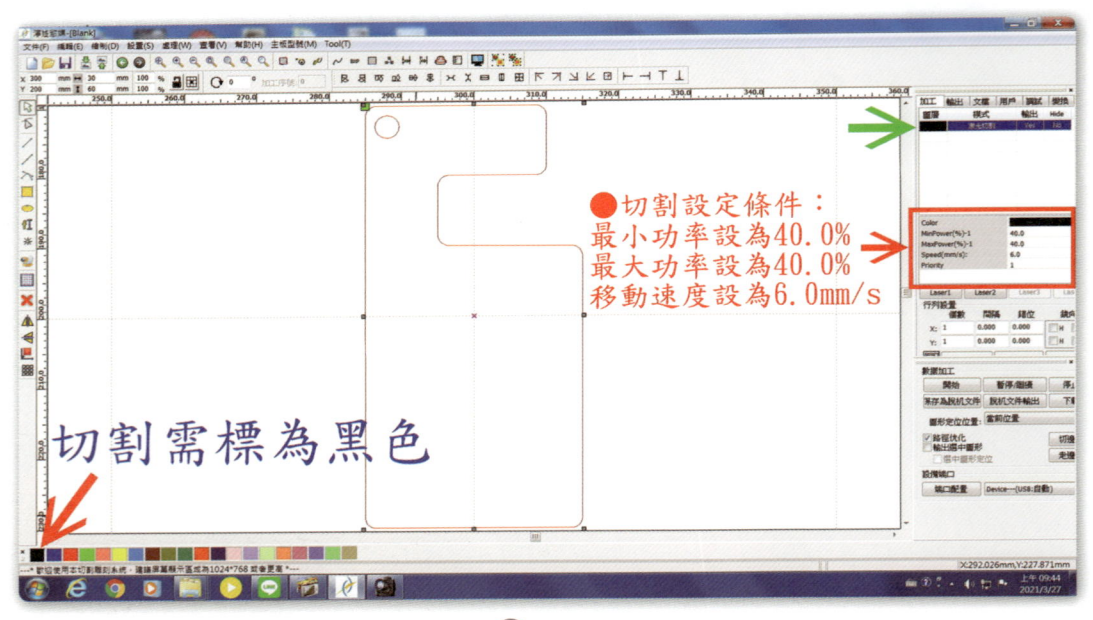

◎ 圖 24

104

雷射雕刻機─創意手機架鑰匙圈 ③

參 創意體驗篇

**Step 3** 導入雕刻圖樣：在紅色箭頭處點選載入 JPG 圖檔（亦即先前圖形轉檔的 JPG 圖檔—永保安康圖）。

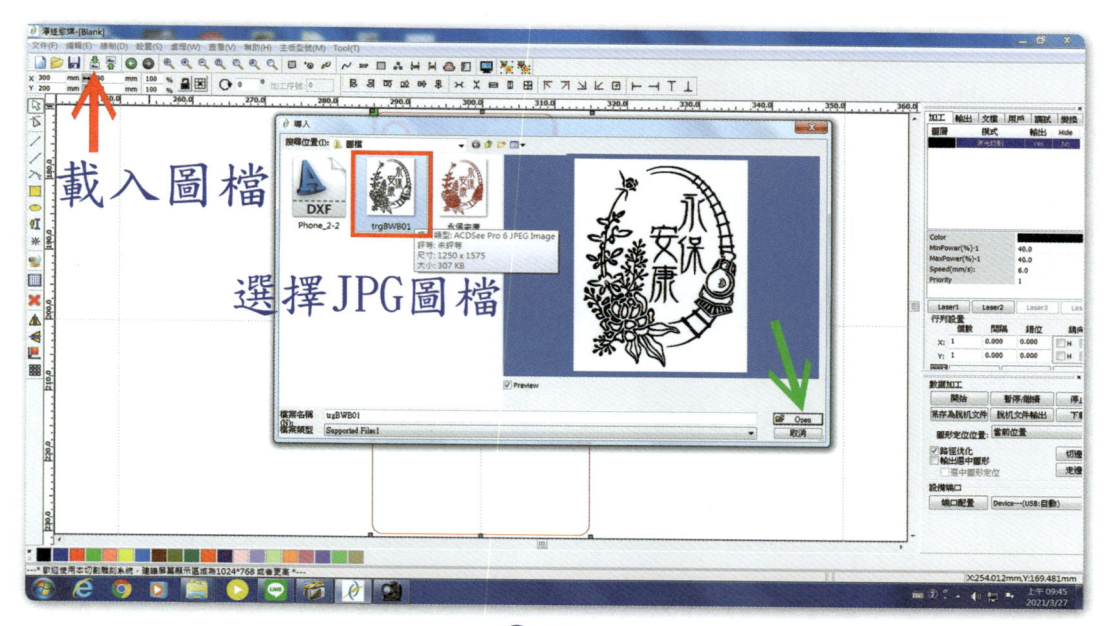

◎ 圖 25

**Step 4** 設定掃描條件：在紅色箭頭處點選紅色圖樣，接著設定掃描條件，雷射功率均設為 30.0%，移動速度設為 250.0mm/s。

◎ 圖 26

105

創意機械專題實作

**Step 5** **圖形縮放移動：**掃描/雕刻的圖檔可以先利用滑鼠拖曳來縮放大小，再將圖檔移至欲切割圖形的裡面（通常是正中央），若滑鼠的靈敏度不佳，則可以用游標鍵（↑←↓→）位移，也可在綠色箭頭處輸入 X、Y 座標值使之更精確移動。一般而言，掃描/雕刻的圖檔應比欲切割圖形略小為宜。

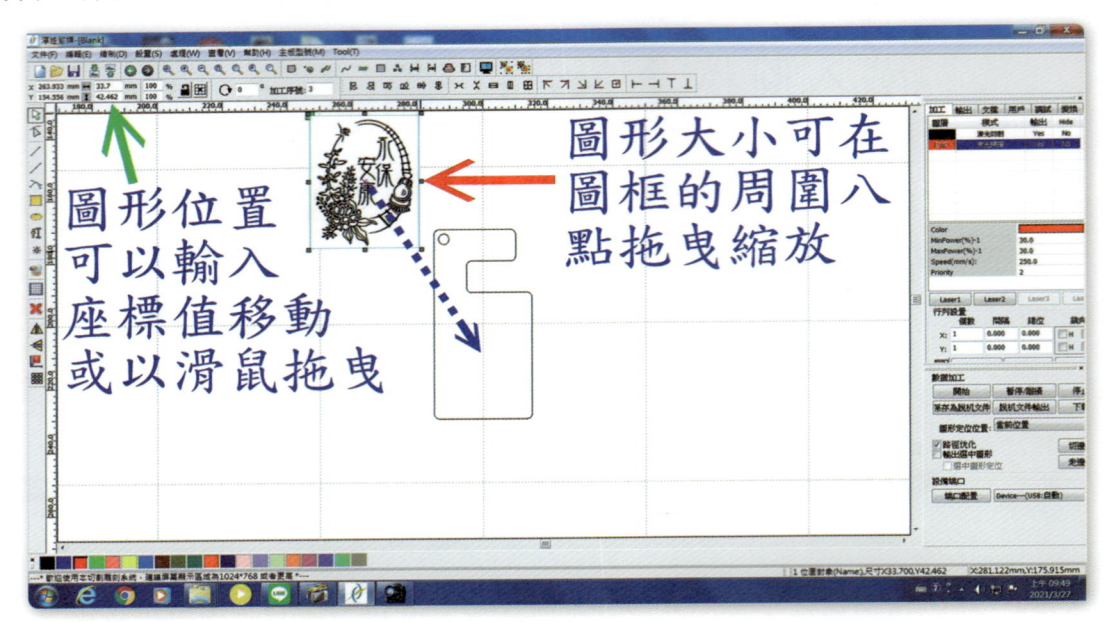

圖 27

**Step 6** **鏡射功能：**為使掃描/雕刻的圖形隱藏在背後，可使壓克力正面為光滑面，可在紅色箭頭處點選水平鏡射功能（若是考慮圖形朝向問題，可以使用垂直鏡射功能，此功能位於水平鏡射功能下方）。

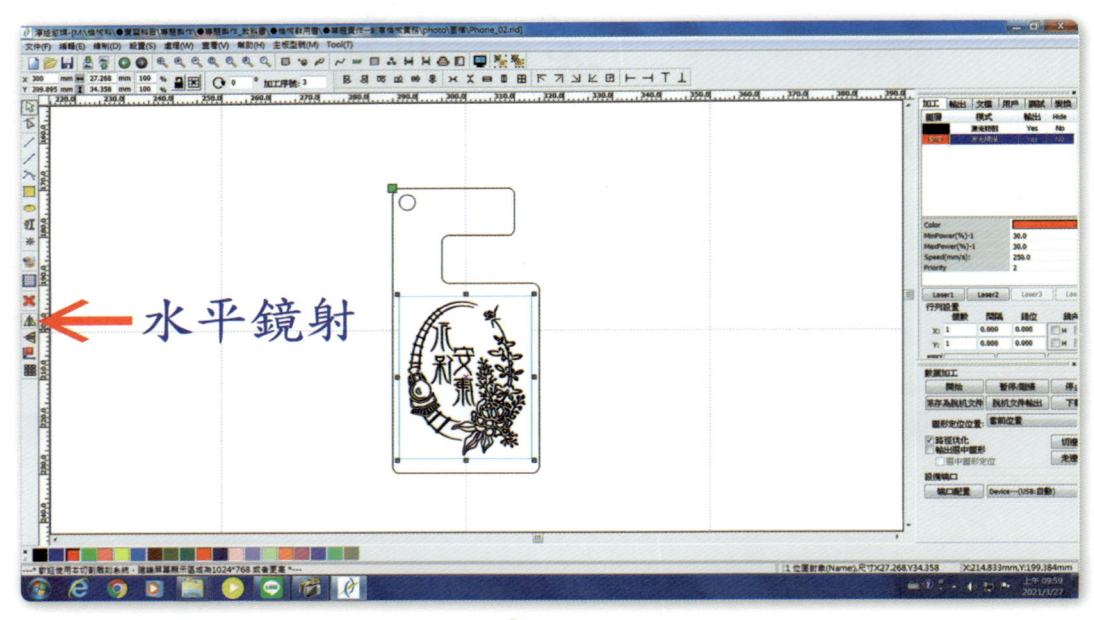

圖 28

106

雷射雕刻機—創意手機架鑰匙圈 ③

| Step 7 | **儲存 RL 檔：**可在綠色箭頭處點選存檔或在紅色箭頭處點選文件中的另存為，儲存為 RL 檔是為了保存之前所有的圖形設計資料，日後若想再修改，必須開啟這 RL 檔始可修改。

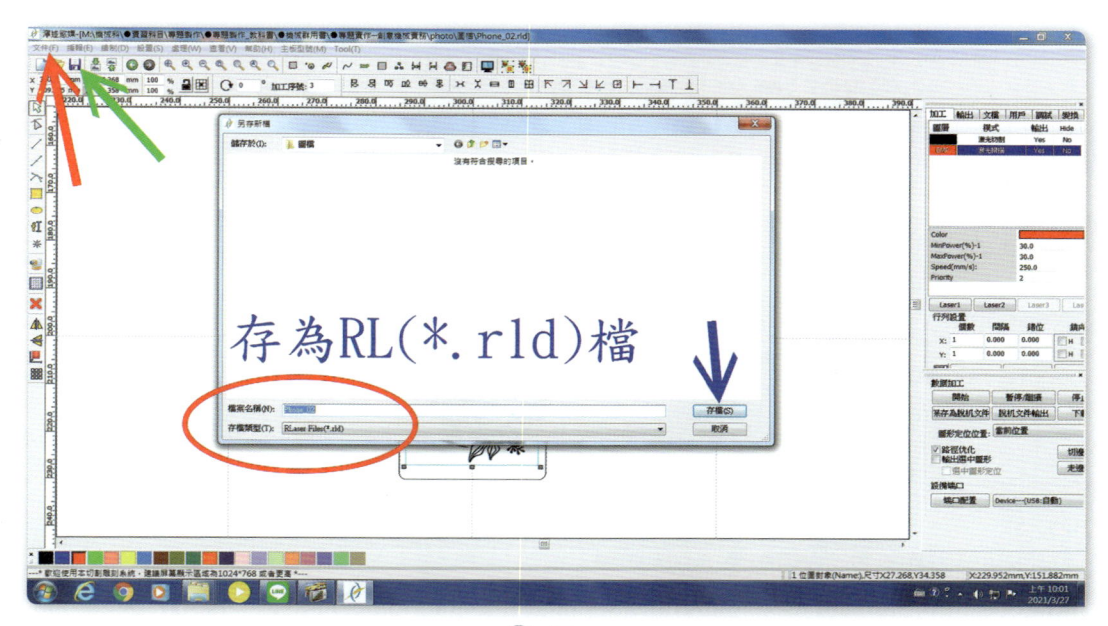

▲ 圖 29

| Step 8 | **輸出 RD 檔：**在操作介面的右邊，在紅色箭頭處點選保存為脫機文件，自行訂定檔案名稱（須以英文及數字命名，本例為 Phone_02.rd），在綠色箭頭處點選存檔。

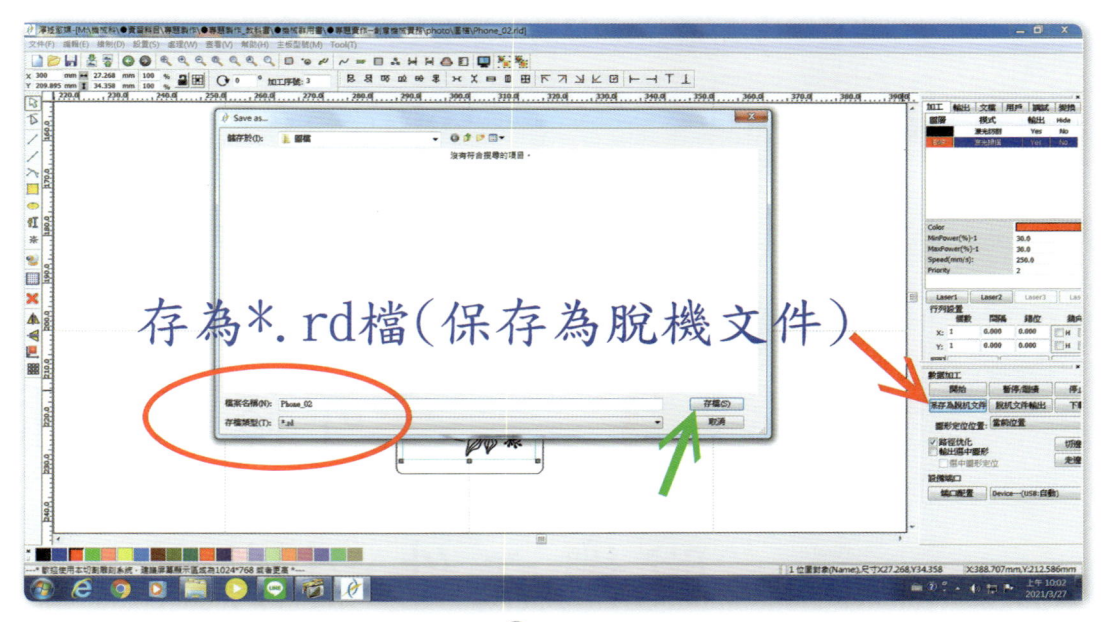

▲ 圖 30

107

創意機械專題實作

**Step 9** 確認儲存成功：當脫機文件儲存功後，會出現以下畫面，按下紅色箭頭（確定）即可完成。但要將 RD 檔攜至雷雕機使用，請將此 RD 檔複製到 USB 隨身碟，以利後續雷雕機的文件載入。

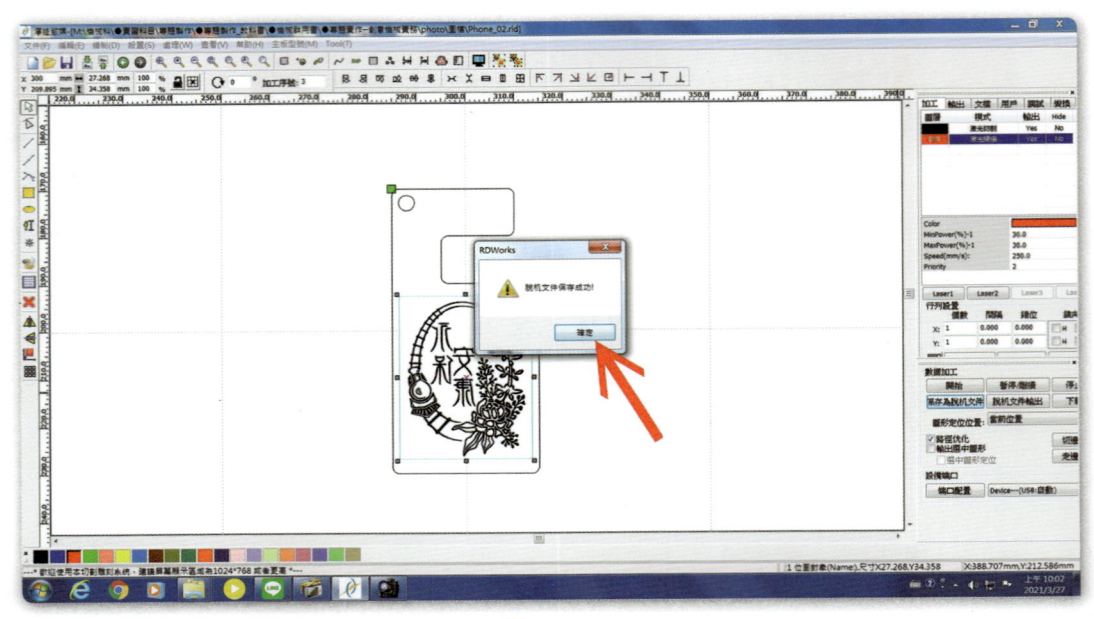

◈ 圖 31

**Step 10** 比較 RL 與 rd 檔：RL 檔是為了保存之前所有的圖形設計資料，為了日後修改之用；而 rd 檔是輸出為雷雕機可以執行的指令，這些指令就像是 CNC 裡的 G 指令，告訴機器走直線或是曲線，而移動的速度是多少等資訊。

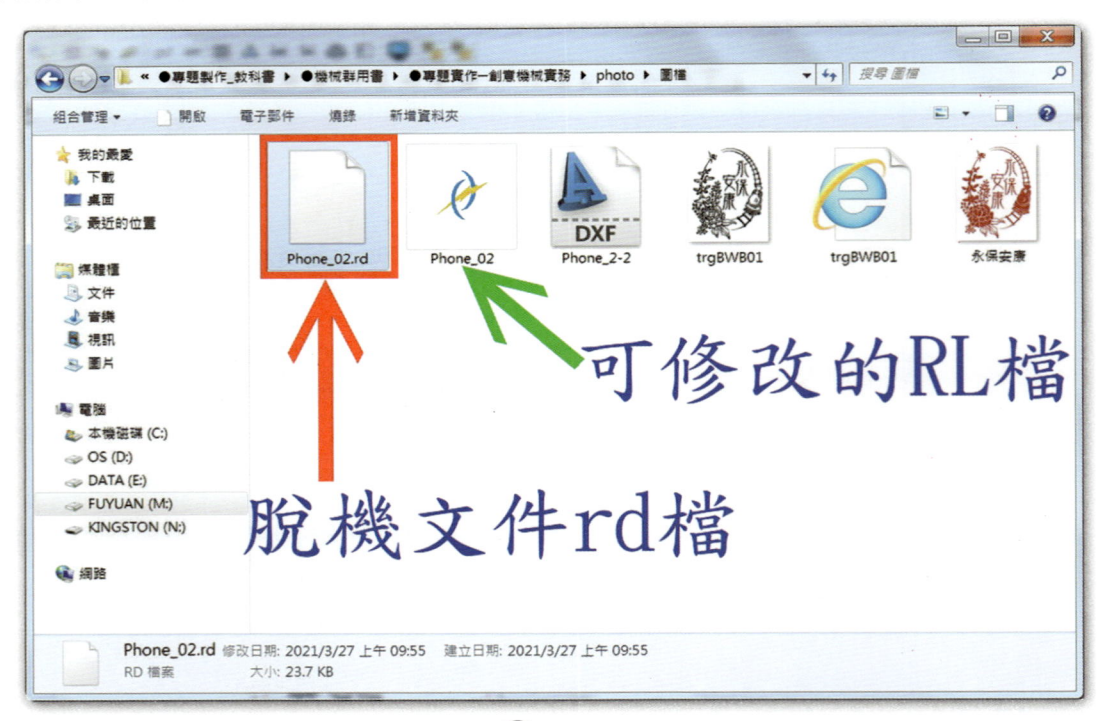

◈ 圖 32

108

## 3-5 雷雕機操作

**Step 1** 將雷雕機門打開

**Step 2**（隨身碟插槽、游標鍵）

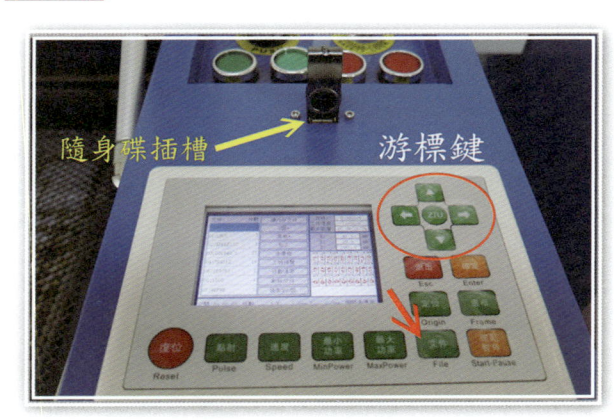

**Step 3** 利用游標鍵選取 U 盤並按確定
（綠色箭頭為確定鍵）

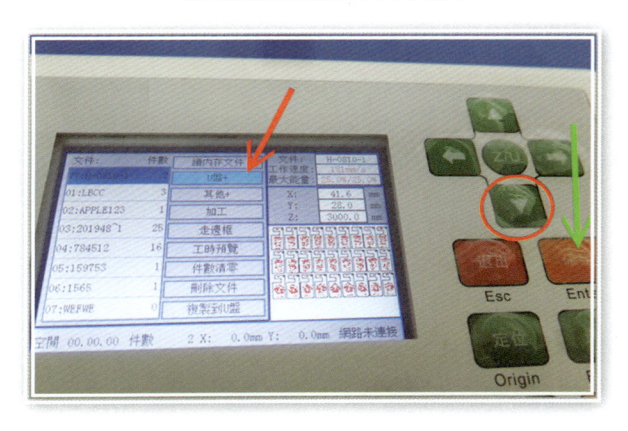

**Step 4** 選取讀 U 盤文件並按確定
（綠色箭頭為確定鍵）

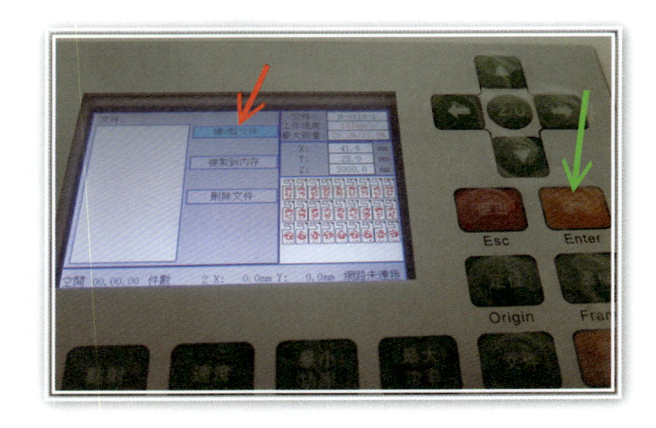

**Step 5** 選取脫機文件 RD 檔

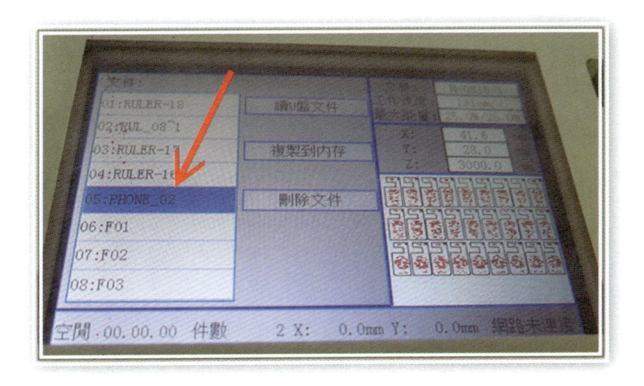

**Step 6** 選取複製到記憶體

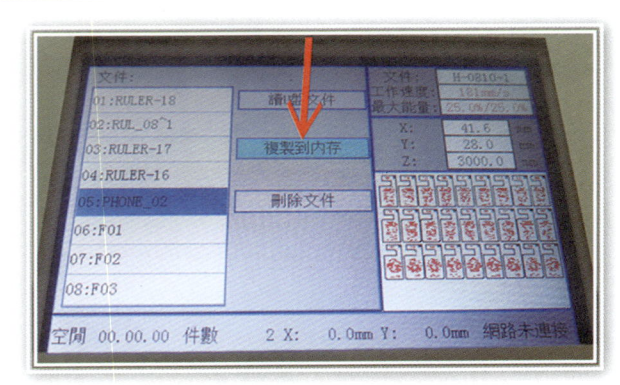

創意機械專題實作

**Step 7** 選取確定鍵→轉存至記憶體

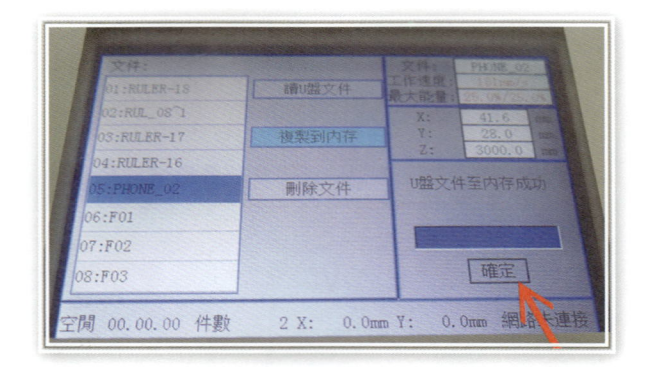

**Step 8** 切割雕刻圖形顯現

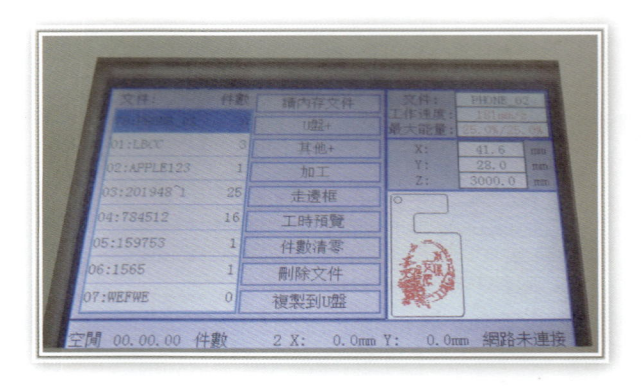

**Step 9** 再按確認→切割雕刻條件載入

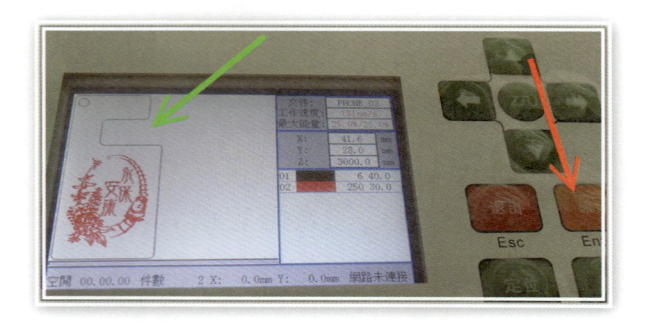

**Step 10** 放置壓克力板

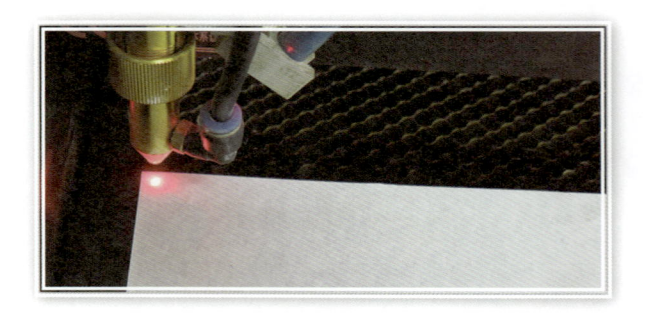

**Step 11** 利用定位與邊框鍵確認雷射頭位置（綠色箭頭為定位鍵、紅色箭頭為邊框鍵、藍色箭頭為啟動暫停鍵）

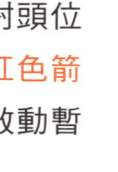

**Step 12** 雷射頭高度調整（需以 Step 13 圖中的升降鈕調整）

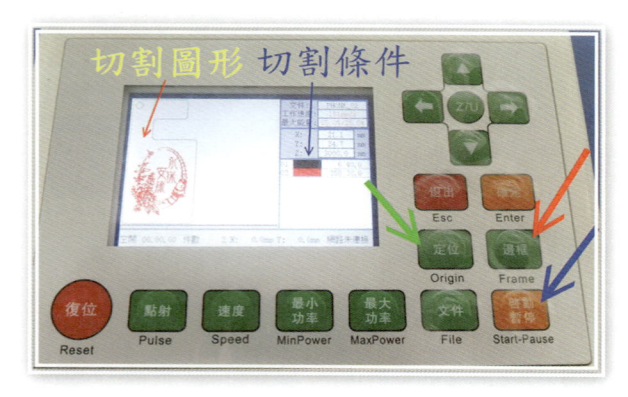

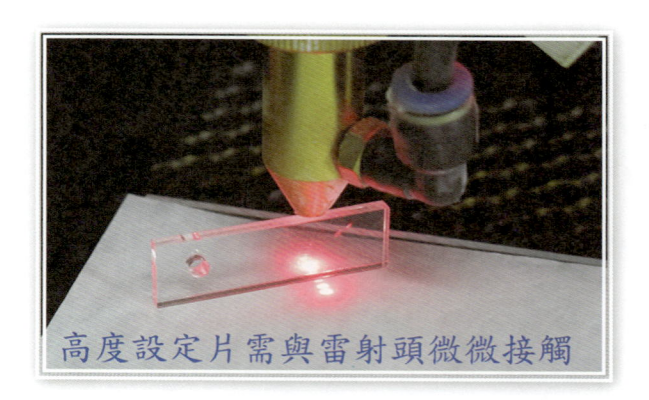

高度設定片需與雷射頭微微接觸

110

雷射雕刻機─創意手機架鑰匙圈

**Step 13** 雷射頭升降調整鈕

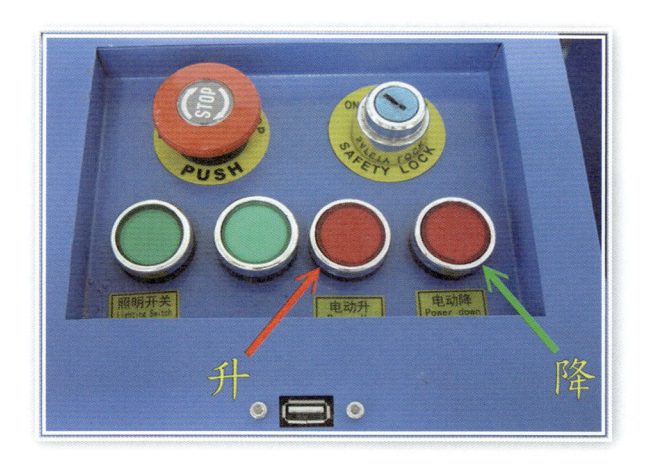

**Step 14** 確認邊框實際切割範圍

**Step 15** 壓按啟動鍵後開始雕刻

**Step 16** 切割完成

## 3-6 結 語

　　從 3D 列印的創客機器開始，好長一段時間，在 3D 列印的週邊產品如雨後春筍般出爐，有著墨在列印材料的，有聚焦在 3D 掃描的，更有在意 3D 列印機的等級的，但是很少著重在設計層面的，以至於瘋狂幾年的 3D 列印逐漸走入歷史。

　　筆者一直在想，能夠善用機器者，才能主導這個市場。不要被諸多的週邊設備或課程所侷限，利用有限的資源、有限的設備，只要將創意融入課程，有很多意想不到的想法，都能讓原本乏然無趣的內容搖身一變成充滿樂趣的天堂。

　　雷射雕刻機用之於文化創意是別具趣味性的，在受過機械製圖、機械製造、機械加工的薰陶後，我們將生活上的一些用品導入創意，用心思考如何讓產品更體貼、更人性、更便利，很快地就會有意想不到的收穫。還記得 NOKIA 曾經有過一句廣告詞─「科技始終來自於人性」，的確，這些生活周遭的便利商品，就是在人們不斷的創新、改良後才止於至善。

創意機械專題實作

　　看著雷射雕刻機來回穿梭，許多同學忍不住停下來觀看，其實，雷射雕刻機跟數控工具機相似，控制切割/雕刻的條件是雷射功率的大小及移動速度的快慢，切割時雷射功率大、移動的速度慢，雕刻時雷射功率小、移動的速度快。

圖 33

　　對於各式材料的切割速度及雷射輸出功率大小，請參考下頁木百貨提供的雷射切割圖鑑及切割條件。

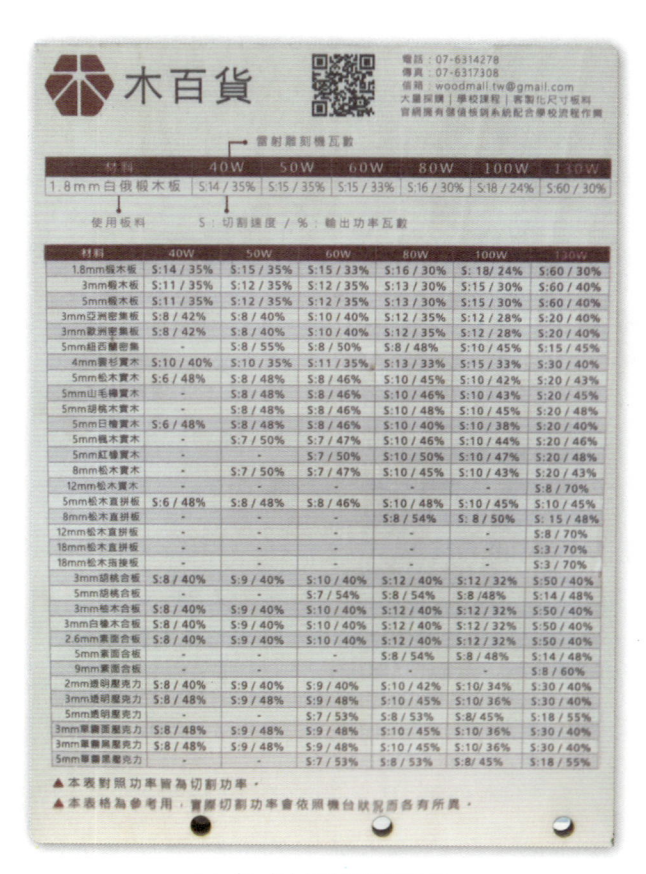

(a) 使用材料圖鑑　　　　　　　　(b) 各式材料切割條件

圖 34

# 肆 呈現篇

## Chapter 1

# 專題報告之內涵

1-1 常見的標題

1-2 常見的專題寫作格式

## 1-1 常見的標題

在專題報告中常見的標題有很多，不同的需求會有不同的用法，以下就一些常見的標題說明：

### 一、作品名稱

作品名稱主要在標明專題名稱，有時也是題目的異名，訂定題目是一件頗為重要的事，題目定的有意義、字眼凸顯，就能引人入勝，引發他人深刻之印象，建議您在此多花些心思，能夠以吸引人標題訂定名稱。

舉例來說，像『引導斜角規』我們可以修改為『引導斜角規的探討與製作』；或者，探討某個檢定題目，例如以『丙級機械加工應具備的技術能力探討』為題目。一件平淡無奇的『有關豬皮膚病的問題』可以用『豬－你的皮在癢嗎』；『了解鴕鳥的品種、生理特徵、飼養管理及應用』改為『鴕鴕是道－淺談鴕鳥』，很容易凸顯出題目的涵養，您不妨用心思考琢磨。

### 二、摘 要

『摘要是縮短文章內容且包含整個文章內容的概要。』（王明傑、陳玉玲，1999），摘要能使讀者迅速的瀏覽文章的內容，有利於讀者的檢索及找尋文章。一篇好的摘要應該要有以下幾個重點：

1. 正 確

確定摘要能正確的反映專題報告的研究目的和內容。

2. 完 備

要能明確表示所有的「縮寫」和「簡稱」，以界定專用術語。

3. 簡潔明確

摘要中的每一句話都要能夠提供最大的訊息，尤其是「開頭的句子」，並且儘量地簡短。一般性的摘要以 300 字為限，正式摘要的內容不可超過 960 個字母和空格，約等於 120 個字元。以最重要的資訊來作為摘要的起頭，但是不要浪費空間在重複的字句上。

### 4. 關鍵詞

　　有的投稿還要求必須出現關鍵詞，以為日後的查詢，關鍵詞主要是依據摘要中最關鍵的字眼、專有名詞或特殊用語而擬定。依照維基百科的釋義：『**關鍵詞（Keyword），特指單個媒體在製作使用索引時，所用到的詞彙。例如一本書的書名或部分書名、副標題、作者名都可以作為本書的關鍵詞用於檢索。現在大部分的圖書及網上檢索都是用關鍵詞檢索的。**』

## 三、前　言

　　在小論文（全國中學生小論文寫作的簡稱）的寫作上，一般有四個標題，亦即前言、正文、結論及引註資料，而前言是為文章的起頭，其重點在說明為何做此研究，因此會包含研究動機及研究目的。前言並非摘要，乃正文前之敘述，依小論文官方的解釋，此處可以就為何選擇這個題目，透過什麼方法、運用什麼概念進行資料搜集，整篇文章的討論架構與範圍，以及想要達成的目的擇要而寫。

　　前言有點類似演講前的開場白，我們要聽眾對以下的演講提起興趣，總會用一些生活化的例子、親身經歷或重大的典故，並說明演講內容的來龍去脈，好讓聽眾有所認知，這便是『前言』，你懂得該如何下筆了嗎？

## 四、研究動機

　　這是專題報告的一項重點，為什麼要做本項研究？其背後必然有幾項背景及一些動機，這些條件是促使該組成員興起研究的起因，在陳述研究背景與動機時，最佳的作法是先閱覽相關的研究，引述其中幾項明確的主因，即所謂引經據典，可使專題報告的內容顯得更為重要。在引經據典時，最好能將出處加以註解，或是以粗體或引號標示，更能顯現出這份專題報告背後做的功課。

　　其次，研究背景與動機也可以條列式的方式列舉，很容易從列舉的項目中得知研究的可行性，以及研究者做過最基本的功課。條列式的說明，很容易點出研究的重要性，不會令人眼花撩亂，或者內容繁複卻未能點出重點。

## 五、研究目的

　　研究目的旨在說明研究的目標、最終訴求，較嚴謹的研究架構，研究目的會與結論互相呼應，亦即述說多少個研究目的就應有幾個研究結論，才算是完整的研究架構，不能三長兩短、牛頭不對馬尾，那會貽笑大方。

闡明研究目的，多數是以條列式排列，少數會再細分子項目，研究目的必須畫龍點睛，正確點出研究的主要訴求，而在研究中能逐一找出答案或解決之道，則整份報告將顯得舉足輕重。若不想小題大作，建議以研究動機為基礎，找出令人百思不得其解的問題列舉，或述說簡明有力的意圖，都是研究目的書寫的重點。

## 六 正 文

正文是在小論文的寫作上，一個極為重要的標題，依小論文官方的解釋，「正文」為小論文之主體所在，在內容上應特別強調相關資料的引用、彙整、分析、辯證，亦即需「引經據典」地進行文獻探討。

因此，依照小論文的訴求，正文中應該包含研究架構的說明、文獻探討、研究方法、設備、過程、結果及討論等，要說明的東西很多，想要在有限的空間中呈現並不容易，這和研究的內容有極大的關聯。像實作型的專題，其訴求會擺在研究設備、過程及討論；探討型的專題，其訴求會擺在文獻探討、研究方法、結果及討論；改良型的專題，其訴求會擺在文獻探討、研究方法、過程及結果。

在綜合加工的專題呈現上，作品通常是最終的訴求，很少人會去包裝這作品，但透過完整的報告整理，將會使整個研究錦上添花，即使是學機械的黑手也可以成就一番，只要拿起筆作筆記，**翻翻**專業書籍或雜誌，用正規的研究架構整理，那便是一個專題報告，只要你願意，相信你也可以做得到。

## 七 研究設備及器材

專題所使用的設備也許種類繁多，對於相同背景的同學而言，也許你寫幾個專業術語即可帶過，殊不知隔行如隔山，對於一個門外漢而言，『銼刀』、『車床』、『鉗工』是什麼碗糕？的確很難意會，如果你可以將這些設備的規格、大小、用途逐一說明，甚至附上圖片說明，那將會使不熟悉的外人也易於理解。

對於寫專題報告難以下筆的人，其實研究設備及器材的列舉正是一個擴充版面的標題，只要能將研究設備及器材詳細說明，在不影響整個研究架構的前提下，實在是一個易於發揮的版面，您不妨肆意揮灑，說不定可以得到相當不錯的效果。

對於後續研究的人員而言，研究設備及器材正是一個文獻探討的重要線索，尤其在沒有任何交待的研究中，我們總會懷疑研究者是如何完成研究的，不要吝嗇您的寶貴資料，一份好的作品是禁得起考驗的。

研究設備及器材建議以表格的方式呈現，將重要的規格、名稱、單位、數量、用途詳細列表，必要時可加上備註欄額外說明，或者附圖顯示，使讀者更易於理解設備的內容。

## 八 研究過程或方法

無論是研究過程或方法，都在闡明專題進行時所使用的研究方法，無法呈現研究方法時則以整個研究過程作為交待，可使屬於實作型或改良型的專題，將製作過程完整記錄。

研究過程一般以條列式的方式呈現，可視為研究步驟，像化學中的實驗，要加入的試劑應該有先後之區別。舉例來說，要將硫酸稀釋，到底是將硫酸緩緩加入大量的水，或者是將大量的水緩緩加入硫酸中呢？這過程先後次序弄錯了，將導致爆炸的嚴重後果，這研究步驟（過程）是不是非常重要呢？其次，為了加強研究過程中的資訊，可適當地將專題製作過程拍攝下來，而加註於文章之中，即所謂圖文並茂。

至於研究方法應該參考有關研究方法的書籍，常見的有意見調查法、個案研究法、實地研究法、實驗（研究）法、實驗室實驗法、檔案法、分析法、方法論等（張紹勳，2004）。雖然種類之多不勝枚舉，但在綜合加工的專題，一般多是採用實驗（研究）法，少數使用實驗室實驗法。說明了研究方法，之後應該加註研究的流程圖，可使研究架構更完整。

## 九 研究結果

研究結果旨在敘述研究最後的成果，重點在說明此專題製作是否成功，有時研究的方向是正確的，卻因為研究過程的瑕疵或疏忽，導致部分或全盤的失敗，這是很難避免的。

無論專題的成敗與否，只要投入研究是全心全意的，就不必太在意。不過，這通常是部分同學的藉口，尤其是實作型的專題，常常因為製作過程的不慎，使得零件無法按照工作圖的指定尺寸完成，以至於最後的裝配無法完工。事已如此，亡羊補牢的方法是重作，但有時已經到了學期結束之際，就會使同學進退兩難。建議此時，就說明研究未完成，而在討論或建議作另一層說明即可。

## 十 討 論

討論呈現的方式有很多型式，有的會將專題進行時遇到的問題作一番深入的討論剖析，有的會將專題無法完成的原因完整交待，有的甚至將小組定時的會議或請教師長的過程一一呈現。『討論』並無一特定的格式，旨在說明研究中針對問題的處置或尋求解決之道，至於如何呈現就各顯神通了。

『討論』在研究過程裡顯得十分重要，大多數的專題研究是屬於小組多人的研究方式，而研究過程裡難免會遇到困境，而困境如何解決，正是考驗小組人員的時機，危機處理的好，危機則變成轉機；危機處理不好，則後續將導致許多無謂的紛爭，皆是大家所不樂見的。

## 十一　結　論

『結論的段落摘要出蒐集的資料及其經過統計處理後的資料。』（王明傑、陳玉玲，1999），結論的好壞將影響專題報告的成敗，依小論文官方的解釋：

1. 結論主要包括研究過程中所遇到的種種現象思考、或根據研究結果提出看法，以及提出未來值得進一步研究的方向。
2. 結論亦可用條列方式陳述，使讀者一目瞭然。
3. 結論應該提出自己的觀點、結果或發現，詳細地發表資料，以便於為結論提供充分的證據。
4. 結論可以將文中提出的研究目的依照研究結果逐一歸納。
5. 結論可以包含「討論」，將研究或製作過程遇到的問題或討論事項，以條列式呈現出來。但是，在此討論「結論」的含義是較不適當的，應該提及所有相關的結果。
6. 結論可以包含建議呈現，給自己或未來的研究者一些建議或方向。

## 十二　參考資料及其他

專題製作的文獻探討，常會引註許多書籍中的資料，而引用就需注意著作財產權，避免涉及抄襲等情事。引註資料的格式主要來自 APA 格式，所謂 APA 格式是指美國心理協會（American Psychological Association）所出版的出版手冊（Publication Manual）中，有關投稿該協會旗下所屬二十九種期刊時必須遵守的規定而言。該手冊詳細規定文稿的架構、文字、圖表、數字、符號等的格式，通稱為 APA 格式（APA style），相關領域的期刊、大學報告、學位論文也常參考其格式，做為要求投稿者及研究生之依據（林天祐，2010）。

小論文倡導初期，其格式較不嚴謹，只要註明引用之處即可，但幾經修改已漸漸符合標準的 APA 格式，且引用還分成全文引用及部分引用作為區別，全文引用又稱為整段引用，在小論文上須以雙引號標示，且應標示粗體，並限制 50 字以內。例如：『**夾具是在工件的製造過程中輔助夾緊工件的一種裝置**』（吳榮輝，1996），而括弧內的「作者‧年代」須在最後的引註資料相對應，這樣便算是正確的引註。目前是以（作者，年代）作為標示，很多投稿的作者還在使用過去的舊規定，造成格式的不符被扣分，這都是沒有細心地檢視投稿規定所致。

## 1-2 常見的專題寫作格式

### 一 作品說明書

作品說明書的格式，主要是用於『國立暨縣（市）公私立高級中等學校科學展覽會』中，針對作品所書寫的一種報告格式，在說明書之封面需註明科別、組別、作品名稱、關鍵詞等，說明書內文則需依下列格式書寫：

作品名稱：

摘要：（300 字以內）

| | |
|---|---|
| 壹、研究動機 | 貳、研究目的 |
| 參、研究設備及器材 | 肆、研究過程或方法 |
| 伍、研究結果 | 陸、討論 |
| 柒、結論 | 捌、參考資料及其他 |

※ 書寫說明：

1. 作品說明書一律以 A4 大小紙張由左至右打字印刷（或正楷書寫影印）並裝訂成冊。

2. 作品說明書內容文字以 7000 字為限（包含標點符號，但不包含圖表之內容及其說明文字），總頁數以 30 頁為限（不含封面、封底及目錄）。

3. 內容使用標題次序為壹、一、（一）、1、（1）。

4. 研究動機內容應包括作品與教材相關性（教學單元）之說明。

5. 原始紀錄資料須攜往評審會場供評審委員查閱，請勿將研究日誌或實驗觀察原始紀錄正本或影本寄交本館，本館將予以退回，不代為轉交評審委員。

6. 參考資料書寫方式請參考 APA 格式。

作品說明書的格式特別適合實作型作品的書寫，在綜合機械範例篇中，『V 型座』就是以作品說明書的格式書寫，其次，在 Step By Step 專題呈現篇中，『平行夾』也是以作品說明書的格式書寫，建議您細加觀察寫作方法及呈現內容。

## 小論文

小論文的格式，主要是用於『**全國高級中等學校小論文寫作比賽**』，其格式有三項重要要求：

**壹、篇幅要求**：不含封面，小論文篇幅以 A4 紙張 4～10 頁為限。

**貳、版面要求：**

一、以新細明體 12 級字打字，不可放大字型。

二、版面編排：

（一）所有標題皆須單獨成行。

（二）標題與段落之間要空一行。

（三）段落與段落之間要空一行。

（四）段落開頭與一般中英文寫作相同

三、每頁頁首需加入小論文篇名，頁尾需插入頁碼（10 級字 / 置中）。

**參、格式要求**：小論文之基本架構分為「封面頁」及四大段落：「壹●前言」、「貳●正文」、「參●結論」、「肆●引註資料」。其中封面頁（須單獨一頁），內容含投稿類別、小論文篇名、作者及指導老師，不能有插圖。作者依「姓名。學校。部別 / 年級」之順序編排。

小論文的格式極為通用，適合大多數專題報告的書寫，在綜合機械範例篇中『引導斜角規的探討與製作』就是以小論文的格式書寫。自 1101015 梯次起，小論文格式作大幅度修正，請參考附錄六。

## CCAM 研討會的定稿排版格式

CCAM 研討會的定稿排版格式，主要是用於各式研討會之稿件，其中『台灣高中職專題暨小論文競賽（遠東科技大學主辦）』及『全國高職學生實務專題製作競賽暨成果展報告書（主辦單位：國立臺灣科技大學 職業學校群科課程推動工作圈）』都是使用該格式，該格式的特色是將版面分為兩欄，且嚴格規定字體圖表之大小，可有效限制作者無限制放大圖表，缺點是字體過小，不適合閱讀。

## 四 專題報告

對於要求不多的專題，筆者推薦以『專題報告』書寫即可，本書所提之『專題報告』乃源自於實習報告的延伸，並結合小論文寫作的格式訂定，適合一般性的專題報告。

筆者建議之『專題報告』格式如下：

**壹、前言**：前言內可敘述「研究動機」及「研究目的」或是研究之背景。

**貳、正文**：內容主要為三大主軸，分述如下

　　一、研究工具：列舉研究設備、工作圖等。

　　二、研究步驟：可包含工作程序、操作說明圖、討論等。

　　三、研究結果。

**參、結論與建議**：可針對整個研究結果歸納成結論，並適當列舉建議事項。

**肆、參考資料**：列舉文中所參考資料之來源。

一份好的專題報告，應該要有「工作程序規劃」、「工作圖」、「工作分析」、「實作圖片」、「缺失檢討」、「心得分享」、「結論與建議」，才會更完整，想要讓書面報告加分，應該將最好最完整的一面呈現，而不是貼幾張圖片交差了事。報告寫的愈詳盡、內容愈豐富、工作交代的愈清楚、心得寫得愈精彩，專題報告就會愈成功。過去實習教學中，筆者曾經教一位學生研磨切斷刀，從不敢切斷到為之癡狂，締造直徑38mm的低碳鋼全程用1,800rpm切斷，只花3.8秒。學生自白書提及，研磨時「刀具」就是老師，在切削的過程裡，它會教導你成長，筆者的感觸極深，『認真只能做對事，用心才能做好事！』，您說是嗎？

童軍有句格言：『Ready』，亦即準備好，有準備就有機會，隨時做好準備等待，等到需要用時立即可用。英語有句諺語：『Never put it off until tomorrow what you can do today.』，照字面上翻譯是－不要將今天能夠做的事拖延到明天，亦即『今日事今日畢』，我們應該期勉自己多努力，能夠善用時間，備審資料也是日積月累而來，羅馬不是一天造成的，只有一步一腳印，才能使自己的資料豐富，立於不敗之地。

**NOTE**

# Chapter 2

# 撰寫作品說明書 Step By Step —— 平行夾

2-1 專題報告架構設定

2-2 撰寫摘要

2-3 撰寫研究動機、研究目的

2-4 撰寫研究設備及器材

2-5 撰寫研究過程或方法

2-6 撰寫研究結果

2-7 撰寫討論、結論

2-8 撰寫參考資料及其他

## 2-1 專題報告架構設定

### 一 封面設定

1. 版面設定：上、下、左、右邊界各 2cm。

2. 封面抬頭字型大小：20pt。

3. 封面字型大小：16pt。

4. 操作如圖 1 ～ 4。

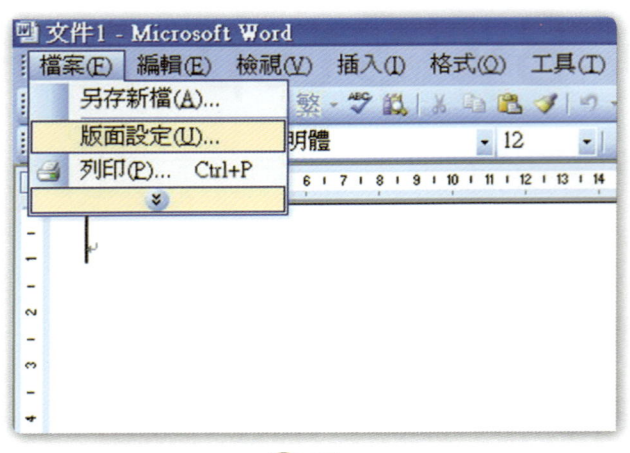

▲ 圖 1

▲ 圖 2

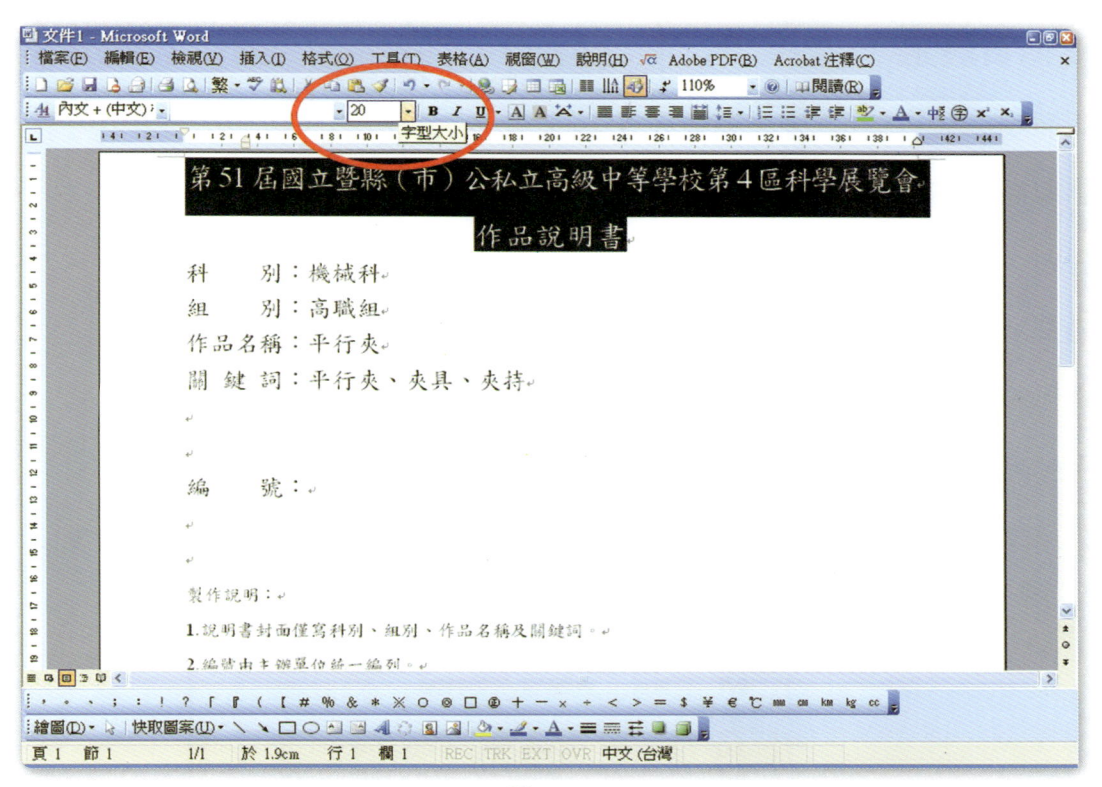

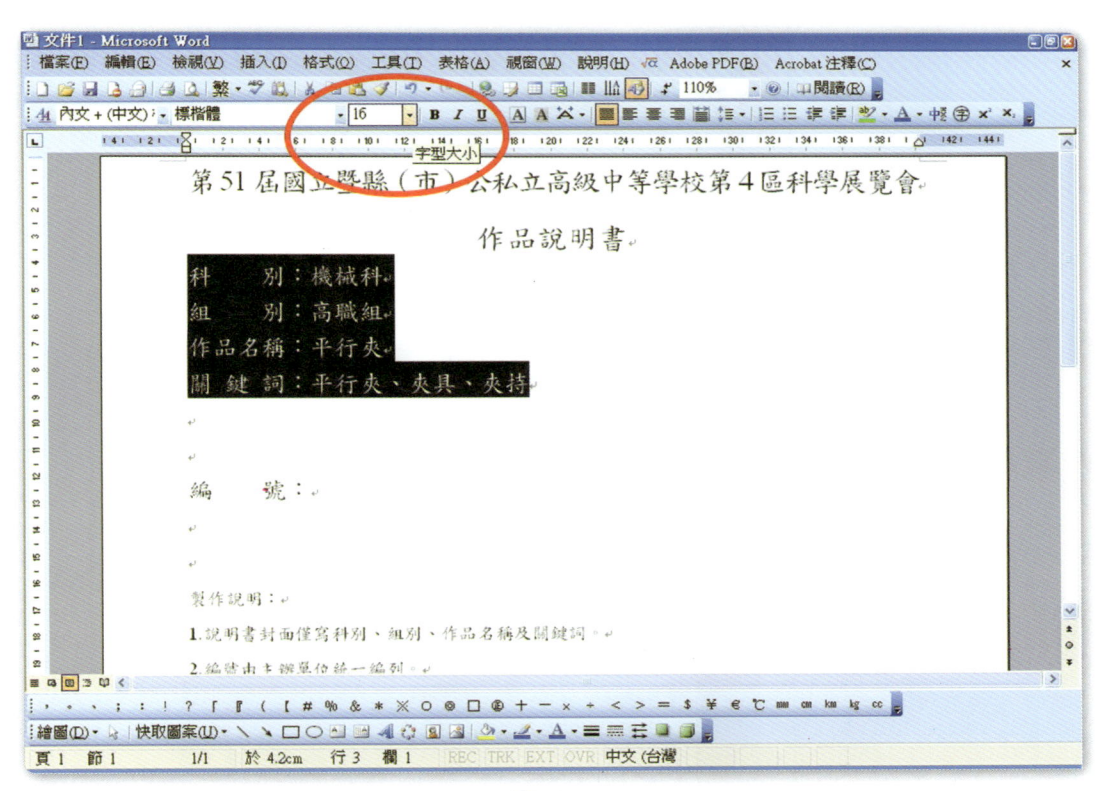

撰寫作品說明書 ❷

圖 3

圖 4

創意機械專題實作

## 📇 內頁設定

1. 版面設定：上、下、左、右邊界各 2cm。

2. 字型樣式：新細明體（或標楷體）。

3. 主題字型：16pt 粗體、置中。

4. 內文字型：12pt。

5. 項目符號順序：

※ 操作步驟如下：

**Step 1** 選擇檔案功能中的版面設定，進入後選擇邊界，將上下左右各設為 2 cm，如圖 5 所示。

🔼 圖 5

**Step 2** 選擇格式中的字型，如圖 6 所示。

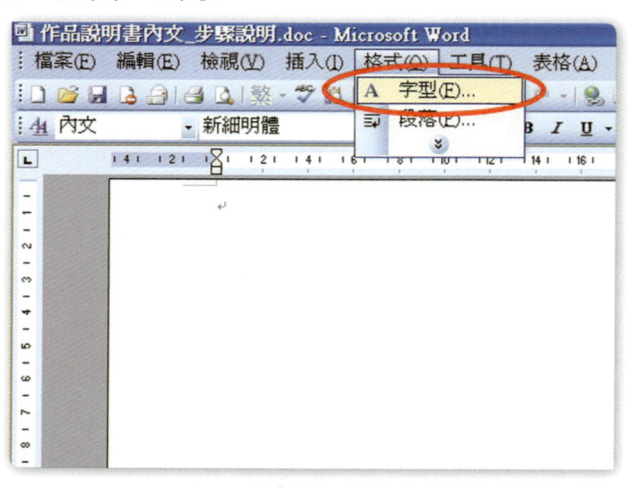

🔼 圖 6

撰寫作品說明書 ②　肆 呈現篇

**Step 3**　將中文字型設為標楷體，字型樣式為標準，大小為 12pt，如圖 7 所示。

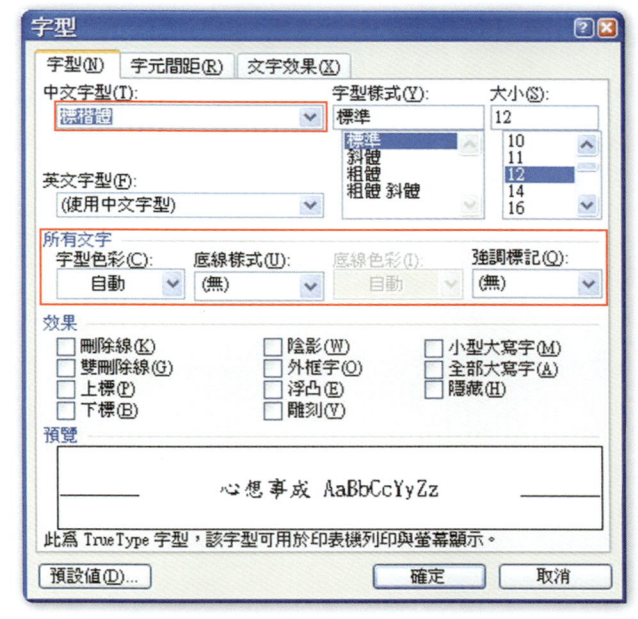

△ 圖 7

**Step 4**　如圖 8 所示，輸入所有的標題，將其標記起來，並點選置中對齊。

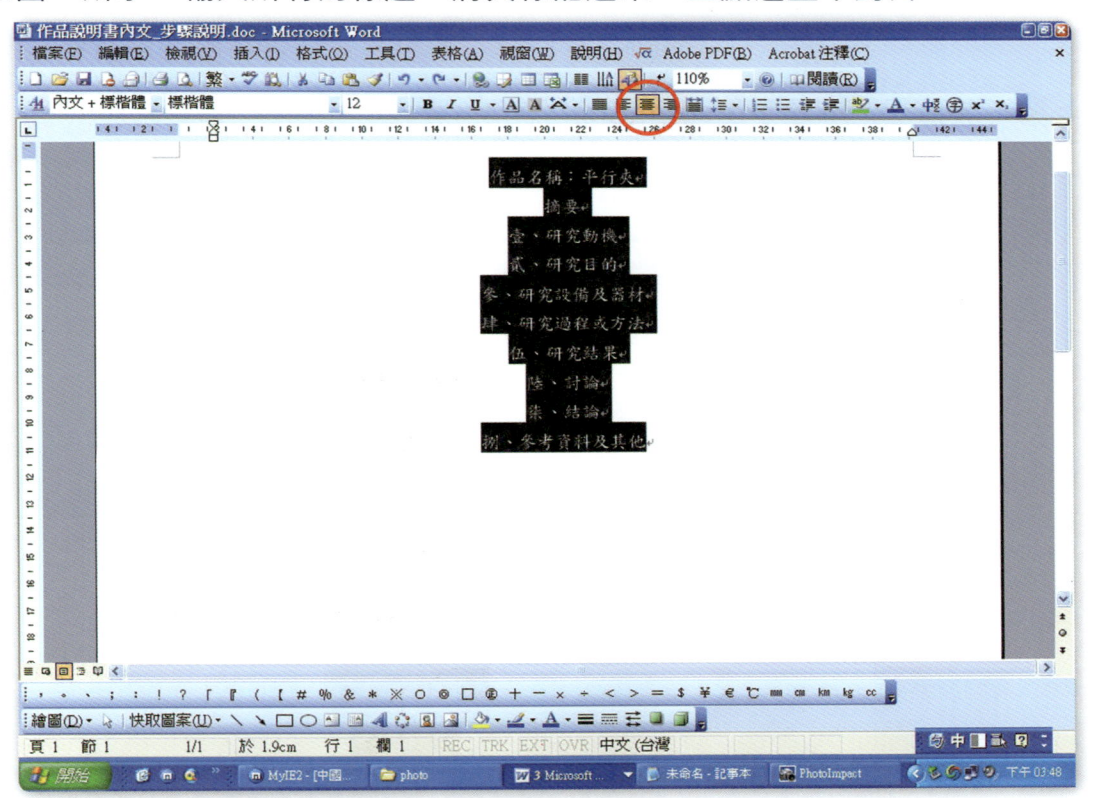

△ 圖 8

127

創意機械專題實作

**Step 5** 如圖 9 所示，點選左右對齊，並將每一標題間空一行。

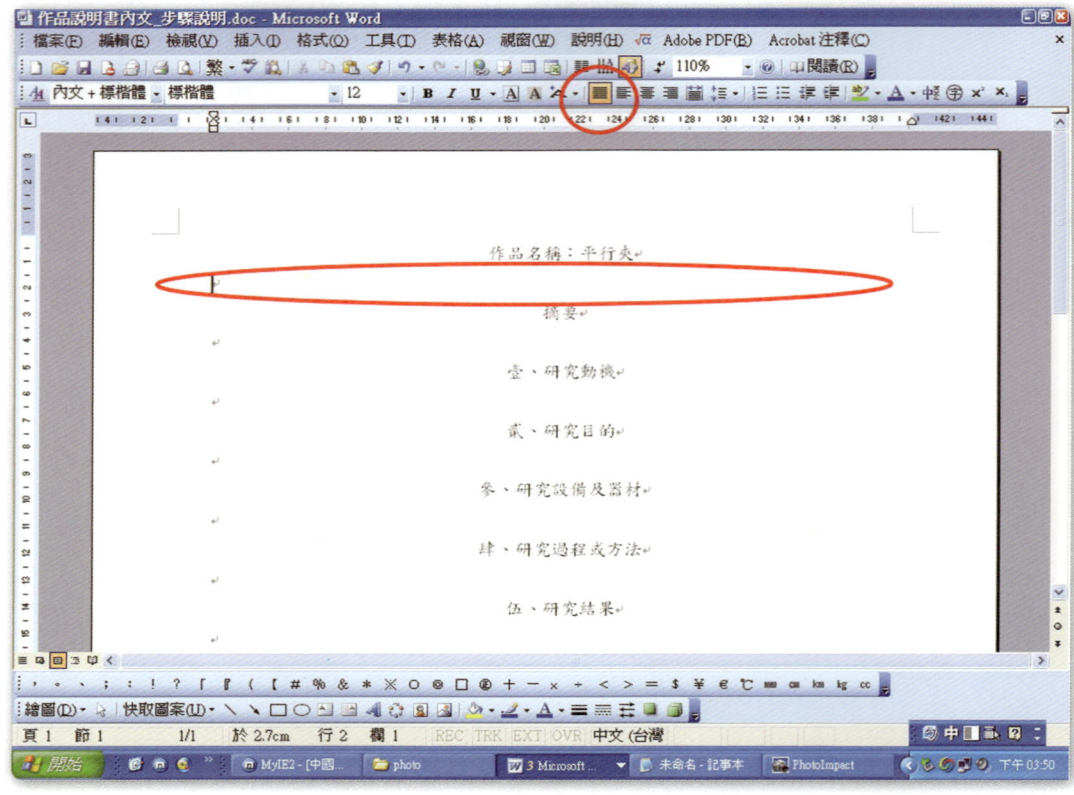

▲ 圖 9

**Step 6** 將標記的標題字型大小設為 16pt。

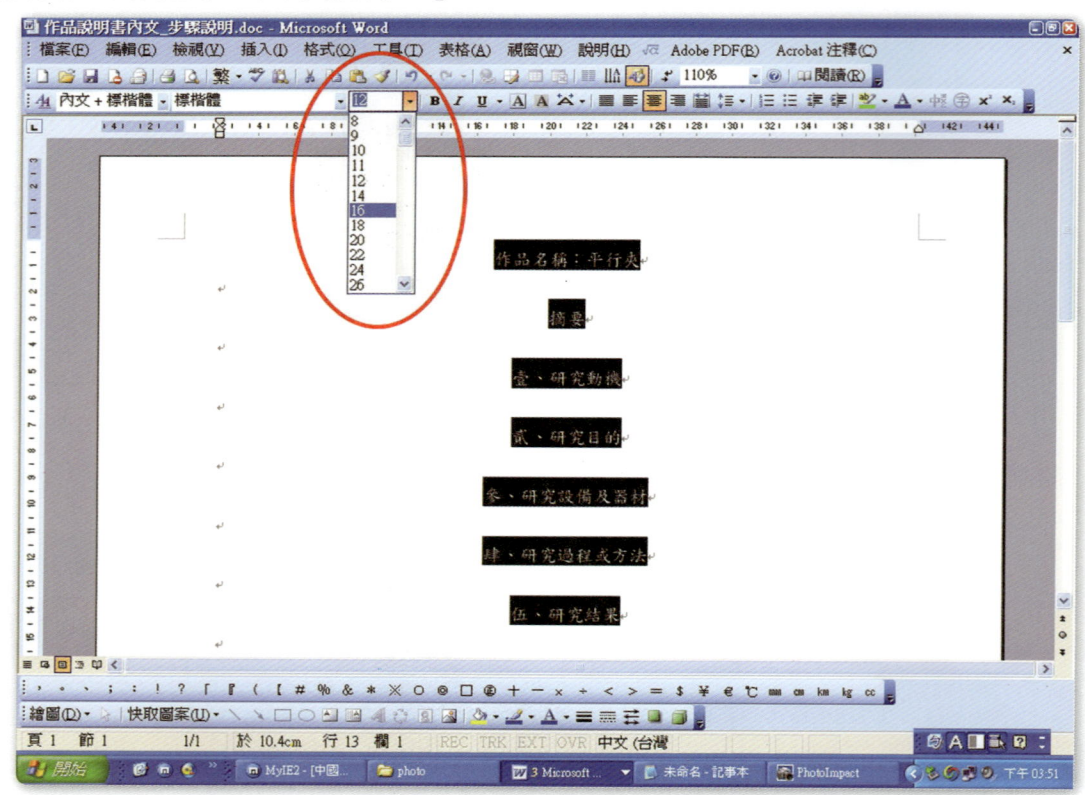

▲ 圖 10

> **Step 7** 標題設定完成如圖 11 所示。

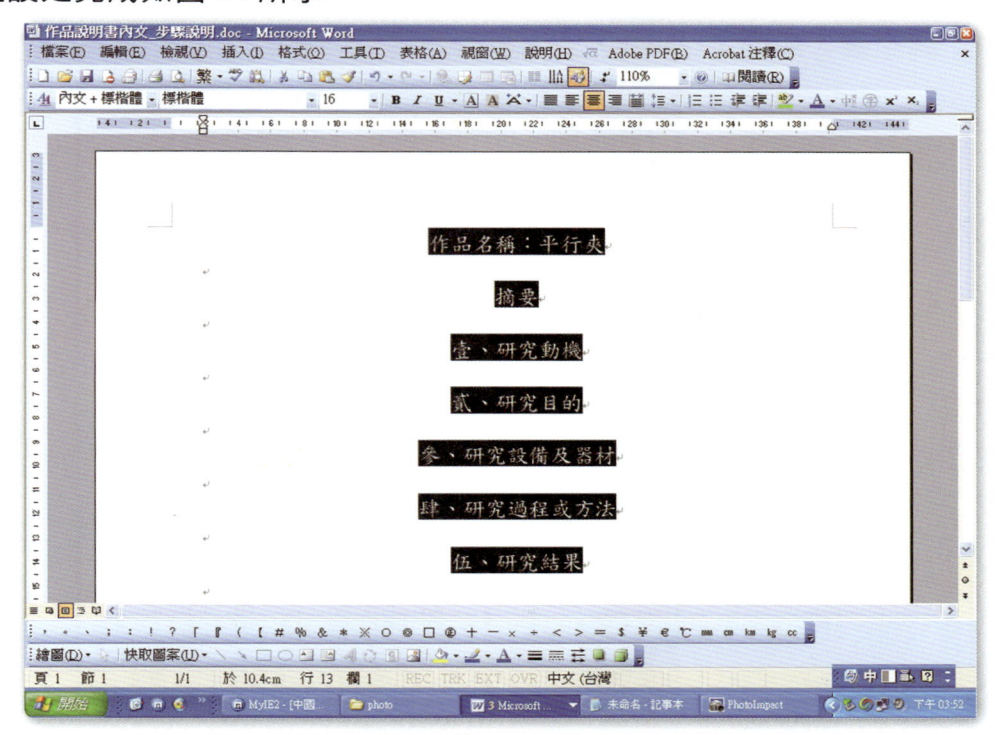

△ 圖 11

## 2-2 撰寫摘要

> **Step 1** 將游標移至摘要下,點選功能表中格式的段落,如圖 12 所示。

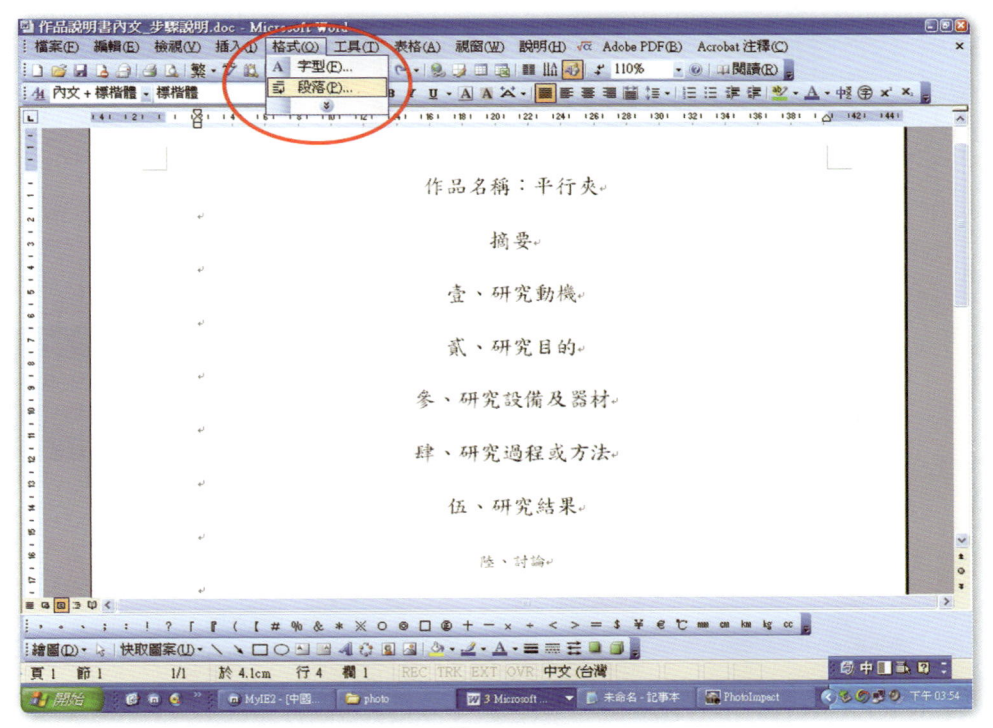

△ 圖 12

創意機械專題實作

**Step 2**　進入段落後，選擇縮排與行距，在縮排內容中，將指定方式設定為第一行，其餘不變，如圖 13 所示。

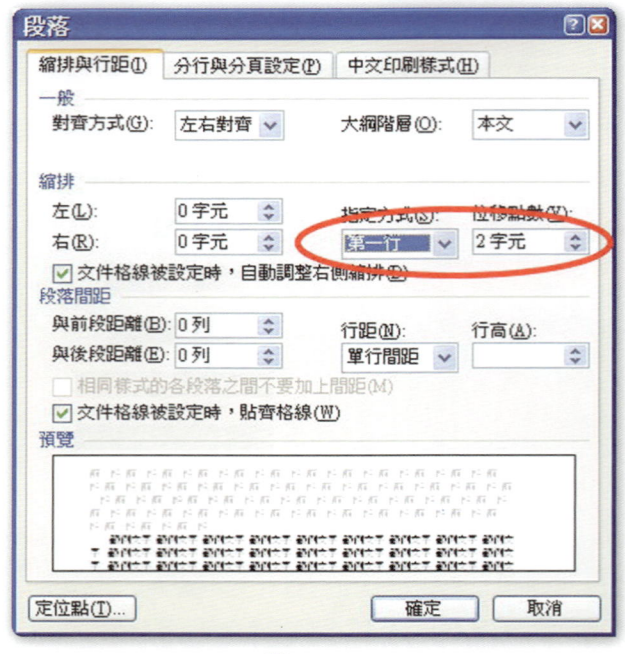

◆ 圖 13

**Step 3**　於摘要內文輸入所需內容，其字型大小應改為 12pt，並選擇左右對齊，如圖 14 所示。

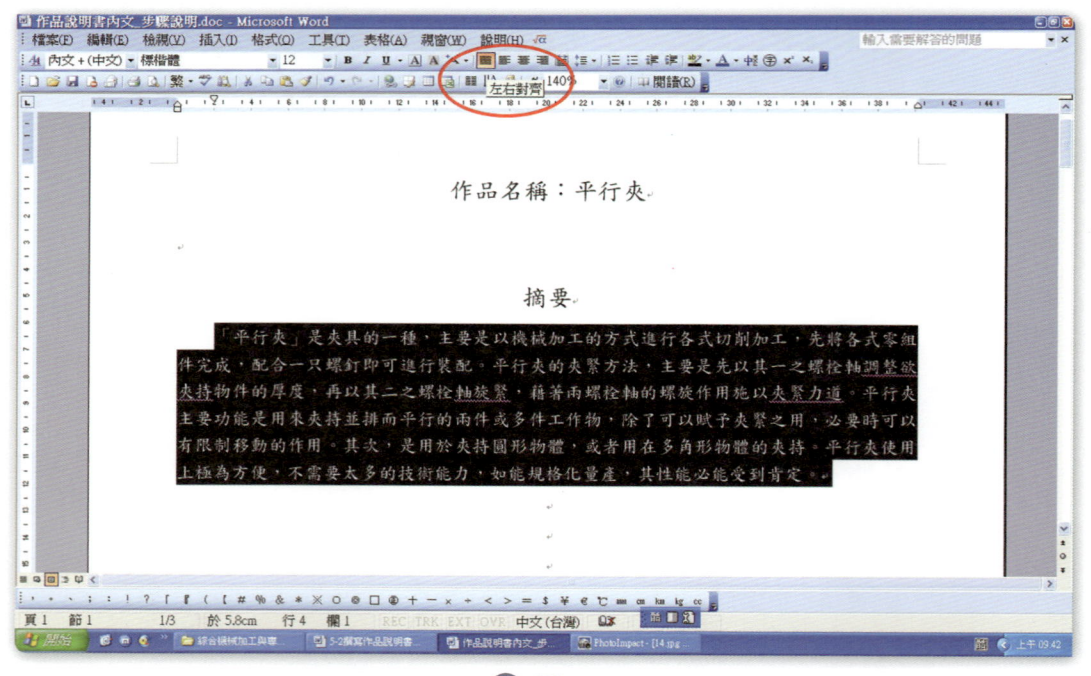

◆ 圖 14

**Step 4** 摘要內文完成後,將前二標題標記,設定為粗體,如圖 15 所示。

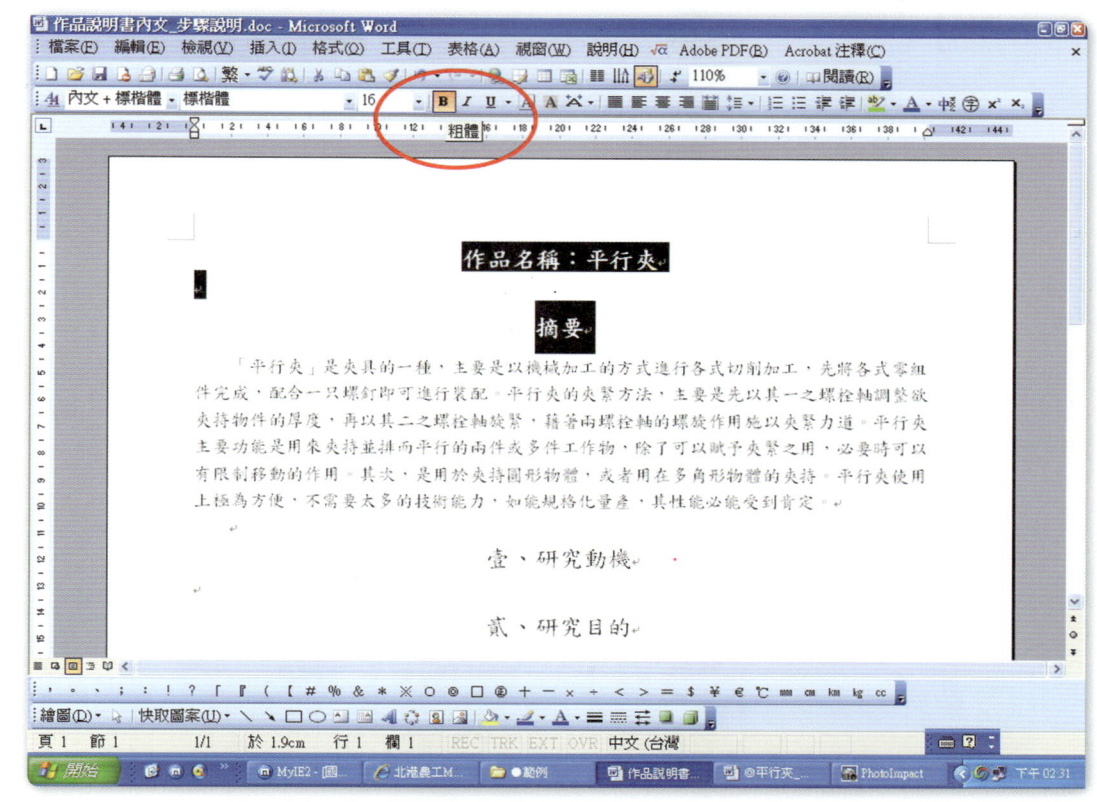

圖 15

## 2-3 撰寫研究動機、研究目的

**Step 1** 如圖 16 所示,輸入研究動機內文,必要時加入圖示說明。

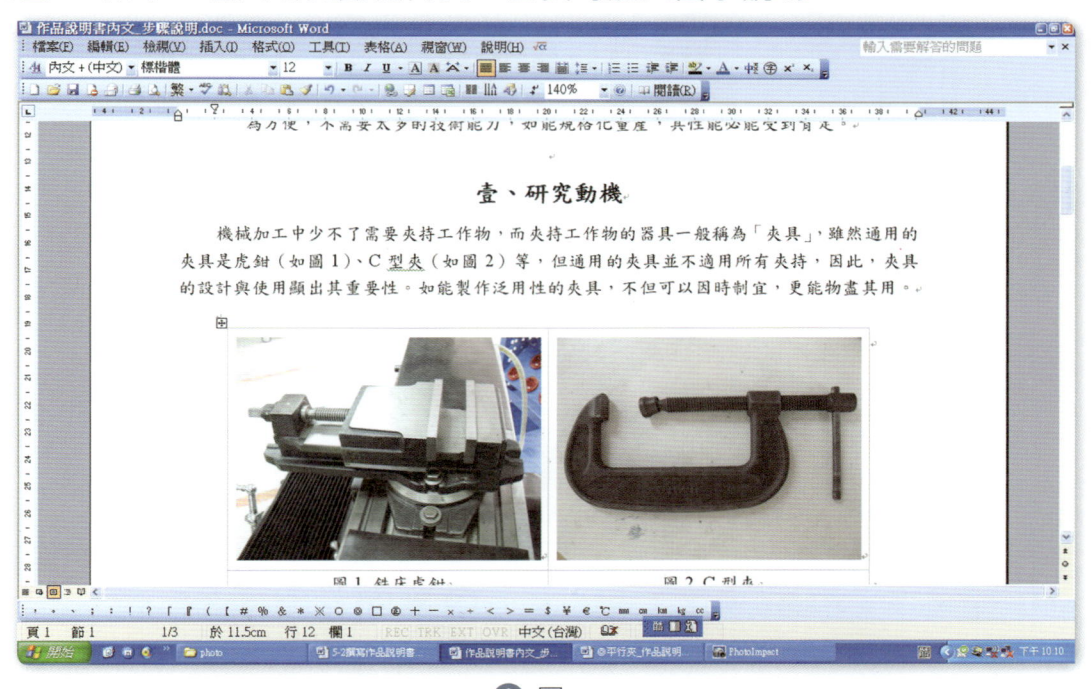

圖 16

創意機械專題實作

**Step 2** 如圖 17 所示,輸入研究目的內文,記得在標題與段落、段落與段落之間應空一行。

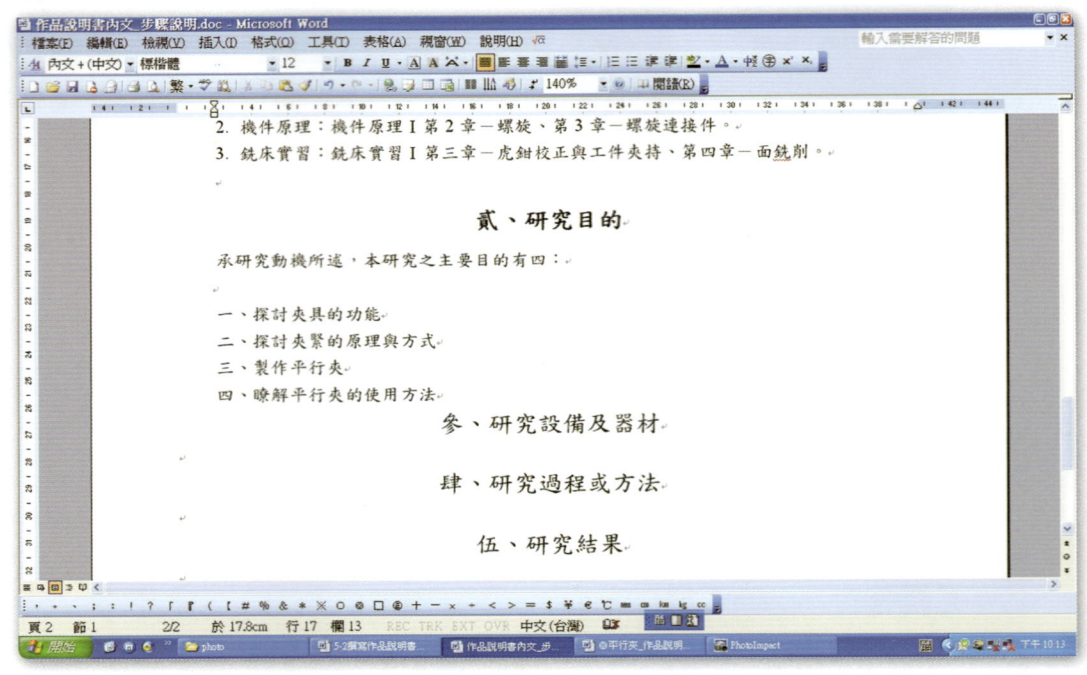

圖 17

**Step 3** 作分頁設定(為了使頁面類似者歸成一頁,有利於版面分隔),選擇插入功能內分隔設定,如圖 18 所示。

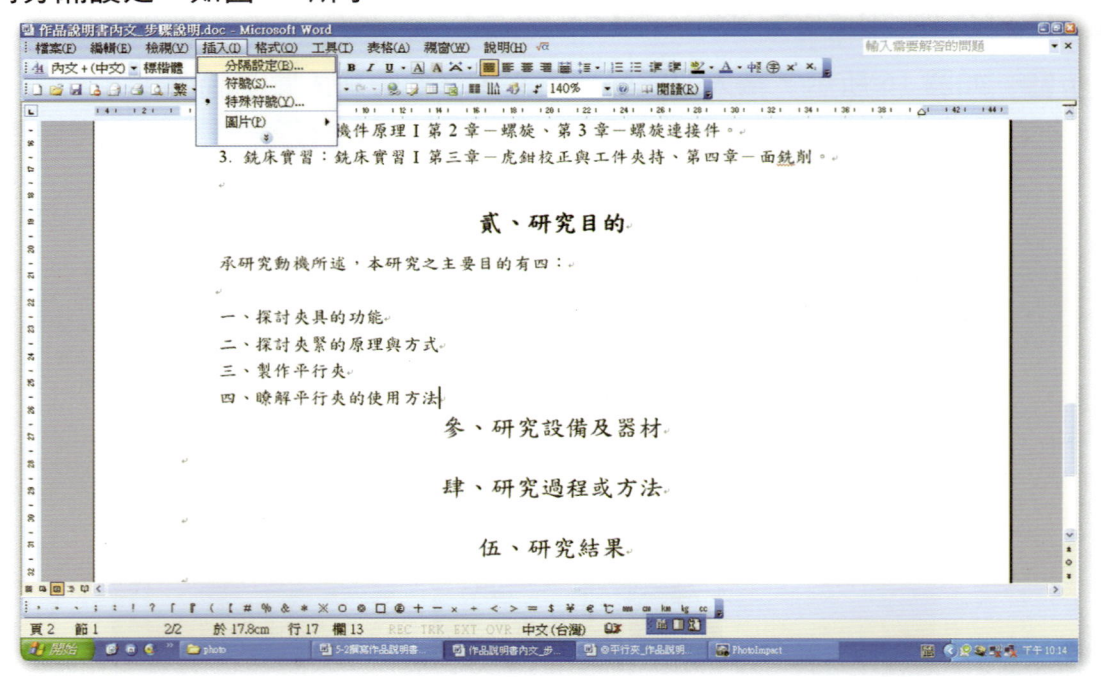

圖 18

**Step 4** 在分隔設定功能中，利用滑鼠之游標選擇分頁符號，如圖 19 所示。

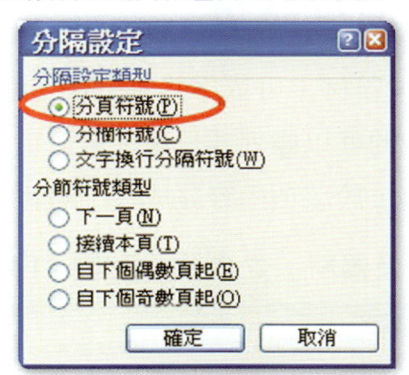

圖 19

**Step 5** 分隔設定完成如圖 20 所示，則下一標題會從下一頁重新開始。

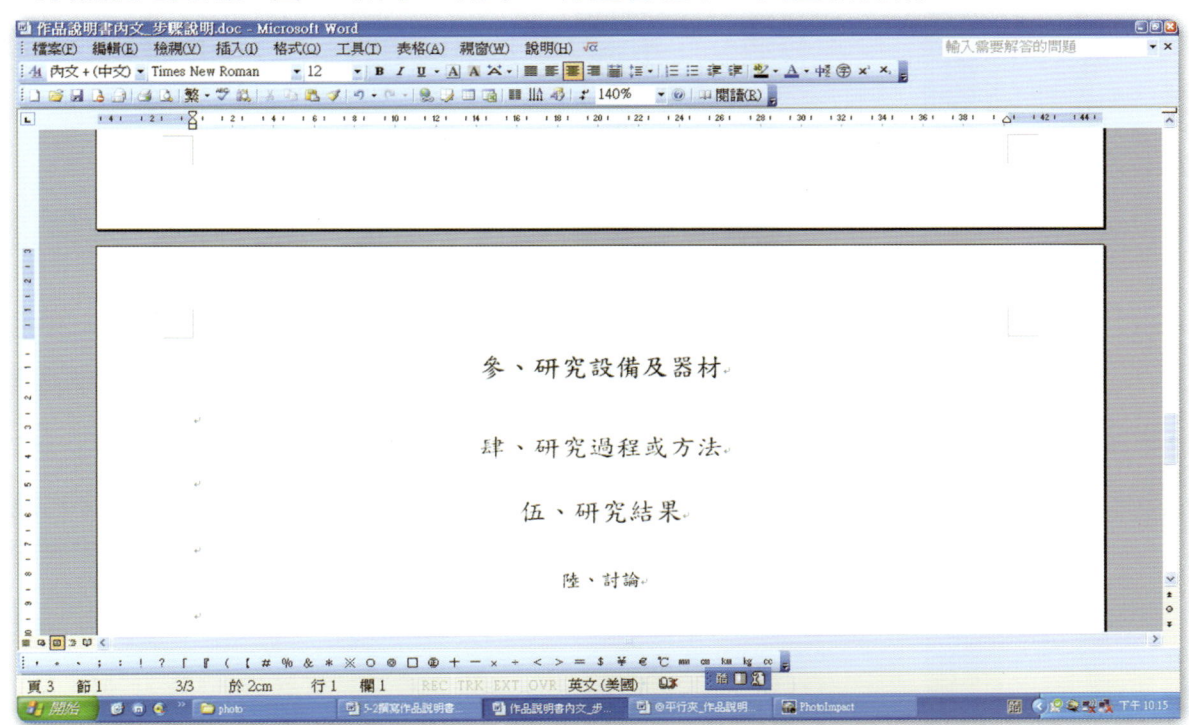

圖 20

## 2-4 撰寫研究設備及器材

依據您所使用的設備、器材，可依序詳細列出，設備之重要規格請因需要列出，有的會以表格方式呈現，不講究的就以條列式呈現。對於重要的儀器、設備或器材，建議附上圖片說明，可使報告更為完整，於該項內容完成後，可再作一次分頁設定。

**Step 1** 輸入『研究設備及器材』之內文，如圖 21 所示。

圖 21

**Step 2** 完成分頁設定後如圖 22 所示，爾後的大寫數字（如壹貳）章節後也請分頁。

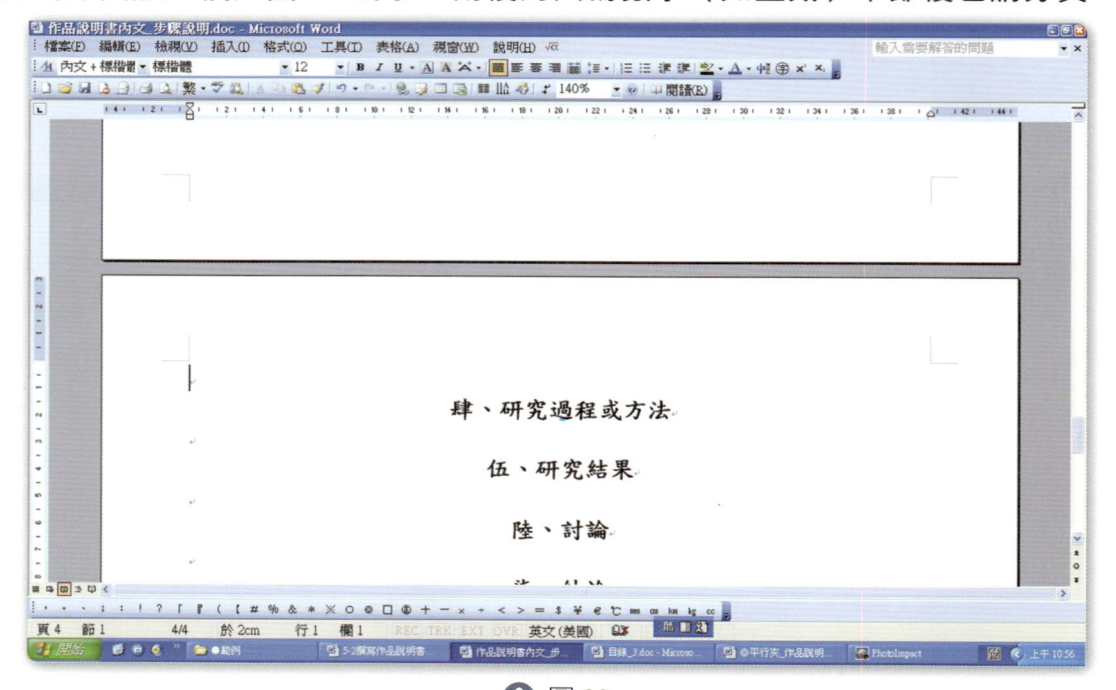

圖 22

## 2-5 撰寫研究過程或方法

依據您研究的過程撰寫，或者是文獻探討以至於研究方法的陳述，在此所用之項目符號順序，應該依序縮行 2 字元，如圖 23 所示。

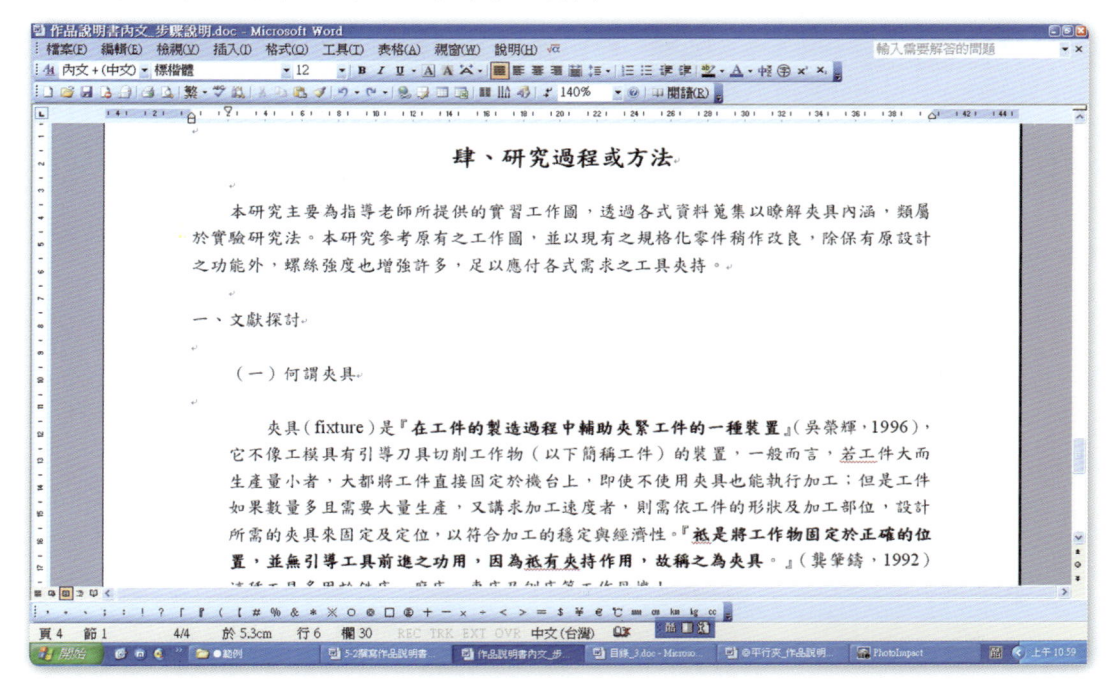

圖 23

## 2-6 撰寫研究結果

如圖 24 所示，依序撰寫研究結果。

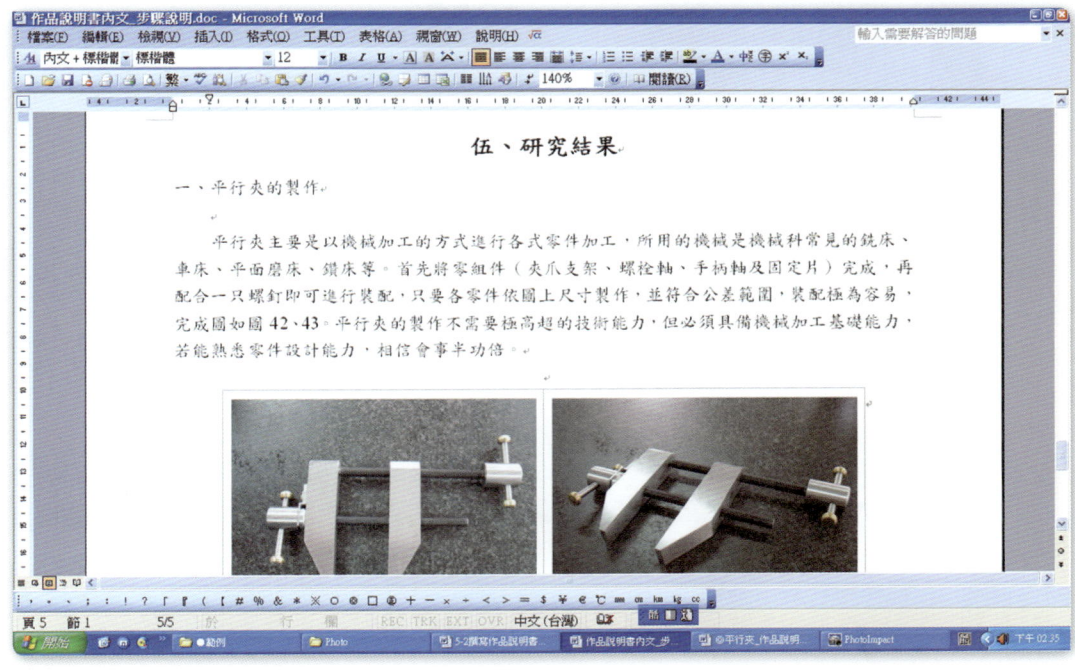

圖 24

## 2-7 撰寫討論、結論

如圖 25、26 所示，依序撰寫討論與結論，討論與結論可分頁撰寫。

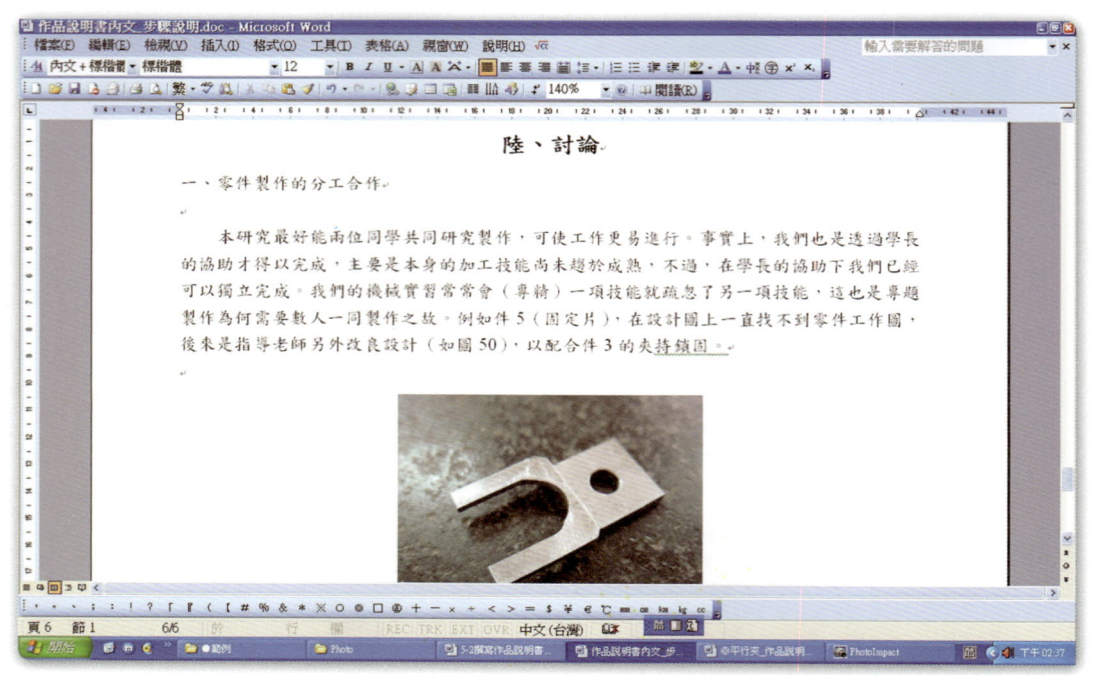

▲ 圖 25

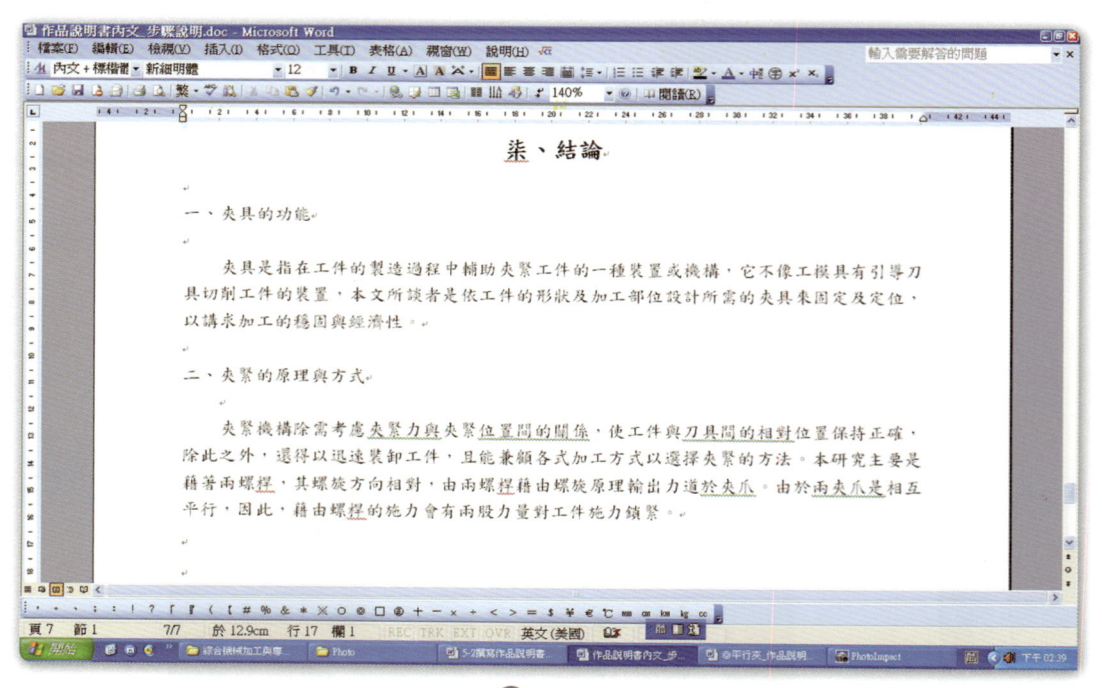

▲ 圖 26

## 2-8 撰寫參考資料及其他

　　如圖 27 所示，撰寫參考資料，將文中參考之資料，依出現前後順序排列，參考資料中主要內容為『作者姓名（出書西元年份）。書名（須加粗體）、出版社所在縣市：出版社名稱。』有的是以作者之姓氏筆劃多寡反序排列，亦即姓氏筆劃少者排於最前方，姓氏筆劃多者排於最後方，若對於姓氏筆劃多寡不知如何比較者，常見的是以 Excel 作篩選。

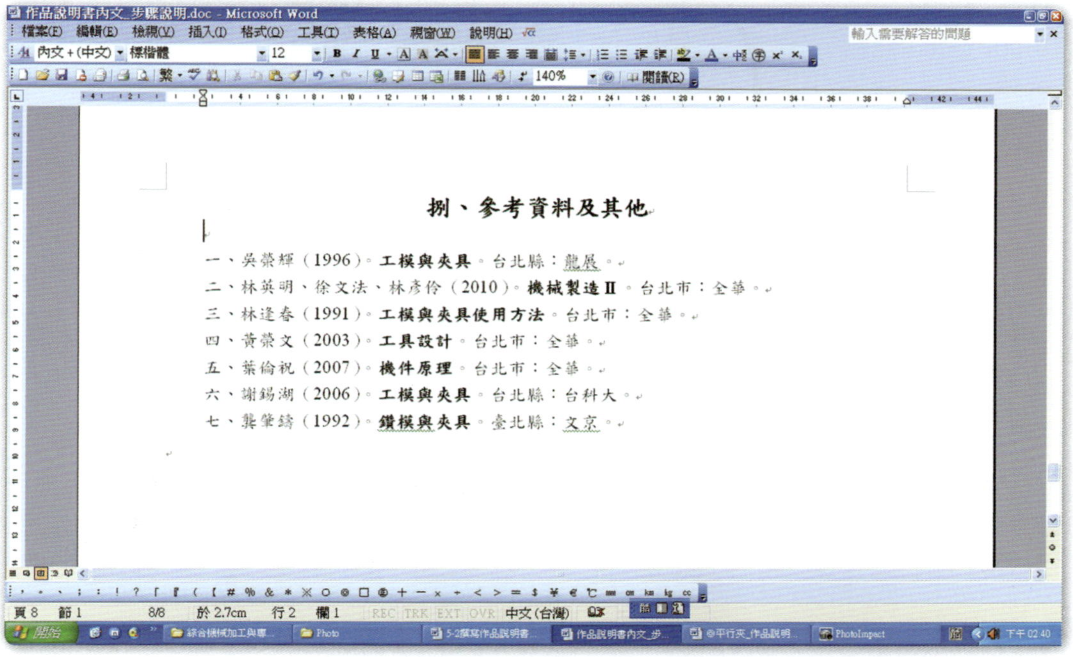

▲ 圖 27

NOTE

# Chapter 3

# 撰寫小論文 Step By Step——丙級機械加工應具備的技術能力探討

3-1　小論文架構設定

3-2　撰寫前言

3-3　撰寫正文

3-4　撰寫結論

3-5　撰寫引註資料

## 3-1 小論文架構設定

### 一 封面設定

1. 版面設定：上下為 2.54 cm、左右為 3.17cm。

2. 封面抬頭字型大小：12pt。

3. 封面字型：新細明體。

4. 封面頁投稿設定：包含投稿類別、小論文篇名、作者及指導老師等。

5. 操作步驟介紹如下。

**Step 1** 開啟新的 Word 檔，選擇檔案內版面配置，如圖 1 所示。

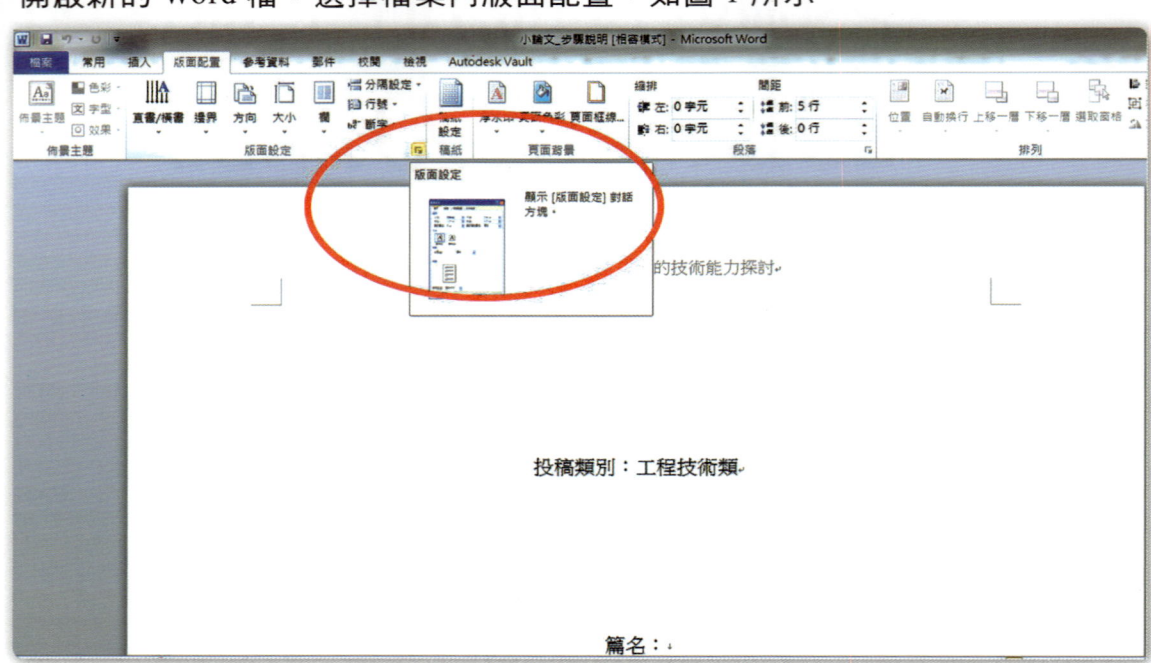

▲ 圖 1

**Step 2** 選擇邊界，將上下設為『2.54 cm』、左右設為『3.17cm』，其餘維持預設值，如圖 2 所示。

◎ 圖 2

**Step 3** 選擇格式中之字型，如圖 3 所示。

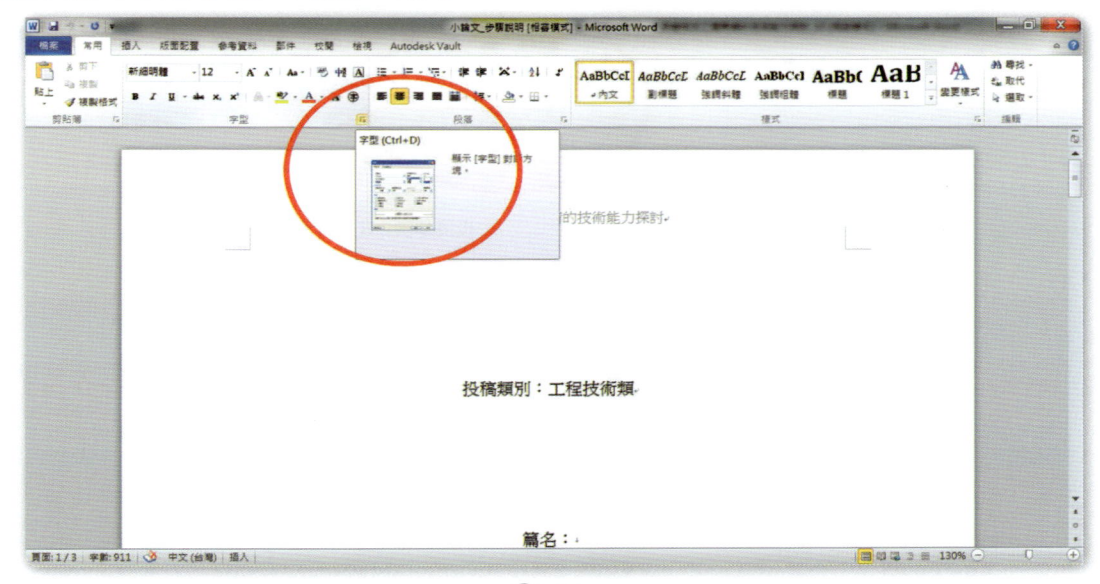

◎ 圖 3

141

Step 4　將中文字型設為『新細明體』，字型樣式為『標準』，大小為『12pt』，其餘維持預設值，如圖 4 所示。

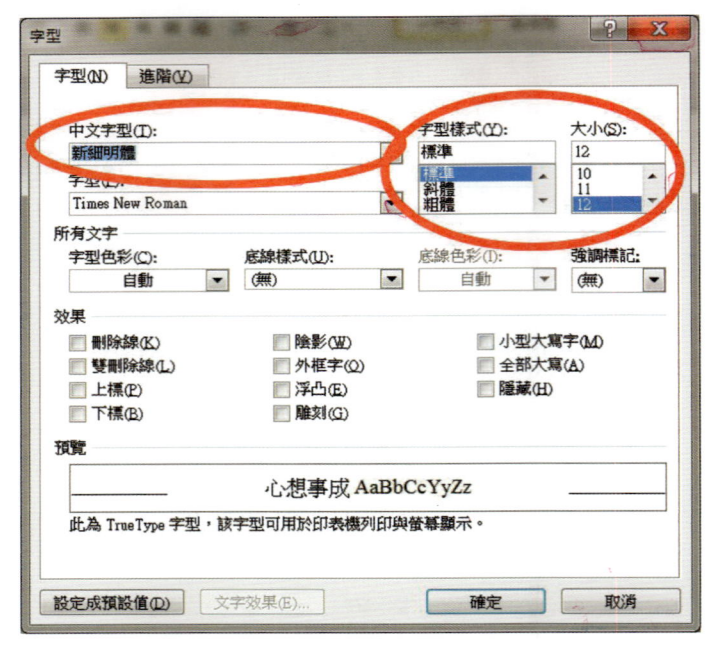

▲ 圖 4

Step 5　輸入『投稿類別：工程技術類』，並使其置中對齊，如圖 5 所示。

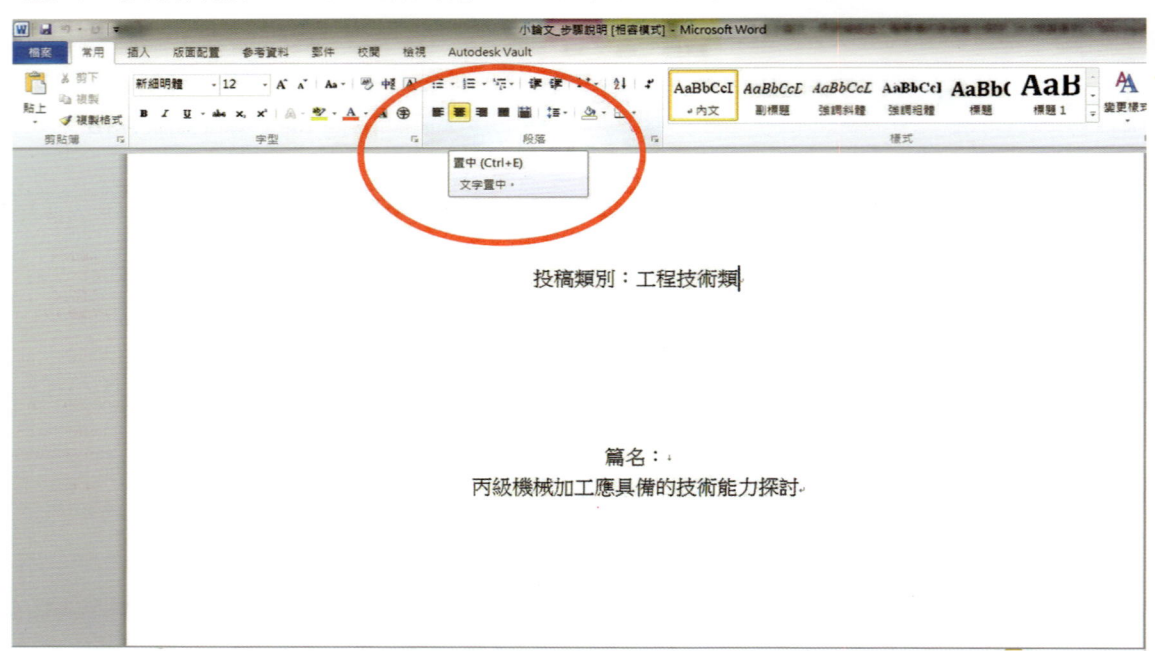

▲ 圖 5

**Step 6** 點選常用功能中的段落,如圖 6 所示。

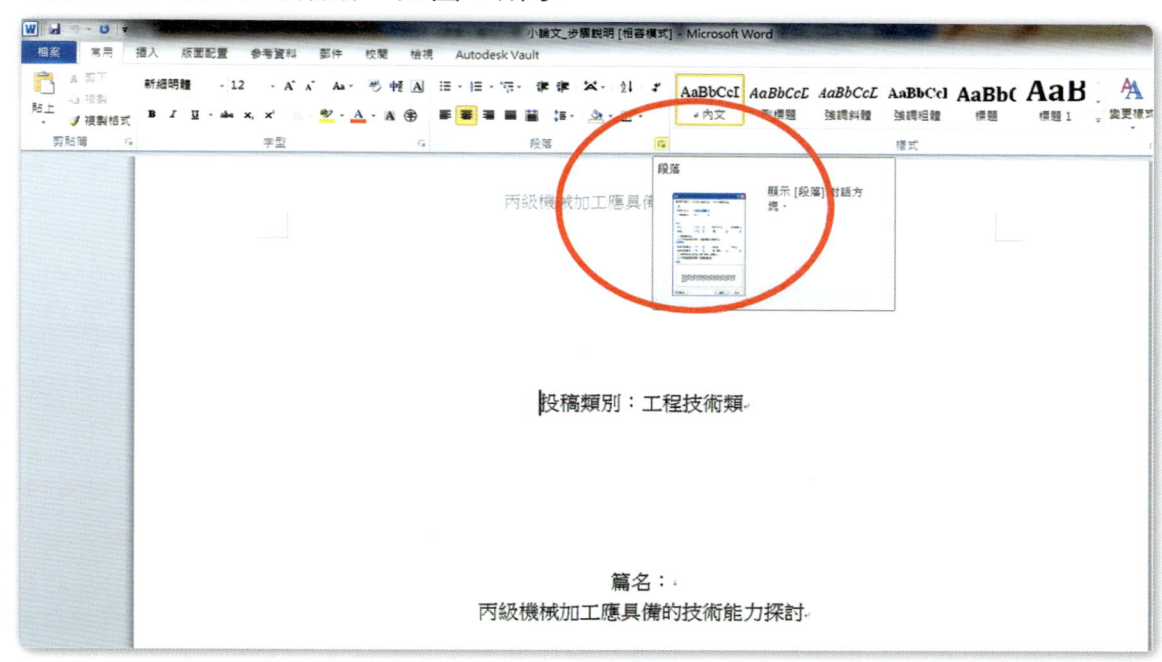

◎ 圖 6

**Step 7** 段落的縮排與行距中,請挑選段落間距,將『與前段距離』設定為 5 行,這會使該段與前段間隔調整出 5 行,如圖 7 所示。

◎ 圖 7

創意機械專題實作

Step 8　輸入『篇名：』後，先壓著 Shift 後，再輸入 Enter，這會使下一行與該行仍維持原間距，如圖 8 所示。

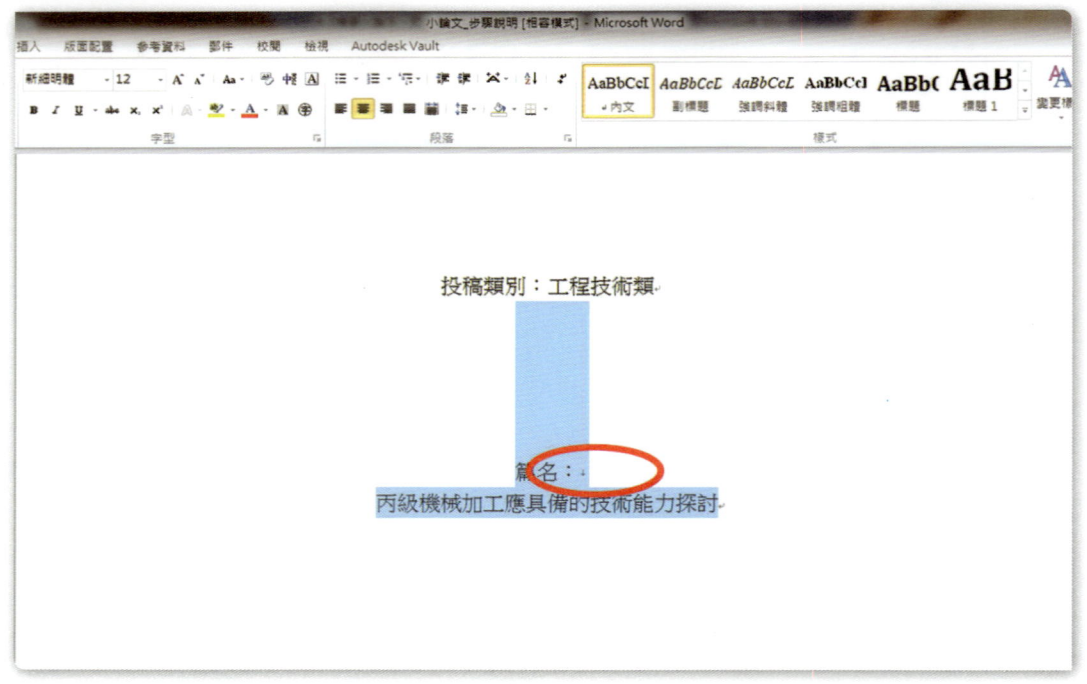

圖 8

Step 9　輸入完『篇名名稱』後，輸入 Enter，再重新輸入『作者：』等名稱，這裡的動作如同前項 8，不需間隔 5 行者，就先壓著 Shift 後，再輸入 Enter，如圖 9 所示。

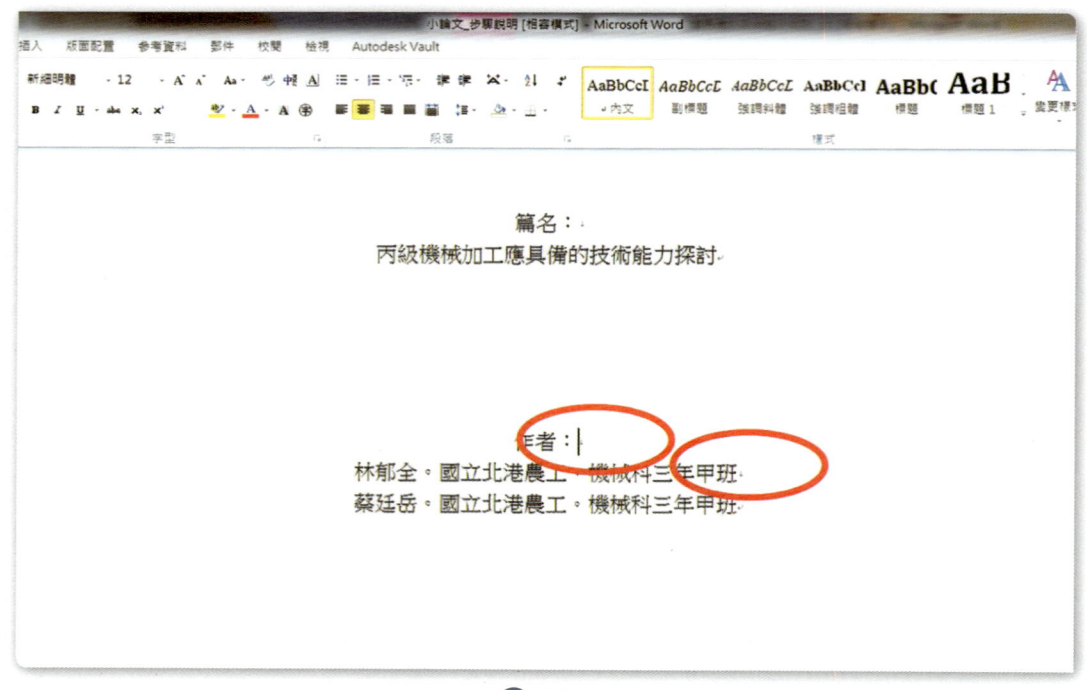

圖 9

**Step 10** 輸入『指導老師：』，這裡的動作如同前項 8，不需間隔 5 行者，就先壓著 Shift 後，再輸入 Enter，如圖 10 所示。

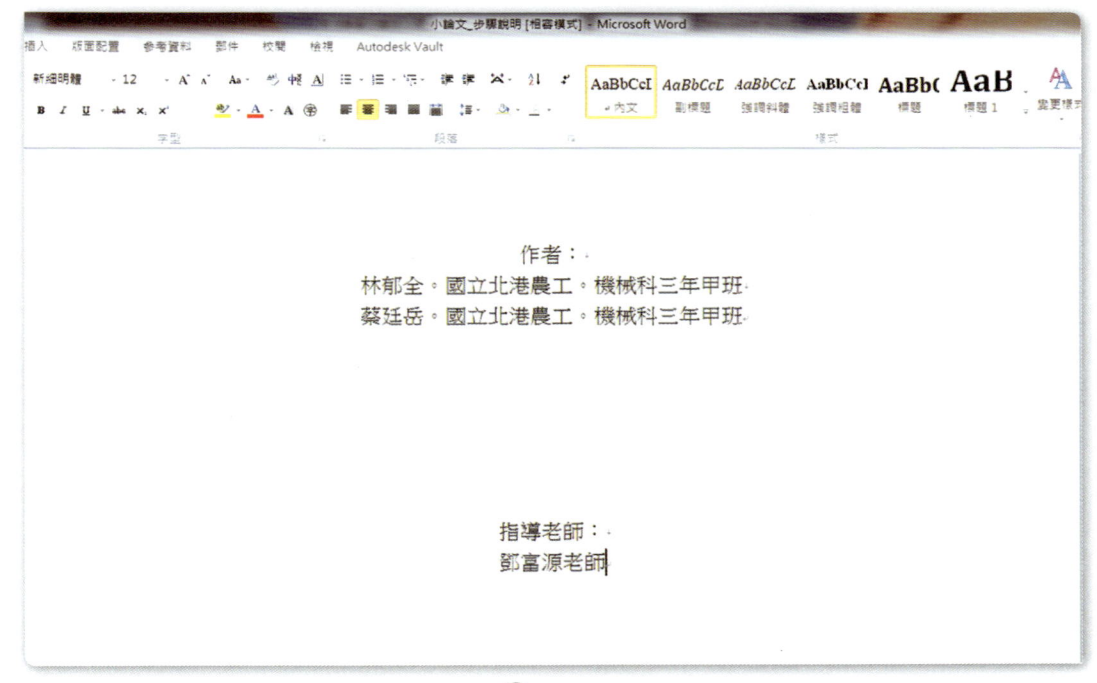

圖 10

**Step 11** 點選常用功能中的段落，在段落的縮排與行距中，請挑選段落間距，將『與前段距離』設定為 6 行，這會使該段與前段間隔調整出 6 行，如圖 11 所示。

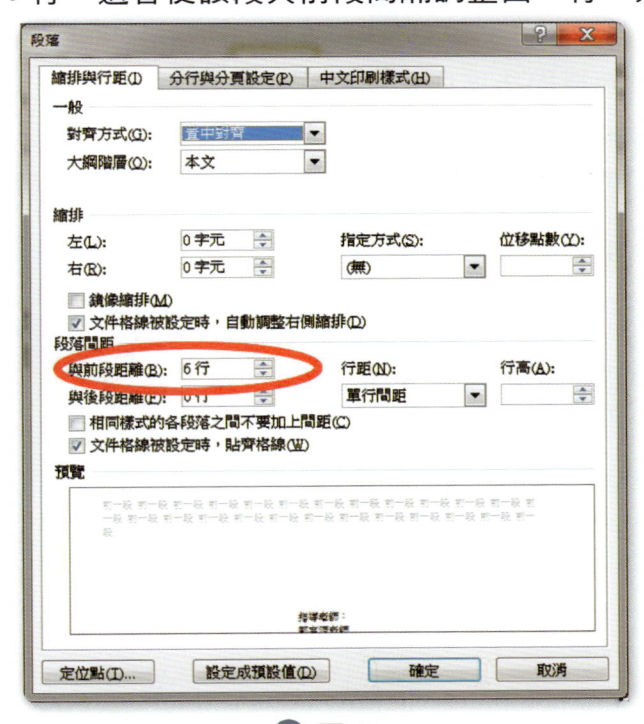

圖 11

創意機械專題實作

**Step 12** 封面設定完成，如圖 12 所示。

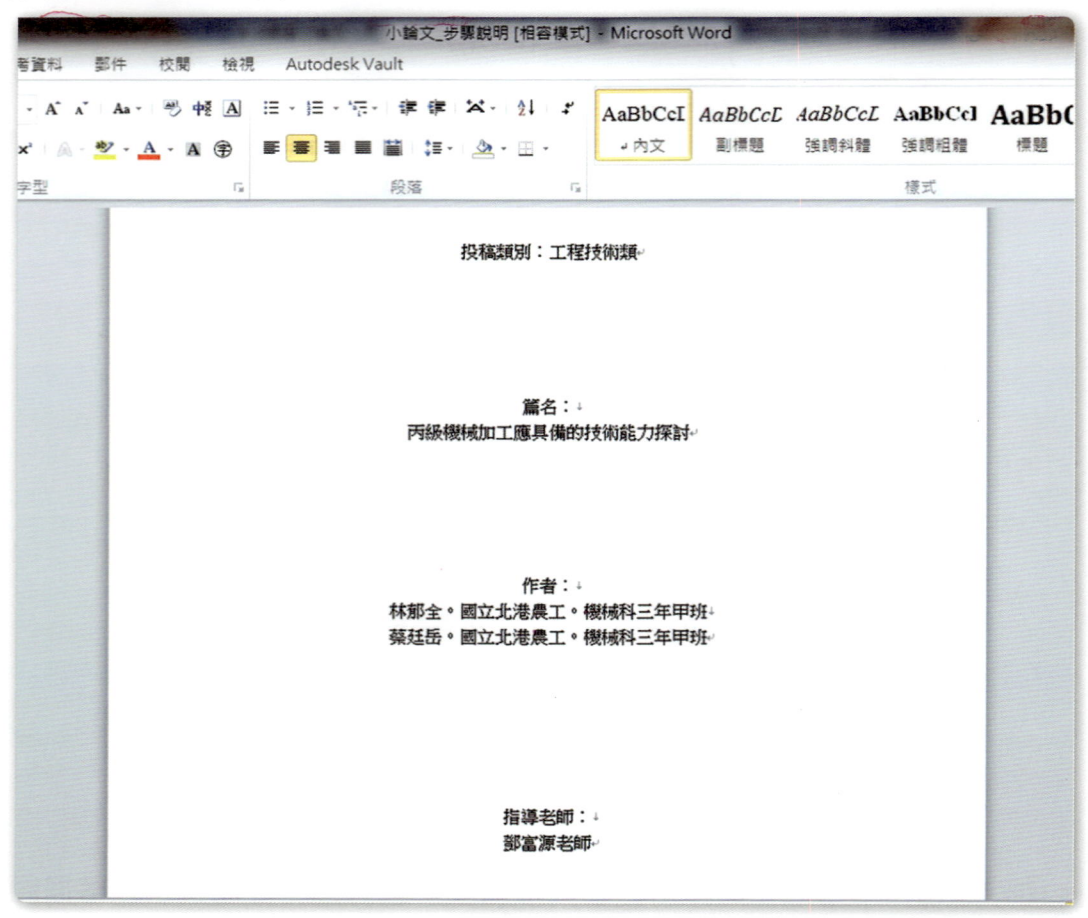

圖 12

**Step 13** 接著將封面頁與後序內文作分隔，將游標移至○○○老師後方，點選插入功能中分頁符號，如圖 13 所示。

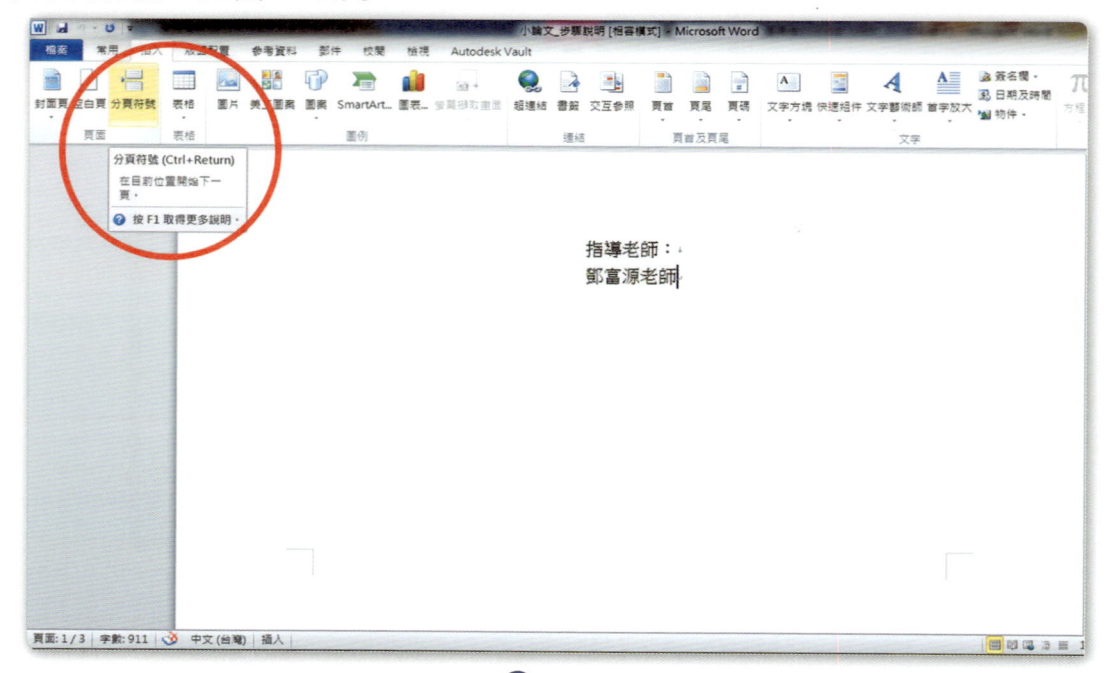

圖 13

**Step 14** ①點選常用功能中的段落,在縮排與行距中,將『一般』對齊方式調整為左右對齊;②將段落間距的『與前段距離』調整為 0 行,此時可使內文的行距設定恢復原預設值,如圖 14 所示。

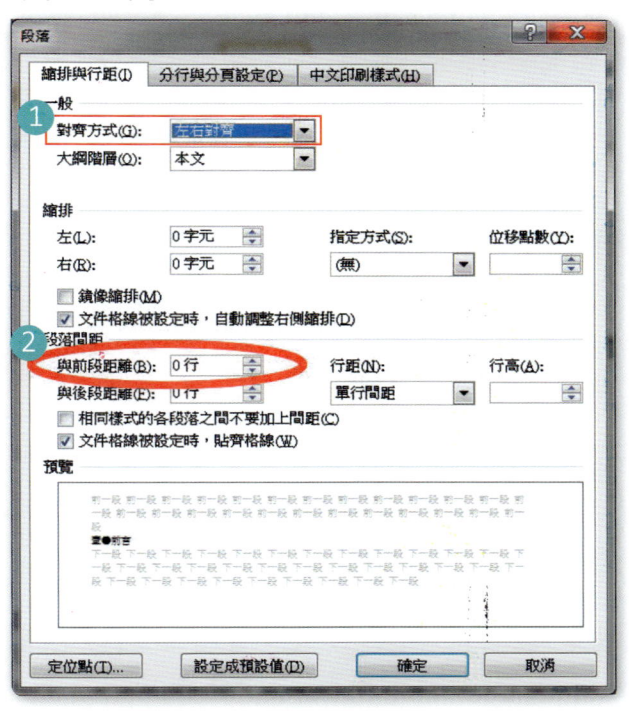

◎ 圖 14

**Step 15** 設定完成後,如圖 15 所示。

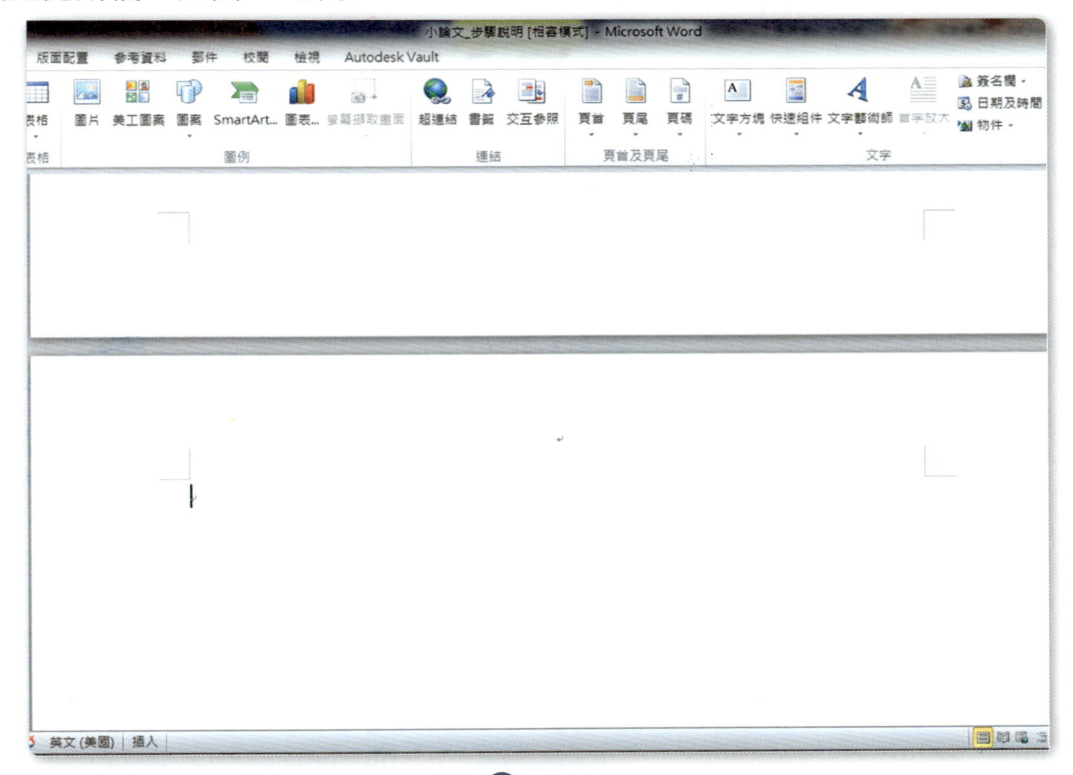

◎ 圖 15

創意機械專題實作

**Step 16** 點選插入功能中『頁首』，並繼續點選『編輯頁首』，如圖 16 所示。

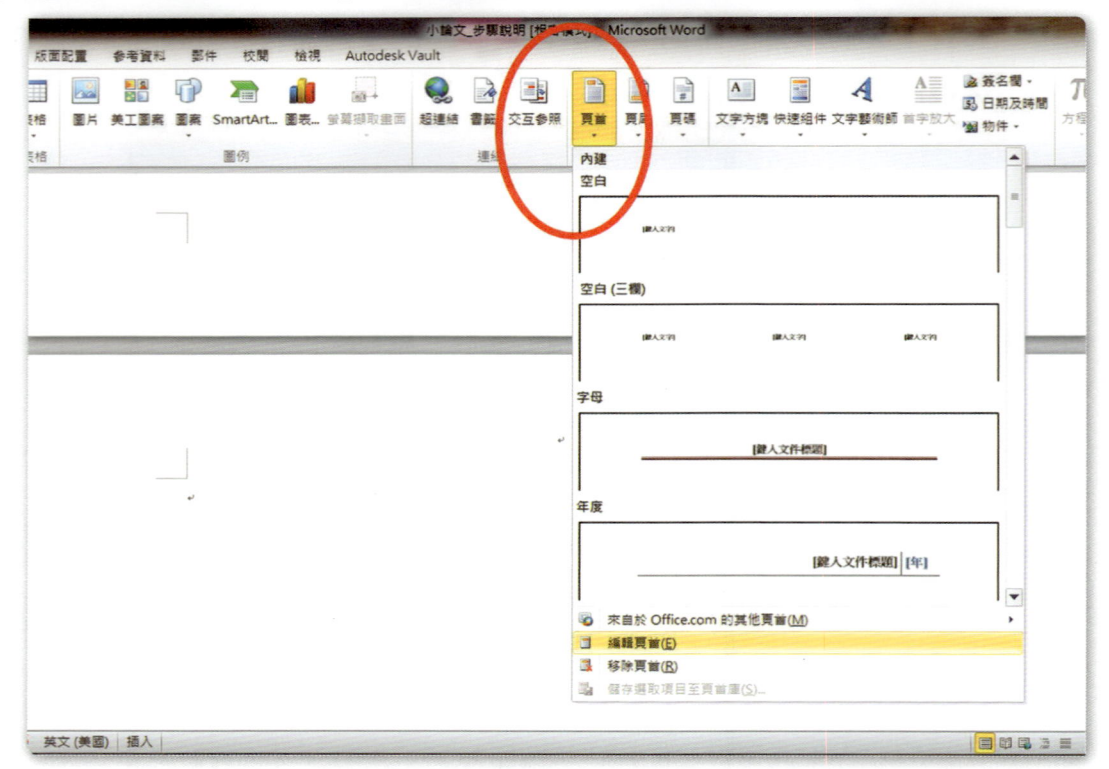

◎ 圖 16

**Step 17** 選擇置中對齊，並檢查字型為『新細明體』、大小是否為『10』，若非 10 請更正為 10，如圖 17 所示。

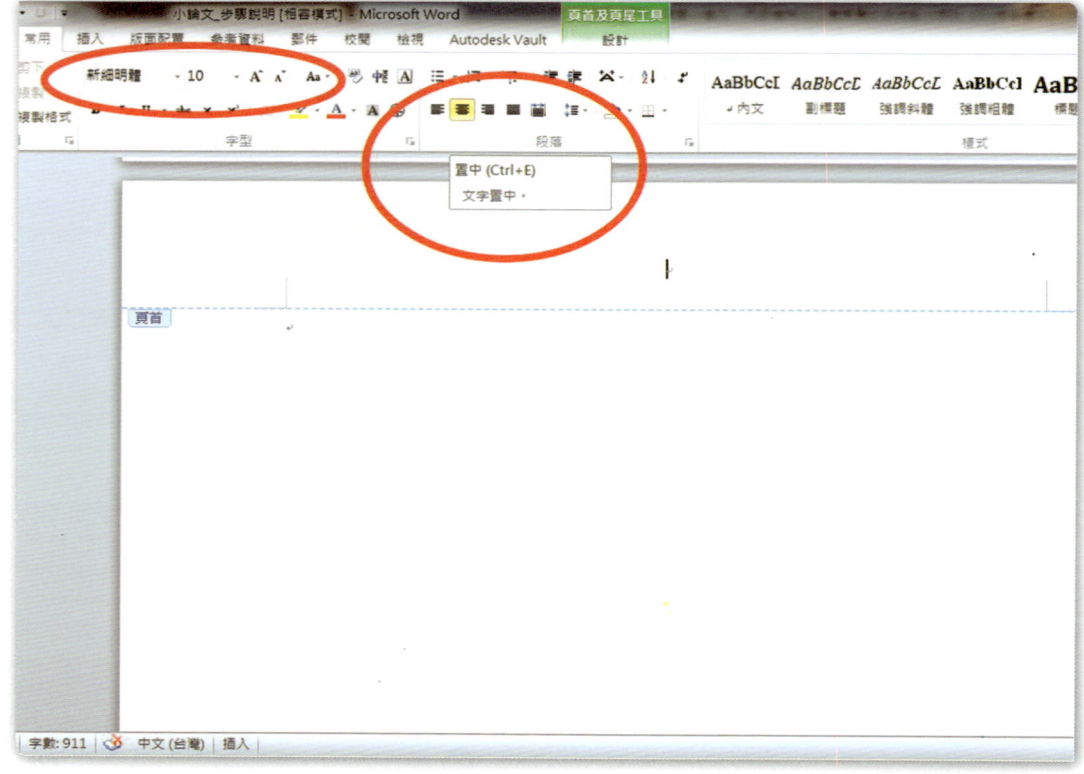

◎ 圖 17

**Step 18** 輸入小論文之『篇名』名稱，如圖 18 所示。

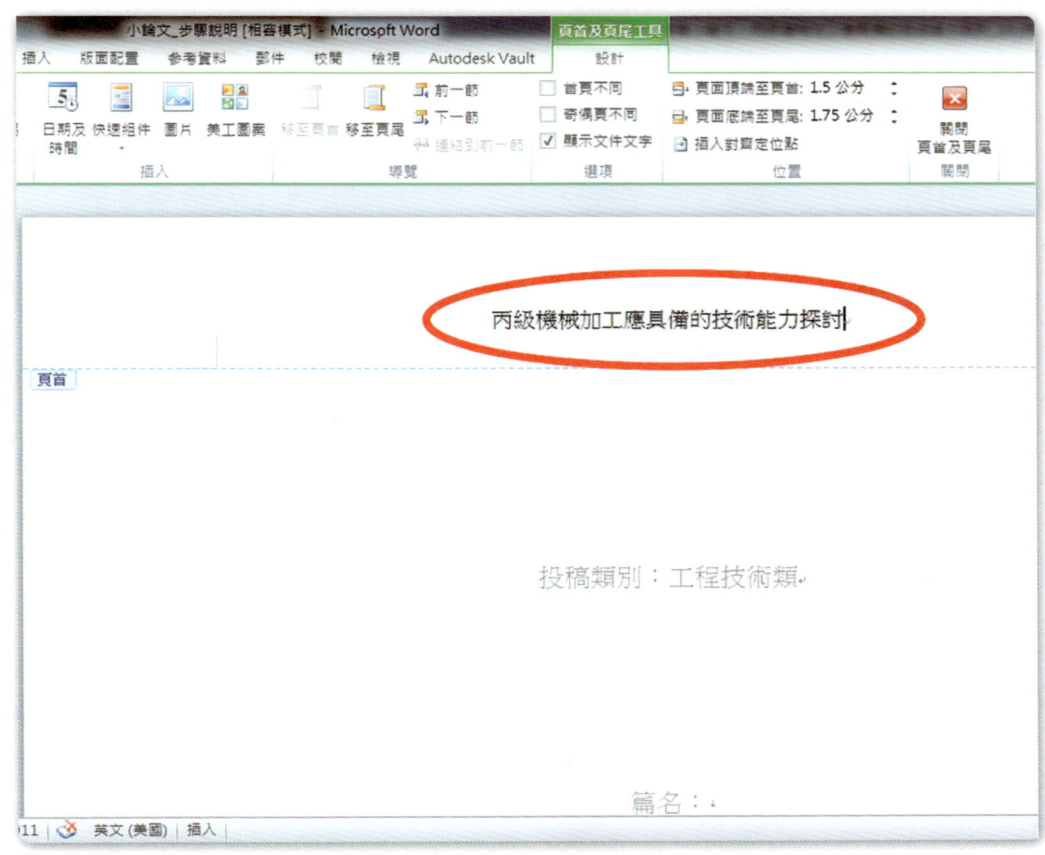

△ 圖 18

**Step 19** 在設計功能中點選『首頁不同』，可使封面頁不顯示頁首之標題名稱，完成後選擇關閉，如圖 19 所示。

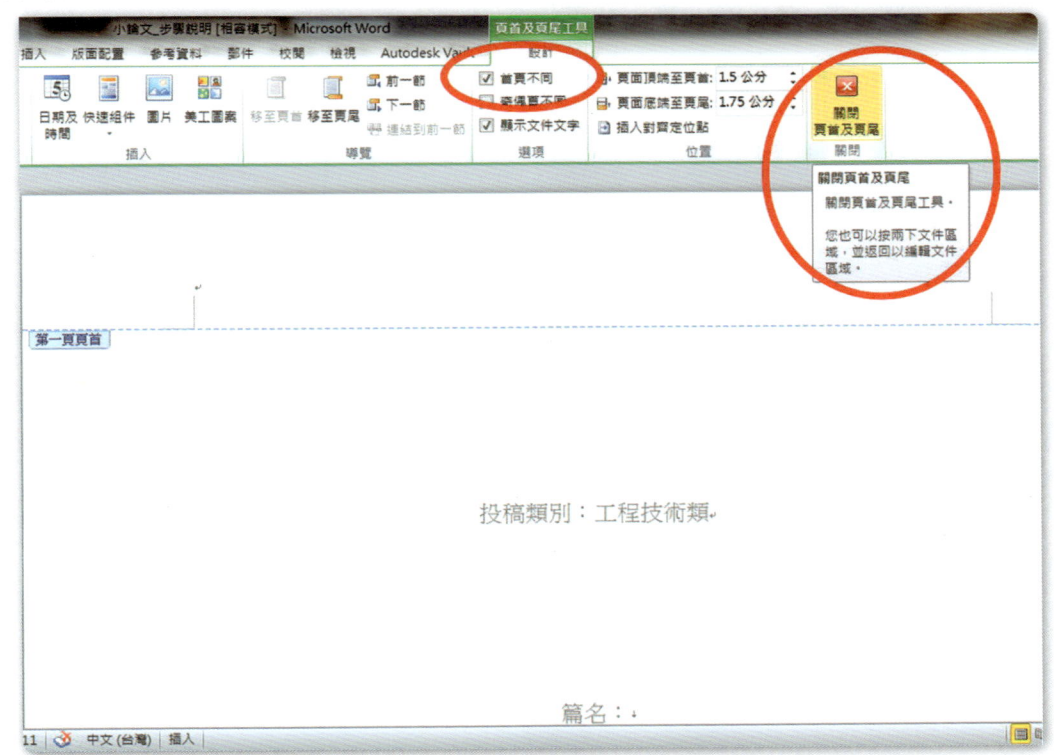

△ 圖 19

創意機械專題實作

**Step 20** 點選插入功能中的頁碼,如圖 20 所示。

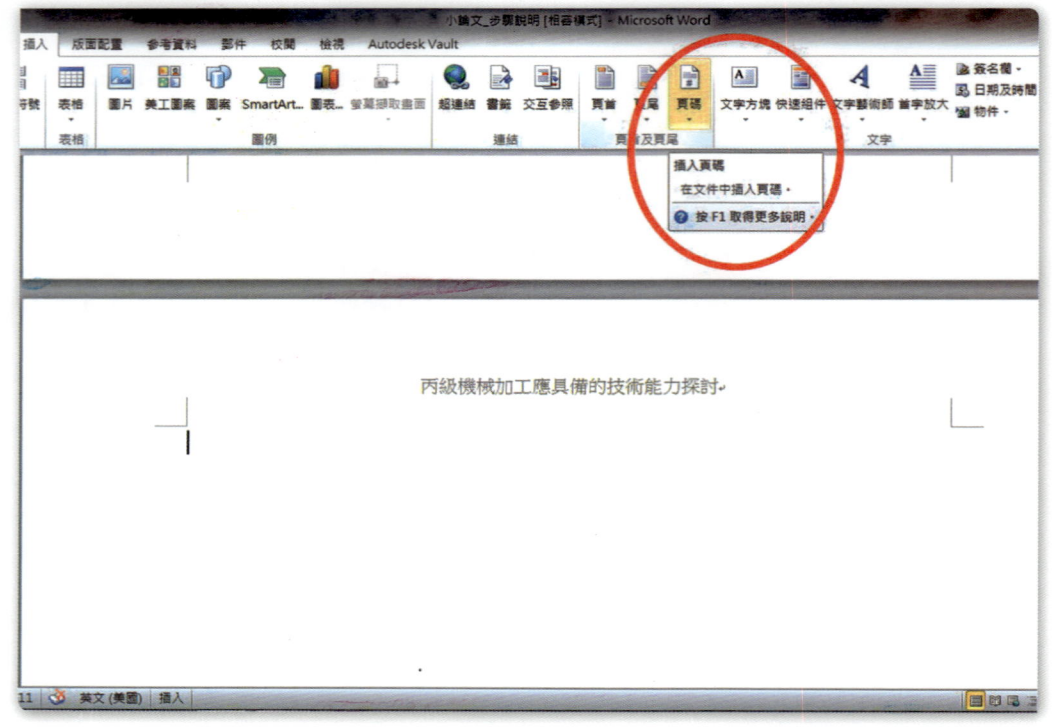

◎ 圖 20

**Step 21** 進入頁碼後,請將位置選頁面底端,對齊方式點選『簡單純數字 2』,亦即置中,如圖 21 所示。

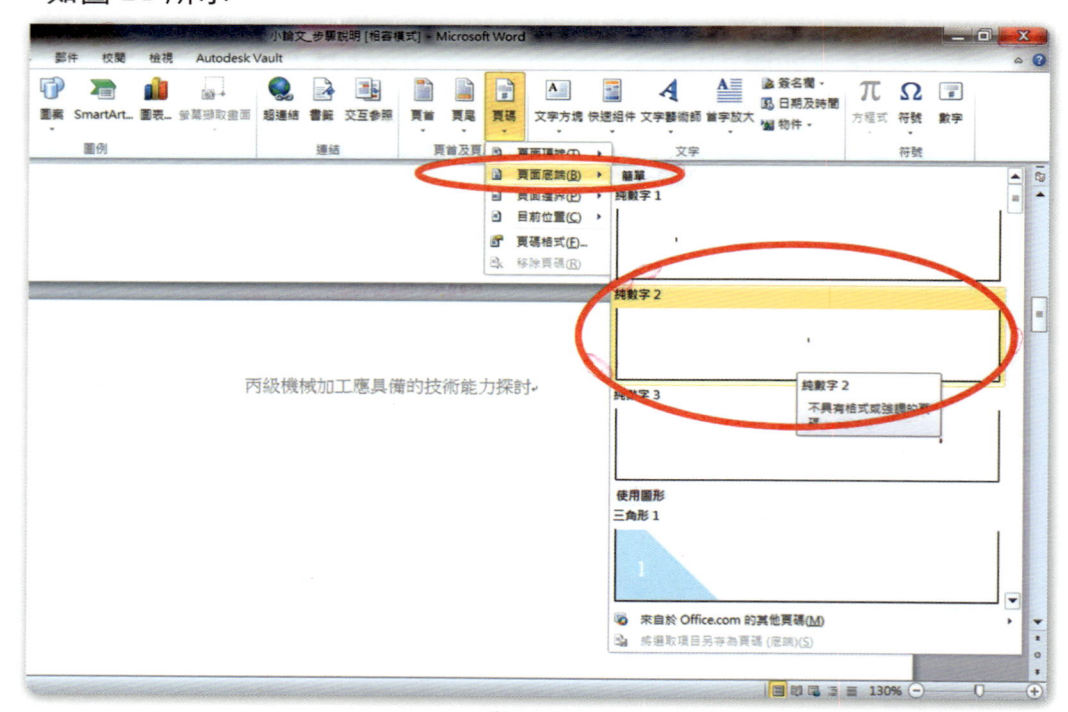

◎ 圖 21

150

**Step 22** 在頁首及頁尾工具功能中,點選頁碼中的『頁碼格式』,如圖 22 所示。

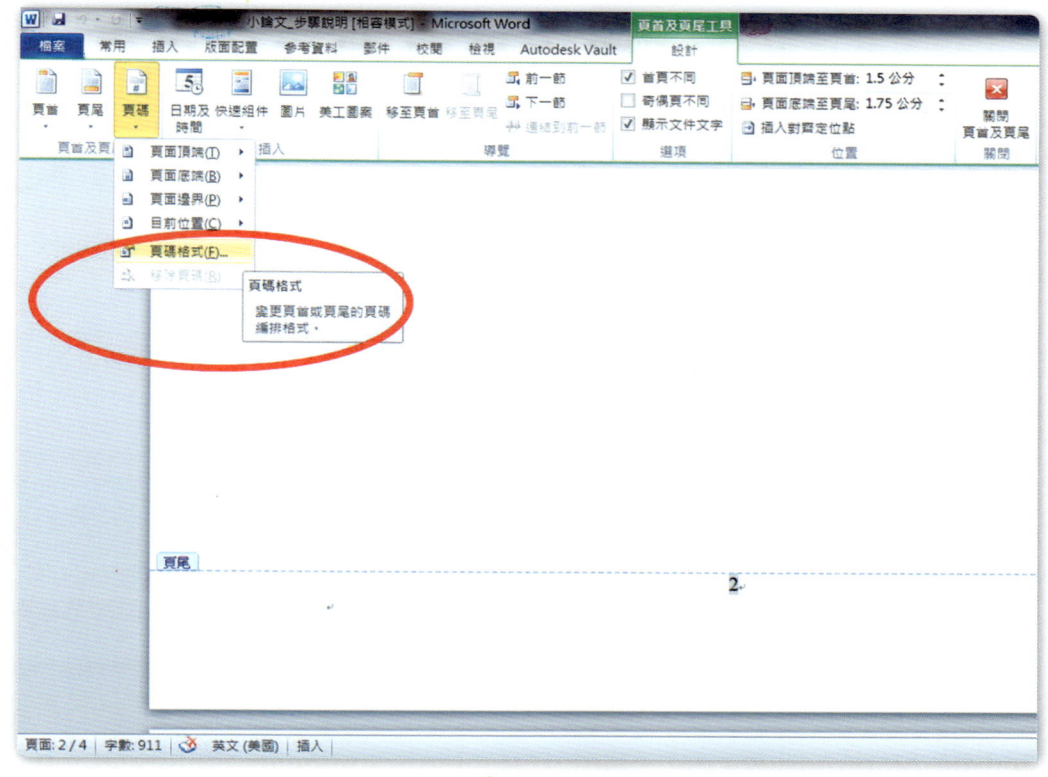

◎ 圖 22

**Step 23** 在頁碼格式視窗中,請將頁碼編排方式點選『起始頁碼』,然後將數值調整為 0,如圖 23 所示。

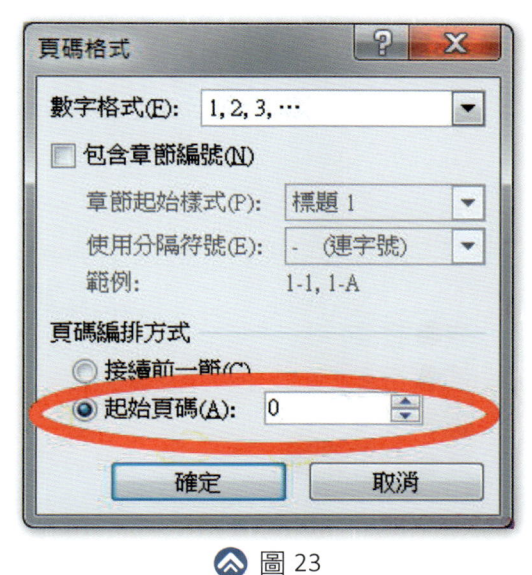

◎ 圖 23

Step 24. 最後點選『關閉頁首及頁尾』功能，如圖 24。

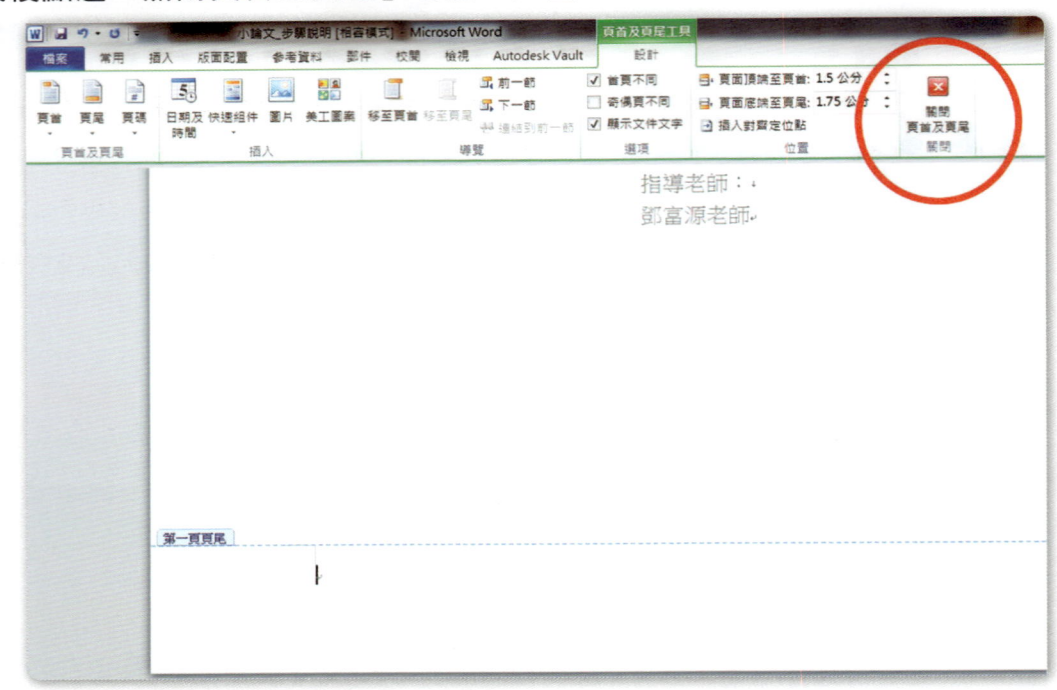

◎ 圖 24

## 3-2 撰寫前言

Step 1. 輸入小論文的四大標題，並將其字型大小設定為『12』，如圖 25 所示。

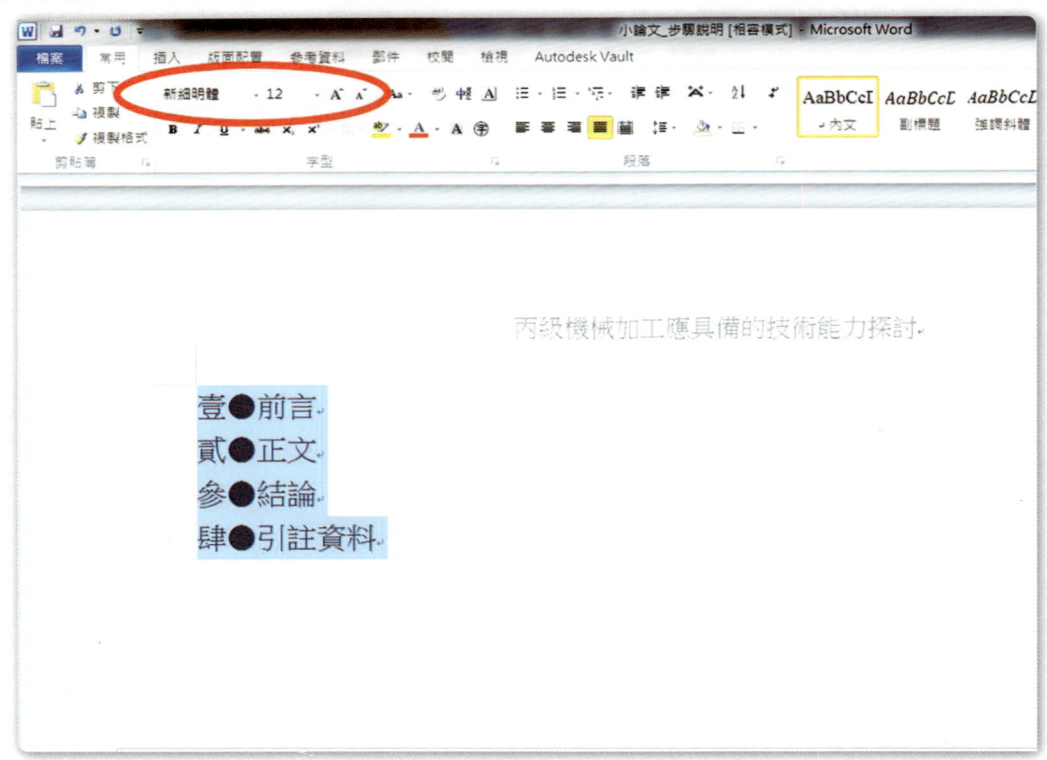

◎ 圖 25

**Step 2** 在常用功能中,點選『段落』,在縮排中的指定方式請點選『第一行』,並將位移點數改為『2 字元』,而對齊方式請設定為,『左右對齊』如圖 26 所示。

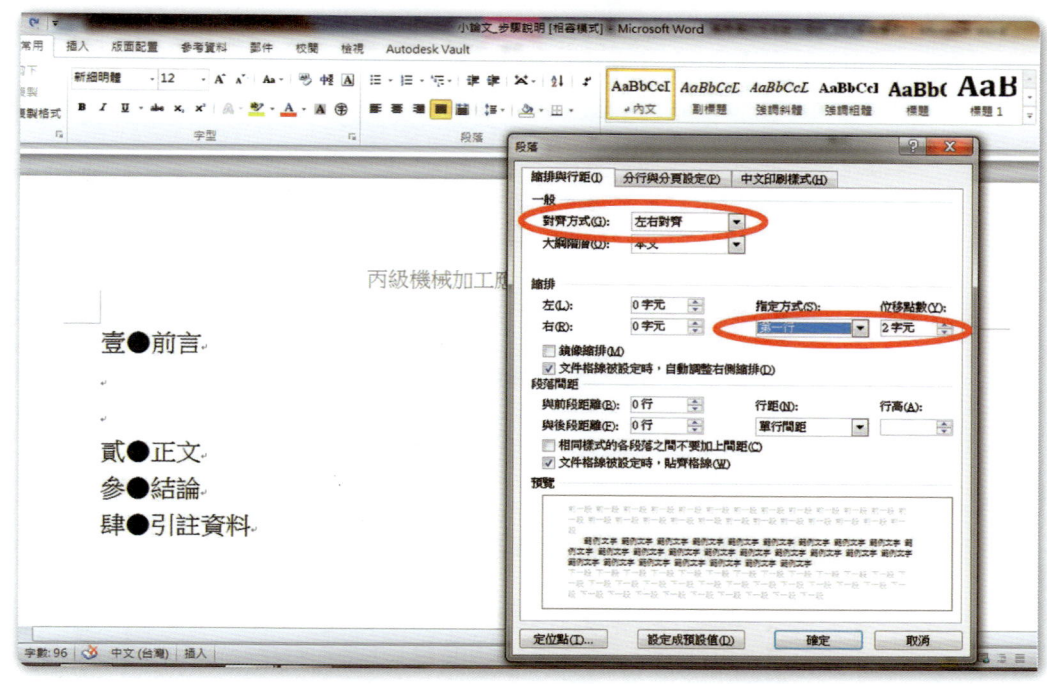

圖 26

**Step 3** 輸入『前言』之內文,如圖 27。

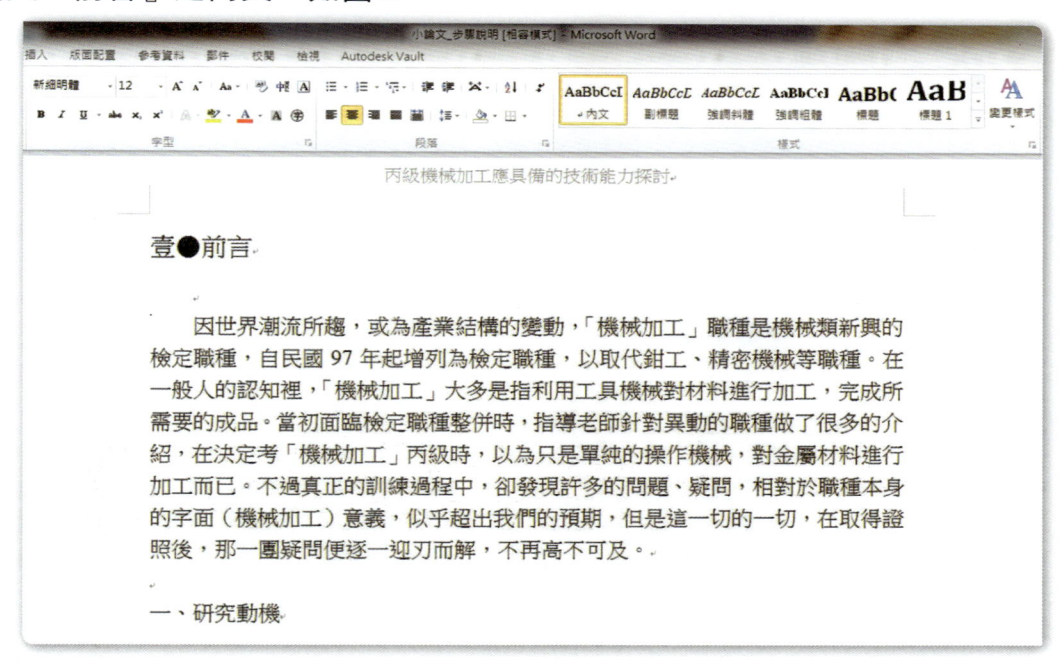

圖 27

創意機械專題實作

## 3-3 撰寫正文

**Step 1** 輸入『正文』之內文，如圖 28。

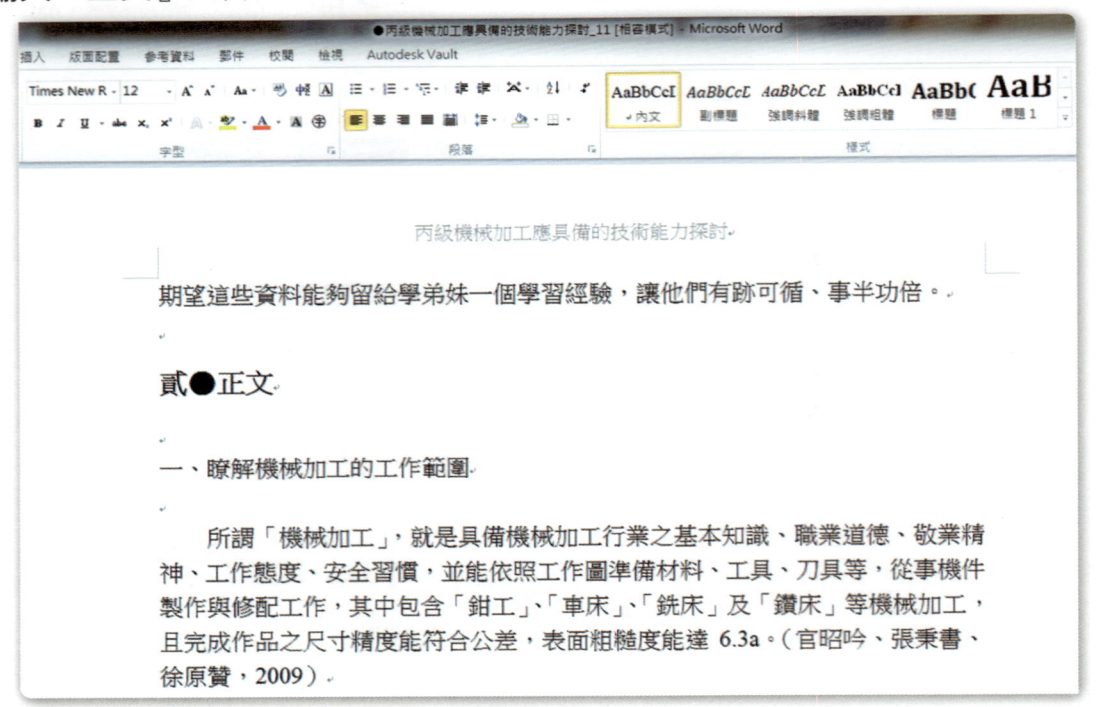

▲ 圖 28

## 3-4 撰寫結論

**Step 1** 輸入『結論』之內文，如圖 29。

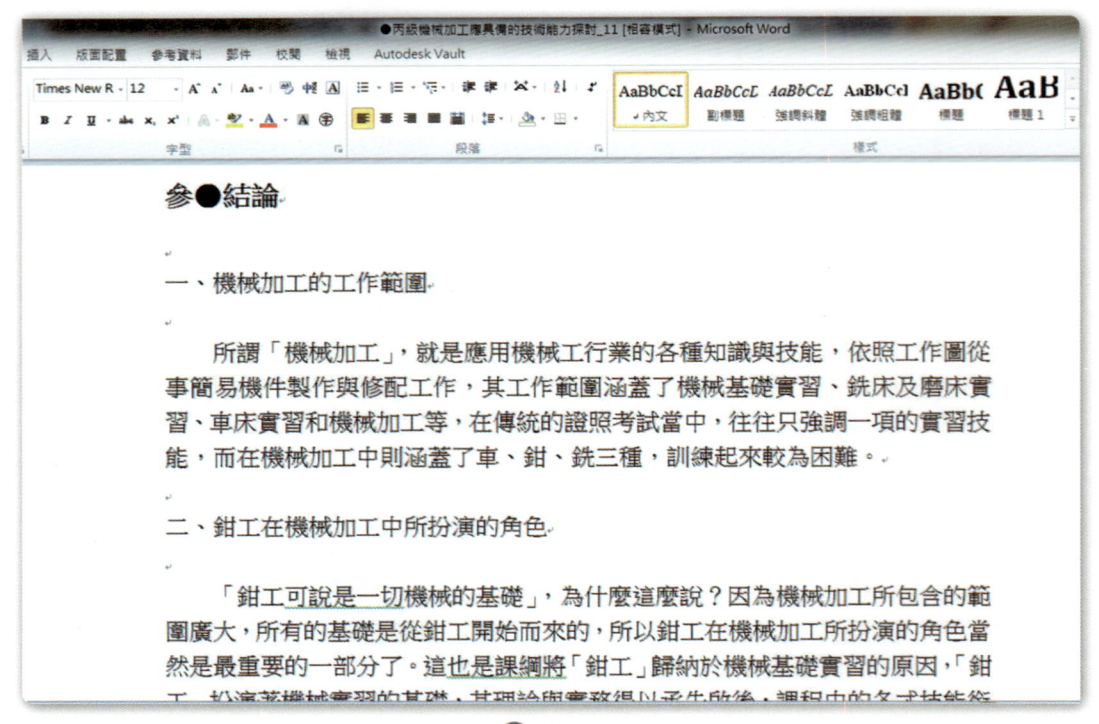

▲ 圖 29

154

## 3-5 撰寫引註資料

**Step 1** 輸入『引註資料』之內文，如圖 30。

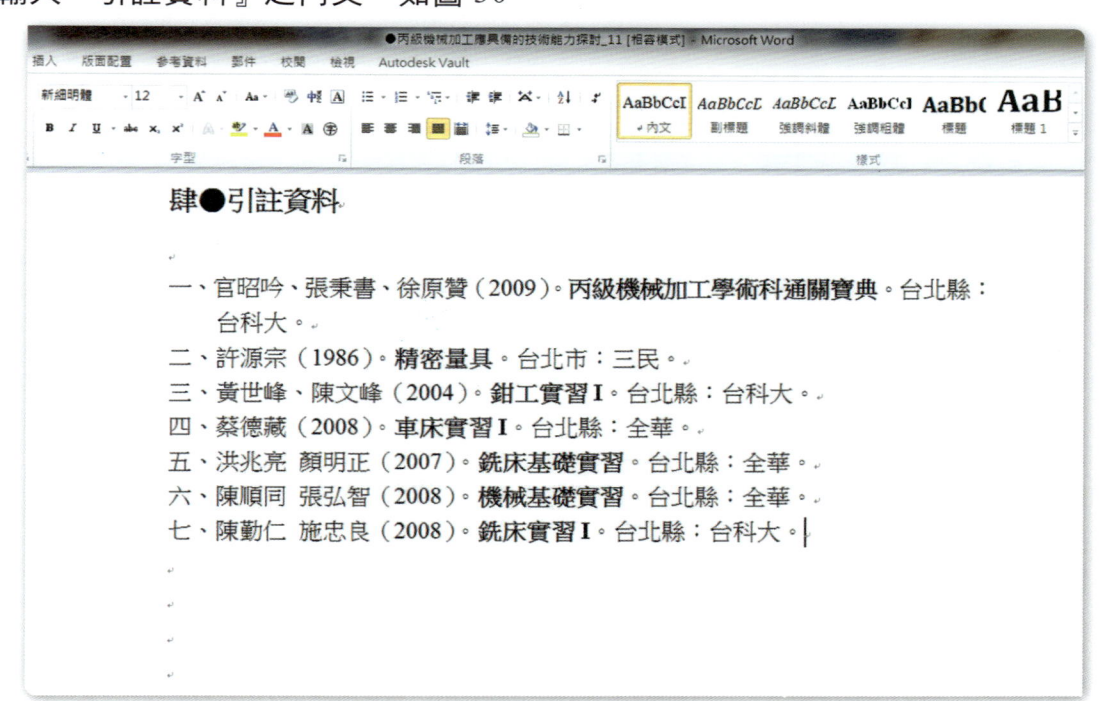

△ 圖 30

NOTE

# Chapter 4

## 撰寫專題報告——四向定位機構

4-1 專題報告設定

4-2 撰寫前言、正文、結論及引註資料

4-3 表格及圖片

為了讓同學可以將綜合加工實習或類似的實習報告有範例可參考，而且不必以『小論文』、『中小學科學展覽』或其他的競賽為目標，可以將實習過程、作品及心得略為記錄，更輕鬆更無壓力地撰寫，提供您另類選擇－專題報告。

## 4-1 專題報告設定

封面設定如下：

1. 版面設定：上下為 2.54 cm、左右為 3.17cm。

2. 封面抬頭字型大小：12pt。

3. 封面字型：標楷體。

4. 封面頁投稿設定：包含篇名、作者及指導老師等。

5. 操作請參考小論文撰寫。

## 4-2 撰寫前言、正文、結論及引註資料

專題報告較非正式，僅將前言做些許調整（如製作動機、製作目的），由於內容偏向於製作，文獻探討及引註都不硬性要求。若您想投稿其他競賽，建議您還是作正式的文獻探討，引註資料還是依照規定，這才是做學問的正確方法。至於標題的定義或是篇幅的限制，請參考後續的範例。

## 4-3 表格及圖片

一般而言，表格較不會限制其大小，但有些圖片會限制，例如小論文限定『圖片尺寸不得超過頁面 1/4』，且圖片不得出現於封面。非制式的規定，我們並未嚴格要求，只是，不要用圖說故事，使得圖檔變成喧賓奪主。

# 專題實作報告

篇　　名：

## 四向定位機構的製作

作者：
○○○。國立○○○○。機械科三年甲班
○○○。國立○○○○。機械科三年甲班

指導老師：
鄧富源老師

## 壹、前言

「機械加工乙級」對機械群的學生而言，是一張夢想中的執照，聽任課老師及參訪廠商的說法，在現今機械業，一張實質的乙級證照，不但驗證了實務的能力外，相關學科的薰陶也備受重視。但經過這幾年的考照，「機械加工乙級」通過率並不高，相對地取得證照者更備受矚目，由於製作題目功能的特性，特別命名為『四向定位機構』。

一、製作動機

看到同學中有報考「機械加工乙級」而投入練習的，除了加工的類別更為繁複，精密度要求也相對的提高，最重要的是須在六個小時以內完工，據我們的觀察很少能在要求的時間內完成。對於我們未考照的同學而言，總有一股跟著學習的衝勁，透過小組的合作，期望能完成組件的功能。

二、製作目的

1. 瞭解「機械加工乙級」的要求。
2. 製作「四向定位機構」。
3. 探討「四向定位機構」的加工難處。
4. 收藏「四向定位機構」完成品。

## 貳、正文

一、「機械加工乙級」的要求

依照「機械加工乙級」規範的定義，其工作範圍及應具備之知能如下：

工作範圍：

（一）除能從事丙級技術士工作範圍外，並能依照工作圖或實樣準備材料、工具、刀具、量具、工具機，從事一般機件、量規、工模之製作與修配工作。

（二）尺寸精度能達公差九級，表面粗糙度能達 3.2a (12.5S)。（行政院勞委會中部辦公室，2008）

應具知能：除應具備丙級技術士之知識及技能外，並應具備各項知識及本項職類專業知能。關於專業知能，有工件度量、畫線、手工加工、工具機操作、刀具研磨、機件製作與修配、量規工模與夾具製作、機具維護與檢查等。（行政院勞委會中部辦公室，2008）

## 二、「機械加工乙級」可使用的機具

機械加工乙級檢定時所提供的機具有：

1. 鑽床：鑽削直徑13mm，附平口虎鉗（鉗口寬100mm以上），精度符合CNS標準。

2. 銑床：立式或砲塔式，#1又2分之1以上，含虎鉗（鉗口寬100mm以上）、彈簧套筒夾頭、扳手、鑽頭夾頭、擋屑安全罩及面銑刀 $\phi$50mm以上等附屬工具，精度符合CNS標準。

3. 高速車床：二心間距550mm轉速1500rpm以上，附四爪單動夾頭及鑽頭夾頭等附屬工具，精度符合CNS標準。

4. 平面磨床：150mm×250mm以上，附砂輪、磁性夾頭及砂輪修整器等附屬工具，具吸塵及冷卻裝置，精度符合CNS標準。

5. 砂輪機：1/2馬力以上，雙頭式，可研磨高速鋼及碳化物刀具，附安全罩且具吸塵功能。

6. 其他：尚有工具架、鉗工工作檯、虎鉗及平板等等。

## 三、「四向定位機構」的組成零件

「四向定位機構」的組成零件總共有九件（如圖1、2）：

1. 底座：由S20C 12×75×75之扁鐵製作。

2. 旋轉桿：由S20C 25×25×75之方鐵製作，與件3共用。

3. 立柱：由S20C 25×25×75之方鐵製作，與件2共用。

4. 拉把：由S20C $\phi$25×80之圓鐵製作，與件5共用。

5. 軸銷：由S20C $\phi$25×80之圓鐵製作，與件4共用。

6. 平墊圈：M5平墊圈。

7. 內六角承窩螺釘：M5×0.8×10L。

8. 定位銷：$\phi$4m6×15L。

9. 圓柱型壓縮彈簧：$\phi$0.7×$\phi$12×4×15L。

◆ 圖1　提供之材料

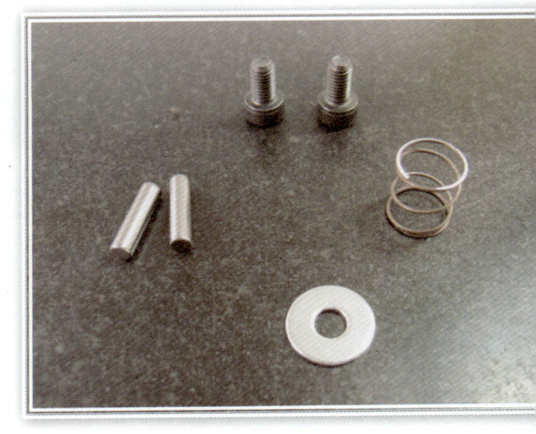

◆ 圖2　提供之零件

## 四、「四向定位機構」製作過程

(一) 件 3、4、5 製作

1. 首先,我們從件 3 著手,我們以四爪夾持方鐵件,露出適當距離,以指示量表校正其同心度及垂直度(如圖 3),使方鐵件的中心準確。關於垂直度的量測,我們是跑 Z 軸(平行主軸方向)檢驗,並以銅棒敲擊校正。

2. 緊接著是車削 φ10×12mm 的階級(如圖 4),完成後取下。

圖 3

圖 4

3. 夾持圓鐵件,露出適當距離,加工件 4 壓花側(如圖 5)。

4. 壓花加工(如圖 6),壓花時其要領是低轉速大進給,壓花次數愈少愈好,並加注適當切削劑。(張弘智,2012)

圖 5

圖 6

5. 壓花完成（如圖 7），依工作圖再予以倒角 1×45°。

6. 將壓花完之圓鐵件換端夾持，切削件 4 右側（如圖 8）。將工件切斷，利用夾具夾持件 4，修端面並控制總長。

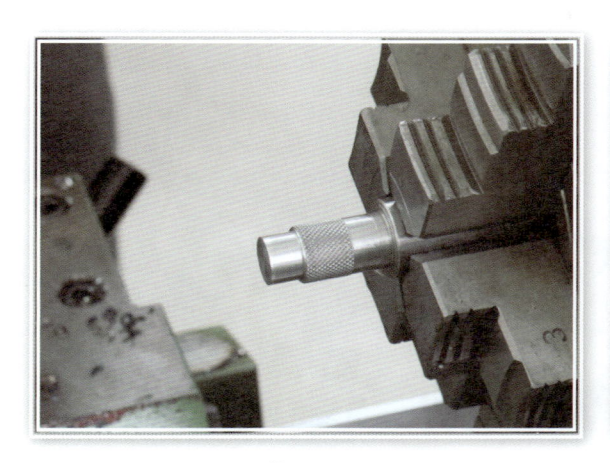

◆ 圖 7　　　　　　　　　　　　◆ 圖 8

7. 將切斷完之剩餘材料（即已加工的件 5 右側），利用夾具夾持件 5，切削 φ20×20mm 的階級並控制總長。再鑽 φ4.2×10mm 孔（如圖 9），攻製 M5 螺紋。

◆ 圖 9

(二) 件 1、2 製作

1. 將車削 φ10×12mm 階級的方鐵件，畫線 38～39mm 長鋸切（如圖 10）。然後量取四面至 φ10 之距離銑削四面，而第五面可以 V 型枕協助夾持（如圖 11），再行銑削。

圖 10

圖 11

2. 先將扁鐵鋸切成 65～66mm 長，銑削件 1 之六面體（如圖 12）。

3. 依照工作圖所示加工柱坑鑽、四個 φ8 的鑽孔，並銑削 22mm 寬深度 1mm 的槽，最後倒角 1×45°。

4. 鋸切方鐵剩餘之材料，使其高度約為 11～13mm，銑削六面體使成為 34×20×10mm。而後，銑削 16mm 長深度 2mm 的階級（如圖 13）。接著是 φ10 的兩個鉸孔，應預留 0.1～0.2mm 的鉸削量，待鑽 φ9.8 孔後，再予以鉸孔。

圖 12

圖 13

(三) 研磨

將件 1 及件 2 攜至平面磨床研磨（如圖 14），可同時研磨一面，而背面則須分開研磨（如圖 15），因為此二件的厚度公差不同。

圖 14

圖 15

(四) 組裝與功能測試

1. 組裝時，先將圓柱型壓縮彈簧套入件 5 之 $\phi10$ 側（如圖 16）。

2. 將件 5 之 $\phi10$ 側穿過件 2 較低之 $\phi10$ 鉸孔處，而件 2 較高之 $\phi10$ 鉸孔處須與件 3 之 $\phi10$ 凸出側配合，利用件 6 平墊圈及件 7 內六角承窩螺釘鎖入（如圖 17），再將件 4 凸出之 M5 螺紋部分鎖進件 5 螺紋孔。

圖 16

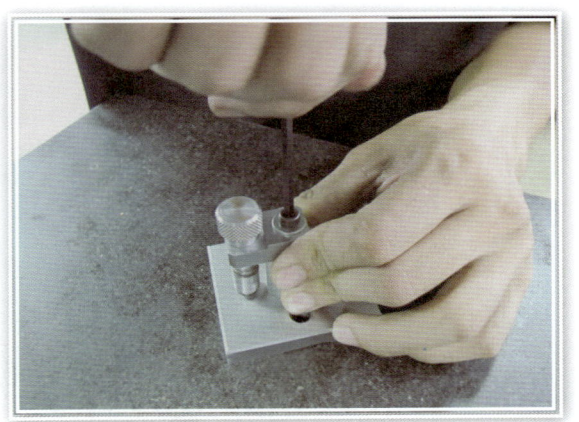

圖 17

3. 嘗試將旋轉桿（件2）上拉把（件4）拉起，藉著圓柱型壓縮彈簧的伸縮作用，可將件5拉起使之繞著立柱（件3）旋轉，調整件3的位置使軸銷（件5）可以順利插入上下左右四孔。於當下可將另一顆內六角承窩螺釘鎖進底板（件1）下螺絲孔，組裝可說完成（如圖18）。

圖 18

## （五）定位銷鉸製

固定好整個組件後，可攜至平板畫定位銷孔位置，而後逐一鑽孔、鉸孔（如圖19），待裝配一個定位銷後，再行鉸製另一孔（如圖20），可防止其因加工而位移。

圖 19　　　　　　　　　　圖 20

## 五、討　論

### (一) 方鐵於車床上切削

其實，在車床實習時老師就有提及，在車床使用四爪獨立夾頭時，可以夾持方形物件，甚至可以加工六面體。若要車削較為準確時，必須輔以準確地校正，那便是利用指示量表，不僅可以校正同心度，亦可校正垂直度，需要一些時間養成，初次接觸者恐需多花一些時間始可完成。

在垂直度的校正，可以利用工件的各面，碰觸指示量表些許尺寸後（如圖21），移動縱向手輪，使量表沿著Z軸移動，透過量表指針的移動距離，可以判斷工件偏向何處，再用軟性物體（如銅鋁鎚）敲擊修正，如此反覆校正可達成使命。

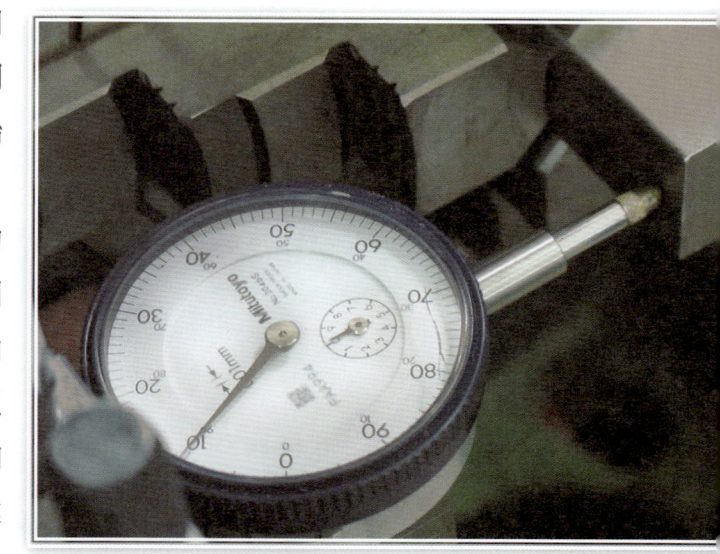

▲ 圖21

### (二) 四方孔位加工

針對四方孔位的加工，是以指導老師所教的光學尺定位，其準確性相對地提高，使用性也極為簡易，值得推廣。其方法如下：

1. 利用標準銷尋邊，將床台移至中心孔上方。

2. 鑽中心孔（如圖22）。

3. 輸入圓周分度（如圖23），其直徑值為40、將圓周分為4等分、起始角度為0度。

4. 移至正確位置鑽孔。

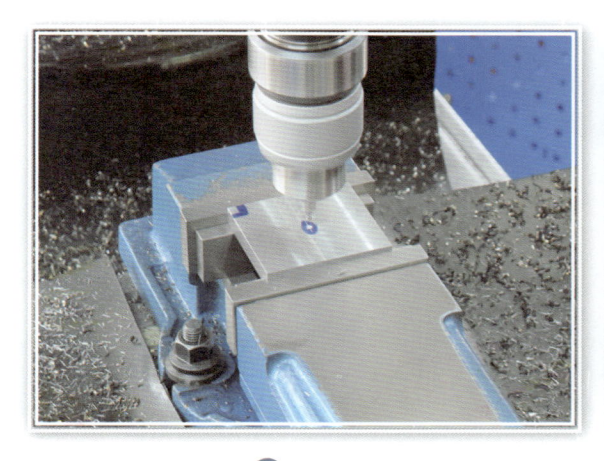

▲ 圖22　　　▲ 圖23

## （三）外螺紋鉸牙

在外螺紋鉸牙的過程是：

1. 將螺絲鏌以尾座頂緊（如圖 24）。
2. 使螺絲鏌扳手一側抵緊複式刀座或床鞍。
3. 一邊逆時鐘旋轉夾頭，一般旋轉尾座之進刀手輪，使螺絲鏌始終緊靠著工件，並適當加注潤滑油。
4. 直到螺絲鏌鉸至底部，再反時鐘退出，完成圖如圖 25 所示。

圖 24

圖 25

## （四）倒角方法

件 1 的倒角可以利用倒角銑刀（三刃高速鋼倒角刀），而且是使用逆銑的方式較為安全（如圖 26），銑刀轉速須以倒角銑刀之最大直徑計算。至於件 2，由於倒角部分 4×45° 較大，可以使用捨棄式倒角銑刀，分成多次銑削，而且是逐次遞減銑削量。若完成後發現倒角處不平整，最好是再以銼刀修整（如圖 27），以免表面粗糙度不符規定。

圖 26

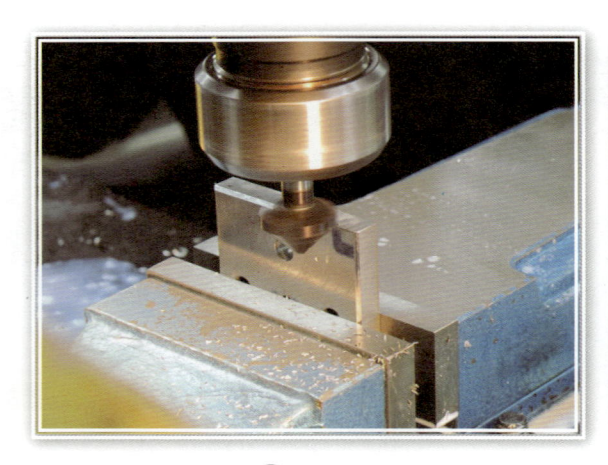

圖 27

（五）組裝注意事項

　　將件 3 組合於件 1 時，盡可能使件 3 的四邊平行於件 1 的四邊（圖 28 所示），並且保持置中，若不易達成，可以藉著塊規或游標卡尺定位，可使組裝較為節省時間，不必花費太多的時間在校正件 3 的位置。

　　其次，就是公差的概念，由於機器的性能、材料的差異及刀具的磨損等因素，使得製造時無法達到形狀、尺寸完全無誤，因此在設計時會容許某程度的誤差，稱之為公差（黃世峰等，2008）。零件製造若符合設計之公差，則組合及裝配就較為容易，不必花費過多的時間修整。

▲ 圖 28

### 參、結　論

一、「機械加工乙級」的要求

1. 依照工作圖或實樣準備材料、工具、刀具、量具、工具機，從事機件、量規、工模之製作與修配工作，終能完成具備某一特定功能的組合件，如本題之功能為「上拉迴轉件 4 均可插入件 1 的 φ8 孔內」。

2. 尺寸精度能達公差九級，表面粗糙度能達 3.2a，依據工作圖研判，研磨的精度達 0.06mm，銑削的精度達 0.08mm，車削的精度達 0.06mm。

二、製作「四向定位機構」

　　製作本題目主要是憑藉操作車床、銑床、磨床及鑽床等機具，將提供的材料分別製作成五個組件，並依照工作圖實施攻牙或鉸牙，配合提供的螺釘、墊圈及彈簧裝配，完成後再下定位銷。

三、「四向定位機構」的加工難處

　　本題的加工難處有四，其因應如下所述：

1. 方鐵的車削加工：需利用指示量表校正同心度及垂直度。

2. 四向定位的孔位：利用光學尺的分度功能。

3. 外螺紋的鉸製：以螺絲鏌鉸牙，須注意加工法。

4. 零件小難以夾持：多注意夾持的方法以及夾持力道。

## 四、收藏「四向定位機構」完成品

完成作品（圖29、30所示）頗耐人尋味，看得出命題委員背後絞盡腦汁的辛勞。

▲ 圖29　完成右視圖　　　　　　　　▲ 圖30　完成左視圖

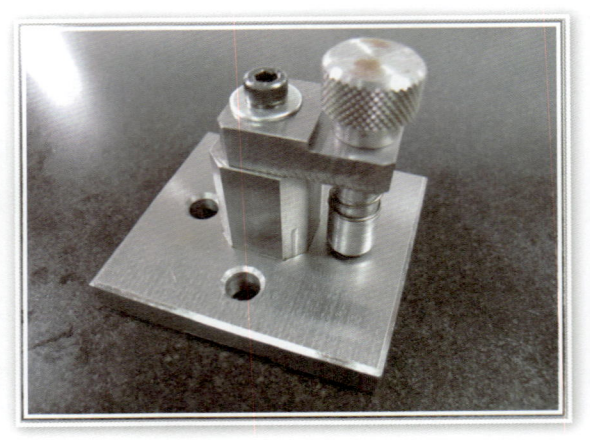

### 肆、引註資料

一、行政院勞委會中部辦公室（2008）。**機械加工技術士技能檢定規範**。台中市：行政院勞委會中部辦公室。2011年9月21日。取自 http://web1.labor.gov.tw/management/sitemap_upload_file/iiw/exambank/exambank_97.htm

二、張弘智（2012）。**乙級機械加工術科題庫解析**。新北市：全華。

三、黃世峰、陳文鋒、林鴻儒（2008）。**機械基礎實習**。新北市：台科大。

### 後　記

一、一份完整的專題報告，最好能圖文並茂、架構完整，使用正確的研究方法。

二、簡單的報告內容，應該包含工作程序規劃、工作分析、實作圖片、缺失檢討、心得分享、結論與建議等。

三、更完整的報告，則須具備計畫書、工作圖、歷程記錄、成果報告及簡報等。

四、注重智慧財產權，適當地引用文獻，避免不當地抄襲。

五、多閱讀相關專業書籍，充實自身的學識涵養，活用學習過的教科書。

六、善用身邊寶貴的資源，圖書館的書籍與服務的師長，任課老師的經驗傳承。

# Chapter 5 製作專題簡報

5-1 投影片設計

5-2 投影片版面設置

5-3 簡報設計要點

5-4 動畫配置

5-5 投影片放映

5-6 如何作簡報

創意機械專題實作

　　為了使專題的實作能夠發表，除了投稿報名相關的競賽，在相關的課程中，我們會希望同學能將所做的專題作簡報，一方面可以提供任課老師作另一層面的評量，而另一方面可以讓同學互相觀摩，這是個可以讓同學展現表達能力的舞台，更是一個提供您免費的補習班，何不用心投入作一個優質的簡報。

## 5-1 投影片設計

　　筆者介紹最容易上手的簡報軟體－『Ms. PowerPoint』，容易學習，容易發揮，在極短的時間就可以完成。製作簡報（通常又稱為投影片），通常需要有一些e化設備，譬如：單槍投影機、筆記型電腦等，是最基本的硬體需求，若想提升專業度則可準備雷射筆等配備。

　　緊接著介紹簡報的製作，請您啟動『Ms. PowerPoint』，位於『Microsoft Office』中，請點選左下角微軟視窗符號，開啟所有程式，從中可以找到，如下圖1所示：

▲ 圖1

製作專題簡報 ⑤ 　肆 呈現篇

**Step 1** 進入『Ms. PowerPoint』成功後，可以見到圖 2 的頁面：

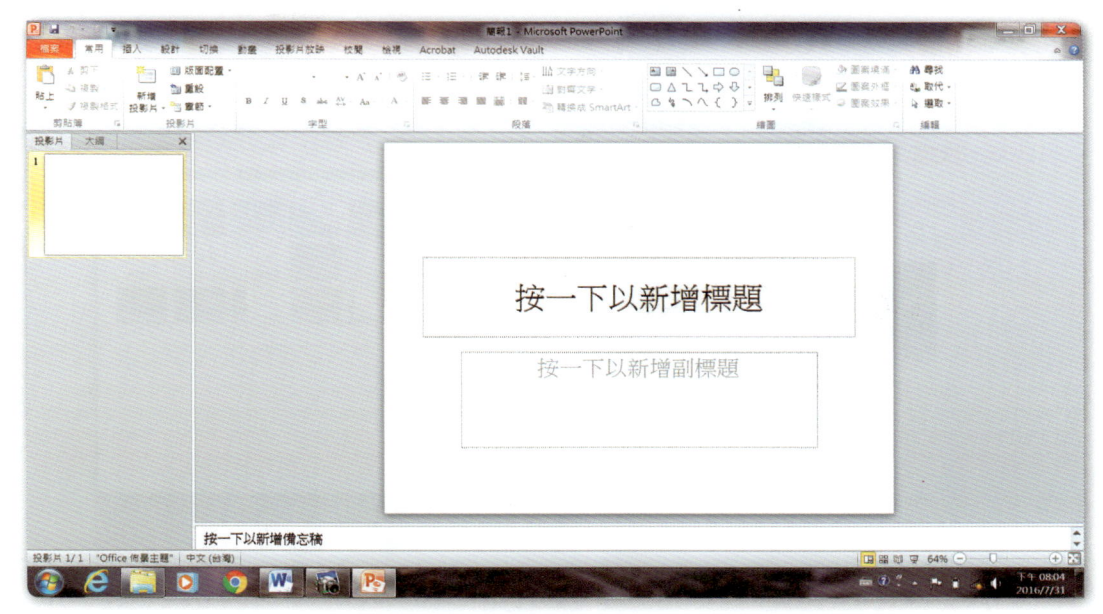

▲ 圖 2

**Step 2** 想設計投影片，首先是點選設計功能進行『投影片背景設計』，如圖 3 所示：

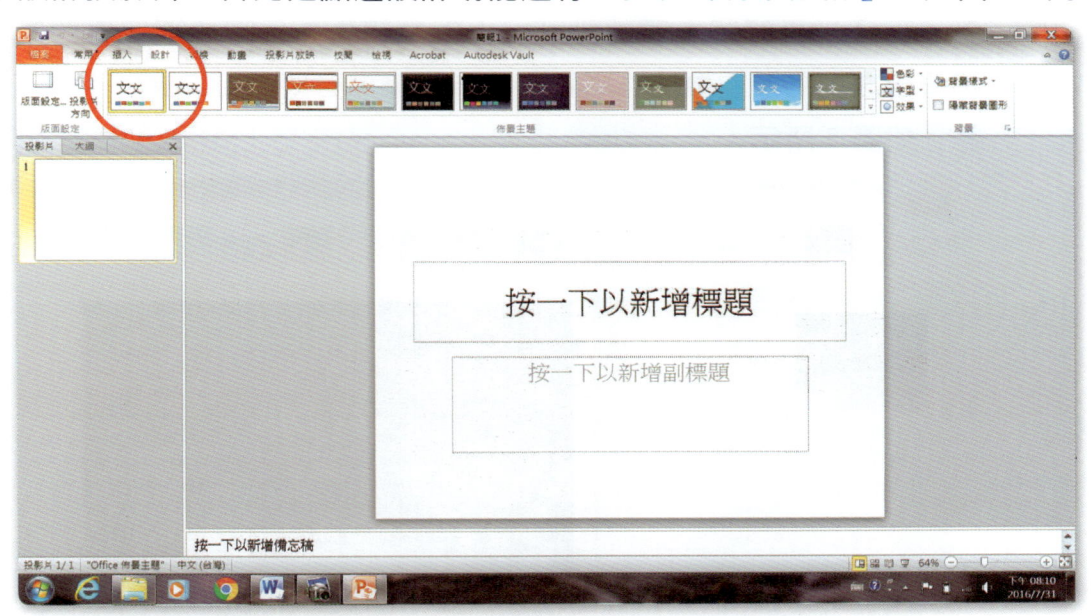

▲ 圖 3

173

創意機械專題實作

**Step 3** 從最右邊所提供的範本中，選擇一項符合您喜愛的背景圖案，以投影的經驗而言，最好是背景暗、文字白，或者是背景淡、深色字，若投影機夠亮，則推薦前者可以凸顯簡報字體的亮度（參考圖4）。

圖 4

**Step 4** 第一頁通常是簡報主題的設計，也就是報告前呈現給觀眾看的第一幕，那就把報告之篇名及重要的作者資料顯現出來，必要時可以調整字型、大小、色彩等，如圖5所示。

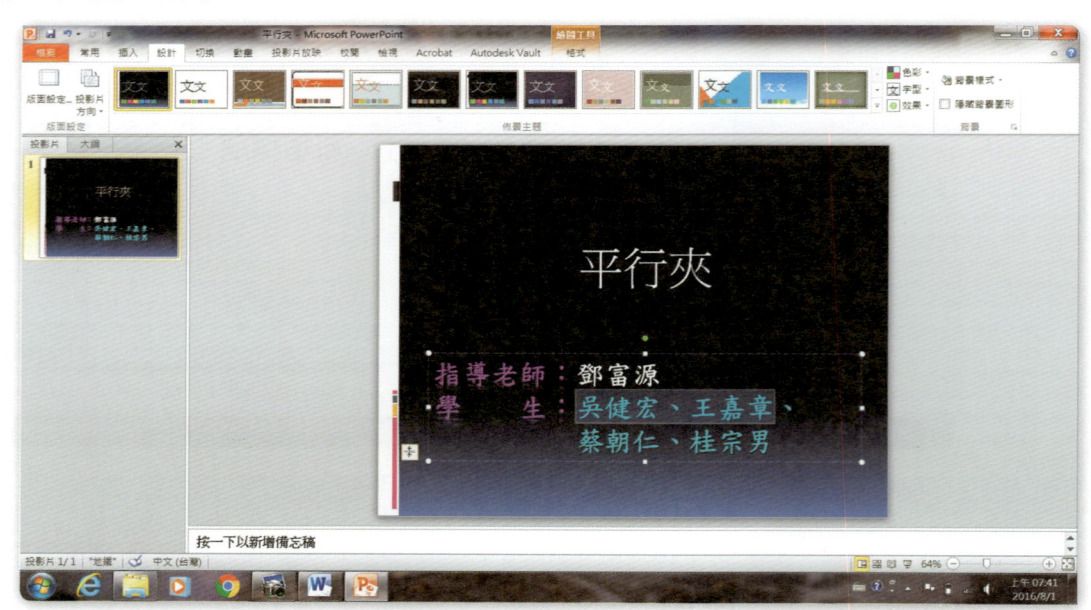

圖 5

174

製作專題簡報 ⑤ 肆 呈現篇

**Step 5** 編輯完首頁，在常用功能中請點選『新增投影片』下鍵，如圖 6 所示。

◉ 圖 6

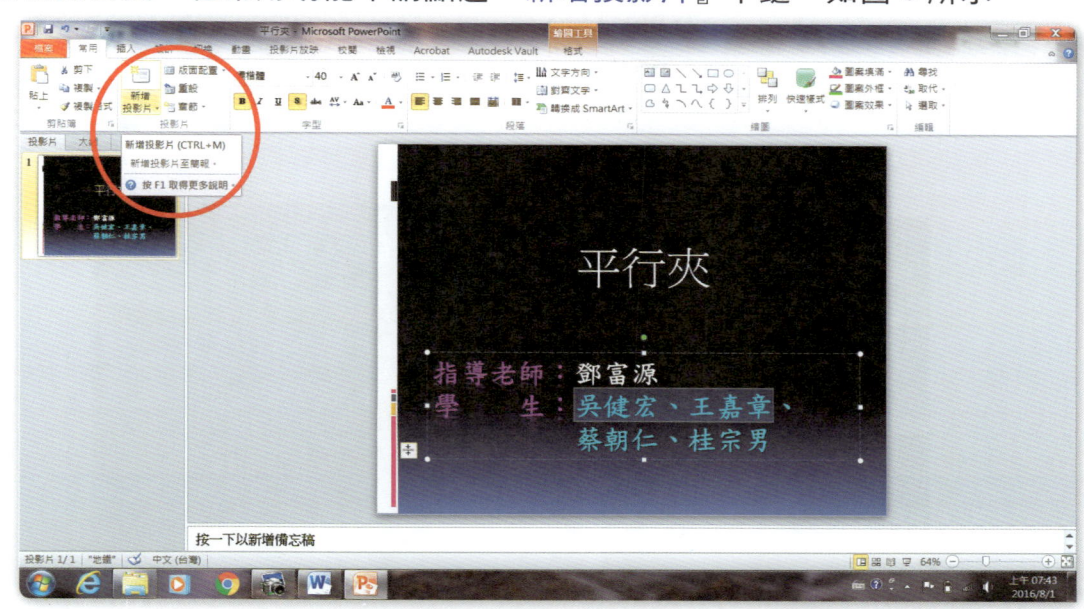

**Step 6** 新增投影片後，您可發現以下畫面（如圖 7）。

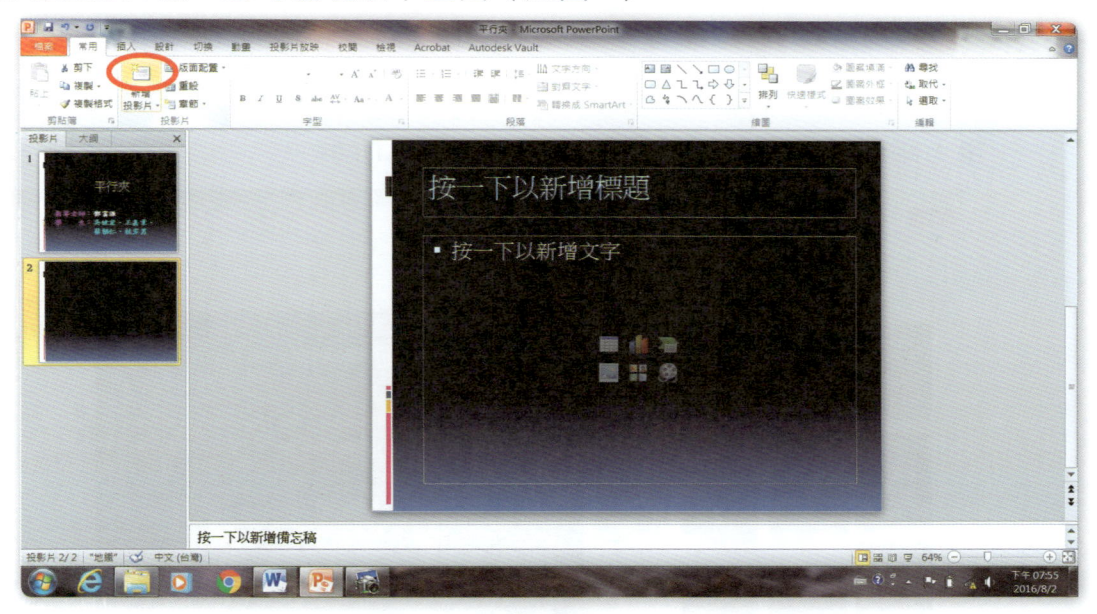

◉ 圖 7

175

創意機械專題實作

Step 7　緊接著請依照報告的內容輸入**標題**及**文字**，輸入完如圖 8 所示。**製作投影片的小技巧：文字不要多，盡量擷取重點，條列式整理。**

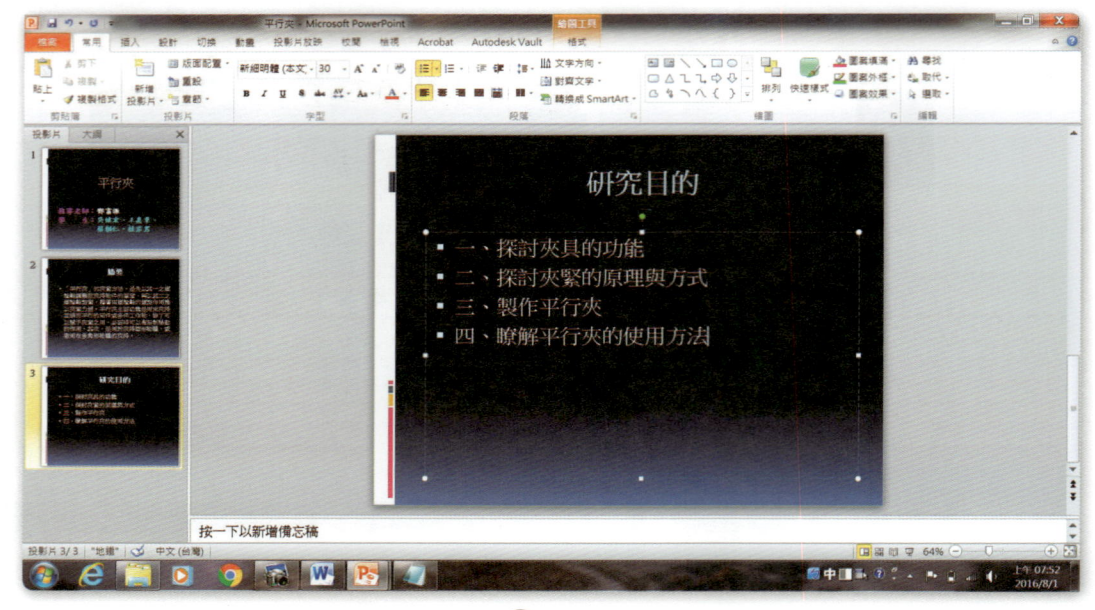

▲ 圖 8

## 5-2 投影片版面設置

Step 1　投影片的版面配置其實有很多選擇，我們必須從中挑選合適的。該頁編輯完成後，請繼續點選**新增投影片**按鍵，如圖 9 所示。

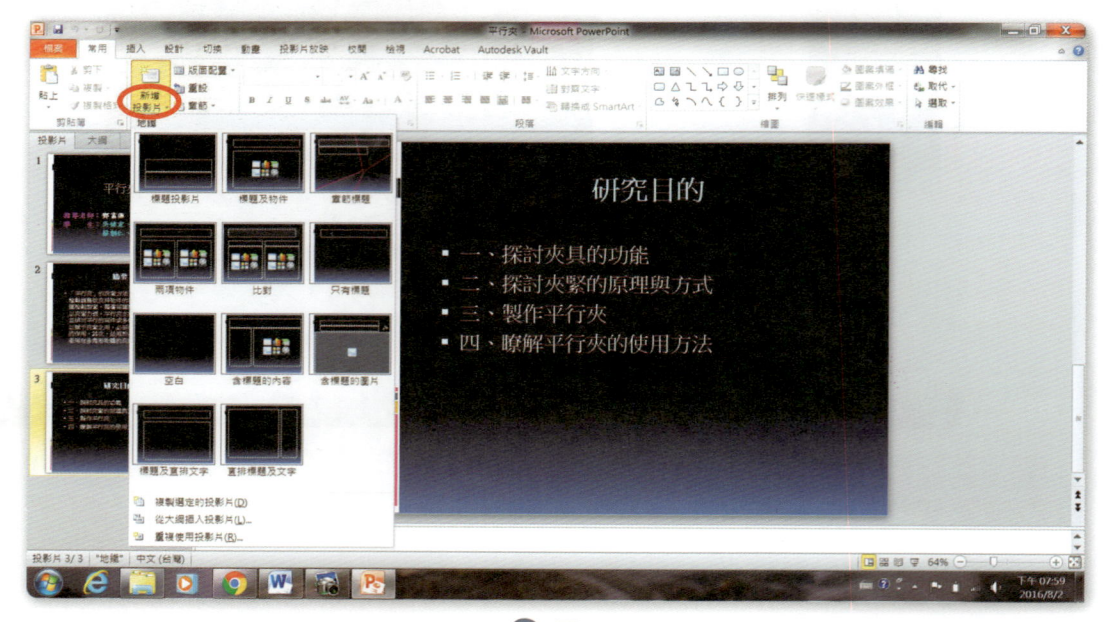

▲ 圖 9

176

製作專題簡報 ⑤ 肆 呈現篇

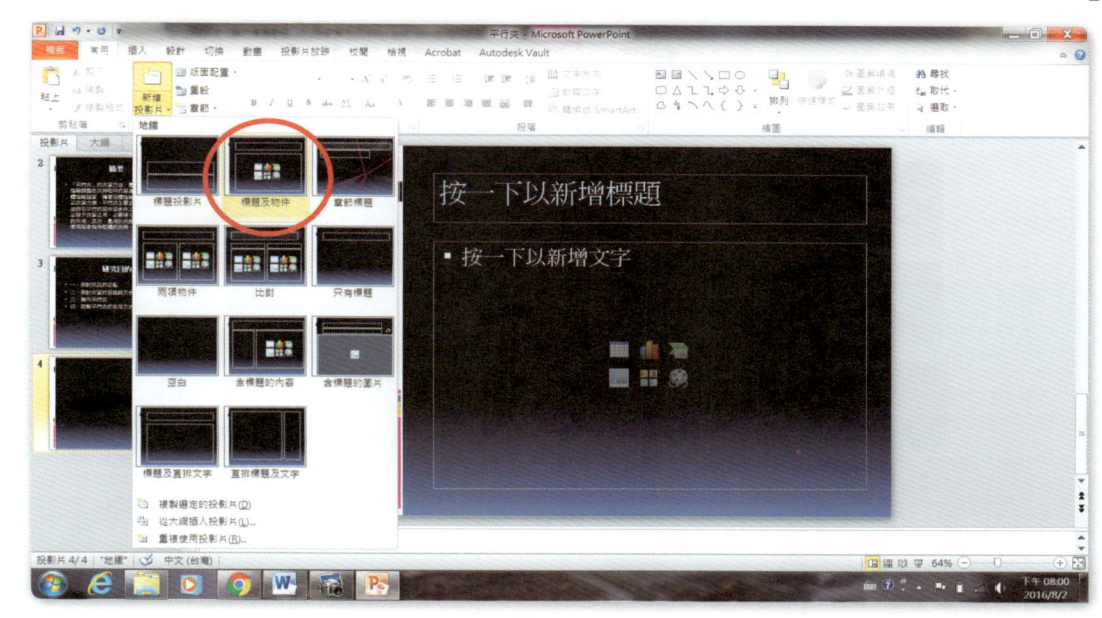

**Step 2** 從投影片圖例中，可以挑選想要的格式，如圖 10 所示，挑選『標題及物件』。

◈ 圖 10

**Step 3** 點選『兩項物件』後，則出現如圖 11 之畫面。

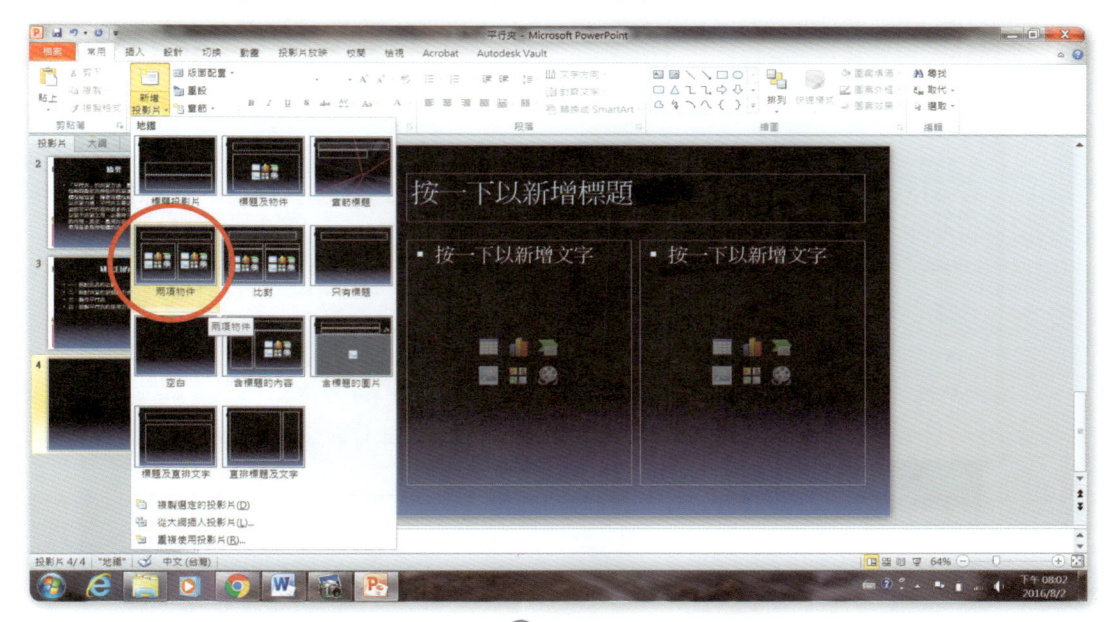

◈ 圖 11

177

創意機械專題實作

**Step 4** 依照您文中之內容輸入標題及文字,而後點選插入圖片,如圖 12 所示。

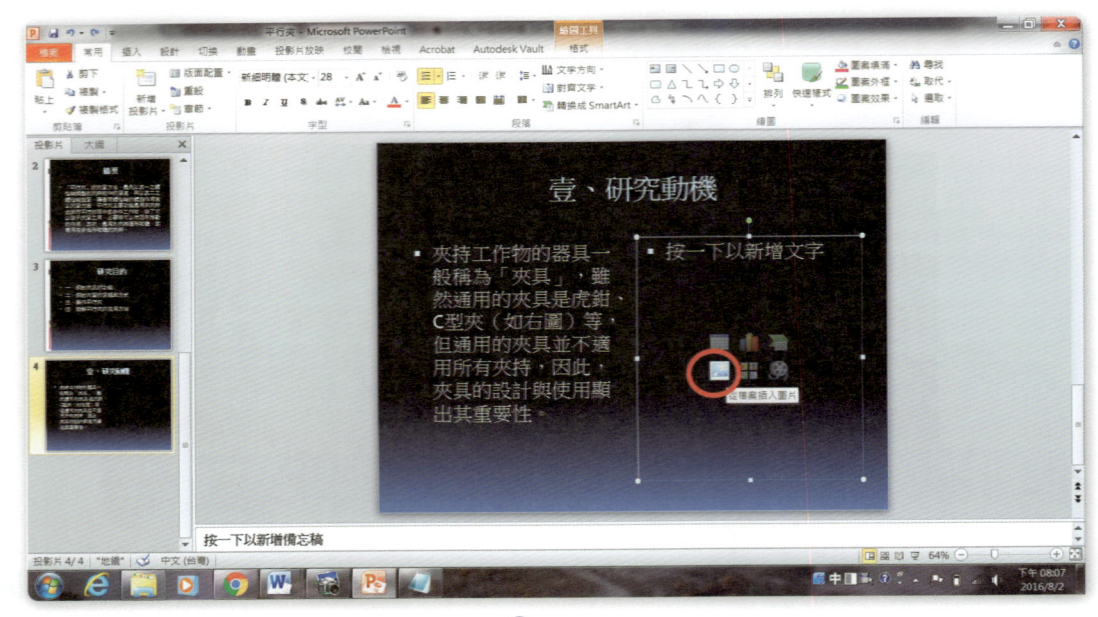

圖 12

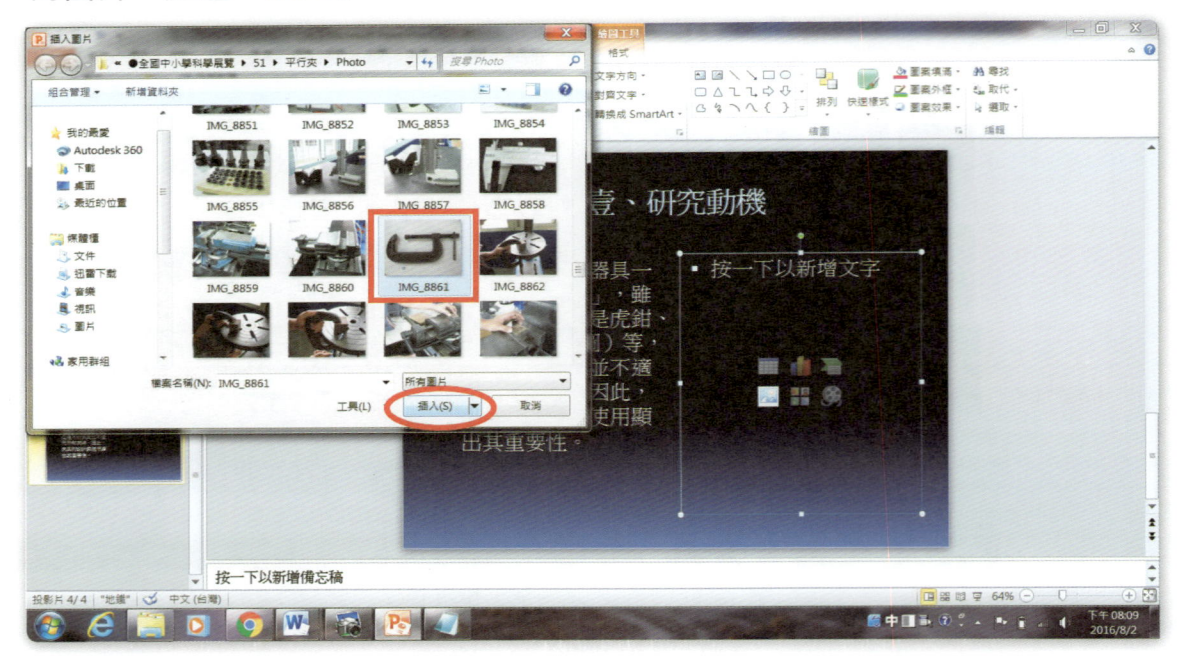

**Step 5** 點選插入圖片後,則出現圖 13 之畫面,請找出圖片所在之路徑後,選擇需要的圖片,點選『插入』。

圖 13

178

Step 6　圖片將會以適當的大小出現在右邊方格裡,如圖 14 所示,您還可以將左邊的文字略為放大,在點選左邊整個方格後,選擇適當的字型大小。

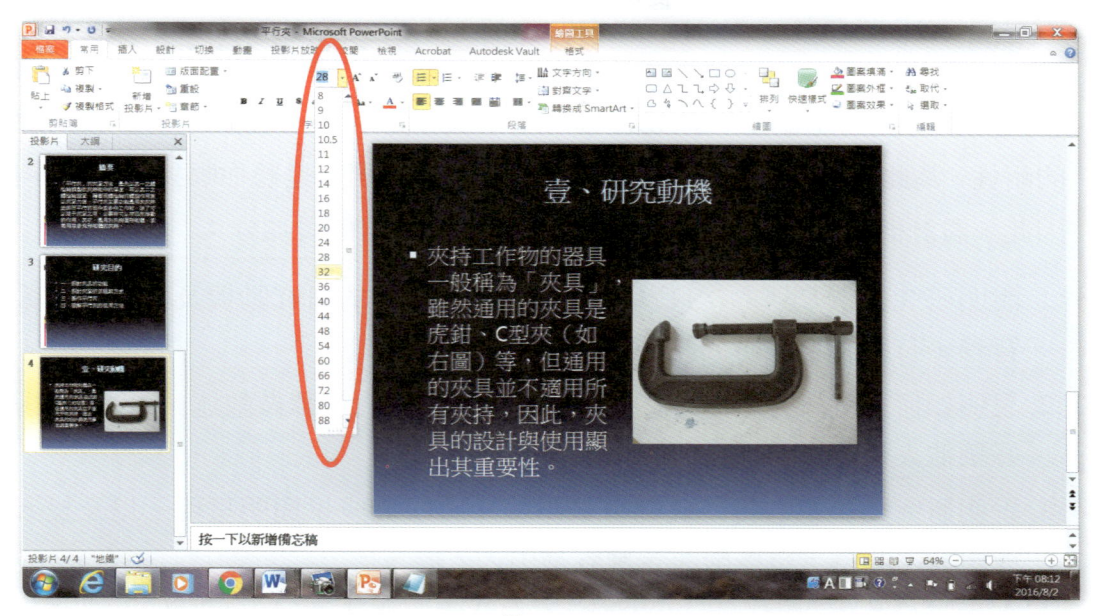

▲ 圖 14

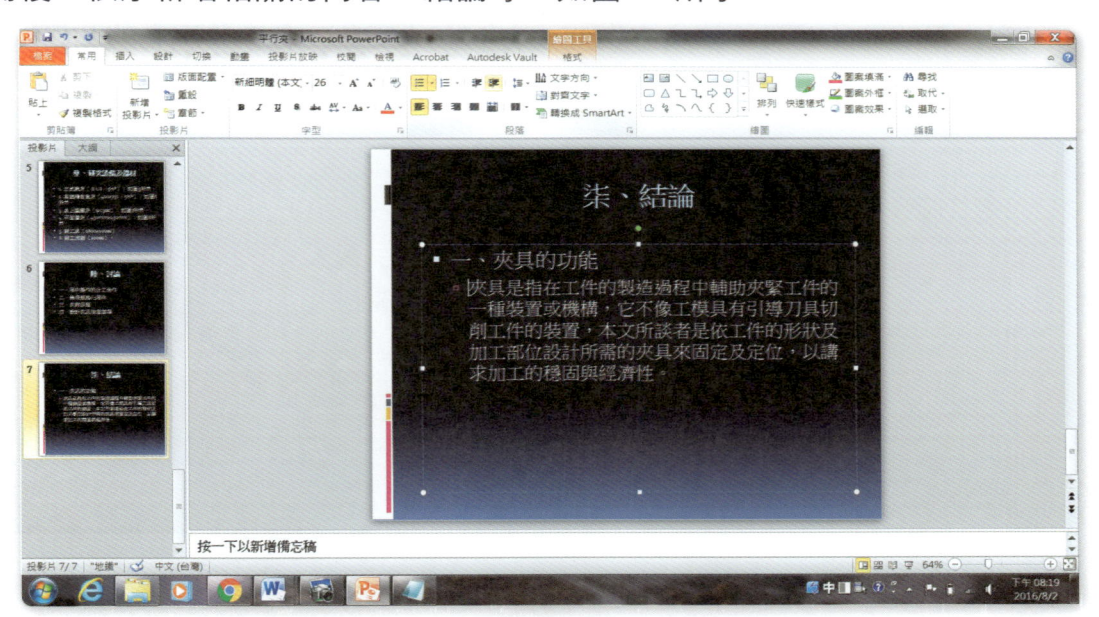

Step 7　而後,依序新增相關的內容、結論等,如圖 15 所示。

▲ 圖 15

## 5-3 簡報設計要點

『簡報』顧名思義就是簡單扼要地報告，所以不宜過於冗長，同學常犯的錯誤是將文章一刀不剪地貼上，造成投影片上的文字跟報紙一樣多，鮮少有人會有完整看完的耐性。為此而言，簡報的設計也必須有技巧，否則只是聽你唱獨角戲，甚至無人理你。因此，設計簡報應該留意以下幾點，會讓您的簡報優質加分：

1. 說明研究動機及目的：應該扼要地摘錄文章中的研究動機及目的，讓人理解研究的背景，有助於說服研究的重要性。

2. 說明如何進行研究：將文章中的研究方法或研究步驟做敘述，闡明整個研究的過程，好讓他人明瞭如何進行研究。

3. 說明研究結果及心得：此部分最重要，將研究成果簡明呈現，以及投入研究的個人或組員之心得，這些酸甜苦辣容易引人入勝。

4. 畫面盡量整齊清潔：簡報的畫面不宜繁雜，無法顯現出重點所在，利用「摘要」的技巧簡明突出；畫面也不宜過於紛亂，也許你有很多訊息要呈現，那就應該分章節，不可一股腦兒放在一張投影片上，不易解釋也不易分辨。如圖 16 與 17 比較，可以發現有效的整理重要文句，將有助於畫面的整齊清潔，且文字與背景顏色的選用，會出現明顯的差異，讓文字與背景有明顯的反差，有助於訊息的凸顯，可以有效震撼觀眾。

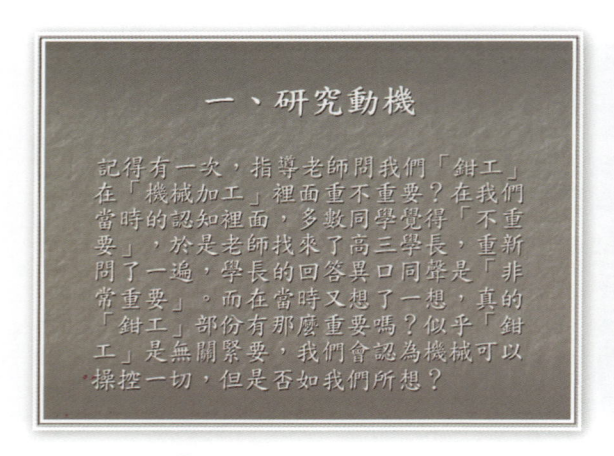

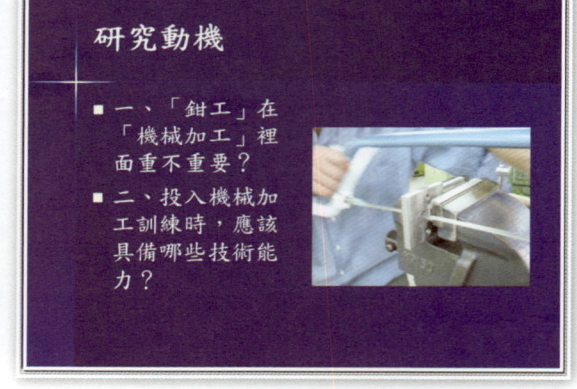

▲ 圖 16　不佳呈現法　　　　▲ 圖 17　較佳呈現法

5. 適當地附圖表說明：有些狀況是言語無法表達的，這時候圖表就能派上用場，利用圖表來說明是很重要的簡報技巧，如圖 17 之附圖。

6. 畫面處理具有創意與變化：PowerPoint 擁有很多的畫面處理技巧，有動畫及切換功能，適當地運用可以為簡報加分，但過多的動畫及切換也會產生反效果，變成喧賓奪主，您必須妥善運用。

## 5-4 動畫配置

常用的動畫有下列兩種，如下所述：

1. **動畫配置**：從動畫功能表中，挑選動畫配置（如圖18），進入後（如圖19）您可從右列的選單中挑選合適的動畫，或設定時間等，並可從最左邊的預覽功能中執行預覽。

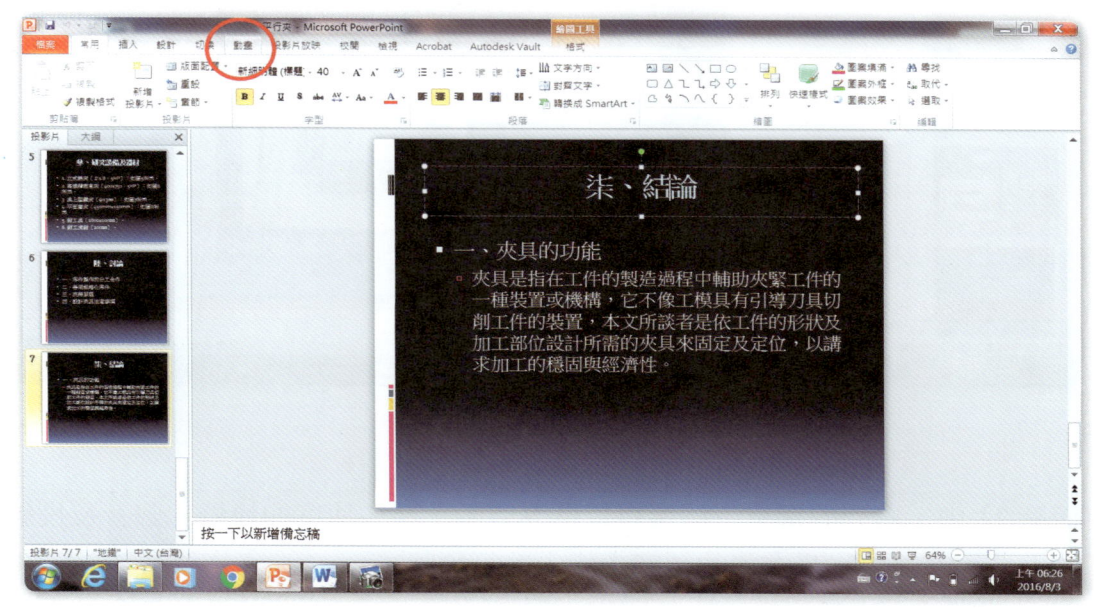

▲ 圖18

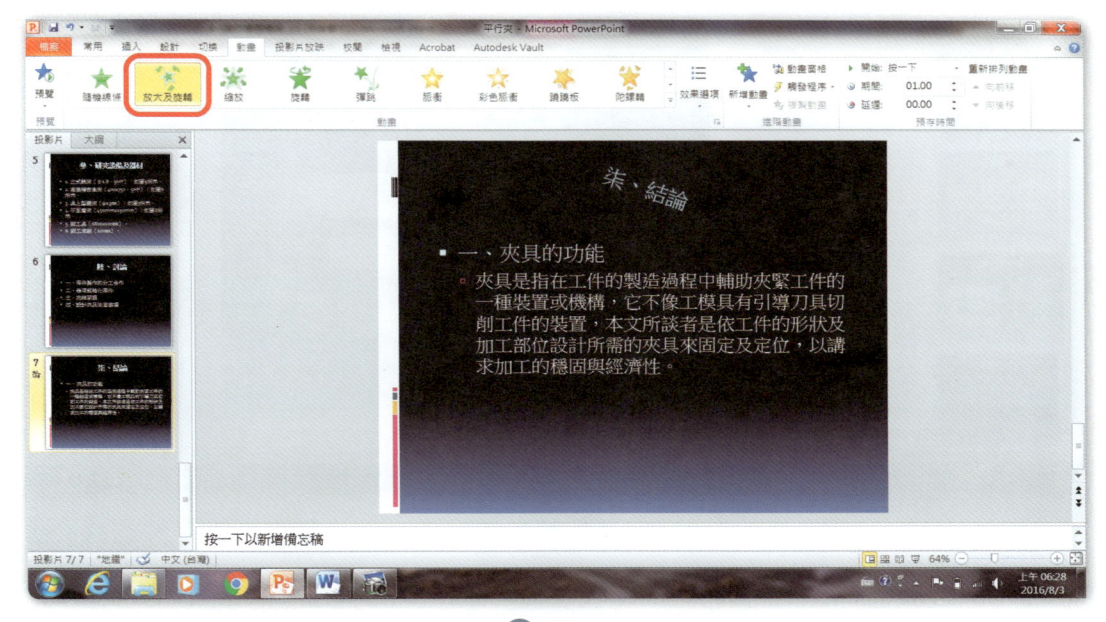

▲ 圖19

創意機械專題實作

2. 投影片切換：從投影片放映功能表中，挑選投影片切換（如圖20）進入後（如圖21）您可從右列的選單中挑選合適的切換效果，或設定聲音等，選用後可以在主畫面中看到切換效果。

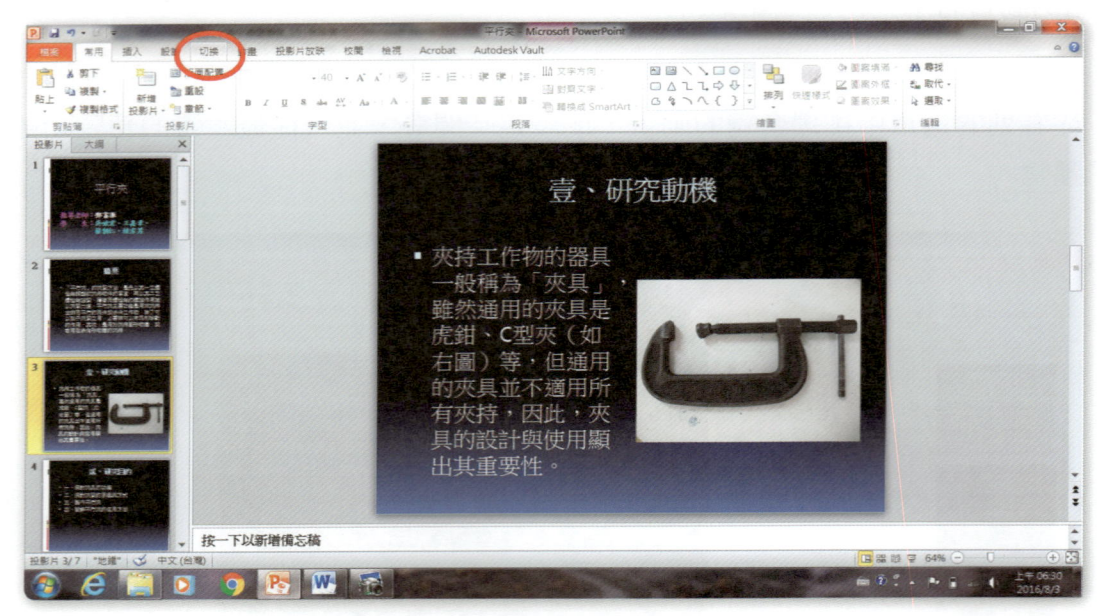

圖 20

而圖 21 中，右列的選單下側還可以修改切換，諸如速度的快慢、聲音及投影片換頁的方式等，並可從最左邊的預覽功能中執行預覽。

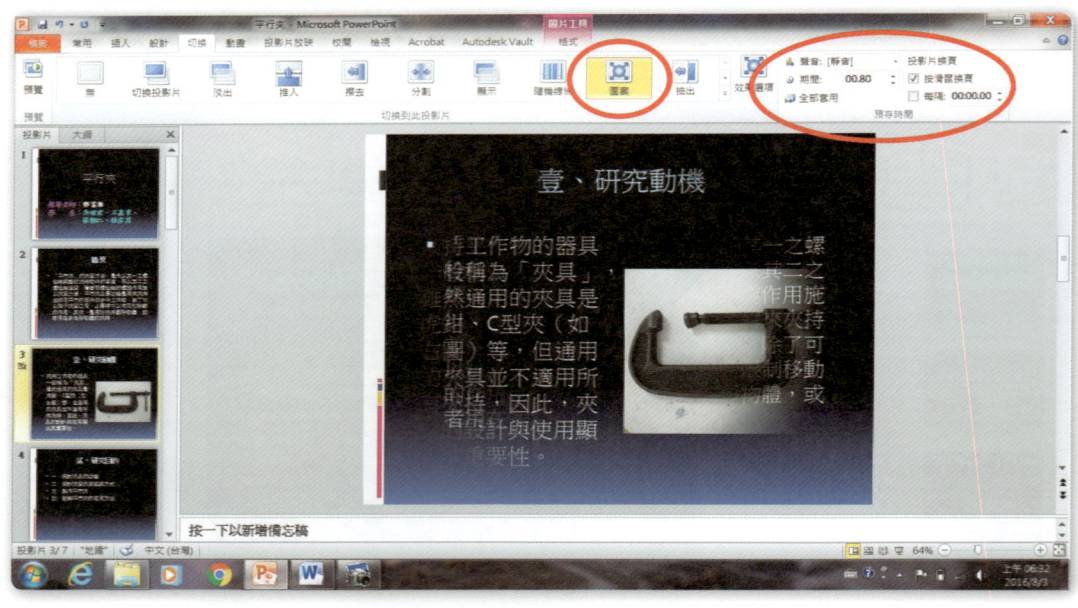

圖 21

182

## 5-5 投影片放映

1. **放映技巧**：在設計完簡報，在 PowerPoint 操作介面的左下角（如圖 22 之紅框標示區所示）有操作的簡易圖示，由左至右依序是「標準模式」、「投影片瀏覽」及「閱讀檢視」及「投影片放映」功能鍵，您可邊設計邊引用預覽，或者利用 F5 功能鍵從頭播放。

   也可利用投影片放映功能表中的功能鍵點選，如圖 23 所示。

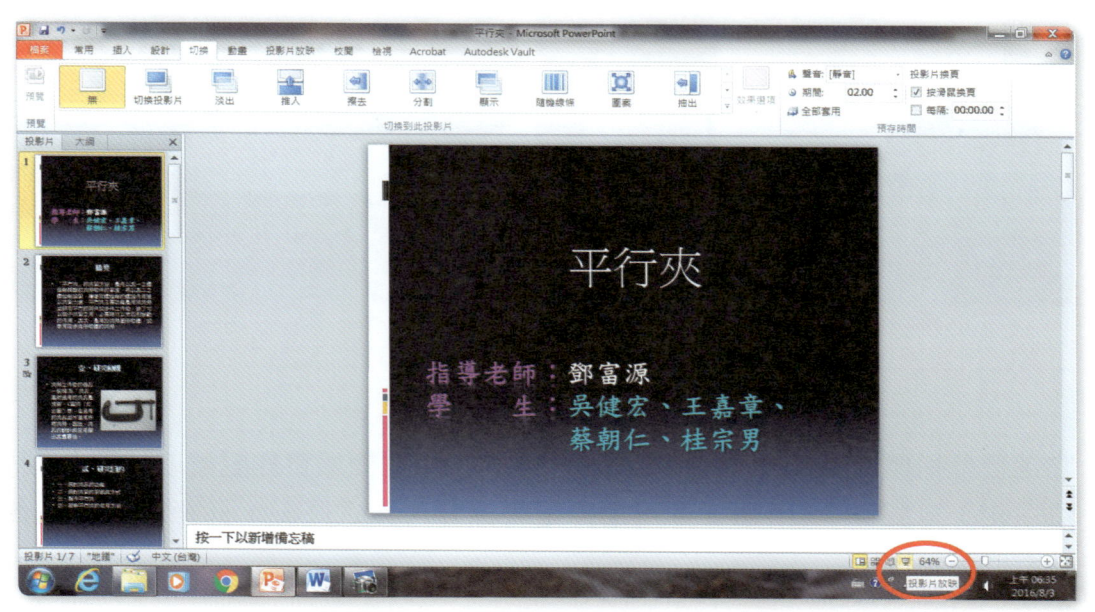

圖 22

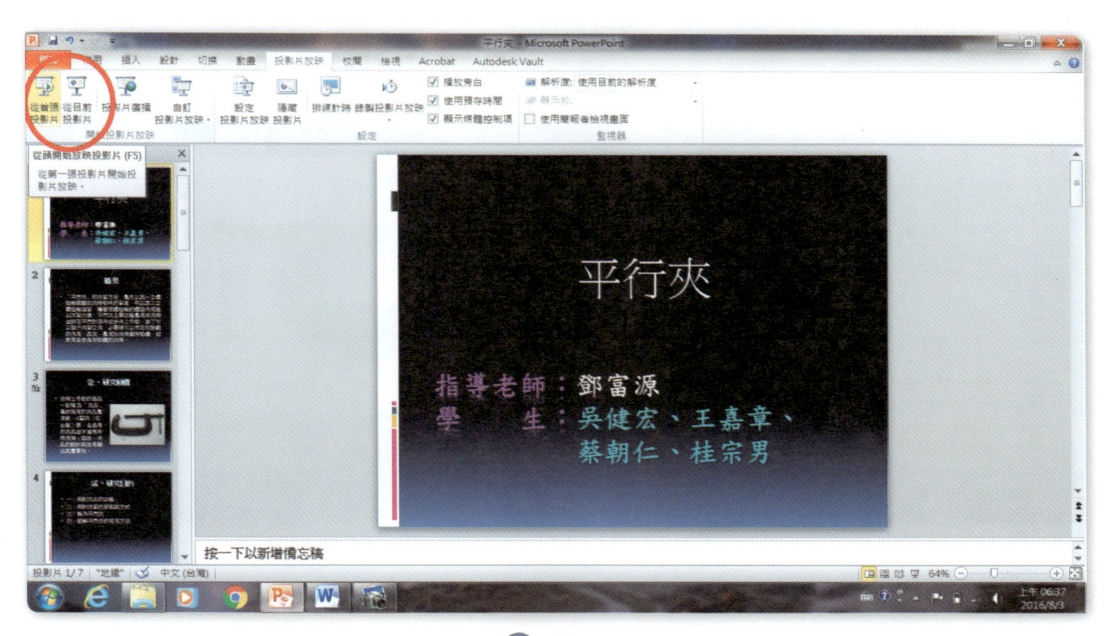

圖 23

2. **指標運用**：當播放投影片後，您可利用滑鼠右鍵操作螢幕，如圖 24 選擇指標選項→畫筆→筆跡色彩→點選合適之顏色（例如紅色）。

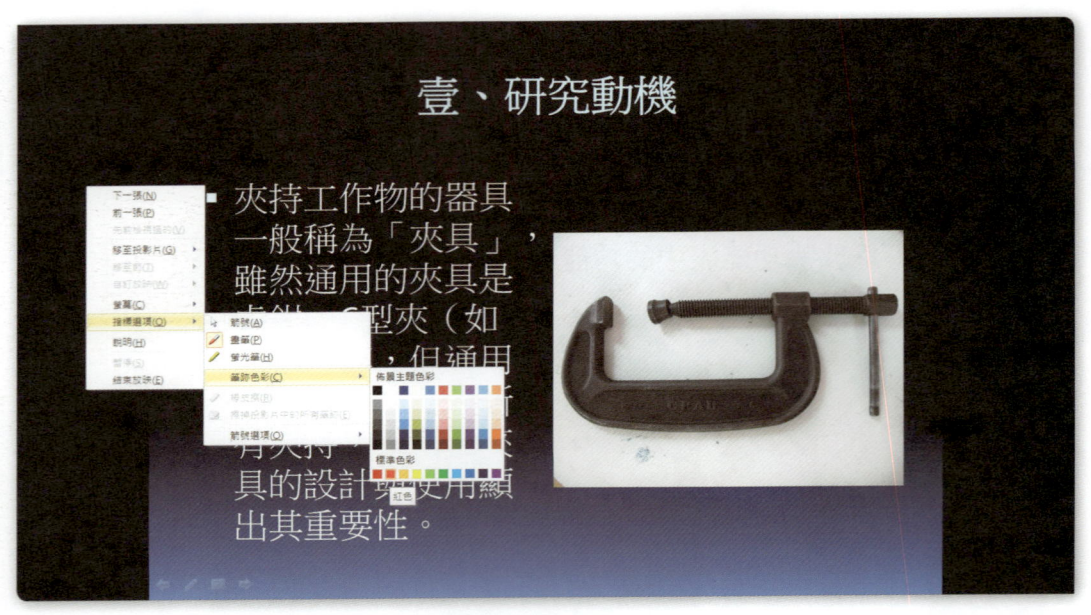

▲ 圖 24

點選螢幕指標功能，如同使用白板筆一般，便可在簡報實作記號或註記之用（利用滑鼠左鍵），如圖 25 所示，並可選擇是否儲存所作之註記，此指標工具確實比紅外線雷射筆好用。

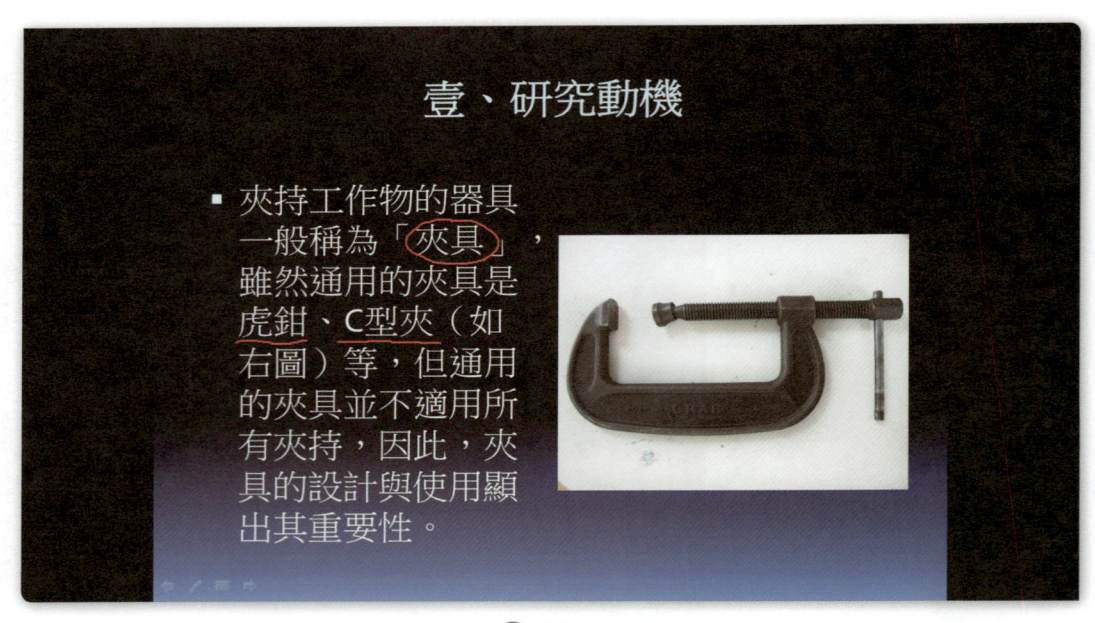

▲ 圖 25

3. **螢幕運用**：還有一個滑鼠右鍵操作螢幕之功能，那便是螢幕。如圖 26 選擇螢幕後可以利用滑鼠左鍵選擇螢幕變黑、白色螢幕及切換程式等功能。

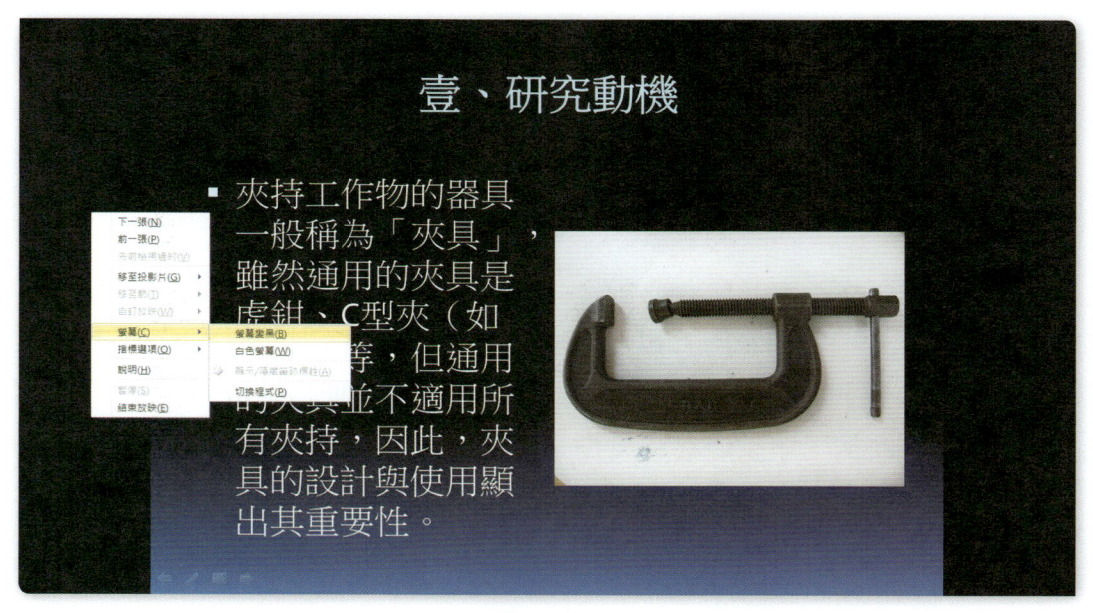

△ 圖 26

其次是跳至投影片功能，在簡報過程您可能會想要跳至某章節，此功能可以助您迅速移轉畫面，如圖 27 所示。

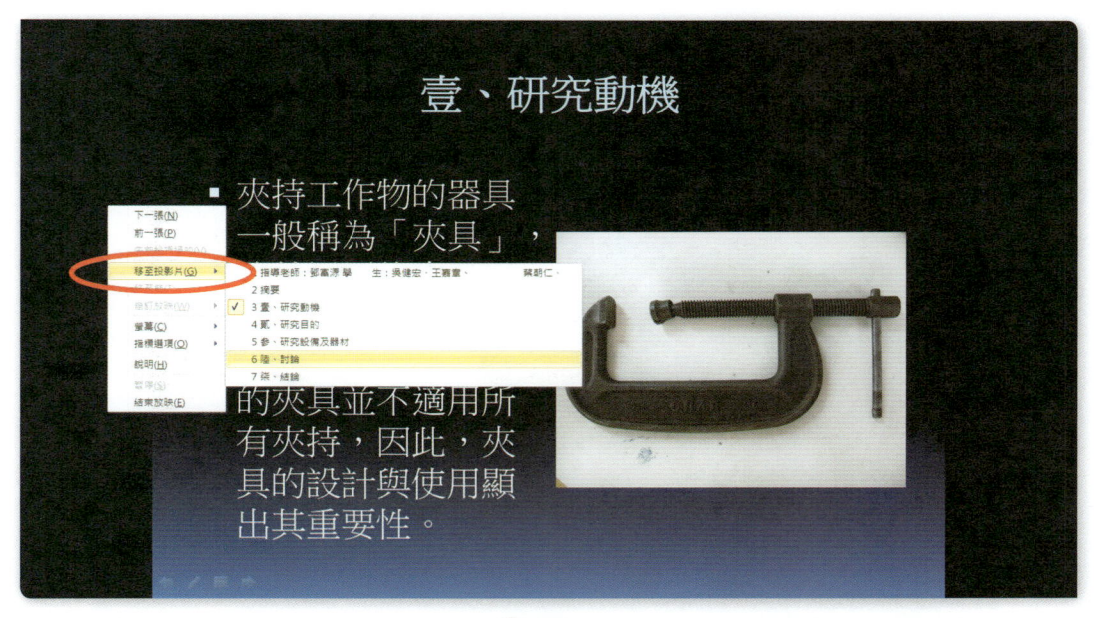

△ 圖 27

## 5-6 如何作簡報

　　談起簡報，筆者發現普遍的同學是幕後製作強，而上台表演差，平常在私底下談笑風生，上台之後常常是瞠目結舌，可見簡報是需要訓練的。那該如何訓練呢？應該是從平常課堂開始，不要放棄您上台 Show 的機會，布袋戲中耳熟能響的話語－『互相漏氣求進步』，亦即同學間能互相揭露彼此的缺點，藉此改善而求進步，若能再由老師指導，相信會更優秀。

　　上台作簡報，除了熟悉簡報內容之外，免不了比手畫腳，但如何將簡報內容精彩呈現，卻是一項絕佳的試驗，平常看上課老師能帶動氣氛，若沒兩把刷子很容易被同學笑翻。失敗為成功之母，不要怕跌倒，多試煉必有成長，僅提供以下幾點，您可檢視自己是否具備！

1. 儀態端正：上台應注意服裝儀容之端正，不宜奇裝異服、標新立異。
2. 說話流利：報告說話之速度適當，盡量保持平常心。
3. 留意觀眾：眼神應注視觀眾，切勿照本宣科。
4. 懂得互動：必要時可以與觀眾問答，拋磚引玉，讓觀眾融入。

　　沒有人生來就會各種技能，這都是透過不斷地練習，認真只能把事情做對，用心才能把事情做好！作簡報時盼你能以平常心面對，心情愉快就能從容不迫，從容不迫就能作好簡報。

# 伍 範例篇

## Chapter 1
## 作品說明書

一、平行夾

二、V型座

# 國立北港高級農工職業學校
# 實習成果展作品說明書

1000303

平行夾

國立北港高級農工職業學校機械科

作者姓名：

機械三 吳健宏、機械三 王嘉章、機械二 蔡朝仁

機械二 桂宗男

指導老師：
鄧富源

| 摘要 | 「平行夾」是夾具的一種，主要是以機械加工的方式進行各式切削加工，先將各式零組件完成，配合一只螺釘即可進行裝配。平行夾的夾緊方法，主要是先以其一之螺栓軸調整欲夾持物件的厚度，再以其二之螺栓軸旋緊，藉著兩螺栓軸的螺旋作用施以夾緊力道。平行夾主要功能是用來夾持並排而平行的兩件或多件工作物，除了可以賦予夾緊之用，必要時可以有限制移動的作用。其次，是用於夾持圓形物體，或者用在多角形物體的夾持。平行夾使用上極為方便，不需要太多的技術能力，如能規格化量產，其性能必能受到肯定。 |

# 作品名稱：平行夾

## 摘　　要

　　「平行夾」是夾具的一種，主要是以機械加工的方式進行各式切削加工，先將各式零組件完成，配合一只螺釘即可進行裝配。平行夾的夾緊方法，主要是先以其一之螺栓軸調整欲夾持物件的厚度，再以其二之螺栓軸旋緊，藉著兩螺栓軸的螺旋作用施以夾緊力道。平行夾主要功能是用來夾持並排而平行的兩件或多件工作物，除了可以賦予夾緊之用，必要時可以有限制移動的作用。其次，是用於夾持圓形物體，或者用在多角形物體的夾持。平行夾使用上極為方便，不需要太多的技術能力，如能規格化量產，其性能必能受到肯定。

## 壹、研究動機

機械加工中少不了需要夾持工作物,而夾持工作物的器具一般稱為「夾具」,雖然通用的夾具是虎鉗(如圖1)、C形夾(如圖2)等,但通用的夾具並不適用所有夾持,因此,夾具的設計與使用顯出其重要性。如能製作泛用性的夾具,不但可以因時制宜,更能物盡其用。

◆ 圖1　銑床虎鉗

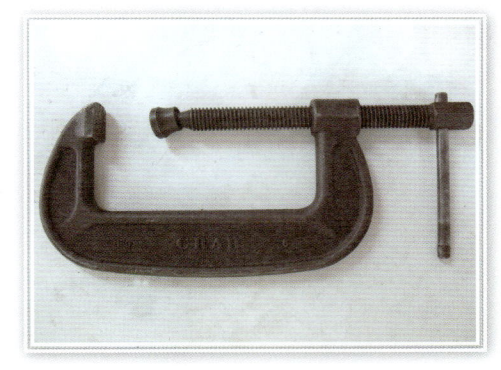

◆ 圖2　C形夾

本研究主要興起於實習課機械操作,機械科的實習課有機械基礎實習、銑床實習及數值控制機械加工實習等。實習工場常見的夾具多為通用之範疇,幾乎是制式的虎鉗(如圖3),多是為了工作需要而裝置,例如鋸切(如圖4)需要夾持工件。但有時夾持僅需少許組件,便可迅速達到夾持效果。因此,藉著本研究探討「平行夾」的功能,從專業科目的機件原理及機械製造瞭解傳達運動及力量的方法,最後以夾具的理論,製作出符合需求的夾具。

本研究與教材之相關性如下所示:

1. 機械製造:機械製造Ⅱ第9章－工作機械、第10章－螺紋與齒輪製造。

2. 機件原理:機件原理Ⅰ第2章－螺旋、第3章－螺旋連接件。

3. 銑床實習:銑床實習Ⅰ第3章－虎鉗校正與工件夾持、第4章－面銑削。

◆ 圖3　鉗工虎鉗

◆ 圖4　虎鉗應用例

## 貳、研究目的

承研究動機所述，本研究之主要目的有四：

一、探討夾具的功能；

二、探討夾緊的原理與方式；

三、製作平行夾；

四、瞭解平行夾的使用方法。

## 參、研究設備及器材

為了使研究利於進行，本研究主要是運用機械科既有之設備，研究設備及器材如下所示：

1. 立式銑床（＃1.8，5HP）：如圖5所示。
2. 高速精密車床（400×750，5HP）：如圖6所示。
3. 桌上型鑽床（φ13mm）：如圖7所示。
4. 平面磨床（450mm×150mm）：如圖8所示。
5. 鉗工桌（1800×100mm）。
6. 鉗工虎鉗（200mm）。
7. 花崗石平板：如圖9黑色平面所示。
8. 游標高度規（200/0.02mm）：如圖9右側所示。
9. V型枕：如圖9左側所示。
10. 游標卡尺（150/0.02mm）：如圖10所示。
11. 各式銑刀：如圖11所示。
12. 各式鑽頭及鉸刀：如圖12所示。
13. 量角器（180°/1°）。

圖 5　立式銑床

圖 6　高速精密車床

圖 7　桌上型鑽床

圖 8　平面磨床

圖 9　平板、V型枕及高度規

圖 10　游標卡尺

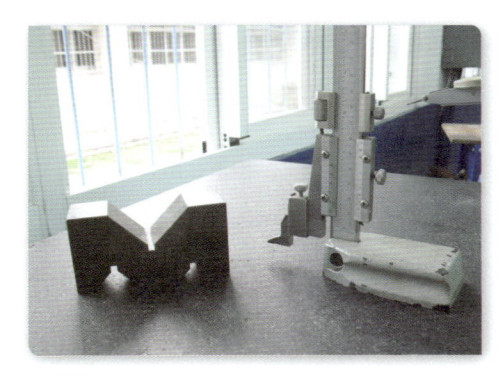

圖 11　各式銑刀

圖 12　各式鑽頭及鉸刀

## 肆、研究過程或方法

　　本研究主要為指導老師所提供的實習工作圖，透過各式資料蒐集以瞭解夾具內涵，類屬於實驗研究法。本研究參考原有之工作圖，並以現有之規格化零件稍作改良，除保有原設計之功能外，螺絲強度也增強許多，足以應付各式需求之工具夾持。

### 一、文獻探討

#### 1. 何謂夾具

　　夾具（fixture）是『在工件的製造過程中輔助夾緊工件的一種裝置』（吳榮輝，1996），它不像工模具有引導刀具切削工作物（以下簡稱工件）的裝置，一般而言，若工件大而生產量小者，大都將工件直接固定於機台上，即使不使用夾具也能執行加工；但是工件如果數量多且需要大量生產，又講求加工速度者，則需依工件的形狀及加工部位，設計所需的夾具來固定及定位，以符合加工的穩定與經濟性。『只是將工作物固定於正確的位置，並無引導工具前進之功用，因為祇有夾持作用，故稱之為夾具』（龔肇鑄，1992）。這種工具多用於銑床、磨床、車床及刨床等工作母機上。

　　所謂夾具本體，是指保持工件能有固定的加工位置為目的，並符合工件的加工條件所設計的工模外框。夾具本體就是把定位件、夾緊件、導套、葉板、螺絲等零件，結合成一體，使其共同發揮作用，完成加工程序。（謝錫湖，2006）

　　總之，夾具是一種本身不具有切削作用之工具或設備，能將工作物正確的定位，並很牢固的夾持，以承受刀具切削時所施之力，直到工作完成為止。若切削工具之剛性較低，為了確保加工之正確性，夾具亦可引導工具前進，如鑽孔夾具及搪孔夾具等皆是。此外，並不實施切削，而僅用於定位及夾持者，另有熔接夾具、裝配或組合夾具、檢驗夾具及鉚接夾具等（龔肇鑄，1992）。

#### 2. 夾緊原理探討

　　為何需要夾具以夾緊工件？『工件除了被定位外，為了抵抗切削過程中的切削力，尚須被夾緊』（黃榮文，2003），如此得以進行切削加工。被設計成夾緊的機構稱為「夾緊機構」，『夾緊機構的設計除了需考慮夾緊力與夾緊位置間的關係，使工件與刀具間的相對位置保持正確』（吳榮輝，1996），除此之外，還得以迅速裝卸工件，且能兼顧各式加工方式以選擇夾緊的方法。

因為在各式機械加工或電銲等加工方式中，若夾具承受較大的切削力量者則需較大強度的夾緊力，例如銑削加工是以多刃刀具銑切工件，為一般高速率大量切除金屬加工的方法，由於是多刃刀具因此在銑切時較易產生震動，且工件承受切削的力量較大，所以銑床用的夾具不但要避免受震動而鬆弛，而且也要抵抗較大的切削力，故而其夾具的強度就必須愈高。除此之外夾緊機構還須配合加工件的形狀，予以設計成最適當的夾緊方式。（吳榮輝，1996）

其次，是藉著螺旋的原理夾緊，螺旋是斜面原理的應用。含有斜面之機械元件稱為「楔」或稱為「斜劈」，可以用來傳遞運動或力量。如圖13(a)所示，施力方向與斜面平行，若無摩擦損失，其機械利益 $M = \dfrac{W}{F} = \dfrac{1}{\sin\theta} = \csc\theta$；如圖13(b)所示，施力方向為水平，若無摩擦損失，其機械利益 $M = \dfrac{W}{F} = \dfrac{1}{\tan\theta} = \cot\theta$。由此可知，斜面被運用於傳達力量時，可以得到省力的效果，當高度不變時，斜面愈長則愈省力。

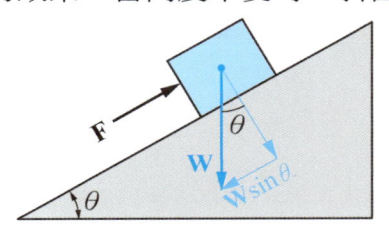

(a) 施力平行於斜面　　　　　　　　(b) 施力為水平

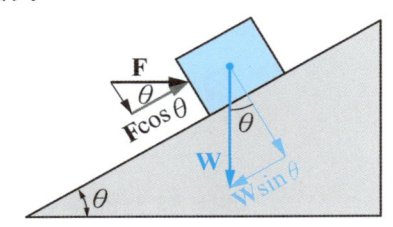

圖13　斜面用於傳達力量

若將一斜面纏繞在圓柱體上，則此斜面在圓柱體周緣所形成之曲線，稱為「螺旋線」。如圖14所示，斜面之傾斜角，即 $\overline{AB}$ 與 $\overline{AC}$ 之夾角 $\alpha$，稱為「導程角」，導程角之餘角 $\beta$ 稱為「螺旋角」。而 $\overline{AB}$ 即稱為「螺旋線」，沿著螺旋線在圓柱體上製作成凹槽，便會形成所謂的「螺紋」（葉倫祝，2007）。

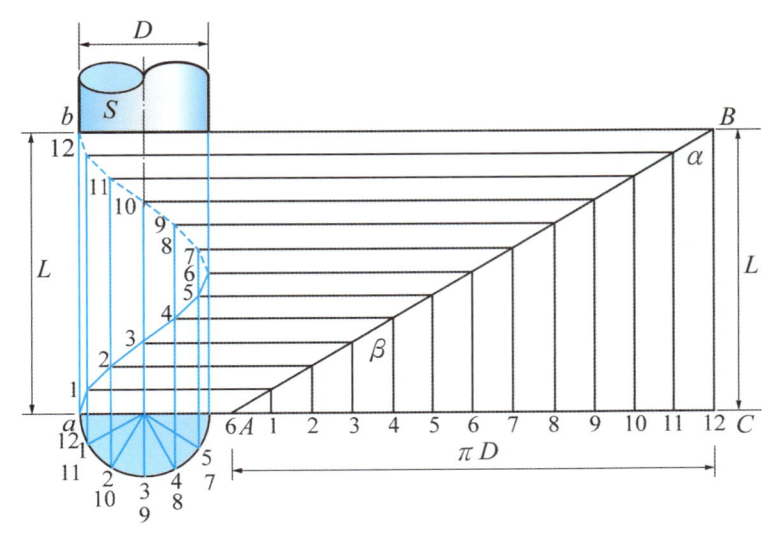

圖14　螺旋原理

而螺旋（螺紋）之主要功用如下：

1. 連接或固定機件

　　生活中有些需要隨時拆裝之零件，可利用螺紋加以連接或固定（如圖15）。此類螺紋應具有高強度與低效率的特性，不因外界之震動、衝擊或其他因素的影響，而使連接件發生鬆脫現象，為了防止鬆脫還可以用兩個螺帽鎖緊（如圖16）。

圖15　利用螺紋固定機架

圖16　鎖緊螺帽

2. 傳送動力或運動

　　用於輸送動力或傳達運動的螺紋，應具備較高之機械效率，以減少傳動時之動力損失。常用的有方螺紋、梯形螺紋等（葉倫祝，2007），如圖17所示為虎鉗夾緊工件，其螺桿就是應用方螺紋；如圖18所示為車床導螺桿，則是應用梯形螺紋，可用來車製螺紋。

圖17　虎鉗夾緊工件

圖18　車床導螺桿

3. 調節機件位置

　　此種螺紋需具高精度，此類螺紋多使用低效率的 V 形螺紋，如分厘卡量具（如圖 19）之螺紋（如圖 20），通常其導程較小，可以獲得精密測量效果（葉倫祝，2007）。

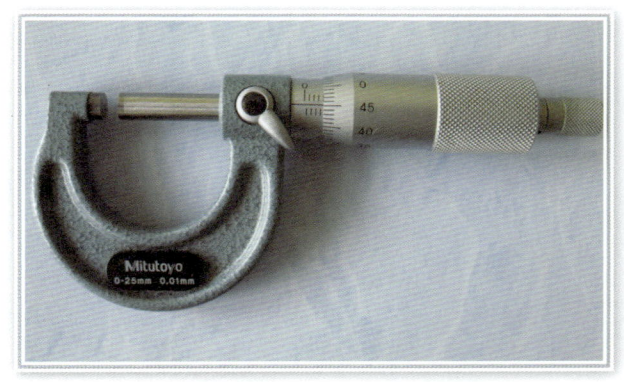

▲ 圖 19　外徑分厘卡　　　　　　　▲ 圖 20　分厘卡螺紋

## 夾具設計

　　透過文獻的探討，讓我們瞭解到夾具需具備的夾緊能力，利用兩個夾鉗，結合螺絲的螺旋原理，設計出「平行夾」。如圖 21 所示，參考該「平行夾」原有之設計，而將最不易加工的螺絲以規格化零件替代，而末端的手柄再另行設計取代之。

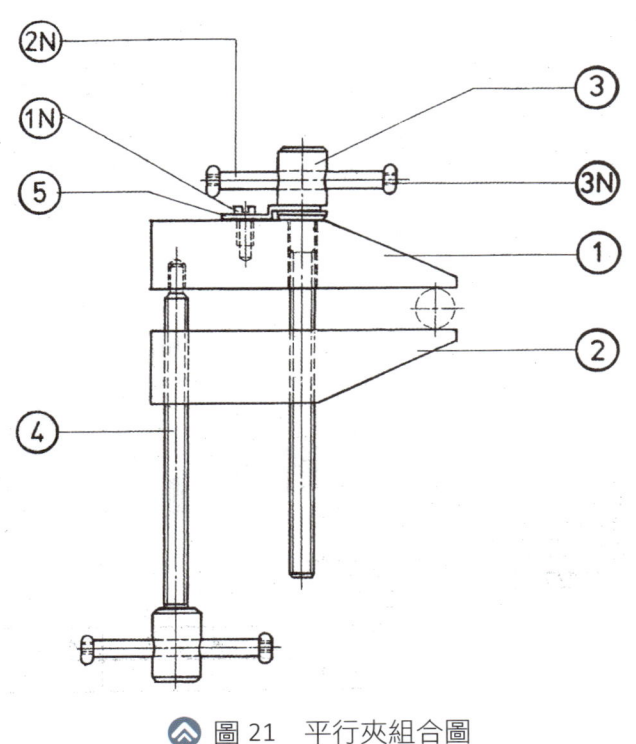

▲ 圖 21　平行夾組合圖

# 創意機械專題實作

## 三 平行夾製作過程

### 1 所需零件

平行夾的零件包含夾爪支架（件1、2）兩支、螺栓軸（件3、4）兩支、手柄軸（件2N）兩支、套件（件3N）四只、螺釘（件1N）一只及固定片（件5）一只。其零件工作圖，如圖22～27所示。

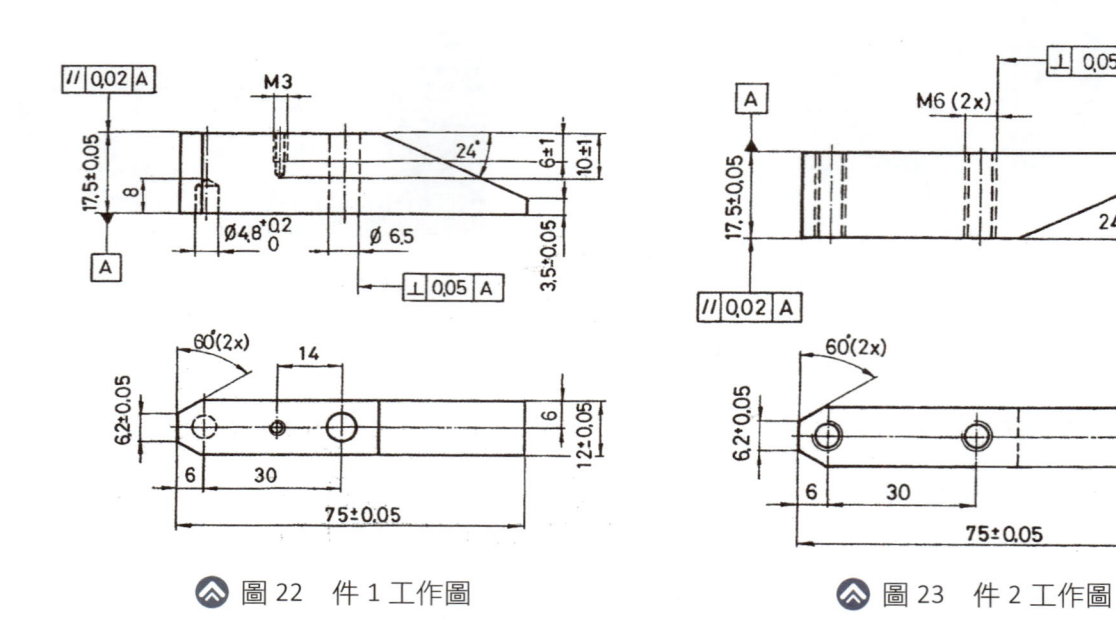

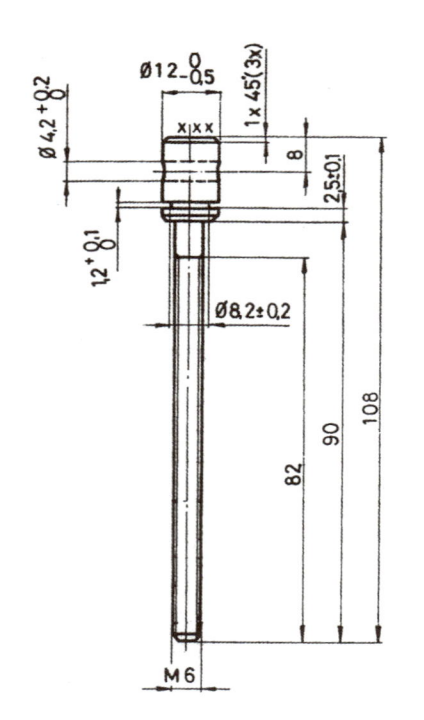

◎ 圖22　件1工作圖

◎ 圖23　件2工作圖

◎ 圖24　件3工作圖

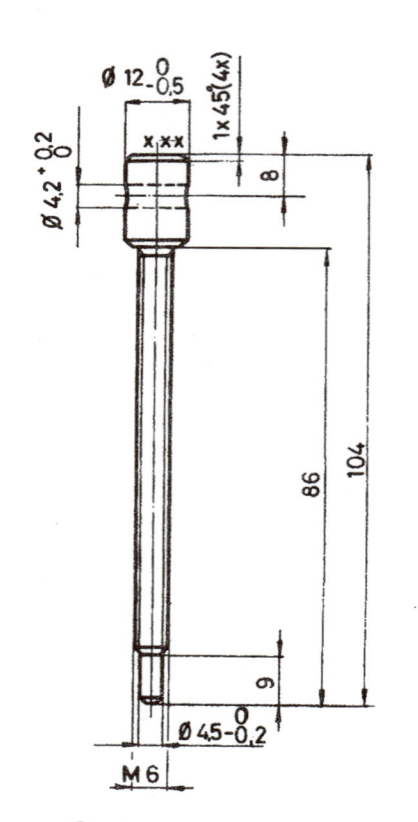

◎ 圖25　件4工作圖

▲ 圖 26　件 2N 工作圖

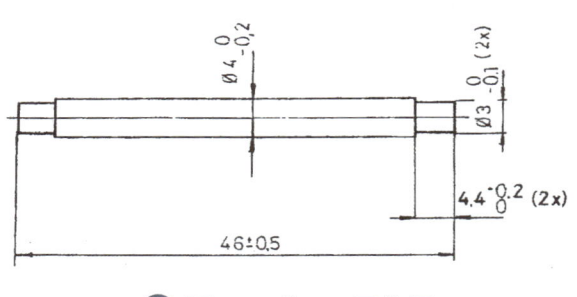

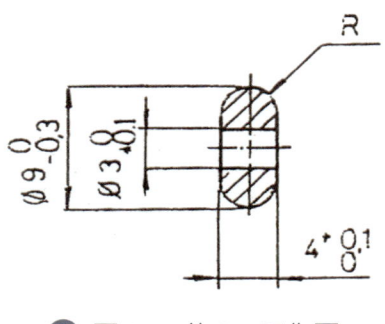

▲ 圖 27　件 3N 工作圖

## 2  夾爪支架製作

「夾爪支架」計有二件，外型一樣，差別在孔位置的不同。製作過程最先是材料的申請 ⇒ 鋸切 ⇒ 六面體銑削，其中有兩個角度需要銑切，一個是前緣的 24 度斜角，另一個是後端的 60 度倒角。這個加工程序頗令同學費解，最後還是請教於指導老師，所規劃的加工程序如下：

1. 利用量角器畫 24 度角三角形之斜邊參考線（如圖 28）。

2. 將工件並列傾斜 24 度角夾持，進行面銑削（如圖 29）。

3. 將工件並列傾斜 30 度夾持，進行端銑削。

4. 依工作圖畫線、孔及攻牙。

5. 輪磨工件表面。

▲ 圖 28　畫 24 度角參考線

▲ 圖 29　斜度面銑削

夾爪支架最後經過平面磨床輪磨（如圖30）表面，可以確保兩夾爪之平行度及表面粗糙度達需求，「夾爪支架」完成圖（如圖31）。

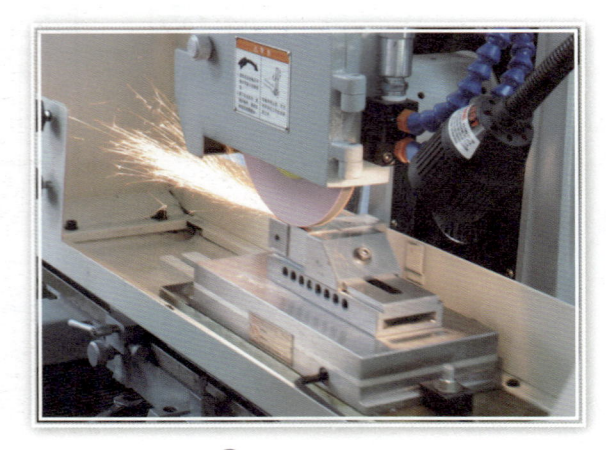

圖30　輪磨

圖31　夾爪支架完成圖

### 3　螺栓頭改良

由於原設計圖是希望在裝有彈性筒夾的精密車床上加工，我們研判不易加工，遂將螺栓頭改良，製作一個中空圓筒（如圖32），再鎖進一支規格化螺絲替代，如此簡化工程大大改善加工之困難度。

### 4　手柄製作

手柄主要是由手柄軸（件2N）及套件（件3N）所組成，手柄軸的製作並不困難，是階級桿的基本車削。而套件較難車製，其材質為黃銅，外緣為一個圓弧構成，按理應研磨一個符合圓弧外型的成型車刀，但指導老師指出其工程浩大。因此，我們用最簡單的方式車製，先將之倒角後再以銼刀整修至接近的弧度（如圖33）。由於套件的曲線誤差並非極為重要，並不需為此大費周章，果然在短短的時間內完成，且其曲線弧度已經符合所需。

圖32　件3、4改良圖

圖33　套件製作圖

作品說明書—平行夾

## 5 裝　配

平行夾組裝前,將所有零組件(如圖34)放置於平板上,首先,將零件2N與3N組合,將零件2N夾持於虎鉗上,利用榔頭將零件3N擊入階級端點(如圖35),此舉主要把零件2N凸部敲擊平坦,使外緣的金屬抵緊零件3N。

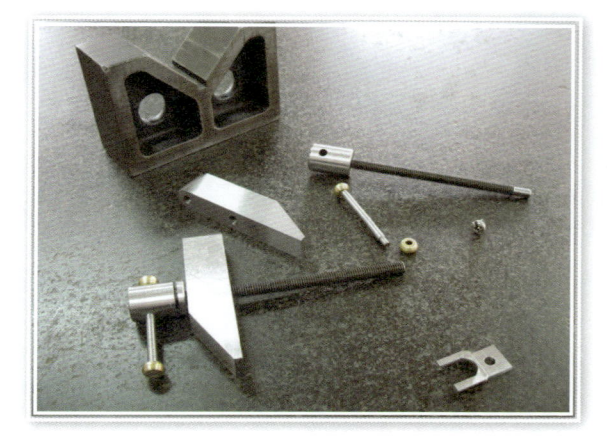

◎ 圖34　所有零組件圖

◎ 圖35　套件捶打圖

其次,將件3螺桿旋入件1夾爪內,再把件5穿入件1狹槽內(如圖36),並鎖固之(如圖37),其件3與件1組合(如圖38)。

◎ 圖36　放入件5

◎ 圖37　件5鎖固圖

◎ 圖38　件3與件1組合圖

創意機械專題實作

　　接著將件 4 鎖入件 2 螺絲孔內（如圖 39），最後將件 3 鎖入件 2 螺絲孔內（如圖 40、41），即大功告成。

圖 39　件 4 鎖入件 2 圖　　　圖 40　件 3 鎖入件 2 前　　　圖 41　件 3 鎖入件 2 後

## 伍、研究結果

### 一 平行夾的製作

　　平行夾主要是以機械加工的方式進行各式零件加工，所用的機械是機械科常見的銑床、車床、平面磨床、鑽床等。首先將零組件（夾爪支架、螺栓軸、手柄軸及固定片）完成，再配合一只螺釘即可進行裝配，只要各零件依圖上尺寸製作，並符合公差範圍，裝配極為容易，完成圖如圖 42、43 所示。平行夾的製作不需要極高超的技術能力，但必須具備機械加工基礎能力，若能熟悉零件設計能力，相信會事半功倍。

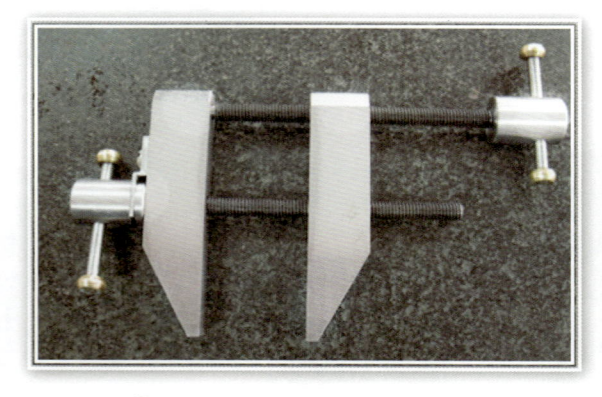

圖 42　平行夾完成俯視圖　　　圖 43　平行夾完成側視圖

作品說明書—平行夾

## 二 平行夾的使用時機

平行夾最主要是用來夾持並排而平行的兩件（如圖44）或多件工件，除了可以賦予夾緊之用，必要時有限制移動的作用。其次，是夾持圓柱形物體（如圖45），或者用在多角形物體的夾持，但需要多組平行夾並用。平行夾的使用上極為方便，不需要太多的技術能力，如能規格化量產，其使用性必能大為推廣。

其次，是用在銲接時的夾具（如圖46），或者是銑削時的輔助夾具（如圖47）。也可利用精密塊規（如圖48）來設定所需的寬度，可作為比較測量之用途（如圖49），近似機械基礎實習中的「外卡」的功能，由於平行夾兩爪平行特性，可以引伸為品質管制的快速量測。

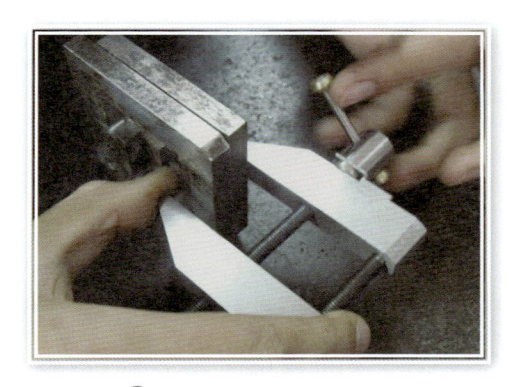

圖44　鎖緊兩工件

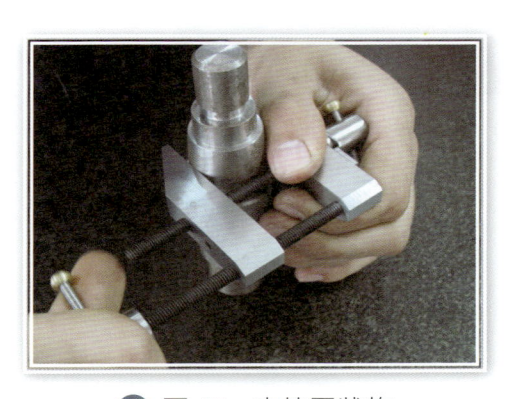

圖45　夾持圓狀物

圖46　銲接所需夾具

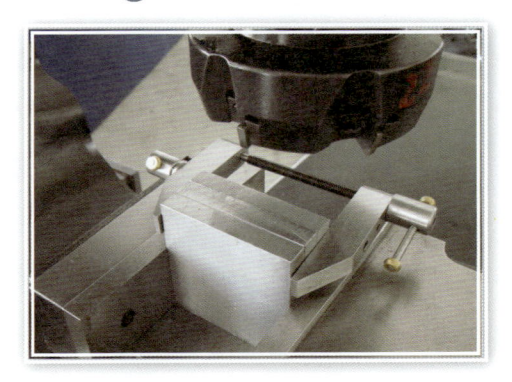

圖47　銑削輔助夾具

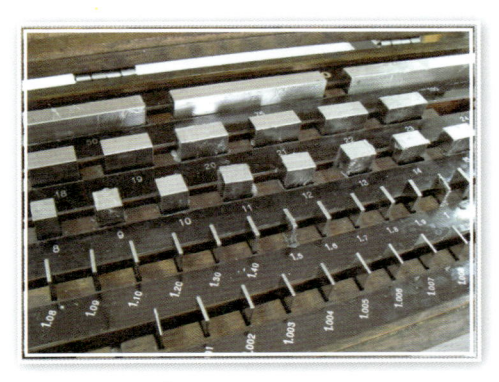

圖48　塊規

圖49　設定比較寬度

創意機械專題實作

## 陸、討 論

### 一 零件製作的分工合作

▲ 圖50 固定片完成圖

本研究最好能兩位同學共同研究製作，可使工作更易進行。事實上，也透過學長的協助才得以完成，主要是本身的加工技能尚未趨於成熟，不過，在學長的協助下已經可以獨立完成。機械實習常常會（專精）一項技能就疏忽了另一項技能，這也是專題製作為何需要團隊協力合作完成之故。例如件5（固定片），在原設計圖上找不到零件工作圖，後來由指導老師加以改良設計（如圖50），以配合件3的夾持鎖固。

### 二 善用規格化零件

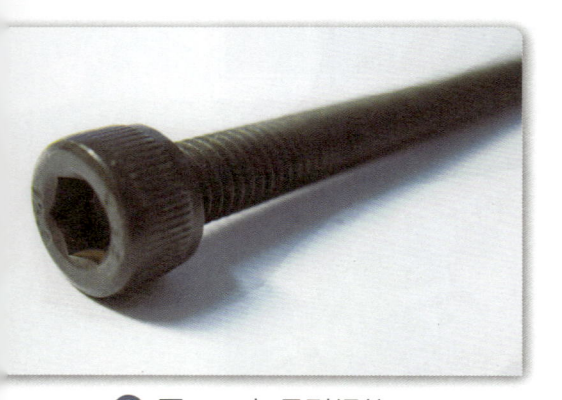

▲ 圖51 加長型螺絲

在專業科目的學習上，「機械製造」及「機件原理」課文中，常會有各式零件的規格，當老師以投影機播放過後，雖然可以自行查閱教科書，但終究無法全數找齊。到螺絲行購買時，才知道有許多規格化製品，超乎我們所知，例如本研究中的螺栓頭，可以用加長型螺絲取而代之，而這類螺絲（如圖51）通常是以滾軋法製造。螺紋滾軋是將具有可塑性的圓桿胚料放置在旋轉的圓滾鎝或往復運動的平板鎝之間，以適當壓力冷擠而成螺紋。

經過滾軋法製造的螺紋，通常會再施以妥善的熱處理，其強度及抗蝕性更加優良，比起實習用的低碳鋼更適用。螺紋滾軋具有以下優點：

1. 螺紋光滑精確，且製造迅速，適合大量生產。

2. 節省材料，且無切屑，可避免受傷、清潔及汙染問題。

3. 可增進螺紋的抗拉、抗剪及抗疲勞強度。

4. 適合外螺紋的製造。（林英明、徐文法、林彥伶，2010）

作品說明書—平行夾

## 夾持原理

本研究「平行夾」的夾持原理，主要是利用件 3 與件 4 兩螺桿，其夾持方法如下：

1. 先藉由件 3 大約調整欲夾持工件的寬度。
2. 再利用件 4 端點頂住件 1。
3. 最後以件 3 螺桿旋轉的螺旋力量施力於件 1 而鎖固工件。

由以上夾持步驟可知，其夾持原理是由兩螺桿藉由螺旋原理輸出力道於夾爪件 1 與件 2（如圖 52 所示之藍色箭頭），因此，會有兩股力量對工件施加力道鎖緊。在調整的過程中，須使兩夾爪保持呈平行狀，亦即調整夾爪約略與被夾持物同寬後，方可施力夾緊工件，故取名為「平行夾」。為了使鎖緊力道不會傾斜，將內螺紋孔皆設於件 2 上，可確保兩螺桿的旋轉不致相互干涉。

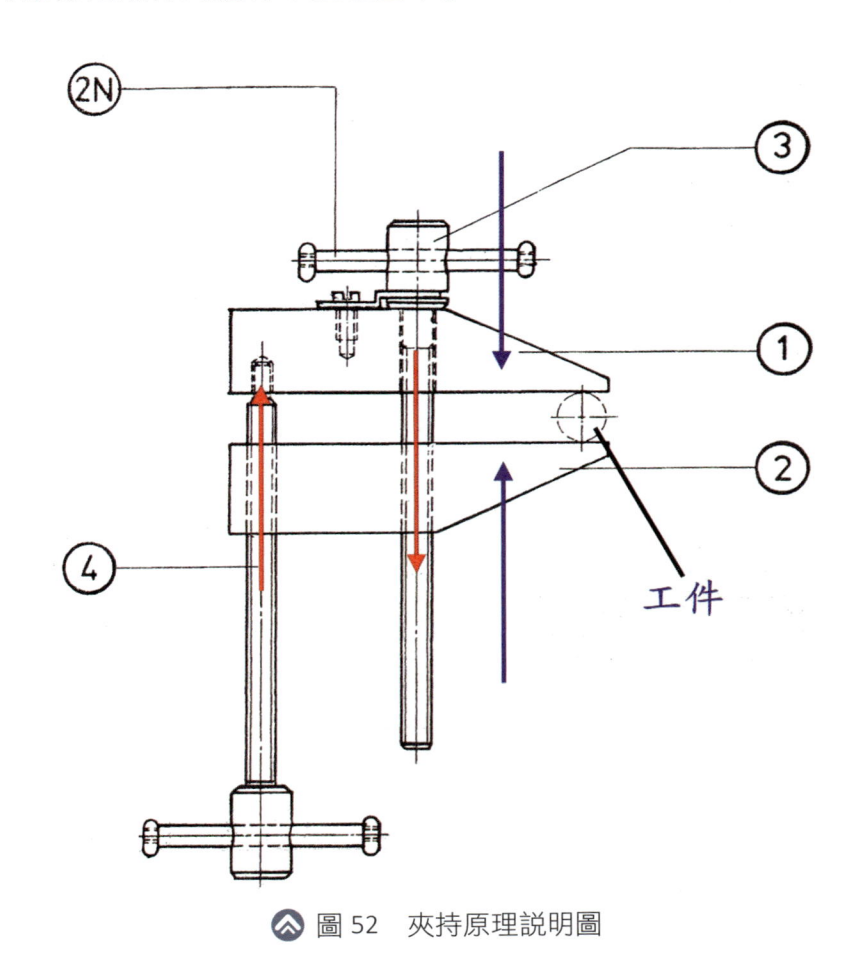

圖 52　夾持原理說明圖

## 四 設計夾具注意事項

工模與夾具必須能夠有效率地加工多數的製品，使未熟練者也能很容易的得到高互換性的製品。且製造的數量少時使用工模或夾具等，對於高精度困難的作業也能有輕鬆達成的好處。當設計製造時，事前的充分地檢討很重要，而能隨時依工作需要做修改（林逢春，1991）。

以下列出設計夾具注意事項：

1. 具備經濟性。
2. 鎖緊處儘量少。
3. 儘量使用規格品。
4. 需充分考慮安全性。
5. 夾具的各角隅最好為圓弧或倒角。
6. 加工物支持部分最好可從外部看見。
7. 加工物的安裝、拆卸要簡單、快速。
8. 儘可能保持泛用性，僅更換個別的零件可使用在其他的加工物。

## 柒、結　論

### 一 夾具的功能

夾具是指在工件的製造過程中輔助夾緊工件的一種裝置或機構，它不像工模具有引導刀具切削工件的裝置，本文所談者是依工件的形狀及加工部位設計所需的夾具來固定及定位，以講求加工的穩固與經濟性。

### 二 夾緊的原理與方式

夾緊機構除需考慮夾緊力與夾緊位置間的關係，使工件與刀具間的相對位置保持正確，除此之外，還得以迅速裝卸工件，且能兼顧各式加工方式以選擇夾緊的方法。本研究主要是藉著兩螺桿，其螺旋方向相對，由兩螺桿藉由螺旋原理輸出力道於夾爪。由於兩夾爪是相互平行，因此，藉由螺桿的施力會有兩股力量對工件施力鎖緊。

## 三 製作平行夾

平行夾主要是以簡單的機械加工方式進行各式切削加工，先將零組件（夾爪支架、螺栓軸、手柄軸及固定片）完成，配合一只螺釘即可進行裝配，只要各零件依圖上尺寸製作，並符合公差範圍，裝配極為容易。如需夾持極精密之工件，建議將夾爪予以輪磨，可使夾持時不致夾傷工件。使用完的保養，需上油防鏽，以免零組件鏽蝕。

## 四 平行夾的使用方法

平行夾的夾緊方法，主要是先以其一之螺栓軸調整欲夾持物件的厚度，再以其二之螺栓軸旋緊，藉著兩螺栓軸的螺旋作用施以夾緊力道。平行夾主要功能是用來夾持並排而平行的兩件或多件工作物，除了可以賦予夾緊之用，必要時可以有限制移動的作用。其次，是用於夾持圓形物體，或者用在多角形物體的夾持。平行夾的使用上極為方便，不需要太多的技術能力，如能規格化量產，其性能必能受到大家的肯定。

### 捌、參考資料其他

一、吳榮輝（1996）。**工模與夾具**。新北市：龍展。

二、林英明、徐文法、林彥伶（2010）。**機械製造Ⅱ**。新北市：全華。

三、林逢春（1991）。**工模與夾具使用方法**。新北市：全華。

四、黃榮文（2003）。**工具設計**。新北市：全華。

五、葉倫視（2007）。**機件原理**。新北市：全華。

六、謝錫湖（2006）。**工模與夾具**。新北市：台科大。

七、龔肇鑄（1992）。**鑽模與夾具**。新北市：文京。

## 玖、得獎獎狀

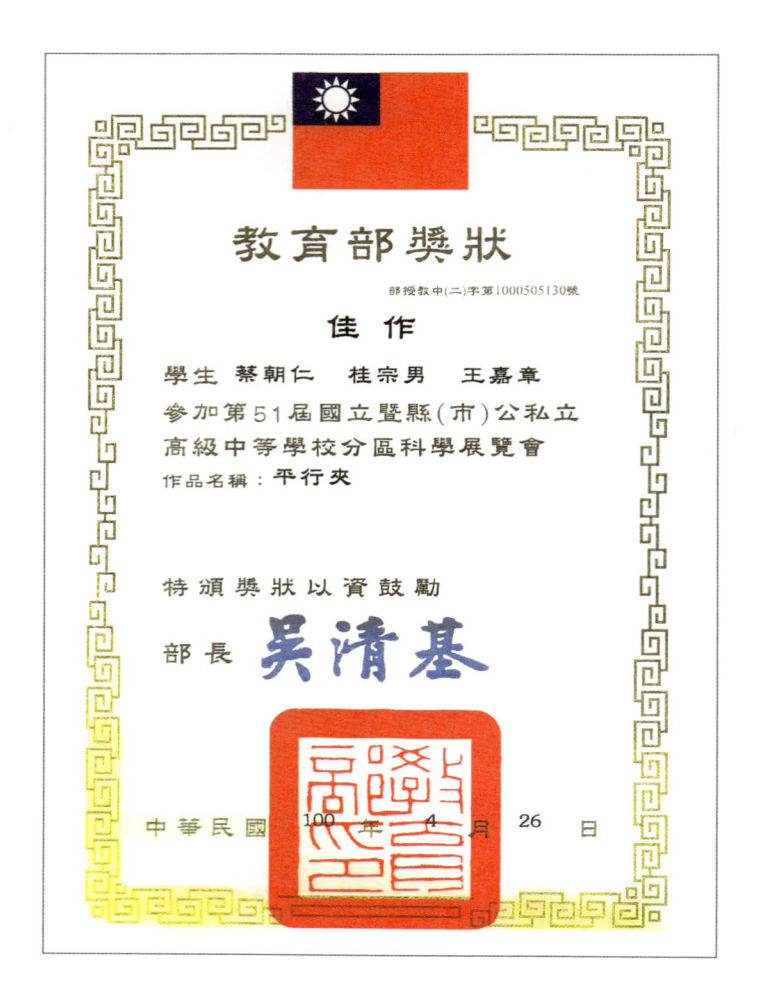

**教育部獎狀**

部授教中(二)字第1000505130號

佳 作

學生 蔡朝仁　桂宗男　王嘉章 參加第51屆國立暨縣(市)公私立高級中等學校分區科學展覽會

作品名稱：平行夾

特頒獎狀以資鼓勵

部長 吳清基

中華民國 100 年 4 月 26 日

# 國立北港高級農工職業學校
# 實習成果展作品說明書

1000303

V型座

國立北港高級農工職業學校機械科

作者姓名：

機械二 陳政賢、機械二 林仕賢、機械二 盧俊憲

指導老師：
鄧富源

| 摘要 | 「V型枕」是機工場最常見的工具，除了垂直度值得信賴外，可以作為畫線輔助工具。其次，可以作為圓形桿件的支架，就圓桿件的支架觀點而言，由於一般「V型枕」的寬度有限，常使得長形桿件無法放置，若欲以兩個「V型枕」來執行，也會因為規格的不相符造成部分困擾。而『V型座』恰好可以解決上述問題，『V型座』是由兩個尺寸規格相同的「V型塊」組成，其間並以兩支軸銷滑配，可以供作多項用途。因為零件不多，僅需正確的製作程序，是一個值得推薦的專題製作小組件。 |

# 作品名稱：Ｖ型座

## 摘　　要

「Ｖ型枕」是機工場最常見的工具，除了垂直度值得信賴外，可以作為畫線輔助工具。其次，可以作為圓形桿件的支架，就圓桿件的支架觀點而言，由於一般「Ｖ型枕」的寬度有限，常使得長形桿件無法放置，若欲以兩個「Ｖ型枕」來執行，也會因為規格的不相符造成部分困擾。而『Ｖ型座』恰好可以解決上述問題，『Ｖ型座』是由兩個尺寸規格相同的「Ｖ型塊」組成，其間並以兩支軸銷滑配，可以供作多項用途。因為零件不多，僅需正確的製作程序，是一個值得推薦的專題製作小組件。

## 壹、研究動機

本研究主要興起於實習課（如機械基礎實習、鉗工實習、機械加工實習等），常常會用到Ｖ型枕，無論是畫線、夾持或測量，但Ｖ型枕的功能有限，由於Ｖ型枕制式的設計，使得部分工作無法進行；若能將其成對製作，可以自由改變Ｖ槽長度，則可改善常見Ｖ型枕寬度不足之窘境，更可增進Ｖ型枕功能的擴展。

本研究與教材之相關性如下所示：

一、機械基礎實習：機械基礎實習，第 2 章－畫線。

二、鉗工實習：鉗工實習Ⅰ，第 2 章－畫線。

三、機械材料：機械材料Ⅰ，第 4 章－材料之物理、化學及機械性質，第 5 章－鋼鐵材料。

## 貳、研究目的

承研究動機所述，本研究之主要目的有四：

一、探討「Ｖ型枕」的功能

二、探討「Ｖ型座」的組成零件

三、製作「Ｖ型座」

四、瞭解「Ｖ型座」的功能

## 參、研究設備及器材

為了使研究利於進行，本研究主要是運用機械科既有之設備，研究設備及器材如下所示：

1. 立式銑床（＃1.8，5HP）：如圖 1 所示。
2. 高速精密車床（400×750，5HP）：如圖 2 所示。
3. 桌上型鑽床（φ13mm）：如圖 3 所示。
4. 平面磨床（450mm×150mm）：如圖 4 所示。
5. 鉗工虎鉗（200mm）。
6. 花崗石平板：如圖 5 黑色平面所示。
7. 游標高度規（200/0.02mm）：如圖 5 右側所示。
8. V 型枕：如圖 5 左側所示。
9. 游標卡尺（150/0.02mm）：如圖 6 所示。
10. 各式銑刀：如圖 7 所示。
11. 各式鑽頭及鉸刀：如圖 8 所示。

圖 1　立式銑床

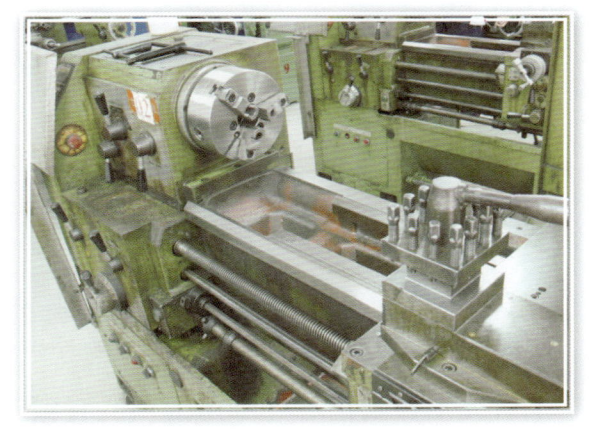

圖 2　高速精密車床

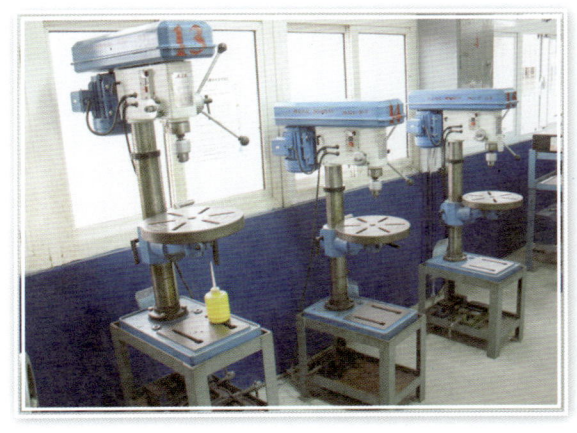

圖 3　桌上型鑽床

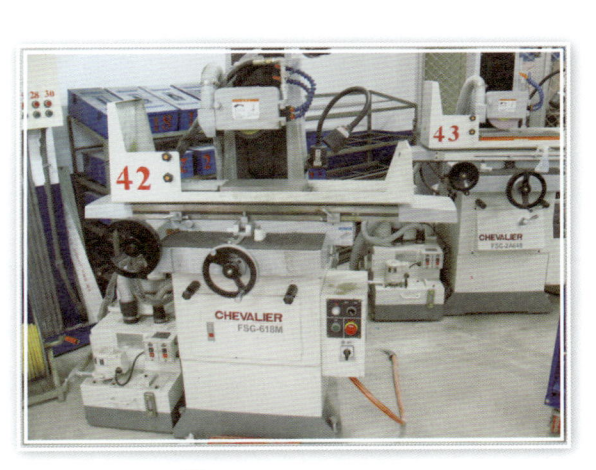

圖 4　平面磨床

圖5　平板、V型枕及高度規

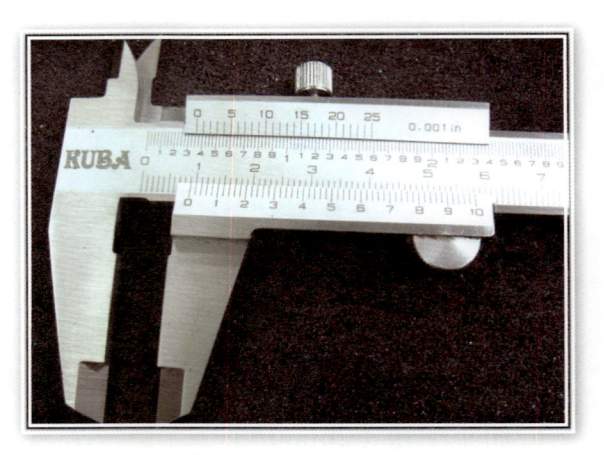

圖6　游標卡尺

圖7　各式銑刀

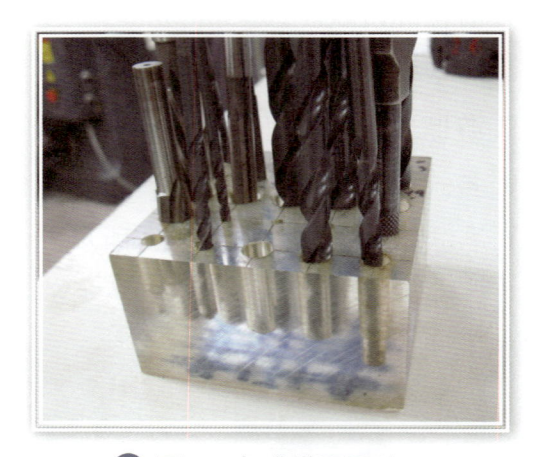

圖8　各式鑽頭及鉸刀

## 肆、研究過程或方法

　　本研究主要為指導老師所提供的實習工作圖，加上教科書及專業書籍資料彙整，屬於實驗研究法。本研究除參考原有之工作圖，並以現有之規格化零件稍作改良，除保有原設計之功能外，軸桿長度延長許多，足以應付各式圓形工件及多角形柱件的放置與固定。

### 一、文獻探討

#### 1. 何謂「V型枕」

　　所謂V型枕又稱「V槽塊」，『由鑄鐵或鋼料製成，中央V槽成90度，上下各面經研磨成平行』（黃世峰、陳文峰，2003）。V型枕置於平板上，可用來支持圓形工件，以便畫線或測量；V型枕除中央V槽之外型特色外，

由於各邊互相平行，相鄰兩面相互垂直，多用於工件的畫線支撐，或作為檢查垂直度的工具。常見的 V 型枕有 45 度對稱型、30 度－60 度（如圖 9），還有 M 型（如圖 10）。

△ 圖 9　常見 V 型枕　　　　　　　　△ 圖 10　M 型 V 型枕

## 2 「V 型枕」的用途

V 型枕是機工場常見的規具之一，為何稱為規具？主要是 V 型枕具備直角規及 90 度對稱 V 槽，可以作為直角測量及畫 45 度線；其次是 V 型枕常常被當成工件畫線的工具，是故，是一個多功能規具。V 型枕主要用途如下：

### 1. 劃平行線

藉著游標高度規、奇異墨水，我們會將工件塗上奇異墨水（如圖 11），使工件依托著 V 型枕，由於 V 型枕相鄰兩面垂直之關係，以確保工件的基準面垂直於平板，而畫出相互平行的線條（如圖 12）。在機械加工上，畫線工作十分重要，因為所畫的線條將是加工切削的依據。（張弘智等，2010）

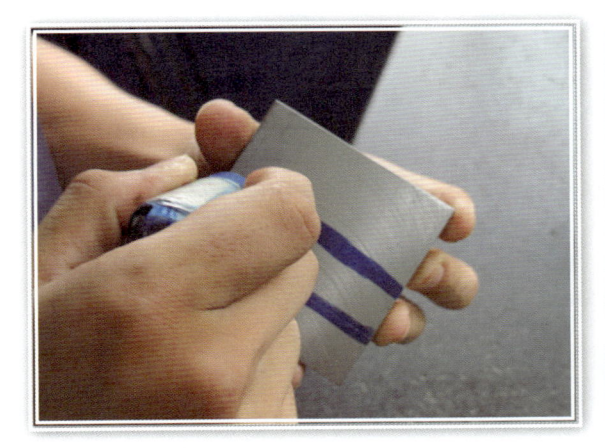

△ 圖 11　塗奇異墨水　　　　　　　　△ 圖 12　畫平行線

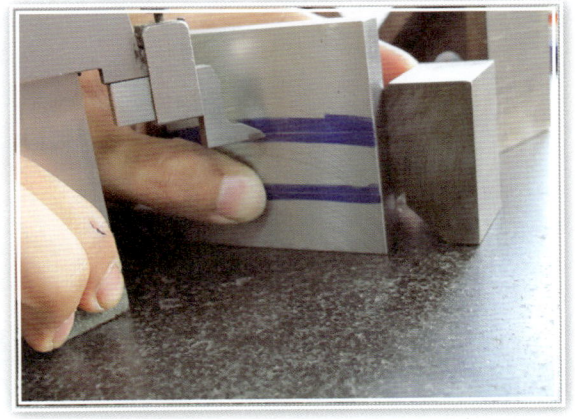

## 2. 劃角度

其次，藉著 V 型枕中央 V 槽之外型特色，我們會將工件的基準邊抵住中央 V 槽（如圖 13），再依照工作圖畫出 45 度線，若對稱畫線，則可得到與 V 型枕中央 V 槽相似之 V 型（如圖 14）。由於常用的角度是 30 度、45 度及 60 度，想要畫出 30 度及 60 度線，則需以 30 － 60 度的 V 型枕（如圖 9 最右側）作基準，便可畫出所需角度。（楊仁聖等，2007）

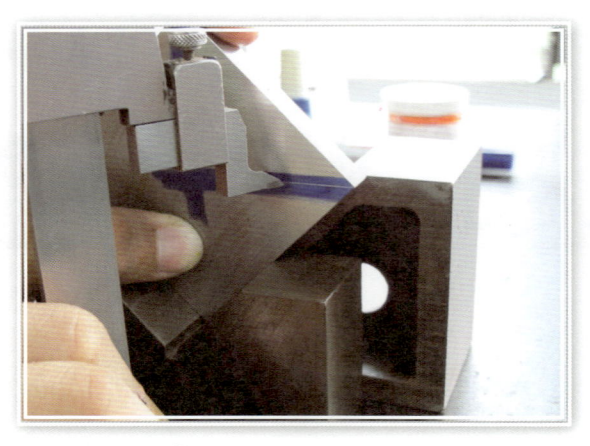

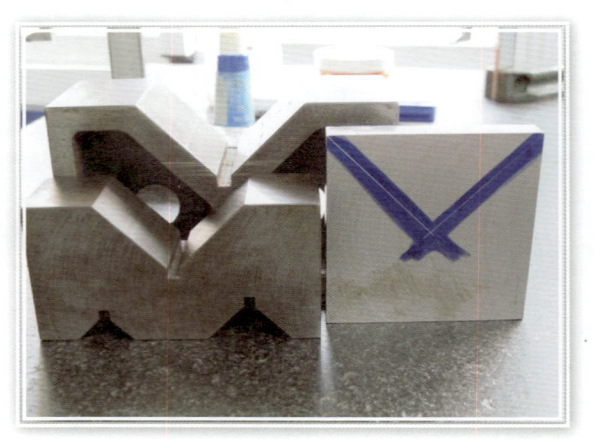

圖 13　畫 45 度線　　　　　　　　圖 14　V 型線

## 3. 畫圓中心線

V 型枕另一用途是求圓心，常用的方法是先測量圓桿件之直徑（如圖 15），再將圓桿件置於 V 型枕之中央 V 槽上，將游標高度規的鉆座平放至圓桿最高處，記下游標高度規尺寸值，鉆座降下量為圓桿件之半徑值，以游標高度規的鉆座畫線，旋轉一角度後畫第二次線，則交叉點即為圓心（如圖 16）。（王金柱，2010）。

圖 15　測量圓桿件之直徑　　　　　圖 16　畫線求圓心

### 4. 垂直度測量

　　V 型枕在鉗工工作最好的用途是垂直度測量，很多人以為垂直度以角尺為之可快速量測，但往往無法得知量測面的平面度。我們通常會將欲量測之工件緊靠 V 型枕（如圖 17），將抵住 V 型枕的工件連同 V 型枕一起推磨紅丹塗層，由紅丹的接觸率（如圖 18）可以更準確地判斷其垂直度。

圖 17　工件緊靠 V 型枕

圖 18　工件上紅丹的接觸率

### 5. 圓形物件夾持

　　V 型枕還有一個用途，那便是圓形物件的夾持，一般的虎鉗在夾持圓形物件時，多呈現線接觸，往往線接觸的夾持力不夠，而使得切削不穩固。透過 V 型枕的中央 V 槽，可使夾持力增加（如圖 19），使切削過程更穩固。

圖 19　V 型枕夾持圓形物件

創意機械專題實作

## 三 「V型座」的組成零件

透過文獻的探討，我們瞭解到 V 型枕的優缺點，並針對最常見的缺點改善，設計出「V 型座」。該「V 型座」最大的特色在滑動配合的軸銷（如圖 20）。V 型座的零件包含 V 型塊（件 2）兩件、軸（件 1）兩支、環（件 2N）4 只及錐孔螺絲（件 1N）4 只（如圖 21）。

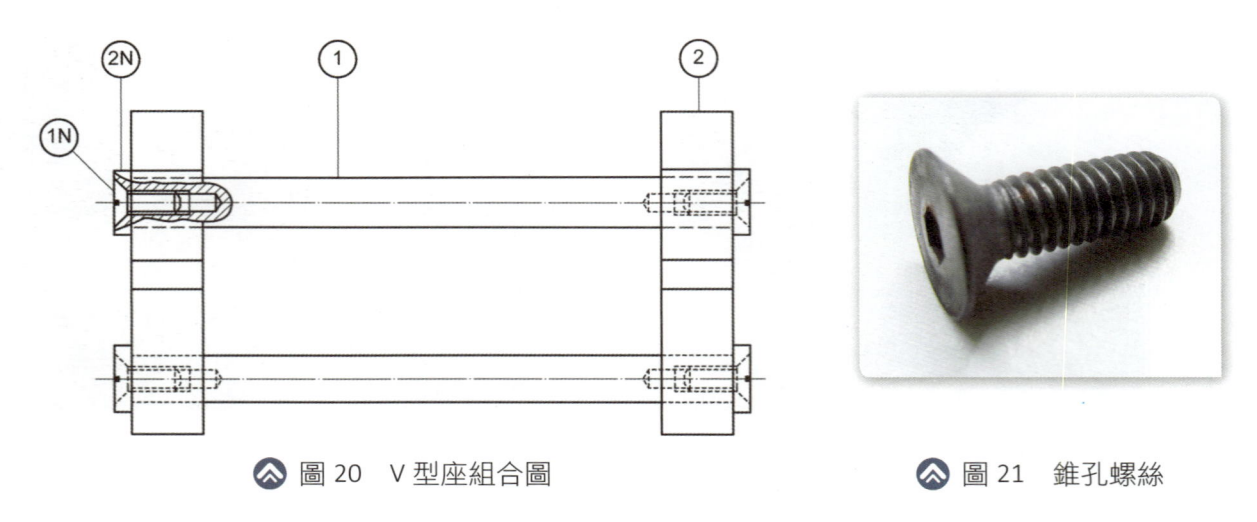

◈ 圖 20　V 型座組合圖

◈ 圖 21　錐孔螺絲

V 型塊（件 2）之工作圖（如圖 22）、軸（件 1）之工作圖（如圖 23），製作時應按圖施工，工作程序應按部就班。

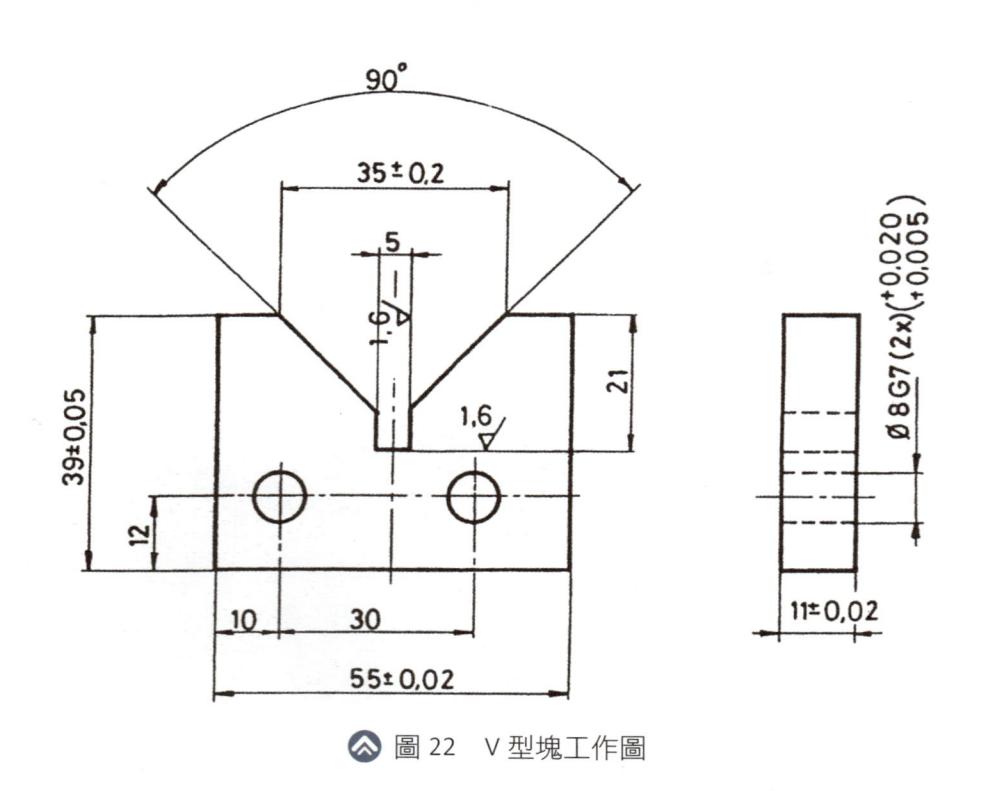

◈ 圖 22　V 型塊工作圖

216

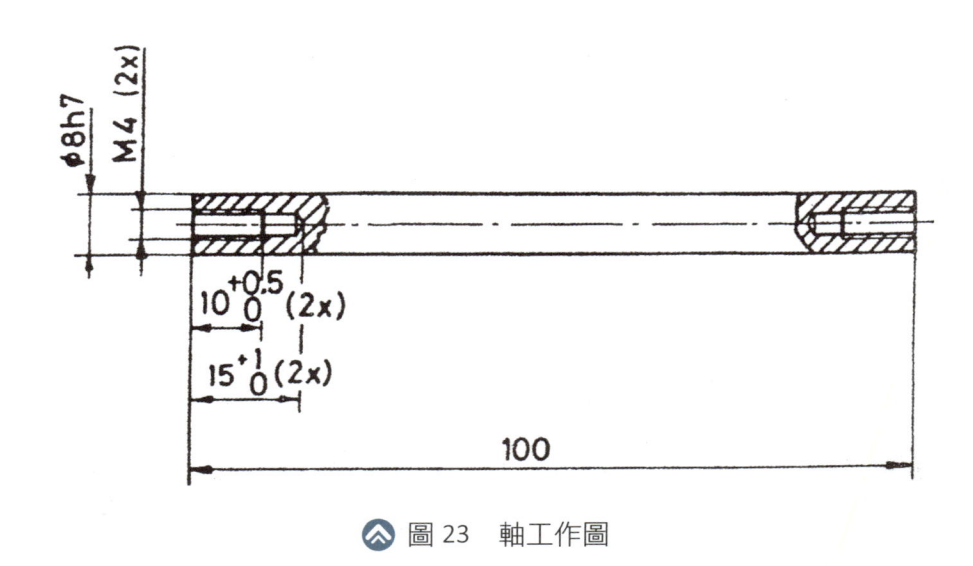

作品說明書─V型座

▲ 圖 23　軸工作圖

## 「V型座」製作過程

### 1. V型塊製作

「V型塊」計有二件，它們的外型一樣，最後需要同時加工。製作過程：
材料申請 ⇒ 鋸切（如圖 24）⇒ 六面體銑削 ⇒ 畫線 ⇒ 鋸切 V 槽 ⇒ 銑切 V 槽（如圖 25）⇒ 研磨 ⇒ 鉸孔 ⇒ 精密研磨。

▲ 圖 24　鋸切 　　　　▲ 圖 25　銑切 V 槽

只有最後的二件需同時完成精密研磨較為困難，讓我們百思不得其解，這加工程序最後還是請教指導老師，其加工程序是：

1. 研磨二件 V 型塊成近似外觀尺寸。
2. 藉著強力磁鐵固定一邊將工件並列夾持，進行鉸孔，如圖 26 所示。
3. 將固定銷置入二件 V 型塊孔內，再進行精密研磨一次，如圖 27 所示。

圖 26　並列鉸孔圖　　　　　　　　圖 27　精密研磨圖

## 2 環的製作

環的工作圖如圖 28 所示，其材料為黃銅，它主要的用途在限制軸的脫離，且需承接「錐孔螺絲」，所以需要加工成 90 度的錐孔。

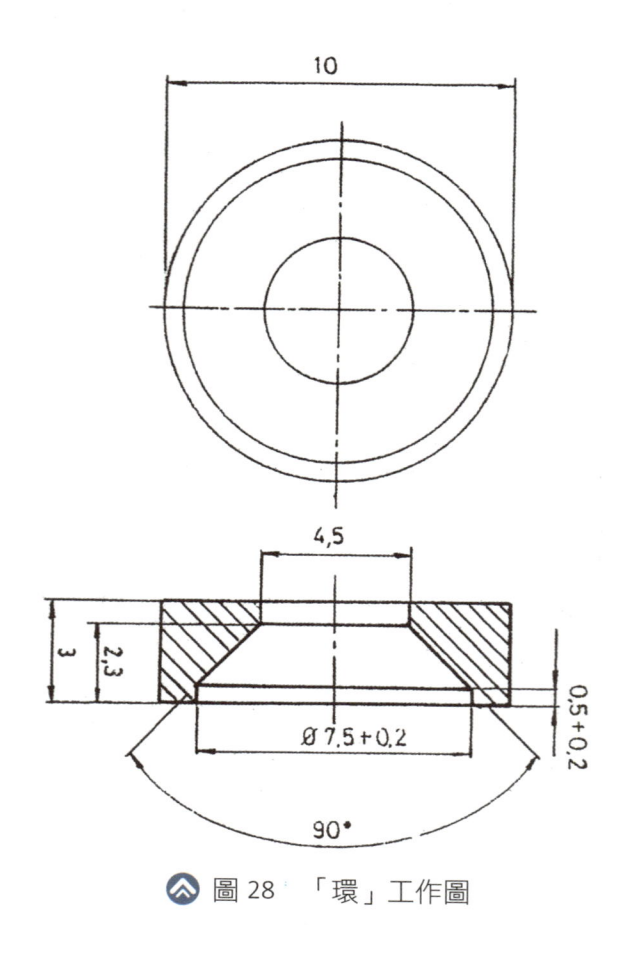

圖 28　「環」工作圖

我們主要是以精密車床加工，配備三爪夾頭，因為該工件的厚度僅為 3mm，若將內孔部分先完成再切斷，恐怕不好加工。因此，是先將 3mm 的長度預先切槽至 4mm 直徑，在錐孔加工（如圖 29）完成後，我們選擇鑽斷（如圖 30），當鑽頭鑽削至切槽處，則工件會斷在鑽頭上，此舉較為安全無虞。

圖 29　錐孔加工圖

圖 30　鑽斷圖

### 3 軸的製作

軸的主要功能在滑配 V 型塊，若選擇車削加工實非易事，我們聽從老師的建議，以 φ8 的磨光圓鐵稍作處理，可免去精密加工之累。經過車床上控制軸的長度後，需在端面處鑽孔，而後預攻數牙，取下工件再至鉗工桌，以虎鉗夾持完成攻牙（如圖 31）。

圖 31　手工攻牙圖

### 4 裝　配

V型座組裝前,將所有零組件及六角扳手放置於平板上。首先,將件1的軸件與件2組合(如圖32),然後依序將4只錐孔螺絲(1N)穿過銅環(2N)鎖入軸的螺絲孔(件1),並鎖固之(如圖33),即大功告成。

◆ 圖32　件1與件2組合圖　　　　◆ 圖33　螺絲鎖固圖

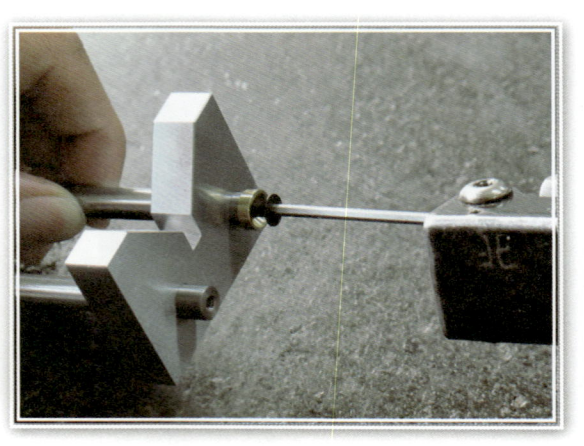

## 伍、研究結果

### 一、「V型座」的製作

「V型座」主要是以機械加工的方式進行各式切削加工,先將零組件(V型塊、軸、環)完成,配合4只錐孔螺絲即可進行裝配,只要各零件依圖上尺寸製作,並符合公差範圍,裝配極為容易,完成圖(如圖34、35)。使用時應適當地加潤滑油於孔銷上,使油膜充斥於軸上,使用完的保養,需上油防鏽,以免零組件鏽蝕。

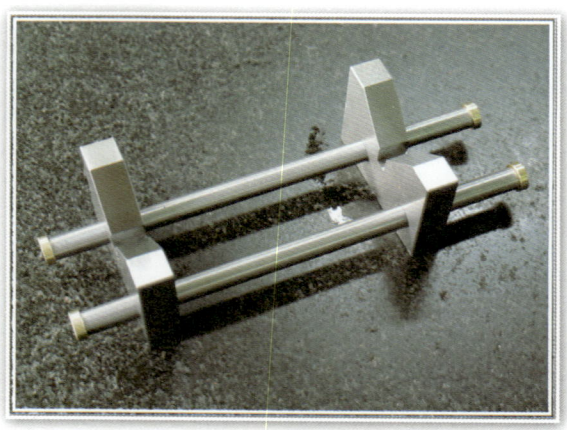

◆ 圖34　V型座完成前視圖　　　　◆ 圖35　V型座完成俯視圖

## 三 「Ｖ型座」的使用時機

「Ｖ型座」具備Ｖ型枕所有的用途，當工作中發現Ｖ型枕寬度不足，致使放置工件呈現不穩時（如圖36），便可派上用場。由於「Ｖ型座」有二支類似定位銷的輔助，使得二件相同尺寸的Ｖ型塊可以因桿件的長短任意調整（如圖37），相當方便。若加上指示量表，即使工件兩側的圓心高低不同，可視直徑相同之二處置放，其用途更是可觀。

圖36　常見Ｖ型枕寬度不足

圖37　Ｖ型座放置工件圖

## 陸、討　論

## 一 分工合作

本研究是由三位同學共同研究，發揮團隊合作精神，使得工作較易於進行。組長主要在於分配工作及召集我們與老師討論，除了銑削、鉗工工作及車床工作，還需彙整製作過程及拍照。因此，忙不過來時，指導老師常會在重要時刻支援我們，使得研究工作得以順利進行。本項專題製作談不上工作繁複，但若沒有實作經驗，仍然容易失敗。

## 二 同時加工技巧

Ｖ型座的加工難處在二件需尺寸相同，因此在最後的鉸孔及研磨顯得極為重要。例如鉸孔，剛完成一孔時，就應該立即配入定位銷（如圖38），等到二孔都鉸削完成，其相對位置才能絕對正確。而後，需要再一次精密研磨，此舉除了將表面重新整光，並可以將粗加工的變形作細微修整。其作法如下，將裝配定位銷的Ｖ型座重新放置於準確之Ｖ型枕上（如圖39），使其緊密接觸後，再逐漸上緊精密虎鉗，並輔以香檳槌敲實，可確保與Ｖ型枕的緊密配合。

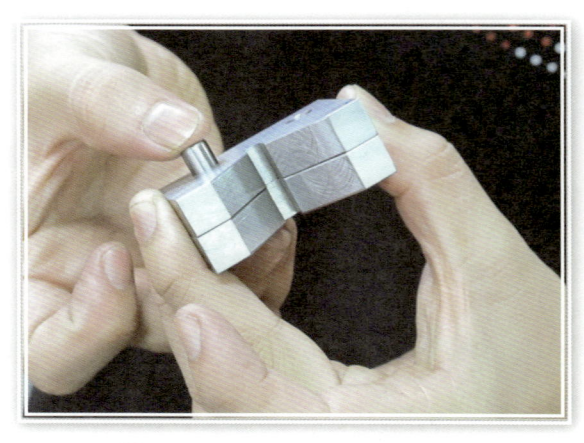

圖38　裝配定位銷示意圖　　　　圖39　研磨Ｖ型座示意圖

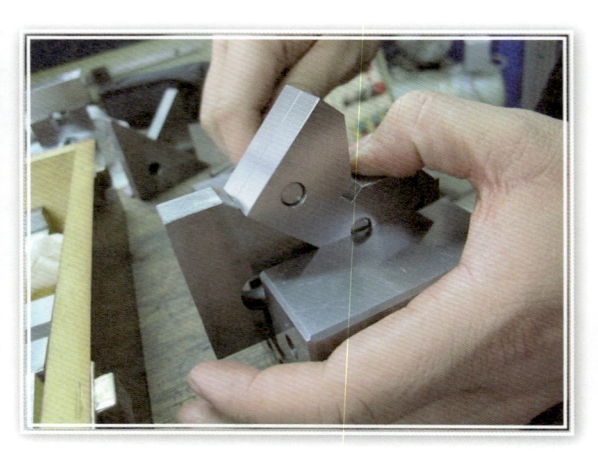

## 三 「Ｖ型座」的材質選擇

當初接觸的工作圖，是以低碳鋼設計，指含碳量0.02%～0.3%的碳鋼，其優點是鋼料質地較軟易於加工，缺點是易遭撞擊致使變形。因此，徵詢老師的看法後，決定以中碳鋼製作，而中碳鋼是指含碳量0.3%～0.6%的碳鋼，其優點是鋼料質地較硬而韌，不易變形，缺點是不易加工。若能再實施熱處理，亦即先淬火後再低溫回火，可使工件之硬度及韌性再提高，使工件性能提昇許多。（楊玉清，2010）

## 四 使用「Ｖ型座」注意事項

「Ｖ型座」常用的配件便是孔銷之配合，因此，應該適當地加潤滑油（如圖40），使銷孔滑配時有油膜潤滑，不致產生干涉。其次，用完「Ｖ型座」應該經常擦拭防鏽油，避免鏽蝕零件。

圖40　加潤滑油示意圖

## 柒、結論

### 一 「V型枕」的功能

1. 畫平行線；
2. 畫角度；
3. 畫圓中心線；
4. 垂直度測量；
5. 圓形物件夾持。

### 二 「V型座」的組成零件

　　V型座的零件包含V型塊兩件、軸兩支、環4只及錐孔螺絲4只（如圖41）等，其中，V型塊及軸可以中碳鋼材料製作，環則以黃銅為宜。

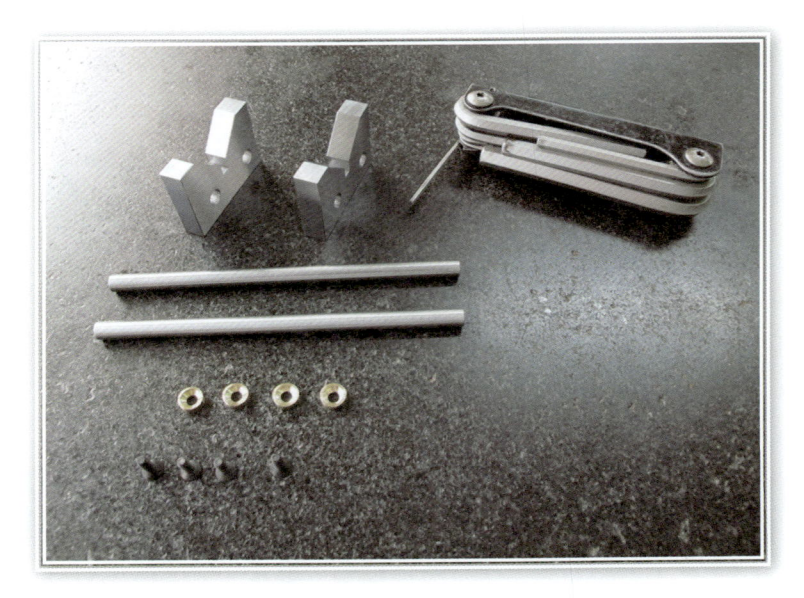

◎ 圖41　所有零組件圖

### 三 「V型座」的製作

　　「V型座」主要是以機械加工的方式進行各式切削加工，先將零組件（V型塊、軸、環）完成，配合4只錐孔螺絲即可進行裝配，只要各零件依圖上尺寸製作，並符合公差範圍，裝配極為容易。使用時應適當地加潤滑油於孔銷上，使油膜充斥於軸上，使用完的保養，需上油防鏽，以免零組件鏽蝕。

創意機械專題實作

## 四 「V型座」的功能

「V型座」具備V型枕所有的用途，當工作中發現V型枕寬度不足，致使放置工件呈現不穩時便可派上用場。由於「V型座」有二支類似定位銷的輔助，使得二件V型塊可以因工件的長短任意調整，極為方便。若加上指示量表，即使工件兩側的圓心高低不同，可視直徑相同之二處置放（如圖42），其用途更是可觀。

圖42　V型座置放工件圖

### 捌、參考資料

一、黃世峰、陳文峰（2003）。**鉗工實習 I**。新北市：台科大。

二、張弘智、陳順同（2010）。**機械基礎實習**。新北市：全華。

三、楊仁聖等（2007）。**機械基礎實習**。新北市：科友。

四、王金柱（2010）。**機械基礎實習**。台中市：文野。

五、楊玉清（2010）。**機械材料 I**。新北市：全華。

### 玖、得獎獎狀

# Chapter 2

## 小論文

一、C形夾的探討與製作

二、精密磨削虎鉗

三、從溝槽銑削探討材料變形

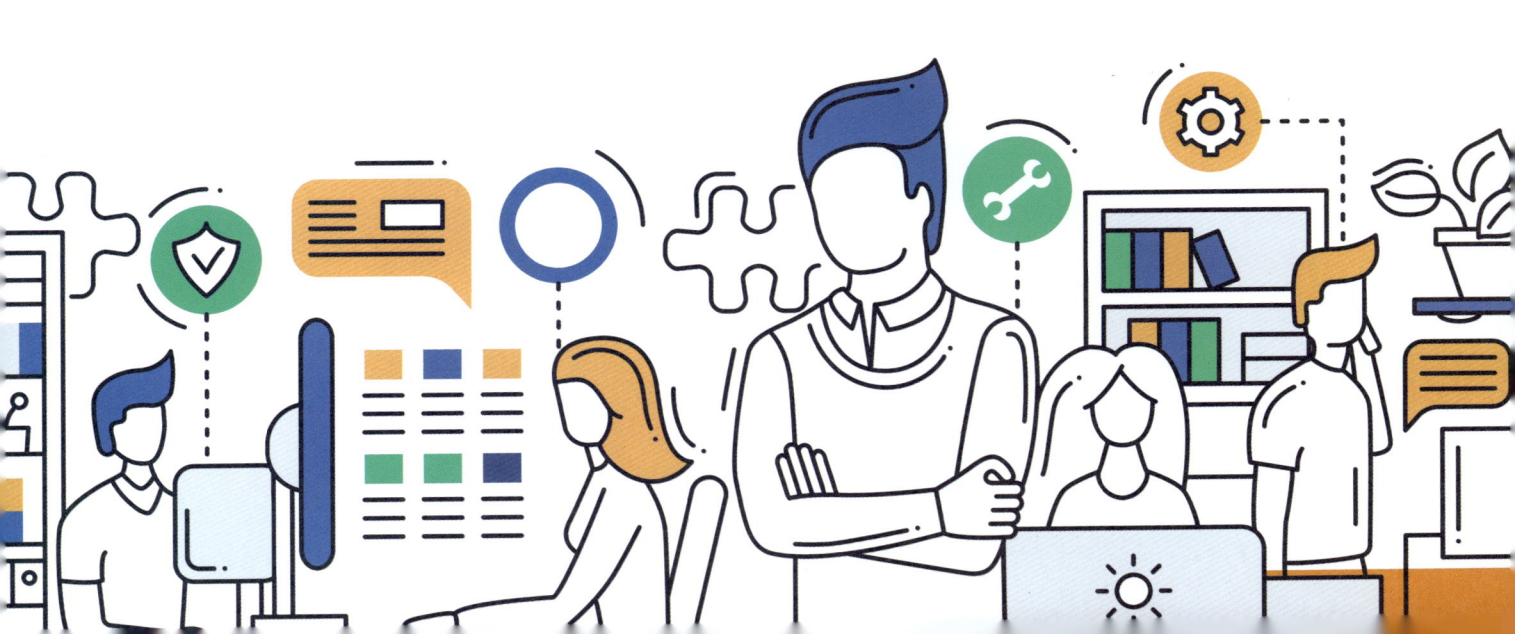

投稿類別：工程技術類

篇　　名：

C形夾的探討與製作

作者：
丁彥翔。國立北港農工。機械科二年甲班
陳政賢。國立北港農工。機械科二年甲班

指導老師：
鄧富源老師

## 壹、前言

### 一 研究動機

　　機械加工中為了使工作物固定，會使用一種可以固定工作的器具，一般稱之為「夾具」，夾具的種類很多，在鉗工工作最常見的是虎鉗，在車床工作最常見的是夾頭，不過這些都必須固定在某些承面上，像虎鉗就必須固定在鉗工桌上，而夾頭則必須固定在車床主軸頭上。但是，想要攜帶方便又能夠勝任夾持的性能，這個可攜式的夾具最常見的便是「C形夾」。本研究的動機是透過專題製作完成一簡便可攜式的夾具，以提供各式加工作為輔助固定的工具。

### 二 研究目的

　　本研究之目的有下列五項：

1. 探討 C 形夾的由來。
2. 探討 C 形夾的機構原理。
3. 製作 C 形夾。
4. 探討 C 形夾的使用時機。
5. 瞭解 C 形夾的使用方法。

### 三 資料蒐集及研究方法

　　本研究主要是透過文獻探討，蒐集相關專業及實習教科書，參考夾治具書籍後改良設計，屬於實驗研究法，經過漫長的製作得以完成，本研究之流程如圖 1 所示：

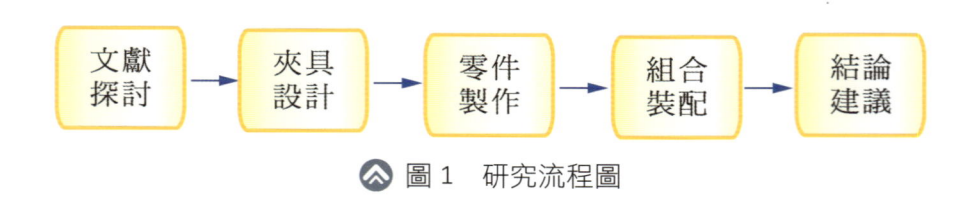

文獻探討 → 夾具設計 → 零件製作 → 組合裝配 → 結論建議

▲ 圖 1　研究流程圖

## 貳、正  文

### 一 常見的夾具

在機械工場為了夾持、固定或是為了限制移動等工作，會使用夾治具，而方便取用者以夾具居多。常見的夾具有 C 形夾、平行夾、扭轉夾具（如圖 2）、萬能固定鉗（如圖 3）等（王金柱，2010），這些夾具都有它的特殊用途。無論是機械加工、銲接、電工等工作，或多或少都會使用到，這類的夾具最大的特色是：(1) 攜帶方便；(2) 使用簡單；(3) 泛用性佳。

▲ 圖 2　扭轉夾具 　　　　　▲ 圖 3　萬能固定鉗

### 二 C 形夾的由來

『C 形夾外形似英文字母「C」，由螺桿將工作物與支撐件一起鎖固，是鑽孔工作中非常輕便的夾具』（張弘智‧陳順同，2010），C 形夾（如圖 4）的規格主要是以可以夾持的距離稱之，如圖 5 之 C 形夾其規格為 150mm。

▲ 圖 4　C 形夾 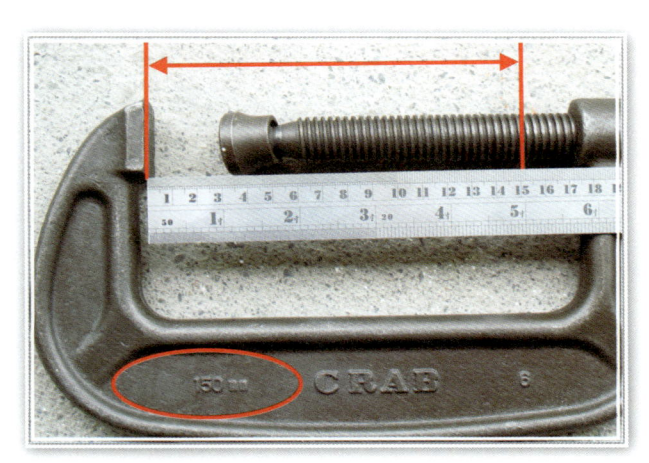　　　　　▲ 圖 5　C 形夾規格示意圖

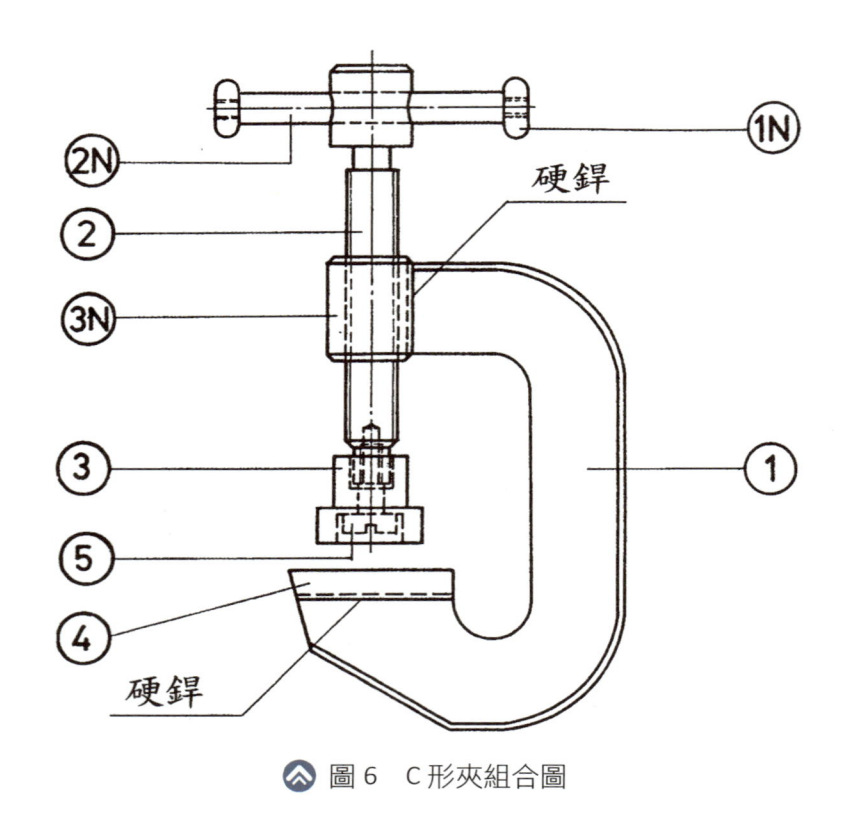

## C 形夾的機構原理

C 形夾的原理是相似於螺旋起重機的傳動機構，所以機構中常包含幾個主要機件，如螺桿及手柄，螺桿（如圖 6 之件 2）的功能是提供螺旋的傳動；而手柄（如圖 6 之件 2N）的功能提供力矩。經由施力加注於手柄，因為手柄的長度會產生一力矩，此力矩會迫使螺旋傳動，而形成向工作物加壓的力量，這便是螺旋起重機的機構原理。

螺旋是斜面的應用，像我們要把重物搬至高處，學過物理或力學的人都曉得運用斜面可以產生極大的機械利益，斜面愈長則與地面的夾角愈小，則機械利益就愈大，機械利益大者省力費時，也就是槓桿原理的延伸。

我們以常見 C 形夾的本體為基礎設計並縮小改良；如圖 6 所示，C 形夾主要組成元件如下：
①外框（件 1）、②心軸（件 2）、③軸套（件 3）、④支撐件（件 4）、
⑤螺釘（件 5）

　1N：套件
　2N：手柄軸
　3N：螺帽。

圖 6　C 形夾組合圖

## 四 C 形夾的製作

### 1 外框製作

第一階段：外框製作由鋸切材料→六面體銑削→畫線→鑽孔→貼線鋸切外形→外緣銼削。

畫線時須藉由量角器協助（如圖 7），而圓或圓弧則須藉由圓規工具（如圖 8）輔助，圓規並非製圖用圓規，而是經硬化處理過的圓規工具，才有足夠的硬度及剛性畫於鋼材上，其圓心應以刺衝擊出以利畫圓。

圖 7　畫角度線

圖 8　畫圓弧線

第二階段：外框的內緣鋸切→內緣銑削→倒角→去毛邊。

內緣的鋸切應使用小於預鑽孔直徑之鋸片（如圖 9）；而內緣的銑削，由於外框形狀不能以一般虎鉗夾持，改以壓板、螺樁及梯形枕固定於銑床床台（如圖 10）。

圖 9　內緣鋸切

圖 10　內緣銑削

## 2 心軸製作

　　心軸的製作：由鋸切材料→車削階級桿→切削螺紋→換端車削端面→控制總長→鑽孔。

　　切削螺紋時應加迴轉頂心（如圖11），可使切削穩固無虞；鑽孔的夾持（如圖12），也須穩固始可加工，若無適當平行塊，可以廢工件為之。

圖11　切削螺紋

圖12　鑽孔

## 3 軸套的製作

　　軸套的製作：由鋸切材料→車削階級（如圖13）→鑽孔（如圖14）→換端車削端面→控制總長→鑽平底孔。

　　由於軸套材質為黃銅，切削時應為乾切削，不必使用切削劑，而黃銅質地較軟，切削刀具的前隙角及後斜角應加大。

圖13　車削階級桿

圖14　鑽孔

## 4 支撐件的製作

支撐件的製作：由鋸切材料→銑削六面體→銑削 15° 斜度（如圖 15）→銑削 6mm 底槽（如圖 16）→修毛邊。

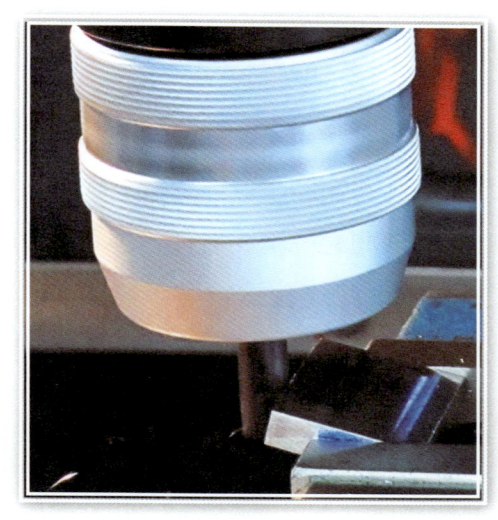

◎ 圖 15　銑削 15° 斜度 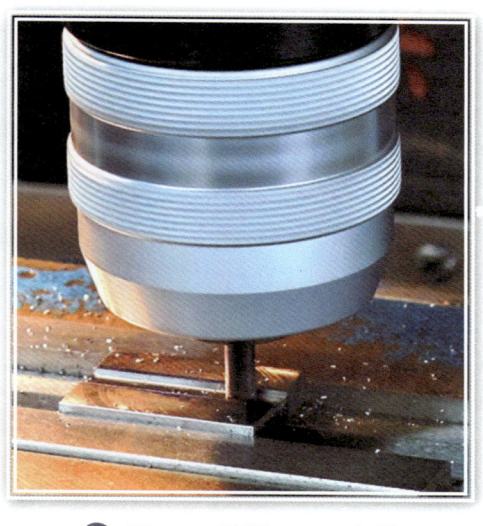　　　　◎ 圖 16　銑削 6mm 底槽

## 5 套件製作

套件的製作：由鋸切材料→車削階級→切槽→車削左側圓弧面→車削右側圓弧面（如圖 17）→切斷→修毛邊。

套件的圓弧曲面，須由成型刀切削，至於成型刀是以高速鋼切斷刀研磨而成，藉著圓弧規修正，並研磨一左一右的兩成型刀面，切削時使圓弧相接即可。利用成型刀切削時，因為是面接觸，應降低迴轉速，並加注切削劑，其呈現的圓弧面圓滑平整（如圖 18）。

◎ 圖 17　車削右側圓弧面 　　　　◎ 圖 18　套件圓弧面完成圖

## 6 手柄軸製作

手柄軸的製作並無難易可言，只是工件直徑極小，可採取整段車削完成後切斷，再換端車削端面控制總長即可，若嫌不易夾持則建議另用夾具。

## 7 螺帽製作

螺帽的製作：由鋸切材料→車削外徑→倒角→換端夾持→車削端面→倒角→鑽孔→攻製 M8×1.25 螺紋（如圖 19）→銑削 6mm 底槽（如圖 20）→修毛邊。在鑽孔的計算上，其螺紋底徑 = 8 − 1.25 = 6.75 ≒ 6.80mm（鑽頭尺寸在 13mm 以下 0.1mm 有一支），而攻製螺紋時，宜以 V 型枕配合夾持，以增加其穩固性。

圖 19　攻製 M8×1.25 螺紋

圖 20　銑削 6mm 底槽

## 8 組裝與銲接

C 形夾的組裝是依圖銲接後，再依以下步驟完成：套入手柄軸（件 2N）→塞入套件（件 1N）→鎖入心軸（件 2）→套入軸套（件 3）→鎖入螺釘（件 5）→裝配完成。在鎖入心軸時（如圖 21），應加入黃油以增加其潤滑性；鎖入螺釘時，應先將螺釘以手旋至近底端，再以六角扳手鎖緊（如圖 22）。

圖 21　鎖入心軸示意圖

圖 22　鎖入螺釘示意圖

## 五 討論

### 1 手柄軸裝配的訣竅

在裝配手柄軸時，將套件（件 1N）塞入手柄軸（件 2N），由於軸大孔小（約 0.02mm 干涉），因此塞入時需藉小榔頭錘擊（如圖 23），且手柄軸之前緣會有突出處，可以小榔頭將此處擊平至變形，形成限制以避免套件滑脫。

### 2 斜角器的應用

在銑削支撐件（件 4）之斜度時，一般可使用角度規或是傾斜主軸頭方式為之；也可利用三角函數計算夾角 15 度的正切涵數值，以高度規劃出其段差，用銼刀銼削該斜度即可。若想要方便又準確的加工，則以斜角器應用為佳，斜角器的精度一般為 0.1 度，使用方法如下敘述：

斜角器的使用方法，是先將基準面（具磁性面）置於平板或床台後歸零，再將其吸磁於工件欲銑削處，調整傾斜之角度為 15 度（如圖 24）後緩緩鎖緊虎鉗，只要夾持穩固即可以端銑削進行側銑，相當方便。

▲ 圖 23　小榔頭槌擊套件　　　　▲ 圖 24　斜角器

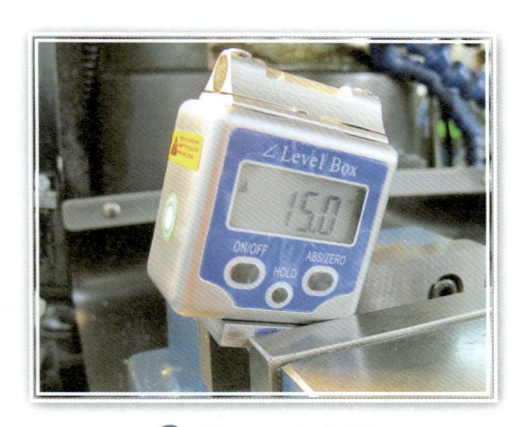

### 3 C 形夾的使用時機

鑽孔時，『角板用於設定工件成直立狀，夾緊時需搭配 C 形夾或螺栓等其他夾具』（陳順同‧張弘智，2010）。而銑床加工時，『常用的夾具有 C 形夾與平行夾，C 形夾常與角板配合來固定工作物，使用機會最多，用途較廣』（陳勤仁、施忠良，2007）。其他，諸如銲接時需固定工件，或者工作上需要使兩件或以上工件固定時，C 形夾是一最佳使用之夾具。

### 4 硬銲

　　為使硬銲處銲接無虞，我們考量以氬銲施行滿銲，氬銲於銲接時會以惰性氣體「氬氣」保護銲接面（如圖25），以避免其因高溫而快速氧化，而「滿銲」可確保兩機件確實連接牢固，觀察其銲接處（如圖26）頗令人激賞。

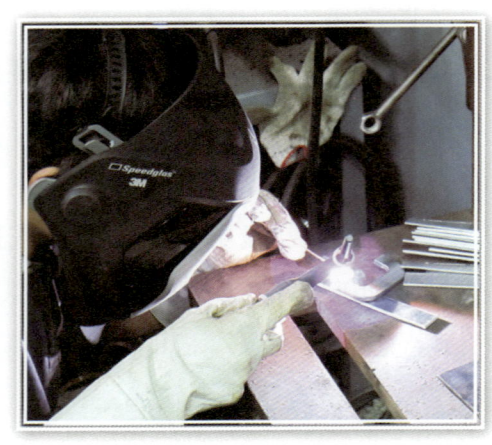

▲ 圖25　氬銲　　　　　　　　　▲ 圖26　滿銲

## 參、結　論

### 一　C形夾的由來

　　C形夾由於外形似英文字母「C」，由螺桿將工作物與支撐件一起鎖固，是鑽孔、銑床等工作中非常輕便的夾具，C形夾的規格主要是以可以夾持的距離稱之，例如150mm的C形夾是指最大可以夾持的距離為150mm。

### 二　C形夾的使用時機

　　C形夾常用於鑽床上鑽孔之固定，尤其是不規則物體，其次在銑床加工時的輔助夾持、鉗工鋸切時的輔助夾持、銲接時兩物的固定等等，相當實用。

### 三　C形夾的機構原理

　　C形夾主要是藉著螺旋的傳動機構，加上手柄軸的扭轉，使C形夾得以執行鎖緊固定之功能。C形夾機構的主要零件包含外框、螺桿及手柄等。螺桿的功能是提供螺旋的傳動，而手柄的功能提供力矩，經由施力加注於手柄，因為手柄的長度會產生一力矩，此力矩會迫使螺旋傳動，而形成向工作物加壓的力量，這便是螺旋起重機的機構原理。

## 四 C形夾製作

製作 C 形夾是經由文獻探討、夾具設計、零件製作、組合裝配、結論建議,其重心在零件製作部分,為了彰顯機械加工的能力及專題製作的精神,認真地投入製作加工,絕佳的分工將零件一一完成(如圖 27),經過銲接與裝配,完成 C 形夾製作,完成圖(如圖 28)。

△ 圖 27

△ 圖 28

## 五 C形夾的使用方法

以右撇子為例:(如圖 29)是以左手拿外框,以右手迴轉手柄,可以輕易地將工件固定。使用時應注意鎖緊的位置盡量在工件中心點,如須強化其穩固可使用多把 C 形夾,由於 C 形夾是一般碳鋼製成,使用後須注意防鏽處理。

△ 圖 29

## 肆、引註資料

一、王金柱（2010）。機械基礎實習。台中市：文野。

二、陳順同、張弘智（2010）。機械基礎實習。新北市：全華。

三、陳勤仁、施忠良（2007）。銑床實習Ⅰ。新北市：台科大。

投稿類別：工程技術類

篇　　名：

精密磨削虎鉗

作者：
吳孟達。國立北港農工。機械科三年甲班
蔡朝仁。國立北港農工。機械科三年甲班
桂宗男。國立北港農工。機械科三年甲班

指導老師：
鄧富源老師

## 壹、前言

### 一 研究動機

　　在磨床作業中，精密虎鉗是研磨標準六面體不可或缺的夾具，透過精密虎鉗的夾持，可以研磨出極精確的垂直面，而垂直度正是六面體好壞的關鍵。制式的精密虎鉗其夾持面積較大，欲夾持較小之工件實難達成。而精密機械的加工，經常零件不大，造成夾持時須墊平行塊，如工件厚度或寬度小於平行塊之厚度，則夾持困難。因而產生尋求小虎鉗的動機，為了增加自身實作經驗，透過指導老師的引導，我們立即組成研究小組展開專題製作。

### 二 研究目的

　　本研究之目的有四：
1. 探討虎鉗的機構原理。
2. 探討常用的虎鉗種類。
3. 製作精密磨削虎鉗。
4. 瞭解精密磨削虎鉗的使用方法。

### 三 資料蒐集及研究方法

　　本研究主要資料蒐集來自於教科書及機械科原有的專業書庫，並透過圖書館館藏的書籍得以進行研究，研究方法是為實驗研究法。

### 四 使用設備及材料

#### 1 設備

1. 立式銑床：#1.8，5HP。
2. 高速精密車床：400mm×750mm，5HP。
3. 平面磨床：450mm×150mm。
4. 桌上鑽床：φ13mm。

#### 2 材料

1. 方鐵：S20C 38×38×93－1塊、S20C 38×38×27－1塊。
2. 扁鐵：S20C 39×16×3－1塊、S20C 27×25×8－1塊。
3. 圓鐵：S20C φ20×94－1塊。
4. 圓銅：黃銅 φ15×20－1塊。

## 貳、正 文

### 一 虎鉗機構的原理

　　『虎鉗，是一種夾持工件的工具，它的夾持原理是利用螺桿或某機構使兩鉗口作相對移動而夾緊工件』（凡柔，2011）。虎鉗是許多工作經常應用的工具，透過虎鉗可以夾持工作物，使工作物固定。而虎鉗的夾持機構其實很簡單，是以螺紋傳動（如圖1）達到夾緊效果。含有斜面之機械元件稱為「楔」或稱為「斜劈」，可以用來傳遞運動或力量。如圖2所示，施力方向與斜面平行，若無摩擦損失，其機械利益 $M = \dfrac{W}{F} = \dfrac{1}{\sin\theta} = \csc\theta$。而螺紋就是斜面的應用，如同在斜面上推動物體，斜面的傾角 $\theta$ 愈小，則 $\sin\theta$ 愈小，機械利益愈大愈省力（葉倫祝，2007）。

◎ 圖1　虎鉗的傳動螺紋　　　　　◎ 圖2　斜面之機械利益

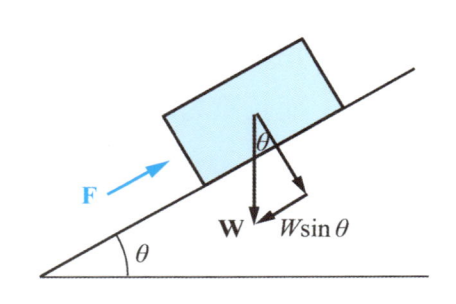

### 二 常用的虎鉗種類

#### 1 鉗工虎鉗

　　鉗工虎鉗（如圖3），這類虎鉗須固定於桌上，不論在電機、鐵工或木工都很常使用到，『主要功能是夾持工件的夾具』（王金柱，2010）。

◎ 圖3　鉗工虎鉗

### 2 機用虎鉗

機用虎鉗，主要是安裝於鑽床、刨床、銑床和平面磨床等工作母機的工作台上使用，機用虎鉗依結構可分為不帶底座的固定式、帶底座的迴轉式（如圖4）和可傾斜式等。（凡柔，2011）

△ 圖4　機用虎鉗

### 3 油壓虎鉗

鉗工虎鉗及機用虎鉗的鎖緊作用，一般是藉著手柄的力矩加注於傳動螺桿，使螺桿產生「楔」的作用而傳遞力量，這力量大小與施力者有絕對的關聯，常常不是過大就是不足。為彌補這項缺點，有廠商發明油壓虎鉗（如圖5）來改善。根據廠商提供的資訊，其利用特殊力臂原理、雙倍油壓力量，使用時僅需轉動搖柄半圈，壓力可達2500KG，再轉半圈，壓力可達4500KG，而且壓力可以持續維持不變。（恒佶工業有限公司，2009）

### 4 精密虎鉗

精密虎鉗（如圖6）較為特殊，如同前述虎鉗的敘述，惟精密型虎鉗主要用在搪床、平面磨床等精加工機床上。這類型虎鉗的本體皆經精密研磨，而且材料較為堅硬（達HRC50°），面與面垂直，對邊平行。精密虎鉗為了不使螺桿影響滑動面，是設計成軸銷與小螺桿的鎖緊方式，使用時須因夾持面的大小調整銷孔位置，才能利用活動爪上的小螺桿牽動鎖緊。

△ 圖5　油壓虎鉗 　　　　△ 圖6　精密虎鉗

## 三 精密磨削虎鉗的設計圖

我們以常見虎鉗的本體為基礎設計改良，如圖 7 所示，精密磨削虎鉗主要由基座（件 1）、移動爪（件 2）、心軸定位板（件 3）、板（件 4）、軸（件 5）、軸套（件 6）及內六角圓柱頭螺釘（件 1N 與 2N）所組成。

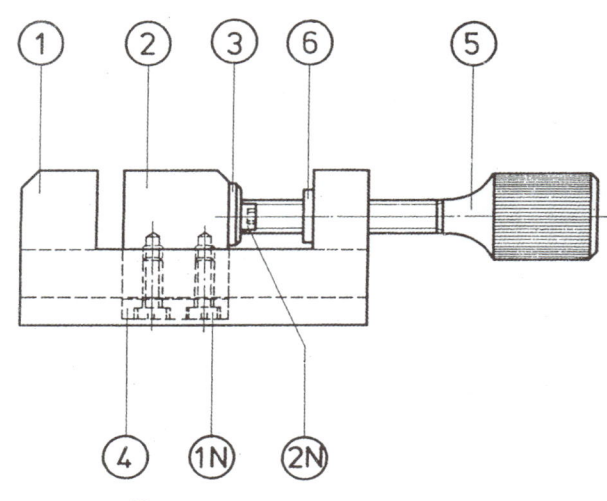

▲ 圖 7　精密磨削虎鉗組合圖

## 四 磨削虎鉗的製作

### 1 基座製作

基座的製作，是經過材料鋸切（38×38×93）⇒ 銑削六面體（36.2×36.2×90.2）⇒ 鑽 φ3 孔 ⇒ 銑削 59×17.8 槽（如圖 8 所示）⇒ 銑削底座滑槽（如圖 9 所示）⇒ 精密研磨 ⇒ 再經 φ12H7 鉸孔而成。

▲ 圖 8　銑削槽　　　▲ 圖 9　銑削底座滑槽

## 2 移動爪製作

移動爪的製作，是經過材料鋸切（38×38×27）⇒ 銑削六面體（36.2×36.2×24.2）⇒ 銑削 11.5×12 對稱槽（如圖 10 所示）⇒ 精密研磨 ⇒ 鋸切逃角 ⇒ 鑽孔 ⇒ 再攻 M4 螺紋（如圖 11）而成。

圖 10　銑削對稱槽

圖 11　攻螺紋

## 3 心軸定位板製作

心軸定位板的製作，是經過材料鋸切（3×16×39）⇒ 銑削六面體（2.5×15×36）⇒ 鑽孔（如圖 12 所示）⇒ 鋸切 4mm 狹槽（如圖 13 所示）⇒ 銼削 4mm 狹槽 ⇒ 再經倒角銼削而成。

圖 12　鑽孔

圖 13　鋸切狹槽

## 4 板製作

板的製作,是經過材料鋸切(8×25×27)⇒銑削六面體(5.5×19.8×24)⇒鑽 φ4.2 孔 ⇒ 鑽削 M4 柱坑孔(如圖 14 所示)⇒ 再經倒角銼削而成。

圖 14　鑽削柱坑孔

## 5 軸製作

軸的製作較為困難,是經過材料鋸切(φ25×94L)⇒ 夾持 ⇒ 車削 φ20 並壓花 ⇒ 倒角 2×45°⇒ 換端夾持(須墊上銅片保護壓花層)⇒ 車削 φ8×55L⇒ 車削凹圓弧(應以成型高速鋼凸圓弧刀切削,如圖 15 所示)⇒ 切削螺紋(因螺紋部分細長,我們是以活動頂心作業,可以確保工件的同心度,如圖 16 所示)⇒ 去毛邊 ⇒ 拆下以黃銅夾具夾持螺紋部位 ⇒ 車削端面控制總長。

圖 15　車削凹圓弧　　　　圖 16　切削螺紋

## 6 軸套製作

軸套的製作較為簡單，是經過材料鋸切（φ15×20L）⇒ 夾持 ⇒ 車削 φ15×20L ⇒ 車削 φ12×13L ⇒ 鑽 φ6.8 孔（如圖 17 所示）⇒ 攻製 M8×1.25 螺紋（如圖 18 所示）⇒ 去毛邊 ⇒ 切斷 ⇒ 再經去角修毛邊而成。

圖 17　鑽孔

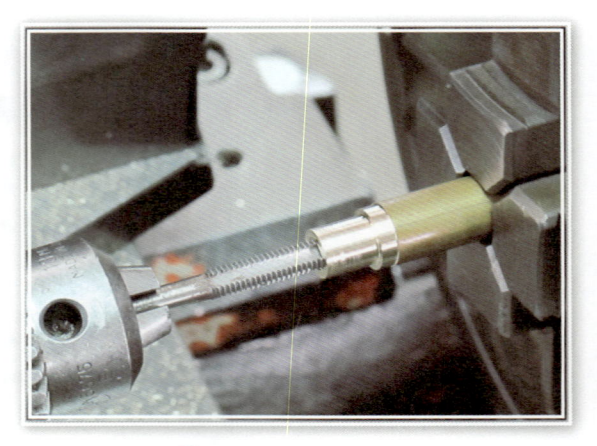

圖 18　攻製螺紋

## 7 裝配

精密磨削虎鉗的裝配其實很容易，首先將件 2（移動爪）配入件 1（基座）的導槽中，並將滑動面塗上少許凡士林（可以潤滑兼防鏽），再將件 4（板）套入件 1 滑槽與件 2 配合，此時可將內六角圓柱頭螺釘鎖入件 2 的螺絲孔內（如圖 19）。然後將件 6（軸套）套入件 1 的銷孔中（緊密配合），再將件 5（軸）鎖入件 6 的螺絲孔中（如圖 20），並將件 3（心軸定位板）套進件 5 前端的小槽內，最後將內六角圓柱頭螺釘鎖入件 2 的螺絲孔內即完工。

圖 19　鎖入螺絲

圖 20　鎖入螺絲

## 五 討 論

### 1 軸零件的製程

軸的製作過程除了前述的凹圓弧及螺紋不易切削，另外還有一個難處，那便是工件的總長及前端面側不好加工。為此，我們採用指導老師的建議，製作一個簡易夾具，利用黃銅製作，內孔仍攻製 M8×1.25 之內螺紋，使之與螺桿配合，再從外徑延軸心面鋸切一狹縫。

車削前端面之前，將夾具鎖入螺桿內部（如圖 21 所示），再拿至車床之四爪夾頭夾持，此時可以藉著高度規校正桿件之中心（如圖 22 所示），而後鎖緊接著未完成之加工。如此，可以確保夾持之穩固，並可保護螺紋已加工面（黃銅之硬度遠小於碳鋼）。

◆ 圖 21　夾具使用　　　　　　　　◆ 圖 22　校正中心

## 2 軸套的功能

軸套（如圖 23）是由黃銅加工完成，其內攻製 M8×1.25 的內螺紋，可以與軸（件 5）配合傳動，而外圍還須與基座的孔配合。因為設計是為基孔制，基座的 φ12 孔我們改為 H7（此舉有利於鉸刀的選用），而軸套的外徑改為 m6（軸的車削易於控制外徑），使軸孔產生干涉配合。其次，在轉動軸驅使螺桿前進鎖緊工作物時，依照牛頓第三運動定律，作用力等於反作用力，因此螺桿會使軸套產生反向移動的力，如圖 24 的螺桿裝配位置就錯了，而應使軸套的大徑側裝於基座內側（亦即圖 24 之右側），則當螺桿前進時，施於軸套後移的力將被大徑的限制而阻擋。

圖 23　軸套

圖 24　軸套裝錯示意圖

## 3 精密磨削虎鉗的使用方法

精密磨削虎鉗的使用上極為容易，轉動件 5（軸件）可驅使螺桿前進（如圖 25），進而使移動爪前移，由於鉗口相互平行，螺桿的前移將迫使工作物被固定於兩鉗口內。精密磨削虎鉗一樣保有相鄰面互相垂直，對邊互相平行的特色，可應用於平面磨床作業（如圖 26），尤其針對較小的工件，更能凸顯精密磨削虎鉗的小而美。

圖 25　轉動軸

圖 26　平面磨床應用

## 參、結　論

### 一　虎鉗的機構原理

　　虎鉗，是一種夾持工件的工具，它的夾持原理是利用螺桿或特殊機構使兩鉗口作相對移動而加緊工件。而螺紋就是斜面的應用，如同在斜面上推動物體，斜面的傾角愈小則愈省力。

### 二　常用的虎鉗種類

　　虎鉗一般分為鉗工虎鉗及機用虎鉗兩種，再細分則另有油壓虎鉗、精密虎鉗等，油壓虎鉗利用特殊力臂原理及油壓力量，可使壓力輸出大幅增加，而精密虎鉗主要用在搪床、平面磨床等精密加工機床上。

### 三　製作精密磨削虎鉗

　　精密磨削虎鉗主要是透過各式機械加工，從準備材料到零組件的粗胚、精密加工，最後以 4 顆內六角圓柱頭螺釘完成組裝。只要能依照工作圖施工，注意尺寸公差的範圍，謹慎地選用加工方法，組裝其實非常容易，完成圖如圖 27 所示。

圖 27　精密磨削虎鉗完成圖

### 四　精密磨削虎鉗的使用方法

　　精密磨削虎鉗的使用上極為容易，轉動軸件可驅使螺桿前進，進而使移動爪前移，由於鉗口相互平行之特性，螺桿的前移將迫使工作物被固定於兩鉗口內。精密磨削虎鉗的相鄰面互相垂直，對邊互相平行的特色，可應用於平面磨床作業，尤其針對較小的工件，更能凸顯精密磨削虎鉗的小而美。基於精密磨削虎鉗為一般碳鋼材質，使用前後應上潤滑油及防鏽油，以確保其性能。

## 肆、引註資料

一、凡柔（2011）。**虎鉗知識**。yam 天空部落。2012 年 3 月 6 日。
取自 http://blog.yam.com/Jay06768731/article/42245630。

二、葉倫祝（2007）。**機件原理**。台北市。

三、王金柱（2010）。**機械基礎實習**。台中市：文野。

四、恒佶工業有限公司（2009）。**CNC 輕巧型倍力虎鉗**。2012 年 3 月 6 日。
取自 http://www.hotfrog.com.tw/公司/恒佶/CNC 輕巧型倍力虎鉗-1047。

投稿類別：工程技術類

篇　　名：

從溝槽銑削探討材料變形

作者：
龔明洋。國立北港農工。機械科三年甲班

指導老師：
鄧富源老師

# 壹、前言

## 一 研究動機

在訓練機械加工乙級的過程中，我們發現第二題有幾個難處不易加工，若非擬訂定正確的加工程序，常常會使功能失常、尺寸不符。本研究題型如圖 1 所示，指導老師將其命名為『凸輪鎖緊裝置』。其加工難處有二，一是件 3 有一個又長又深的溝槽不易控制尺寸，二是裝配時件 3 須垂直件 1 的基準面 A。如何謹慎處理才能符合所需，此為本研究之研究動機。

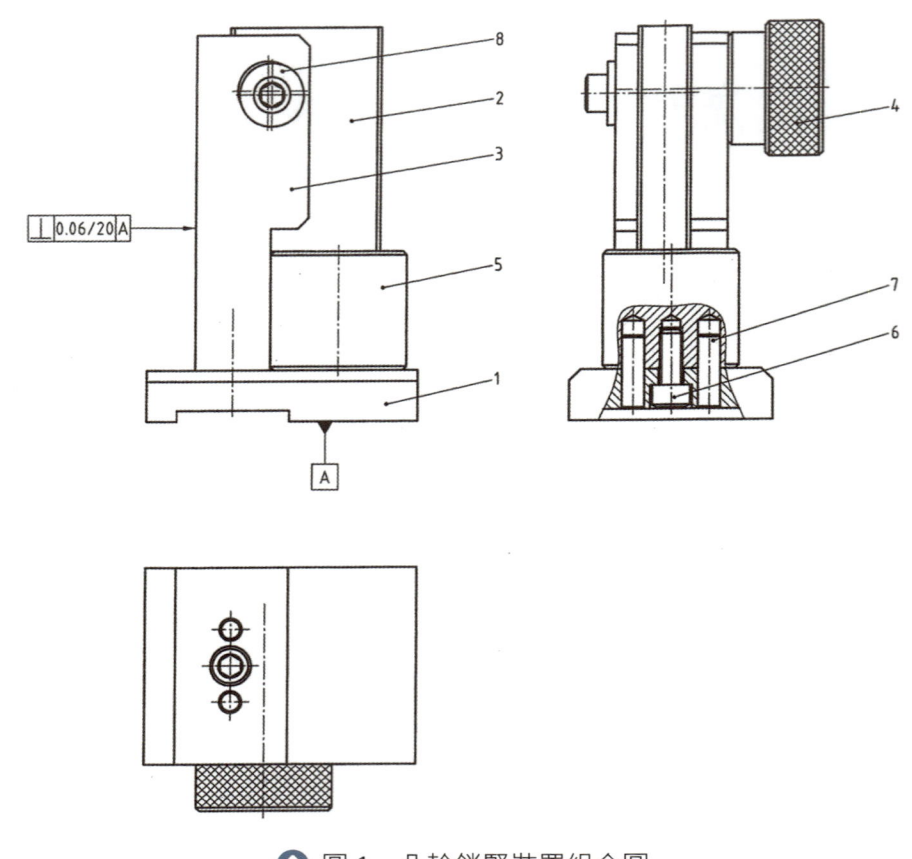

▲ 圖 1　凸輪鎖緊裝置組合圖

## 二 研究目的

本研究之目的如下：

1. 探討凸輪鎖緊裝置的特色。
2. 探討溝槽銑削程序與量測。
3. 探討切削加工變形。
4. 探討溝槽銑削技巧與防弊措施。

## 三 研究設計

本研究主要是以機械加工乙級的第六題為研究內容，其加工材料為 S20C 16×100×75、S20C 32×32×110、S20C φ38×110 的低碳鋼扁鐵、方鐵及圓鐵。本研究設備為立式銑床、高速車床、平面磨床及鑽床等，使用各式的銑刀、車刀及鑽頭等刀具，本文所使用之單位為 mm（毫米），未標示者均為 mm。

## 貳、正文

### 一 凸輪鎖緊裝置的特色

凸輪鎖緊裝置巧妙地用扁鐵（S20C 16×100×75）、方鐵（S20C 32×32×110）及圓鐵（S20C φ38×110）加工成五個零件，如圖 2 所示，分別是底座（件 1）、壓板（件 2）、立柱（件 3）、偏心轉軸（件 4）及夾持件（件 5），組裝完成後，旋轉件 4 可使件 2 壓住件 5。其中，件 6 為內六角承窩螺釘（M6×1×15L），件 7 為定位銷（φ6m6×20L），件 8 為平墊圈（SPWF φ8.4×17×2），是提供組裝時用的零件。

凸輪鎖緊裝置巧妙地運用偏心轉軸（件 4）的 φ12 部位的偏心（2mm），在迴轉 φ36 壓花部位時，使得前端 φ12 部位產生類似凸輪般的運動，其上下偏移為 2mm×2 = 4mm。當偏心轉軸的 φ16 部位裝配於件 3 的 φ16 鉸孔內，則可帶動壓板（件 2）在立柱（件 3）的狹長溝槽內做上下滑動，由於滑動的行程得以涵蓋夾持件（件 5）的高度，可以產生夾持的作用，此可視為一種藉凸輪運動設計的鎖緊夾具。

圖 2　凸輪鎖緊裝置組合圖

### 二 溝槽銑削程序與量測

文獻中提及該試題應注意工件變形問題，銑削寬度 14mm、深度 23mm 的直槽因加工量大、底部剩餘材料又少，變形在所難免，甚至導致外圍尺寸 30±0.08 超出公差。（張弘智，2016）工件可能因夾持的可靠性、材料是低碳鋼質地較軟、切削時產生的應力、切削時產生的熱量、切削劑使用不當或者排屑不當等等因素，可能導致工件溝槽及外型的變形（如圖 3）。

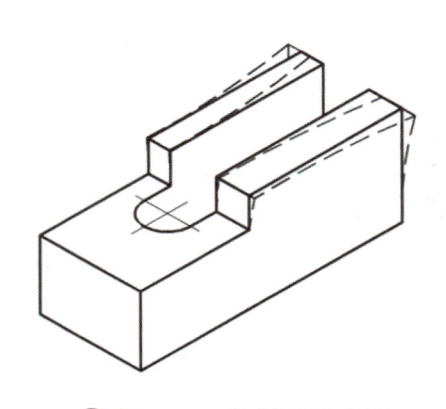

圖 3　工件變形示意圖

立柱（件3）的工作圖如圖4所示，其六面體尺寸標示專用公差為30±0.08，而上視圖中有一長而深的溝槽，槽寬標示專用公差為14（0～+0.06），這三個尺寸較易因溝槽銑削後產生變形，致使原先加工好的外型尺寸產生偏差。

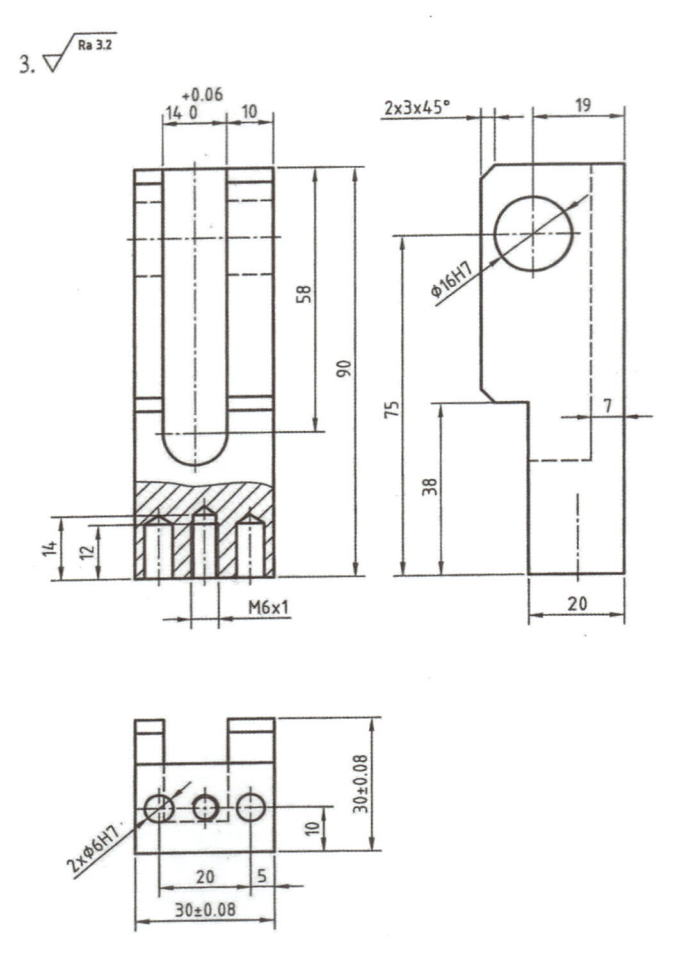

☆ 圖4　立柱工作圖

立柱我們採取的加工程序是：六面體加工→畫線→夾持L形→以 ϕ10WC 銑削階級 10D×38W（側銑）→以 ϕ12HSS 粗銑削溝槽（寬度13.6）→以 ϕ14HSS 精銑削溝槽 14W×58L（中心距58）→以端銑刀側銑倒角 3×45°。

而這一長而深的溝槽的加工，首先是以 ϕ10 的標準棒做尋邊，如圖5、6為前側與左側的偵測，將X、Y軸歸零後，將床台移至（58，−17），如圖7為光學尺螢幕顯示器，圖8是床台移至槽底圓心正上方情景。

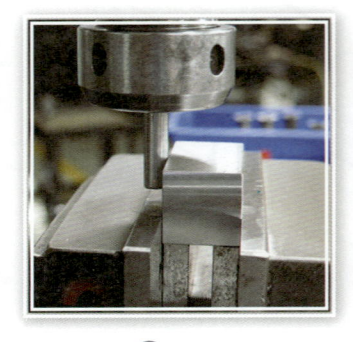

☆ 圖5　　　　☆ 圖6　　　　☆ 圖7　　　　☆ 圖8

該溝槽的加工程序，是將槽底圓心定為中心（亦即座標原點，如圖9所示），先利用 φ12HSS 的粗銑刀（為玉米齒的4刃高速鋼斷屑粗銑刀，極適合大量移除廢料，其切齒可將材料削成碎屑狀）將溝槽約略加工成寬度 13.6、深度 22.8，預留寬度 0.4、深度 0.2 做後續精細加工。

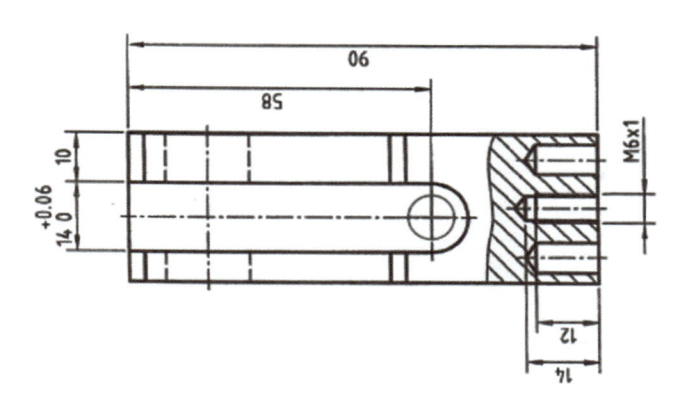

◬ 圖9　溝槽座標原點示意圖

從圖10可以發現，經過 φ12HSS 的粗銑刀銑削後的切屑為碎屑狀，切削過程除須加注水溶性切削劑（如圖11）外，應以毛刷適時地將切屑清除（如圖12），以免切屑攪和於溝槽內，致使刀具磨損加劇。粗銑完成後，更換 φ14HSS 精銑刀，再次沿原規劃路線從工件外側溝銑至溝槽座標原點，溝槽完成後如圖13所示。

◬ 圖10　　　　◬ 圖11　　　　◬ 圖12　　　　◬ 圖13

溝槽銑削完成後，我們利用各式量具檢測重要尺寸，圖14、15是利用內徑測微器檢測槽寬過程，溝槽上側為 14.043，溝槽下側為 14.040，其誤差量小於 0.01。再利用塊規做實際接觸比對，發現 14.00 的塊規輕鬆配入，而 14.06 的組合塊規產生干涉，可見溝槽銑削完成後的尺寸符合圖面所標示公差（0～+0.06）。

◬ 圖14　　　　◬ 圖15　　　　◬ 圖16　　　　◬ 圖17

再利用電子卡尺量測立柱六面體外觀尺寸，將立柱垂直站立，可以發現立柱的寬度由下而上檢視三個部位：其下側為 30.04，中側為 30.06，上側為 30.12。回溯文獻探討，的確工件因溝槽加工後產生些許地外翻變形，已使寬度的尺寸超過該部位公差（±0.08）。

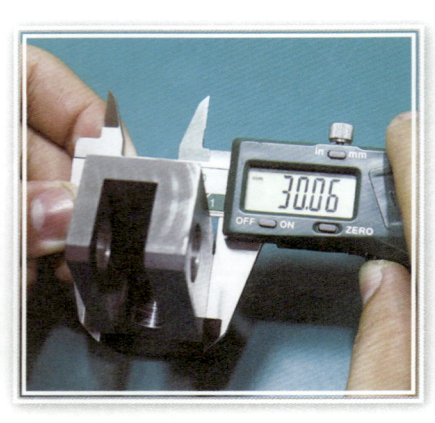

▲ 圖 18　下側量測值　　　　▲ 圖 19　中側量測值　　　　▲ 圖 20　上側量測值

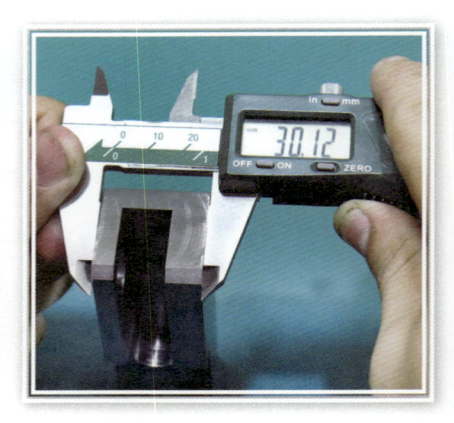

## 三　切削加工變形

從切削理論來看，切削是「利用硬度比工件材料高的刀具，與工件產生相對運動，並擠壓材料，使其產生剪力破壞，而使部分材料剝離成切屑」（蔡俊毅、賴育材、李德福，2013）。

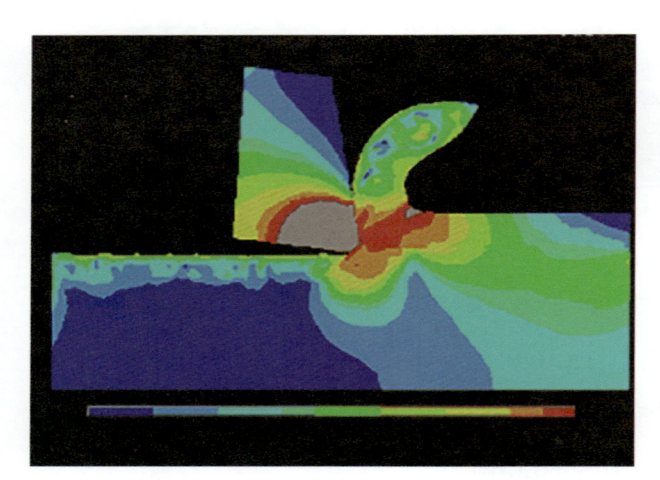

▲ 圖 21　刀具切削溫度變化圖
（取自 https://kknews.cc/news/j8zqo26.html）

工件受到刀具的擠壓和摩擦會產生摩擦熱、擠壓變形熱，致使表層溫度升高（如圖 21 所示，溫度高熱者呈現紅橙色），金屬產生膨脹，當加工完畢後溫度下降，其表層金屬發生收縮，相對於裡層金屬收縮量大，受到裡層金屬牽制，表層金屬產生殘餘拉應力。這是所謂『機械殘餘應力』引起工件尺寸形狀的變化，當變形工件內部存在殘餘應力時，則工件將會產生相應的彈性變形或晶格畸變，若此殘餘應力因其他原因消失或平衡遭到破壞，相應的變形也會發生變化，引起工件尺寸形狀的變化。想克服「機械殘餘應力」，需用合理的加工程序及切削參數，這包含使用正確的切削速度、進給速度、剛性較佳的刀具、適當的供應切削劑等。（KK News，2017）

從刀具切削的觀點看，端銑削時銑刀與加工方向有順逆銑之分，逆銑較不會有拉刀現象，適合粗銑，順銑之表面細緻適合精銑。（陳勤仁，2009）而溝槽銑削屬於較劇烈的重切削，銑刀刀刃多方受力，銑削的路徑一側為順銑，另一側為逆銑，銑削過程及排屑狀況確實較難精確地控制。從圖22切削面觀察圖來檢視，其銑刀溝槽銑削後（逆銑側）呈現的是波浪狀，顯然表面粗糙度值較大，這是使用等槽直徑銑刀的一個缺點，無法顧及相同的切削型態。

▲ 圖22　切削面觀察圖

　　分析材料的變形，其原因眾多且複雜，歸納文獻如下分述：

1. 工件材質結構造成的變形：變形量與工件形狀複雜程度、長寬比和壁厚大小成正比，而與材質的剛性及穩定性成正比。

2. 工件夾持造成的變形：未能選擇正確的位置夾持或施力夾持過當，都可能造成工件的夾持變形。

3. 工件加工產生的變形：工件在切削過程由於切削力產生向著受力方向的彈性形變，刀具和工件摩擦產生的熱會使工件變形。

4. 加工後應力變形：材料經加工後，工件本身存在內應力分布是一種相對平衡狀態，但去除材料和熱處理後內應力發生變化，此時工件為重新達到力的平衡而產生外形變化。（KK News，2019）

## 四 溝槽銑削技巧與防弊措施

從銑床加工的觀點直視,粗加工前需保有加工或變形之裕度,最佳加工方式為「**先將切削量較多的深溝槽粗加工,粗加工之後產生變形時再重新銑削過六面體**」(陳勤仁,2009)。而「**粗銑削時建議使用逆銑削,較不會有拉刀情況,精銑削最後一刀要讓工件表面細緻可用順銑削**」(蔡俊毅、賴育材、李德福,2013)。俟其變形發生後,再將變形的外型修正,因此,如同鑄造砂模一般,保留一些裕度,再做後續精密加工,可避免幾何形狀的改變。亦即,讓容易變形的步驟停留在粗加工,而精密的加工留在最後階段。

若因加工程序考量不周致使工件微量變形,在量測後可以利用刀具做微幅的修正,如圖 23 所示,利用面銑刀將工件突出部位,可微幅改變其變形量。

圖 23　面銑刀銑削工件突出部位

## 五 討論

### 1 垂直度裝配的修整

從溝槽銑削影響工件變形,我們很容易想像在組裝凸輪鎖緊裝置時,是否立柱(件 2)與底座(件 1)的垂直度會超出題目所訂的幾何公差?由圖 24 檢視,將角尺靠緊件 1(基準面)後,緩緩靠近件 2,從角尺與件 2 的漸開縫隙可以判斷二件垂直度不佳,或再以厚薄規檢查其間隙大小。若垂直度不盡理想,可能是因溝槽銑削後產生變形,或者在銑削六面體時就已偏差,可以用銼刀或銑刀修整件 2 底部改善之。

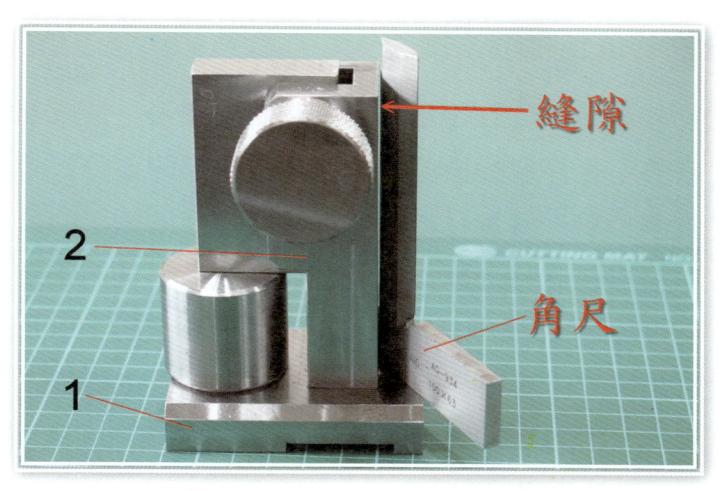

▲ 圖 24　檢視垂直度示意圖

## 2 塊規的用途

　　塊規係一種用以計量精密長度值的量規，必須選用適宜的材料（多為高碳鉻合金鋼），用妥切的加工方法，才能得到應有的品質，諸如精密度、密著性、安定性、耐磨性、耐蝕性、膨脹係數、刻印等特性。常用的塊規分為四種等級（00、0、1、2），在現場使用的通常為 1 或 2 級，可用來做長度測量基準、比較式測量、直接測量等。由於塊規的組成分成多種規格，有 112、103、87、76、56、47 片等組合，需要時再將各式塊規由小至大組合，使組合片數愈小愈好。常用的長方形塊規，其組合方式以堆疊法（如圖 25 將小塊規依箭頭方向堆疊於大塊規上）最常用，塊規壓接後有密接不離之特性。（許源泉，1986）

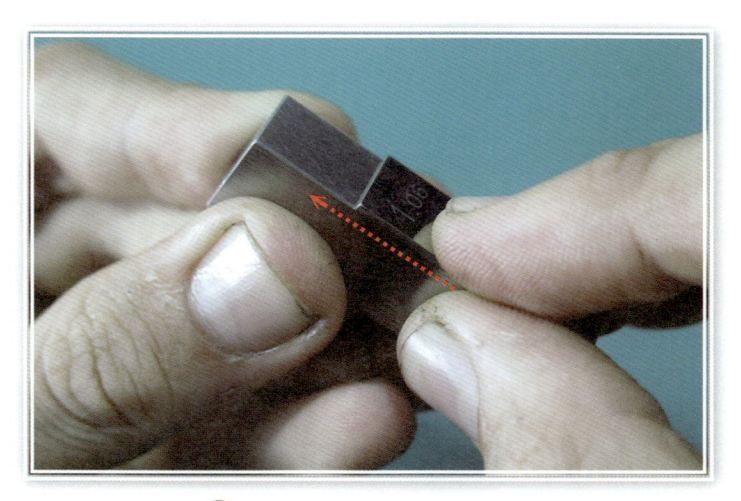

▲ 圖 25　塊規推疊示意圖

### 3 探討程序的最佳化

分析本研究的立柱因溝槽銑削致材料變形,造成部分尺寸超出公差上下限值,當然事後採取的措施可改善材料變形的部分尺寸,也造成加工時間的增加,實非善舉。考量材料的變形量及工作圖賦予的公差值,幾經思考後我們發現,可以將立柱的斷面在六面體加工時,便將加工至公差下限值（30 − 0.08 = 29.92）,待溝槽銑削完成後,其變形量約 +0.08～+0.15,因此六面體斷面變形後最大值為 29.92 + 0.15 = 30.07,還在該部位 30±0.08 的公差內。實際測試後,由圖 26～28 可知六面體的上下限皆在圖面公差內,顯示我們的策略正確。

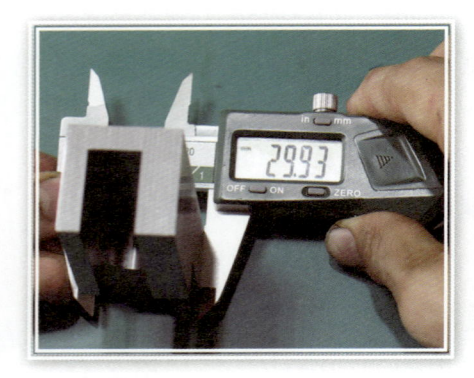

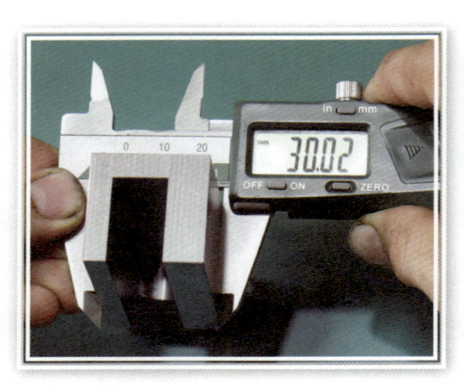

圖 26　下側量測值　　　圖 27　中側量測值　　　圖 28　上側量測值

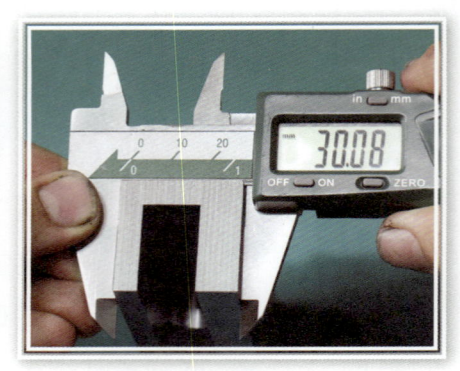

### 參、結　論

#### 一 凸輪鎖緊裝置的特色

本研究主要是以機械加工乙級的第六題為研究內容,其巧妙地用扁鐵、方鐵及圓鐵加工成五個零件,分別是底座、壓板、立柱、偏心轉軸及夾持件,組裝完成後,旋轉偏心轉軸可使壓板壓住夾持件。凸輪鎖緊裝置巧妙地運用偏心轉軸的 φ12 部位的偏心,在迴轉 φ36 壓花部位時,使得前端 φ12 部位產生類似凸輪般的運動。當偏心轉軸的 φ16 部位裝配於件 3 的 φ16 鉸孔內,則可帶動壓板在立柱的狹長溝槽內做上下滑動,由於滑動的行程得以涵蓋夾持件的高度,可以產生夾持的作用,此可視為一種藉凸輪運動設計的『凸輪鎖緊裝置』。

## 二 溝槽銑削程序與量測

該溝槽的加工程序，是將槽底圓心定為中心，先利用 φ12HSS 的粗銑刀將溝槽粗加工預留些許再以 φ14HSS 精銑刀做後續精細加工。溝槽銑削完成後，利用各式量具檢測重要尺寸，內徑測微器檢測槽寬，再利用塊規做實際接觸比對是否符合圖面公差。再利用電子卡尺量測立柱六面體外觀尺寸，發現立柱的六面體確實因溝槽銑削略為外翻變形，寬度的尺寸超過該部位公差（30±0.08）。

## 三 切削加工變形

分析材料的變形，其原因眾多且複雜，諸如：工件材質結構造成的變形、工件夾持造成的變形、工件加工產生的變形、加工後應力變形等。而從切削理論來看，工件在被切削時受到刀具的擠壓和摩擦產生熱源致使表層溫度升高，加工前後產生膨脹收縮，則表層衍生殘餘切削應力。這機械殘餘應力引起工件尺寸形狀的變化，需以合理的加工程序及切削參數克服。

## 四 溝槽銑削技巧與防弊措施

粗加工前需保有加工或變形之裕度，最佳加工方式為先將切削量較多的深溝槽粗加工，粗加工之後產生變形時再重新銑削過六面體，若因加工程序考量不周致使工件微量變形，在量測後可以利用刀具做微幅的修正。或者考量工件最大變形量，在銑削六面體時就製作在下限值，待溝槽銑削完成後，其工件變形尺寸不會超出六面體的上限值。

## 五 心得分享

當我們全心全意在訓練時，只想著趕快將工作完成，遭遇瓶頸時常常因此膠著陷入困境，卻不能自己冷靜思考脫困。反觀指導老師，每每將問題拋出詢問求解，他總能將畢生所學拋磚引玉，讓我們在黑暗中看到黎明的曙光。而不能立即給我們解答時，也會積極地帶領我們從專業書籍或網路上尋求蛛絲馬跡，並能歸納各式文獻得到真正的知識納為己用，這是我們投入這份研究最大的收穫。

## 肆、引註資料

一、陳勤仁（2009）。**銑床實習 II**。新北市：台科大。

二、張弘智（2016）。乙級機械加工技能檢定術科題庫解析。新北市

二、蔡俊毅、賴育材、李德福（2013）。**機械製造 I**。新北市：台科大。

三、KK News（2017）。**機械加工中哪些因素會造成工件變形？**。
2019.09.29 取自 https://kknews.cc/news/z35ve5g.html。

四、KK News（2019）。**小談機械殘餘應力**。
2019.09.30 取自 https://kknews.cc/news/j8zqo26.html。

五、許源泉（1986）。**機密量具**。台北市：三民。

# 陸 錦囊篇

## 附　　錄

一、平行夾完整工作圖

二、V型座完整工作圖

三、C形夾完整工作圖

四、精密磨削虎鉗完整工作圖

五、作品說明書格式

六、小論文格式

## 一、平行夾完整工作圖

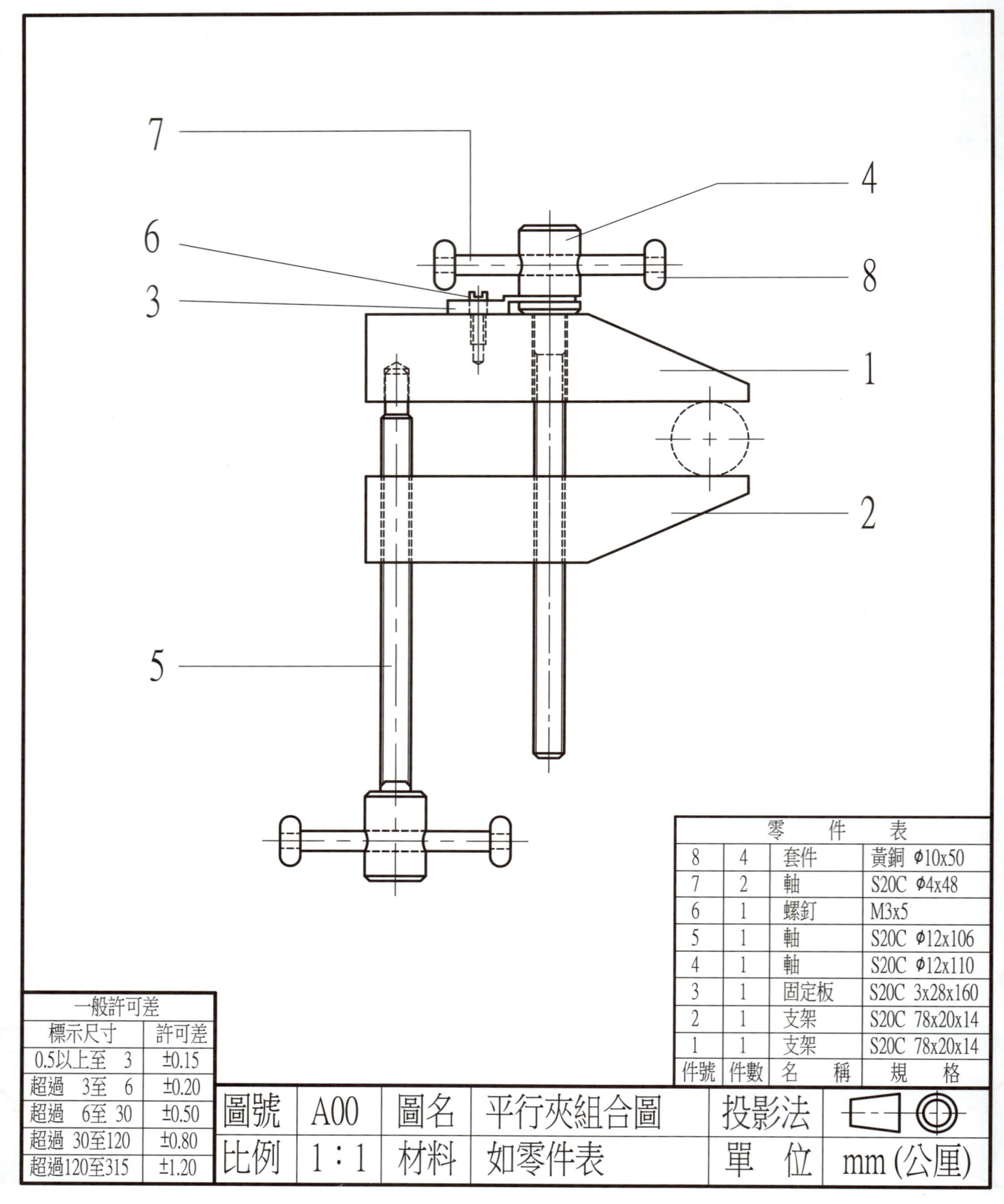

| | | 零 件 表 | |
|---|---|---|---|
| 8 | 4 | 套件 | 黃銅 φ10x50 |
| 7 | 2 | 軸 | S20C φ4x48 |
| 6 | 1 | 螺釘 | M3x5 |
| 5 | 1 | 軸 | S20C φ12x106 |
| 4 | 1 | 軸 | S20C φ12x110 |
| 3 | 1 | 固定板 | S20C 3x28x160 |
| 2 | 1 | 支架 | S20C 78x20x14 |
| 1 | 1 | 支架 | S20C 78x20x14 |
| 件號 | 件數 | 名 稱 | 規 格 |

| 一般許可差 | |
|---|---|
| 標示尺寸 | 許可差 |
| 0.5以上至 3 | ±0.15 |
| 超過 3至 6 | ±0.20 |
| 超過 6至 30 | ±0.50 |
| 超過 30至120 | ±0.80 |
| 超過120至315 | ±1.20 |

| 圖號 | A00 | 圖名 | 平行夾組合圖 | 投影法 | |
|---|---|---|---|---|---|
| 比例 | 1：1 | 材料 | 如零件表 | 單 位 | mm (公厘) |

※ 註：工作圖礙於書本尺寸縮小為原圖之 90%，V型座、引導斜角規及 C形夾同步。

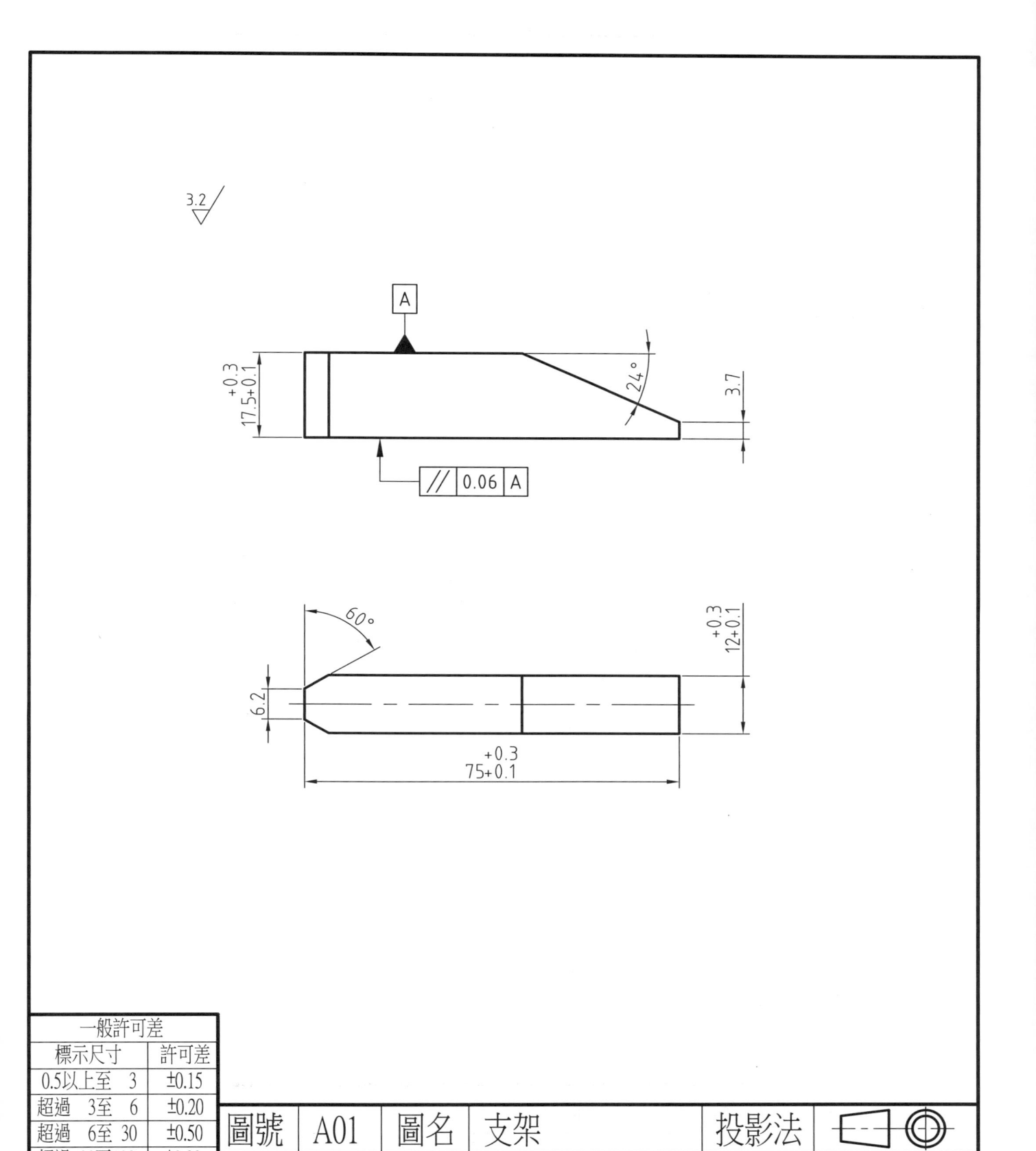

附錄 一、平行夾完整工作圖

$\sqrt{3.2}$

| 一般許可差 ||
|---|---|
| 標示尺寸 | 許可差 |
| 0.5以上至 3 | ±0.15 |
| 超過 3至 6 | ±0.20 |
| 超過 6至 30 | ±0.50 |
| 超過 30至120 | ±0.80 |
| 超過120至315 | ±1.20 |

| 圖號 | A01 | 圖名 | 支架 | 投影法 | | |
|---|---|---|---|---|---|---|
| 比例 | 1：1 | 材料 | S20C 78x20x14 | 單　位 | mm (公厘) ||

創意機械專題實作

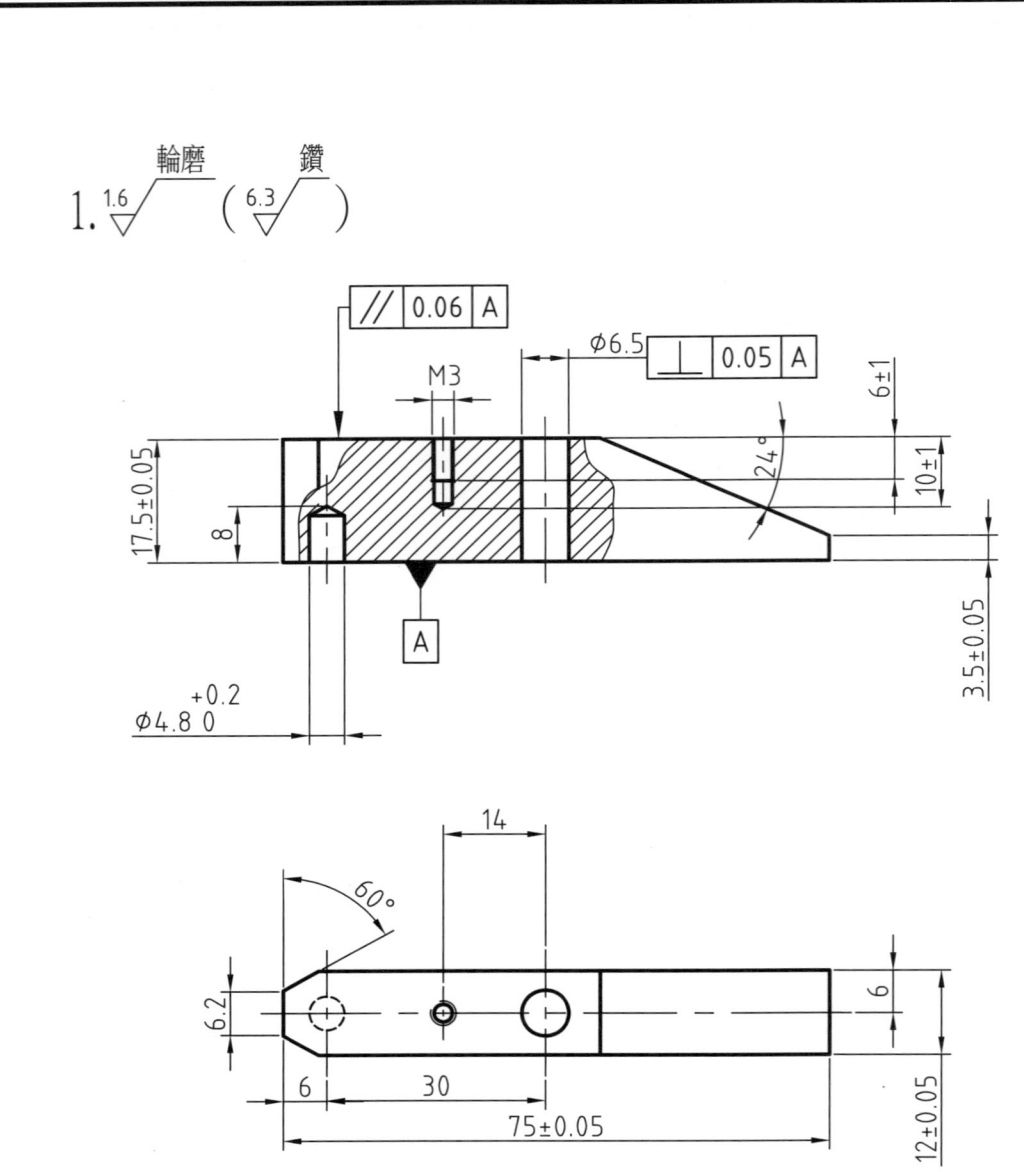

| 圖號 | A02 | 圖名 | 支架 | 投影法 | ⊟⊕ |
|---|---|---|---|---|---|
| 比例 | 1：1 | 材料 | 來自 A01 | 單　位 | mm(公厘) |

一般許可差

| 標示尺寸 | 許可差 |
|---|---|
| 0.5以上至 3 | ±0.15 |
| 超過 3至 6 | ±0.20 |
| 超過 6至 30 | ±0.50 |
| 超過 30至120 | ±0.80 |
| 超過120至315 | ±1.20 |

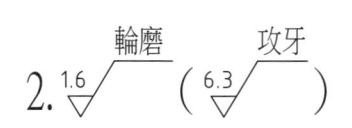

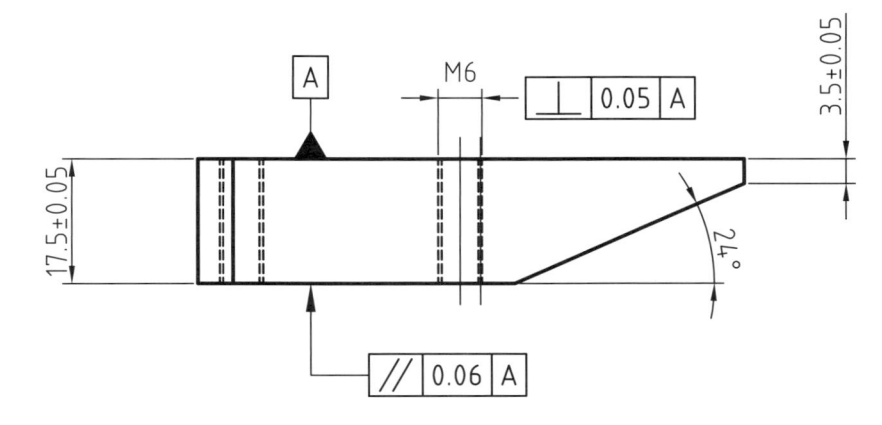

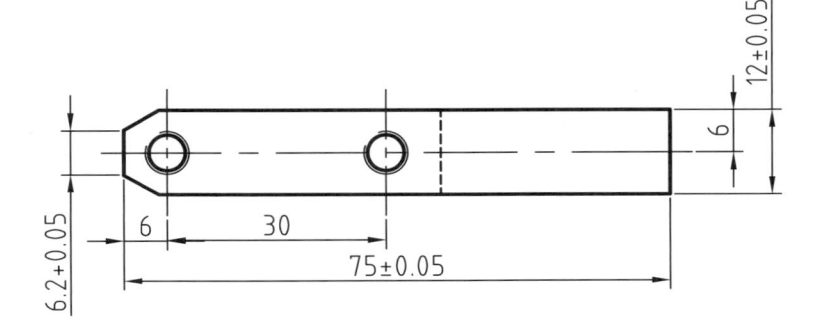

## 附錄 一、平行夾完整工作圖

2. $\sqrt[1.6]{\text{輪磨}}$ ($\sqrt[6.3]{\text{攻牙}}$)

| 一般許可差 | |
|---|---|
| 標示尺寸 | 許可差 |
| 0.5以上至 3 | ±0.15 |
| 超過 3至 6 | ±0.20 |
| 超過 6至 30 | ±0.50 |
| 超過 30至120 | ±0.80 |
| 超過120至315 | ±1.20 |

| 圖號 | A03 | 圖名 | 支架 | 投影法 | |
|---|---|---|---|---|---|
| 比例 | 1：1 | 材料 | 來自 A01 | 單　位 | mm (公厘) |

267

# 創意機械專題實作

4. $\sqrt{\dfrac{3.2}{\quad}}$

$\phi 12 ^{\;0}_{-0.5}$

$\phi 4.2 ^{+0.2}_{\;\;0}$

$1.2 ^{+0.1}_{\;\;0}$

8

$2.5 \pm 0.1$

$\phi 8.2 \pm 0.2$

82

90

108

M6

註:未標註之去角均為1x45°。

| 一般許可差 ||
|---|---|
| 標示尺寸 | 許可差 |
| 0.5以上至 3 | ±0.15 |
| 超過 3至 6 | ±0.20 |
| 超過 6至 30 | ±0.50 |
| 超過 30至120 | ±0.80 |
| 超過120至315 | ±1.20 |

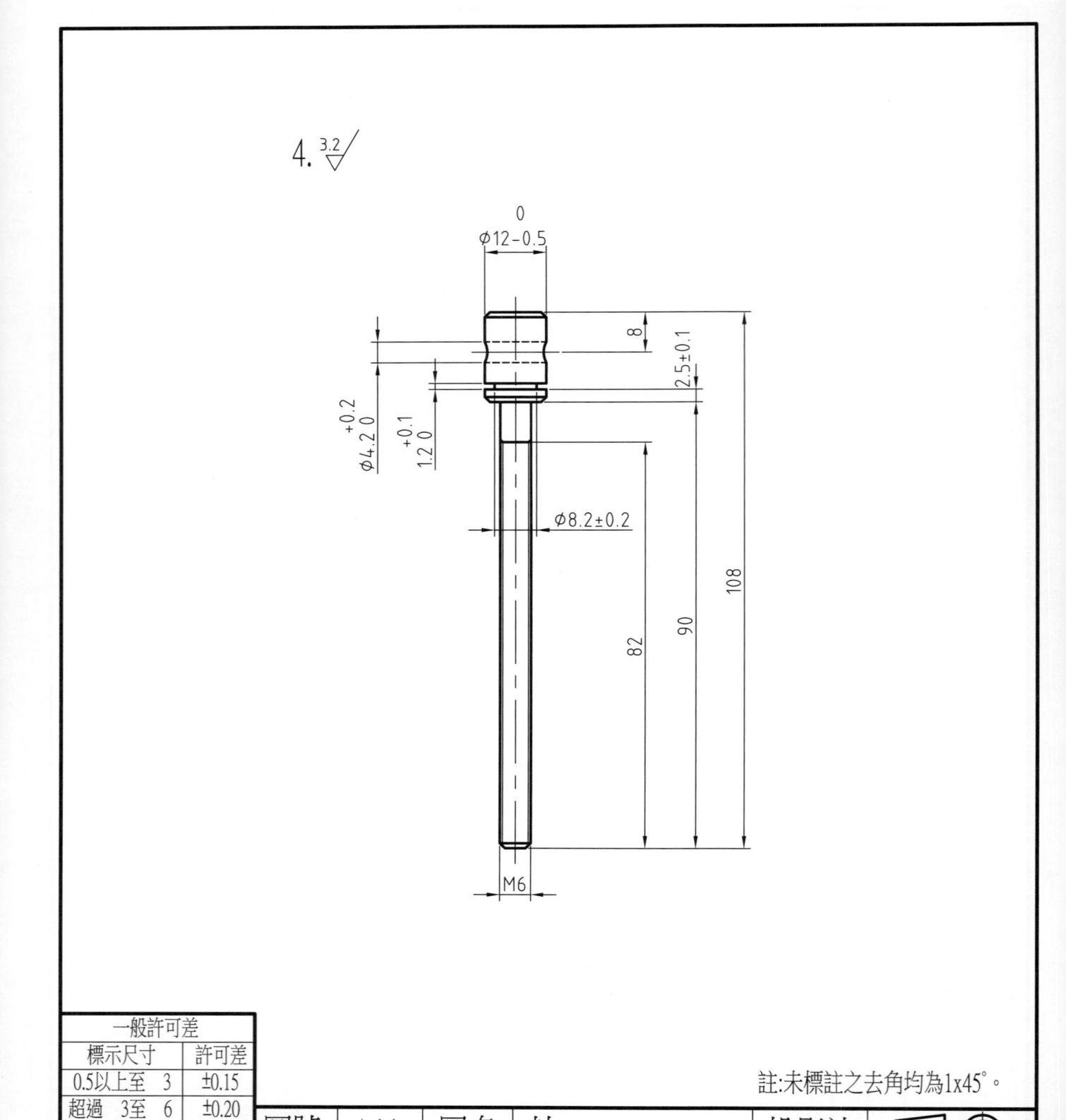

| 圖號 | A11 | 圖名 | 軸 | 投影法 | |
|---|---|---|---|---|---|
| 比例 | 1：1 | 材料 | S20C ∅12x110 | 單　位 | mm (公厘) |

附錄 一、平行夾完整工作圖

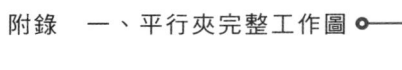

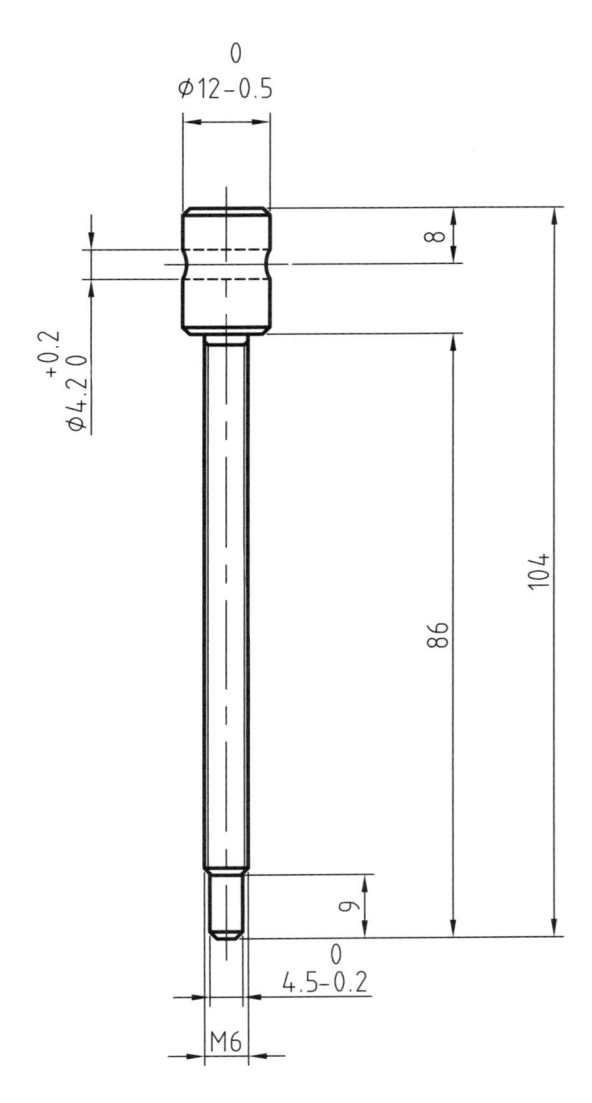

5. $\overset{3.2}{\triangledown}$

軸 (A12) — 平行夾零件圖

- $\phi 12^{\,0}_{-0.5}$
- 8
- $\phi 4.2^{+0.2}_{\ \ 0}$
- 86
- 104
- 9
- $4.5^{\,0}_{-0.2}$
- M6

| 一般許可差 ||
| --- | --- |
| 標示尺寸 | 許可差 |
| 0.5以上至 3 | ±0.15 |
| 超過 3至 6 | ±0.20 |
| 超過 6至 30 | ±0.50 |
| 超過 30至120 | ±0.80 |
| 超過120至315 | ±1.20 |

註:未標註之去角均為1x45°。

| 圖號 | A12 | 圖名 | 軸 | 投影法 | |
| --- | --- | --- | --- | --- | --- |
| 比例 | 1：1 | 材料 | S20C φ12x106 | 單　位 | mm(公厘) |

創意機械專題實作

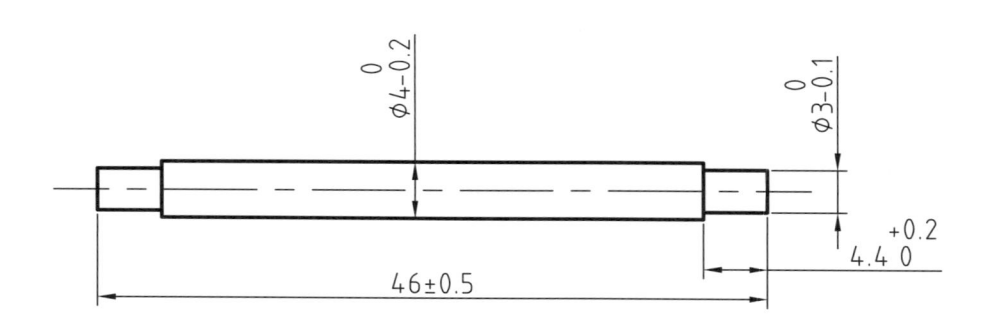

7. $\sqrt[3.2]{\phantom{x}}$

$\phi 4_{-0.2}^{0}$

$\phi 3_{-0.1}^{0}$

$46\pm0.5$

$4.4_{0}^{+0.2}$

| 一般許可差 ||
|---|---|
| 標示尺寸 | 許可差 |
| 0.5以上至 3 | ±0.15 |
| 超過 3至 6 | ±0.20 |
| 超過 6至 30 | ±0.50 |
| 超過 30至120 | ±0.80 |
| 超過120至315 | ±1.20 |

| 圖號 | A13 | 圖名 | 軸 | 投影法 | |
|---|---|---|---|---|---|
| 比例 | 2：1 | 材料 | S20C $\phi$4x48 | 單 位 | mm (公厘) |

附錄 一、平行夾完整工作圖

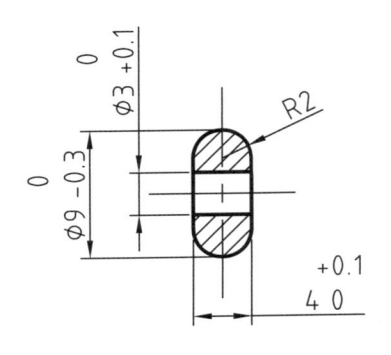

8. $\sqrt[3.2]{\phantom{x}}$

$\phi 3^{+0.1}_{0}$
$\phi 9^{0}_{-0.3}$
R2
$4^{+0.1}_{0}$

| 一般許可差 ||
|---|---|
| 標示尺寸 | 許可差 |
| 0.5以上至 3 | ±0.15 |
| 超過 3至 6 | ±0.20 |
| 超過 6至 30 | ±0.50 |
| 超過 30至120 | ±0.80 |
| 超過120至315 | ±1.20 |

| 圖號 | A14 | 圖名 | 套件 | 投影法 | |
|---|---|---|---|---|---|
| 比例 | 2：1 | 材料 | 黃銅 φ10x50 | 單　位 | mm (公厘) |

## 二、V型座完整工作圖

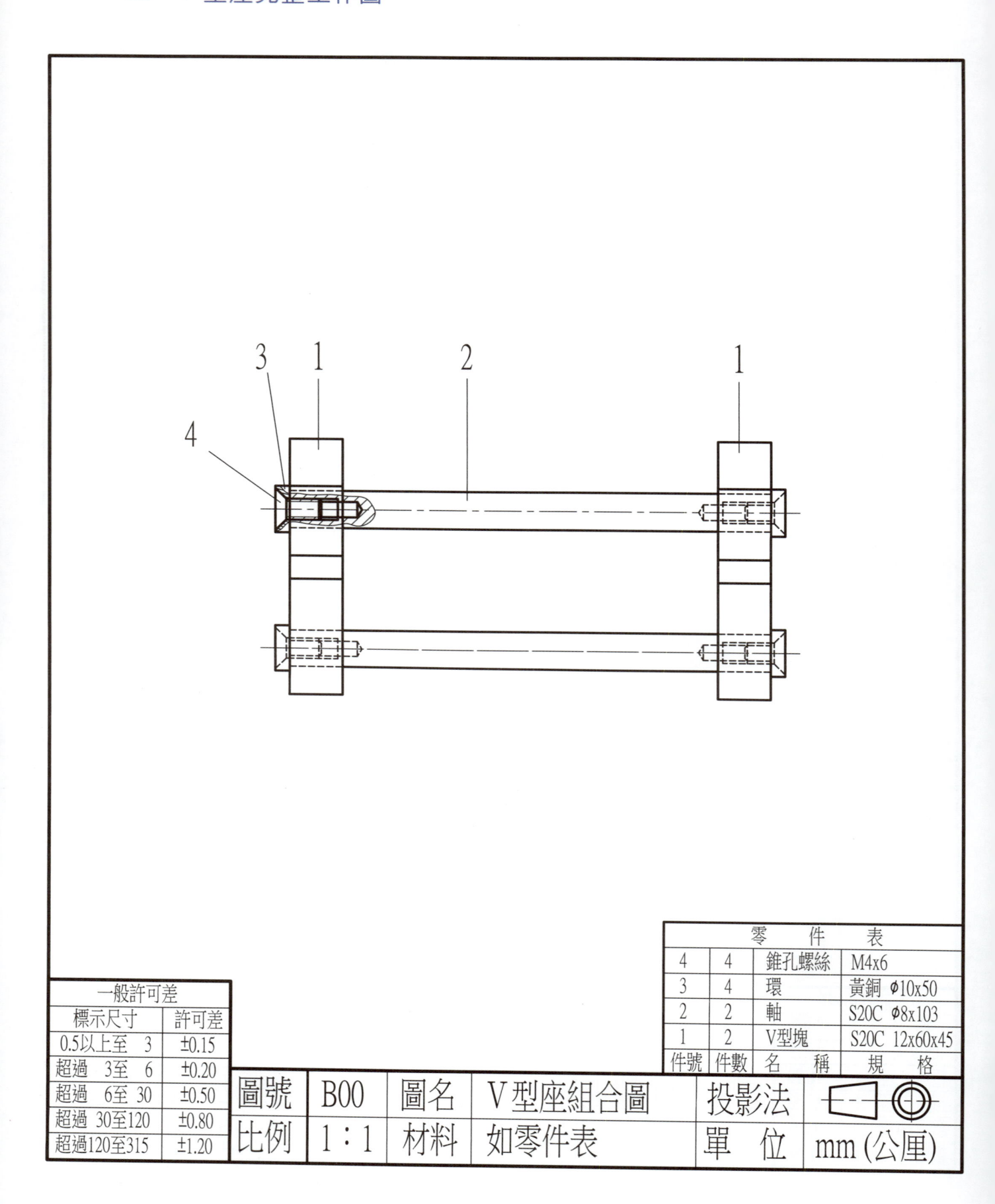

| 零 件 表 | | | |
|---|---|---|---|
| 4 | 4 | 錐孔螺絲 | M4x6 |
| 3 | 4 | 環 | 黃銅 φ10x50 |
| 2 | 2 | 軸 | S20C φ8x103 |
| 1 | 2 | V型塊 | S20C 12x60x45 |
| 件號 | 件數 | 名　稱 | 規　格 |

| 一般許可差 | |
|---|---|
| 標示尺寸 | 許可差 |
| 0.5以上至 3 | ±0.15 |
| 超過 3至 6 | ±0.20 |
| 超過 6至 30 | ±0.50 |
| 超過 30至120 | ±0.80 |
| 超過120至315 | ±1.20 |

| 圖號 | B00 | 圖名 | V型座組合圖 | 投影法 | |
|---|---|---|---|---|---|
| 比例 | 1：1 | 材料 | 如零件表 | 單　位 | mm (公厘) |

附錄 二、V型座完整工作圖

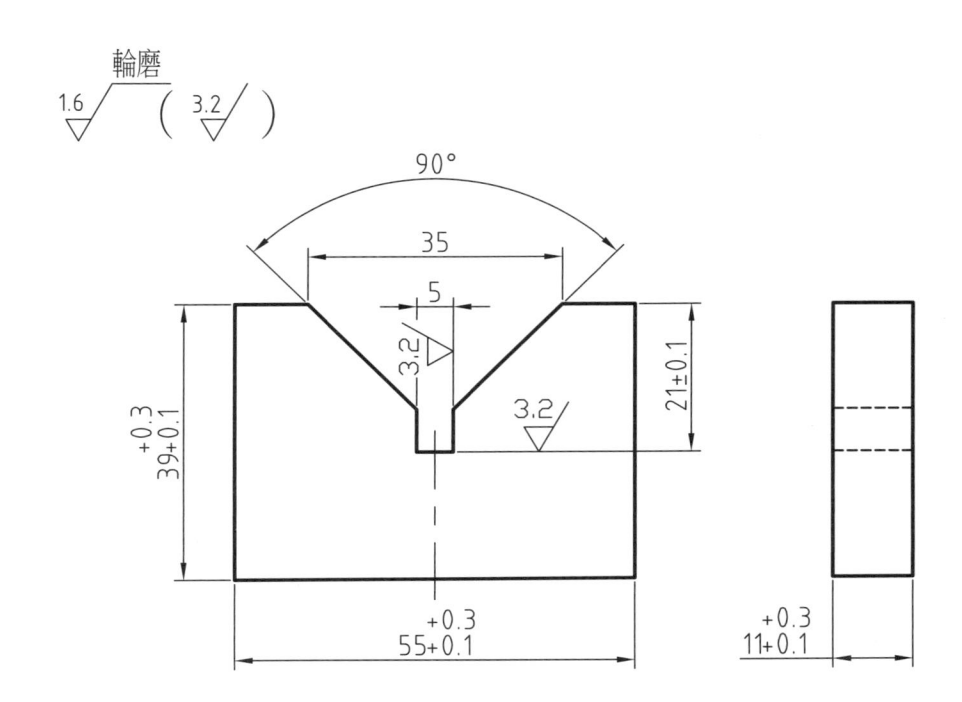

輪磨
$\overset{1.6}{\triangledown}\left(\overset{3.2}{\triangledown}\right)$

90°
35
5
$\overset{3.2}{\triangledown}$
$\overset{3.2}{\triangledown}$
$39^{+0.3}_{+0.1}$
$21\pm0.1$
$55^{+0.3}_{+0.1}$
$11^{+0.3}_{+0.1}$

| 一般許可差 ||
| --- | --- |
| 標示尺寸 | 許可差 |
| 0.5以上至 3 | ±0.15 |
| 超過 3至 6 | ±0.20 |
| 超過 6至 30 | ±0.50 |
| 超過 30至120 | ±0.80 |
| 超過120至315 | ±1.20 |

| 圖號 | B01 | 圖名 | V型塊 | 投影法 | |
| --- | --- | --- | --- | --- | --- |
| 比例 | 1：1 | 材料 | S20C 12x60x45 | 單　位 | mm(公厘) |

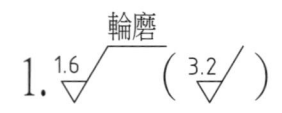

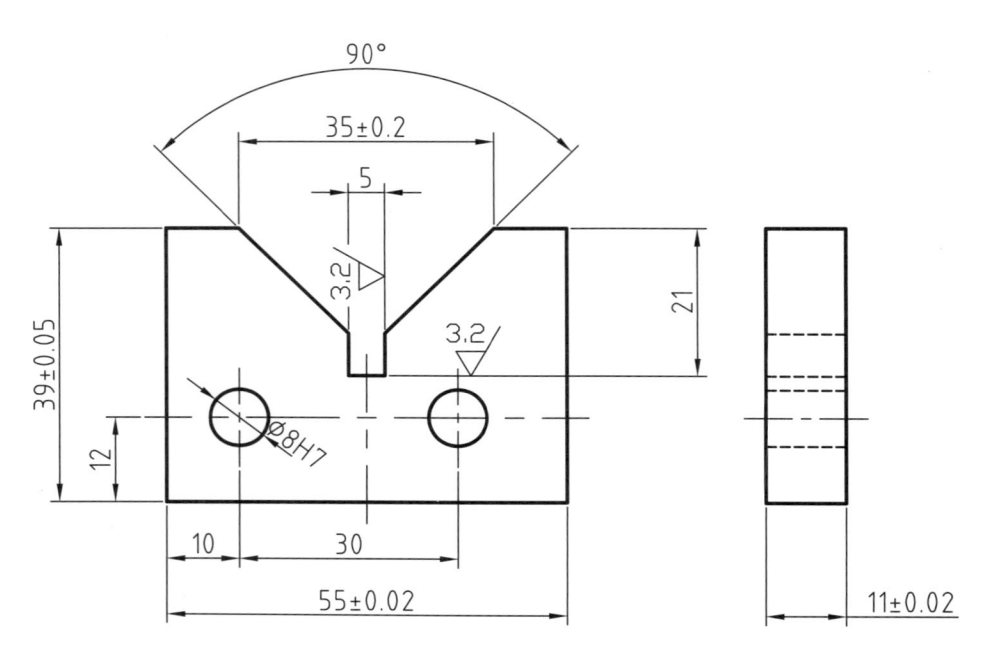

| 一般許可差 ||
| --- | --- |
| 標示尺寸 | 許可差 |
| 0.5以上至 3 | ±0.15 |
| 超過 3至 6 | ±0.20 |
| 超過 6至 30 | ±0.50 |
| 超過 30至120 | ±0.80 |
| 超過120至315 | ±1.20 |

| 圖號 | B02 | 圖名 | V型塊 | 投影法 | |
| --- | --- | --- | --- | --- | --- |
| 比例 | 1：1 | 材料 | 來自B01 | 單 位 | mm (公厘) |

附錄 二、V型座完整工作圖

2. $\sqrt{3.2}$

$\phi 8g7$
M4

$10^{+0.5}_{\phantom{+}0}$

16

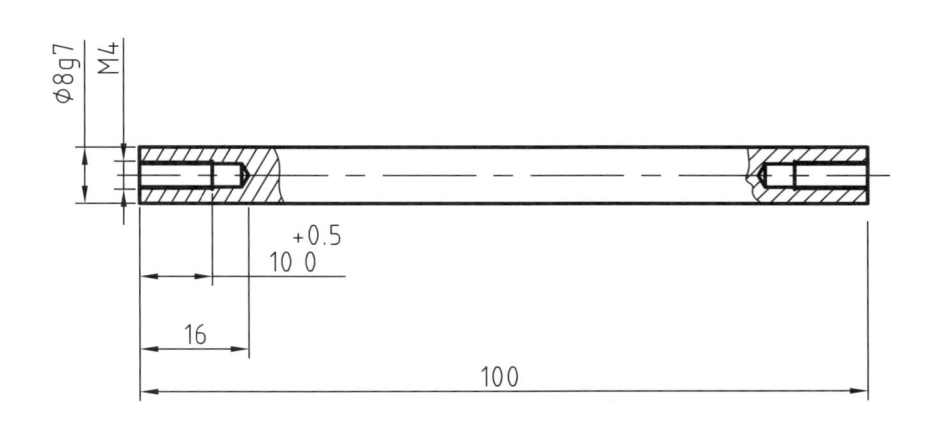

100

| 一般許可差 | |
|---|---|
| 標示尺寸 | 許可差 |
| 0.5以上至 3 | ±0.15 |
| 超過 3至 6 | ±0.20 |
| 超過 6至 30 | ±0.50 |
| 超過 30至120 | ±0.80 |
| 超過120至315 | ±1.20 |

| 圖號 | B11 | 圖名 | 軸 | 投影法 | |
|---|---|---|---|---|---|
| 比例 | 1：1 | 材料 | S20C $\phi$8x103 | 單 位 | mm(公厘) |

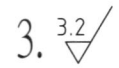

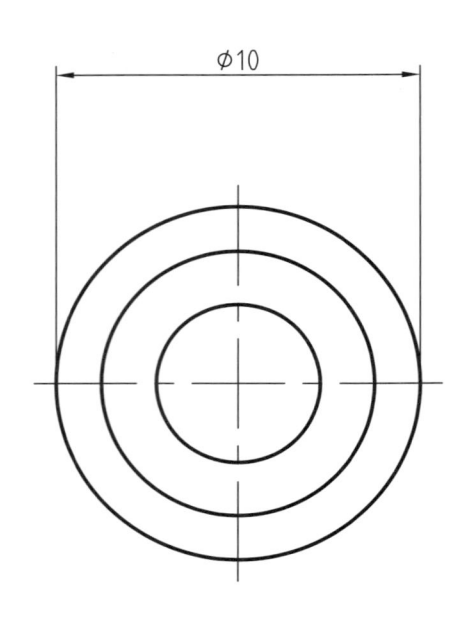

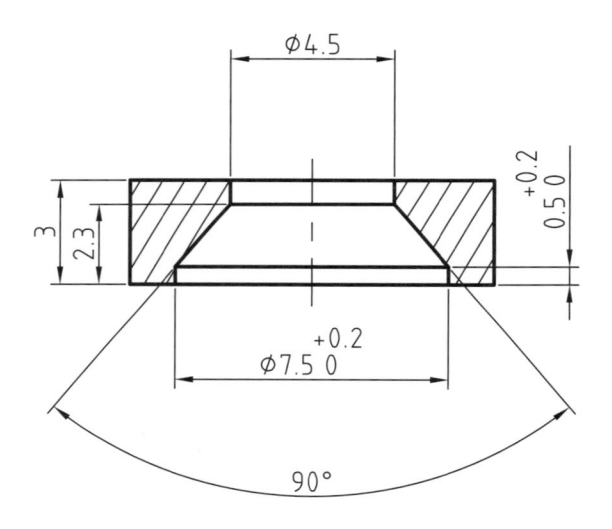

| 一般許可差 | |
|---|---|
| 標示尺寸 | 許可差 |
| 0.5以上至 3 | ±0.15 |
| 超過 3至 6 | ±0.20 |
| 超過 6至 30 | ±0.50 |
| 超過 30至120 | ±0.80 |
| 超過120至315 | ±1.20 |

| 圖號 | B12 | 圖名 | 環 | 投影法 | |
|---|---|---|---|---|---|
| 比例 | 5：1 | 材料 | 黃銅 φ10x50 | 單　位 | mm (公厘) |

## 三、C 形夾完整工作圖

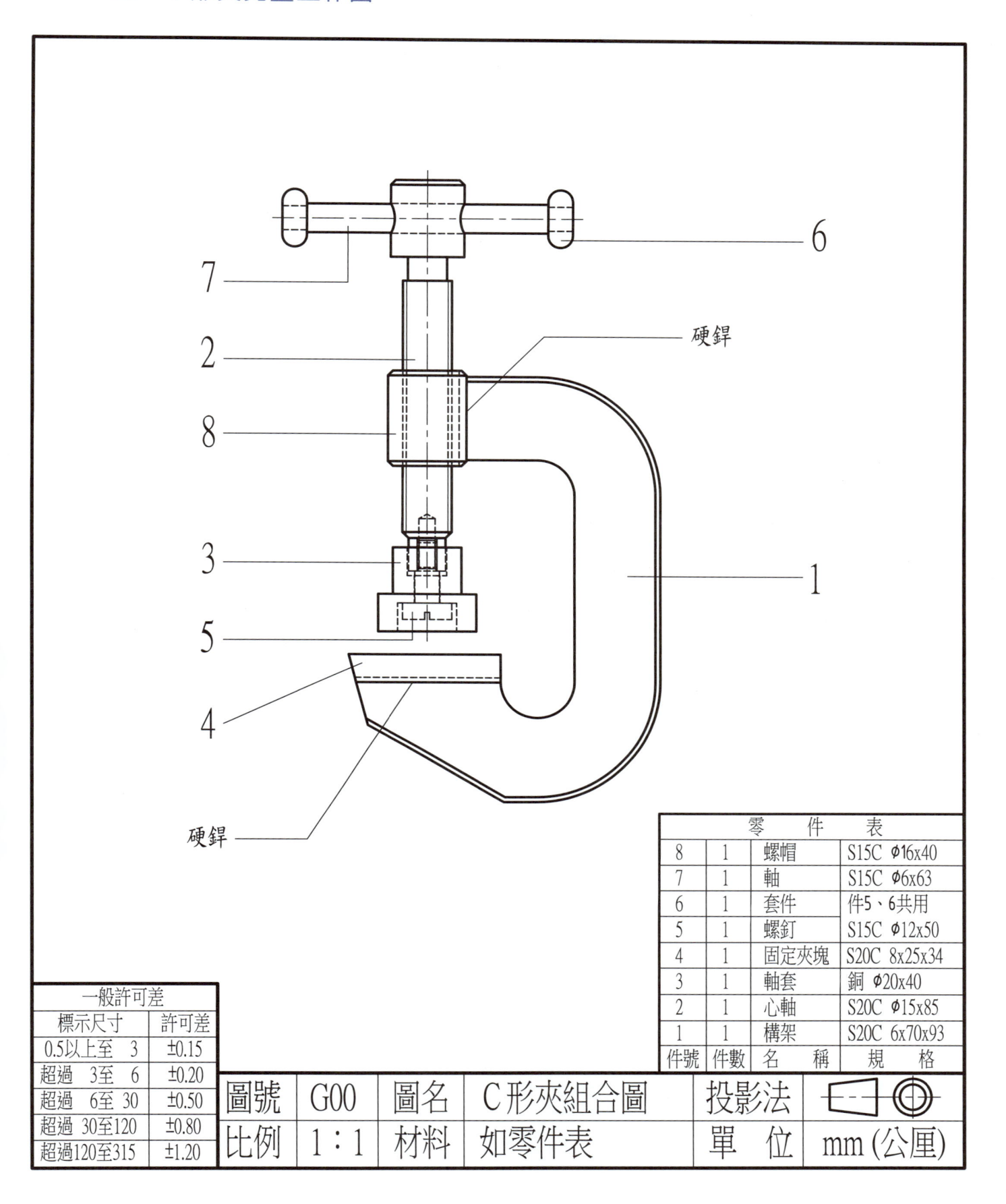

硬銲

硬銲

| 零 件 表 |||||
|---|---|---|---|---|
| 8 | 1 | 螺帽 | S15C Φ16x40 ||
| 7 | 1 | 軸 | S15C Φ6x63 ||
| 6 | 1 | 套件 | 件5、6共用 ||
| 5 | 1 | 螺釘 | S15C Φ12x50 ||
| 4 | 1 | 固定夾塊 | S20C 8x25x34 ||
| 3 | 1 | 軸套 | 銅 Φ20x40 ||
| 2 | 1 | 心軸 | S20C Φ15x85 ||
| 1 | 1 | 構架 | S20C 6x70x93 ||
| 件號 | 件數 | 名 稱 | 規 格 ||

| 一般許可差 ||
|---|---|
| 標示尺寸 | 許可差 |
| 0.5以上至 3 | ±0.15 |
| 超過 3至 6 | ±0.20 |
| 超過 6至 30 | ±0.50 |
| 超過 30至120 | ±0.80 |
| 超過120至315 | ±1.20 |

| 圖號 | G00 | 圖名 | C形夾組合圖 | 投影法 ||
|---|---|---|---|---|---|
| 比例 | 1：1 | 材料 | 如零件表 | 單 位 | mm (公厘) |

創意機械專題實作

1. $\overset{3.2}{\triangledown}$

| 一般許可差 ||
| 標示尺寸 | 許可差 |
| 0.5以上至 3 | ±0.15 |
| 超過 3至 6 | ±0.20 |
| 超過 6至 30 | ±0.50 |
| 超過 30至120 | ±0.80 |
| 超過120至315 | ±1.20 |

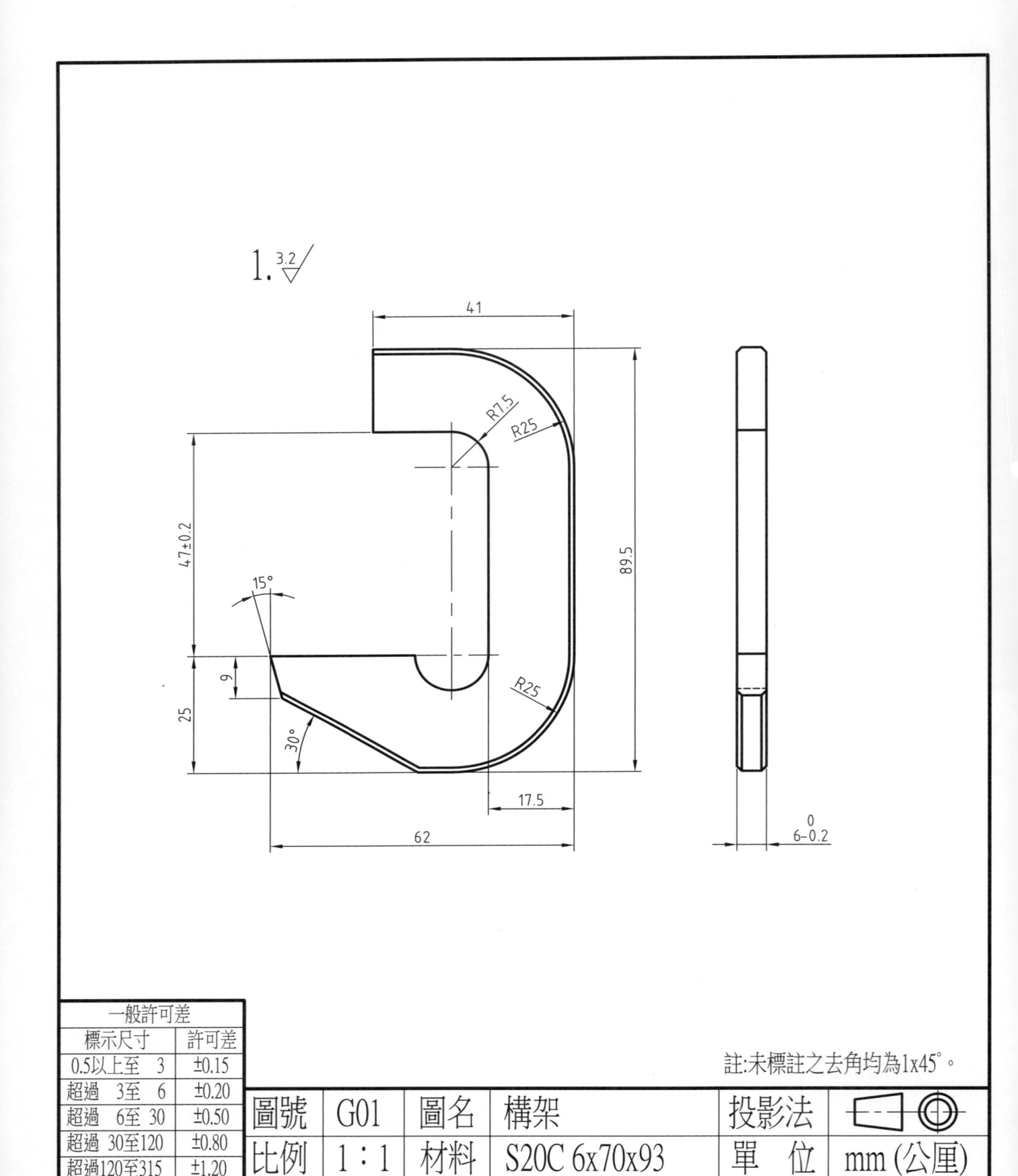

註:未標註之去角均為1x45°。

| 圖號 | G01 | 圖名 | 構架 | 投影法 | ⊏⊐⊙ |
|---|---|---|---|---|---|
| 比例 | 1：1 | 材料 | S20C 6x70x93 | 單 位 | mm (公厘) |

附錄 三、C形夾完整工作圖

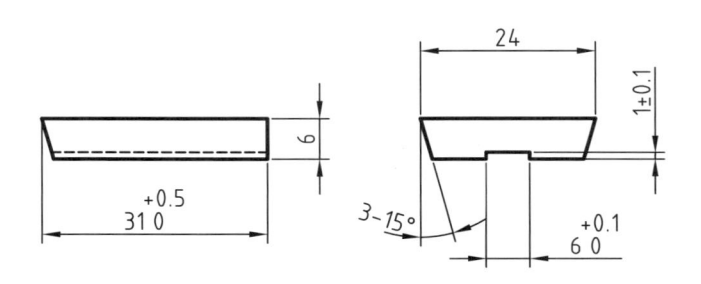

4. $\overset{3.2}{\triangledown}$

| 一般許可差 | |
|---|---|
| 標示尺寸 | 許可差 |
| 0.5以上至 3 | ±0.15 |
| 超過 3至 6 | ±0.20 |
| 超過 6至 30 | ±0.50 |
| 超過 30至120 | ±0.80 |
| 超過120至315 | ±1.20 |

| 圖號 | G02 | 圖名 | 固定夾塊 | 投影法 | |
|---|---|---|---|---|---|
| 比例 | 1：1 | 材料 | S20C 8x25 x34 | 單 位 | mm (公厘) |

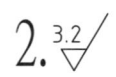

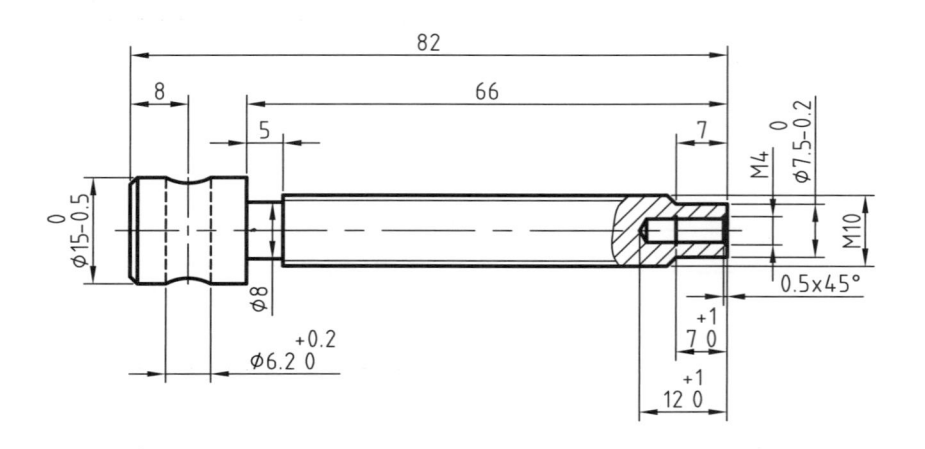

| 一般許可差 ||
| --- | --- |
| 標示尺寸 | 許可差 |
| 0.5以上至 3 | ±0.15 |
| 超過 3至 6 | ±0.20 |
| 超過 6至 30 | ±0.50 |
| 超過 30至120 | ±0.80 |
| 超過120至315 | ±1.20 |

註:未標註之去角均為1x45°。

| 圖號 | G11 | 圖名 | 心軸 | 投影法 | |
| --- | --- | --- | --- | --- | --- |
| 比例 | 1：1 | 材料 | S20C ø15x85 | 單　位 | mm (公厘) |

附錄 三、C形夾完整工作圖

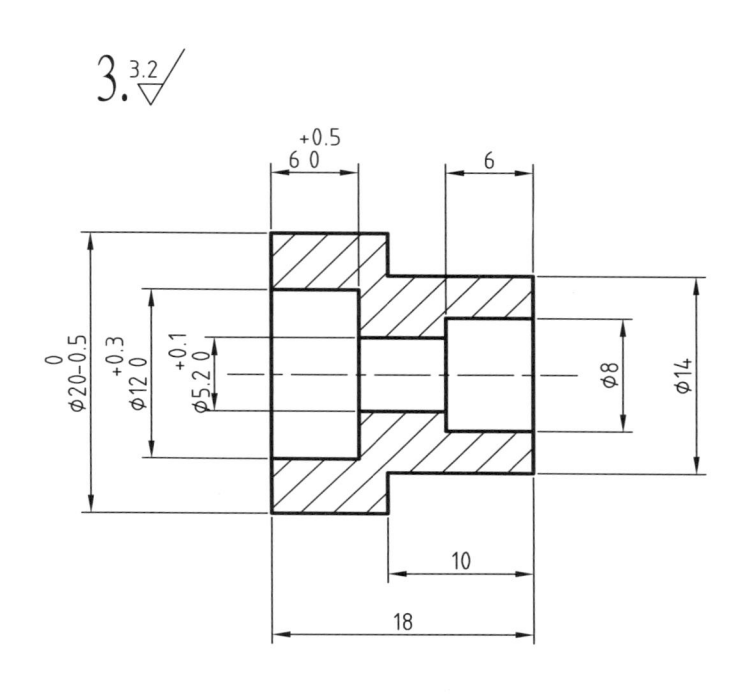

| 一般許可差 ||
| --- | --- |
| 標示尺寸 | 許可差 |
| 0.5以上至 3 | ±0.15 |
| 超過 3至 6 | ±0.20 |
| 超過 6至 30 | ±0.50 |
| 超過 30至120 | ±0.80 |
| 超過120至315 | ±1.20 |

| 圖號 | G12 | 圖名 | 軸套 | 投影法 | |
| --- | --- | --- | --- | --- | --- |
| 比例 | 2：1 | 材料 | 銅 φ20x40 | 單 位 | mm (公厘) |

281

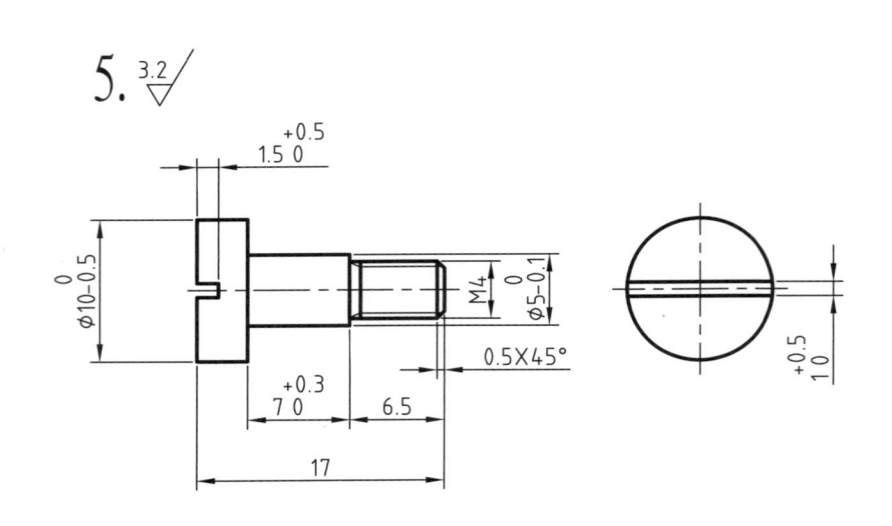

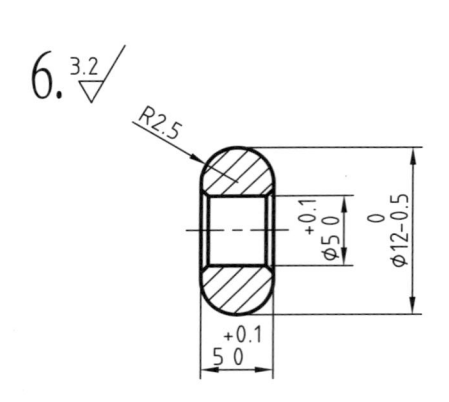

| 一般許可差 | |
|---|---|
| 標示尺寸 | 許可差 |
| 0.5以上至 3 | ±0.15 |
| 超過 3至 6 | ±0.20 |
| 超過 6至 30 | ±0.50 |
| 超過 30至120 | ±0.80 |
| 超過120至315 | ±1.20 |

| 圖號 | G13 | 圖名 | 螺釘與套件 | 投影法 | |
|---|---|---|---|---|---|
| 比例 | 2：1 | 材料 | S15C φ12x50 | 單 位 | mm (公厘) |

附錄 三、C形夾完整工作圖

7. $\sqrt{3.2}$

$\phi 5 ^{\;\;0}_{-0.1}$　$\phi 6 \pm 0.1$

$2\text{-}5.4 ^{+0.2}_{\;\;0}$

$60 \pm 0.5$

8. $\sqrt{3.2}$

$\phi 16 ^{\;\;0}_{-0.5}$

M10

20

$6.0 ^{+0.1}_{\;\;0}$

$1.5 ^{+0.2}_{\;\;0}$

| 一般許可差 ||
|---|---|
| 標示尺寸 | 許可差 |
| 0.5以上至 3 | ±0.15 |
| 超過 3至 6 | ±0.20 |
| 超過 6至 30 | ±0.50 |
| 超過 30至120 | ±0.80 |
| 超過120至315 | ±1.20 |

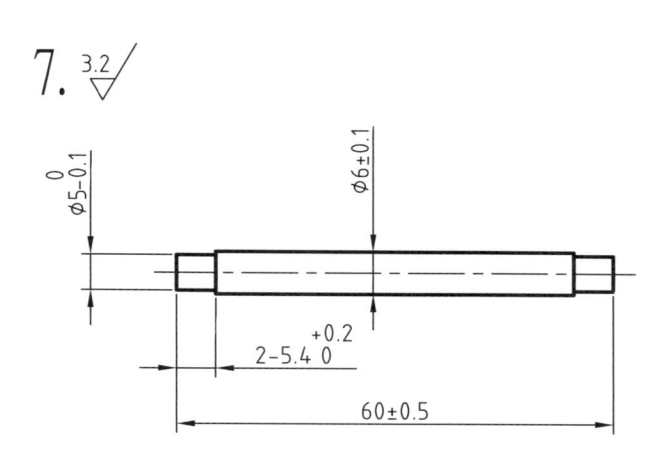

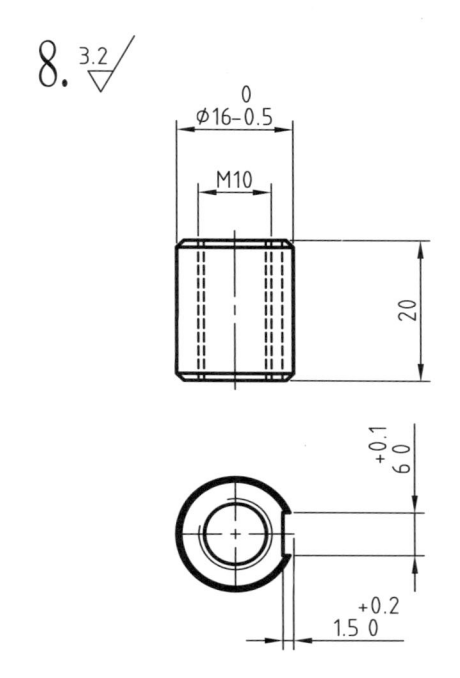

註:未標註之去角均為1x45°。

| 圖號 | G14 | 圖名 | 軸與螺帽 | 投影法 | |
|---|---|---|---|---|---|
| 比例 | 1：1 | 材料 | S15C φ6x63、φ16x40 | 單　位 | mm (公厘) |

## 四、精密磨削虎鉗完整工作圖

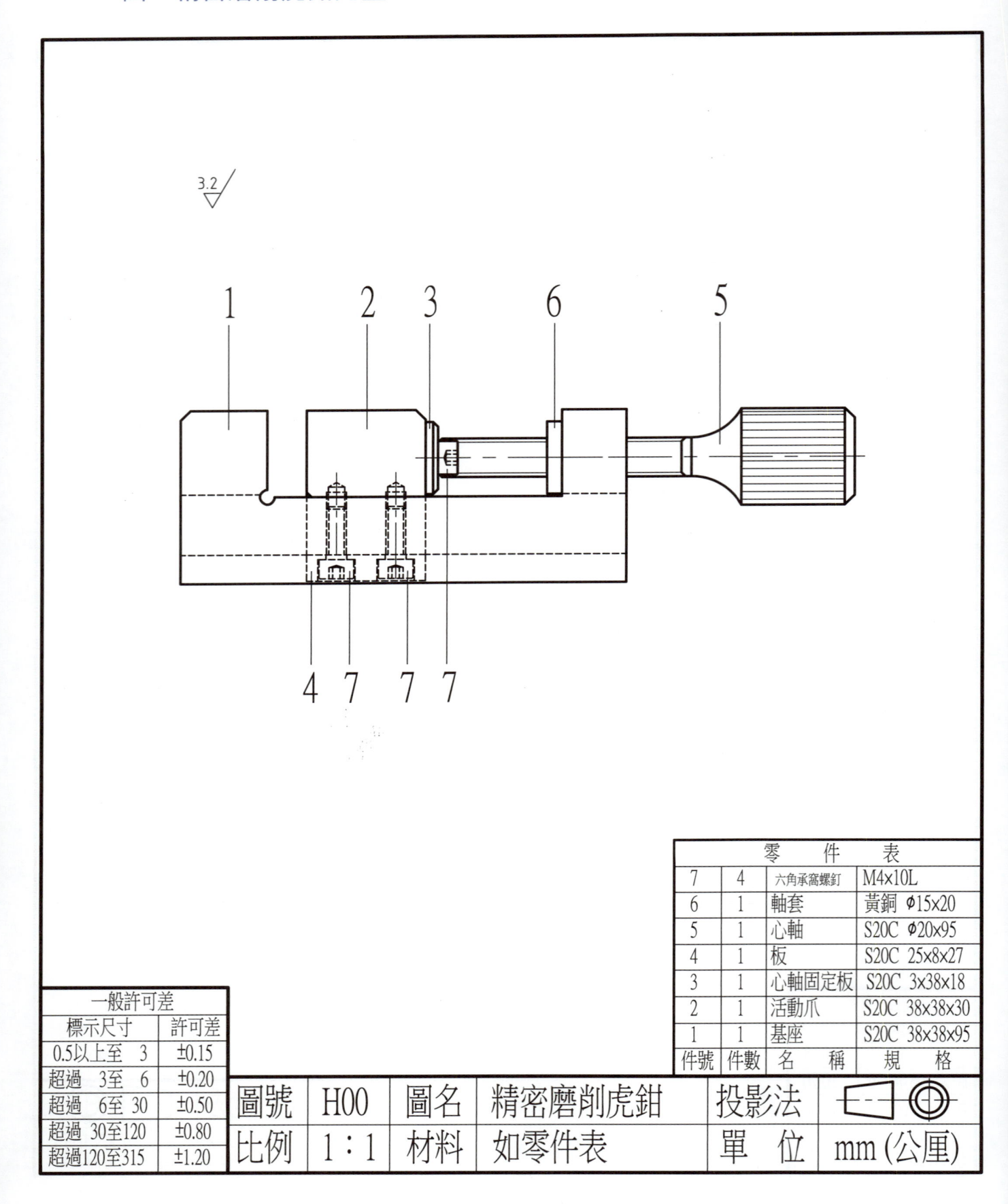

3.2 ∇

| 零 件 表 |||||
|---|---|---|---|---|
| 7 | 4 | 六角承窩螺釘 | M4x10L ||
| 6 | 1 | 軸套 | 黃銅 φ15x20 ||
| 5 | 1 | 心軸 | S20C φ20x95 ||
| 4 | 1 | 板 | S20C 25x8x27 ||
| 3 | 1 | 心軸固定板 | S20C 3x38x18 ||
| 2 | 1 | 活動爪 | S20C 38x38x30 ||
| 1 | 1 | 基座 | S20C 38x38x95 ||
| 件號 | 件數 | 名　稱 | 規　格 ||

| 一般許可差 ||
|---|---|
| 標示尺寸 | 許可差 |
| 0.5以上至 3 | ±0.15 |
| 超過 3至 6 | ±0.20 |
| 超過 6至 30 | ±0.50 |
| 超過 30至120 | ±0.80 |
| 超過120至315 | ±1.20 |

| 圖號 | H00 | 圖名 | 精密磨削虎鉗 | 投影法 | ⊟⊙ |
|---|---|---|---|---|---|
| 比例 | 1：1 | 材料 | 如零件表 | 單　位 | mm (公厘) |

# 附錄 四、精密磨削虎鉗完整工作圖

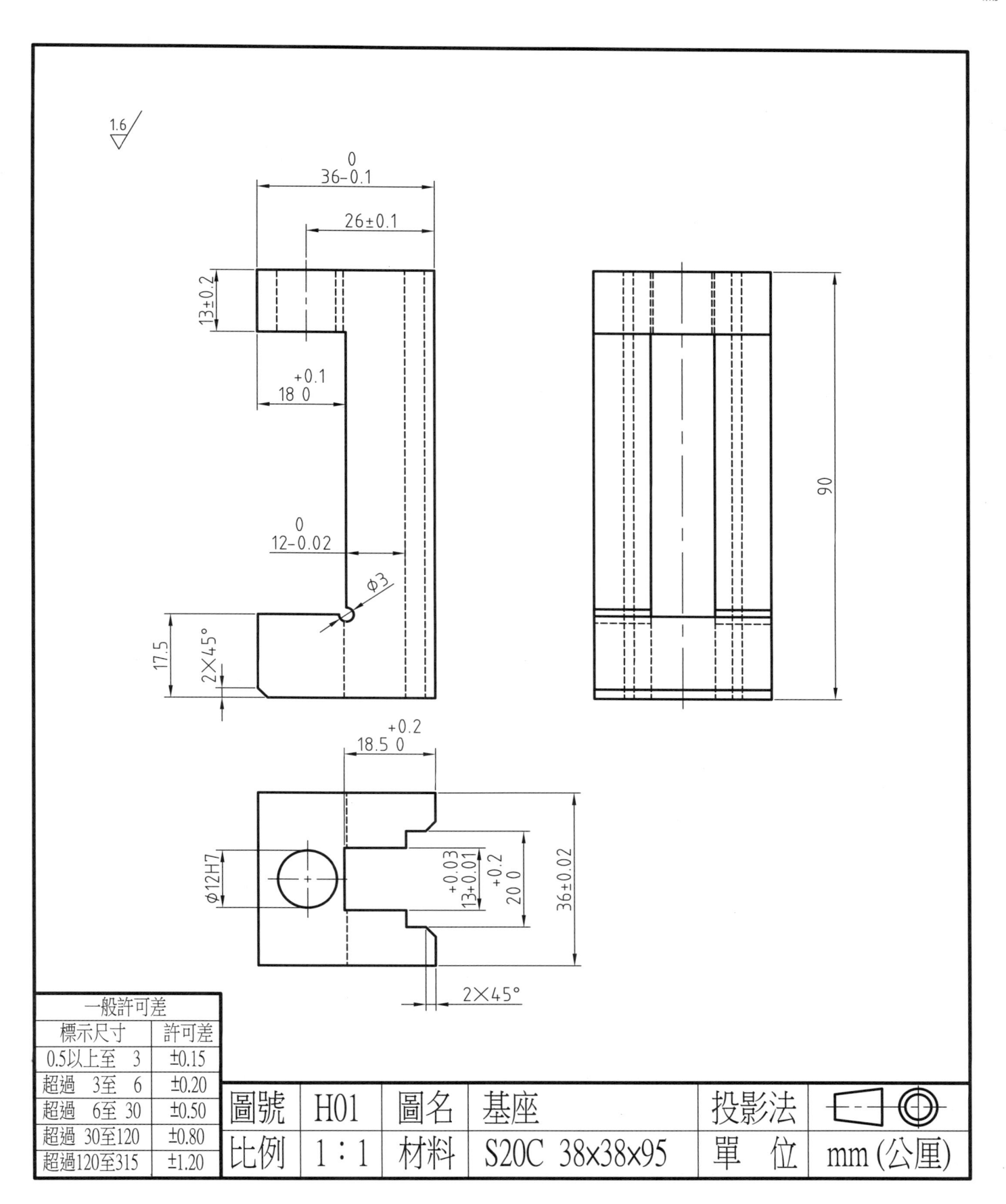

| 一般許可差 ||
|---|---|
| 標示尺寸 | 許可差 |
| 0.5以上至 3 | ±0.15 |
| 超過 3至 6 | ±0.20 |
| 超過 6至 30 | ±0.50 |
| 超過 30至120 | ±0.80 |
| 超過120至315 | ±1.20 |

| 圖號 | H01 | 圖名 | 基座 | 投影法 | ⊖⊕ |
|---|---|---|---|---|---|
| 比例 | 1：1 | 材料 | S20C 38×38×95 | 單 位 | mm (公厘) |

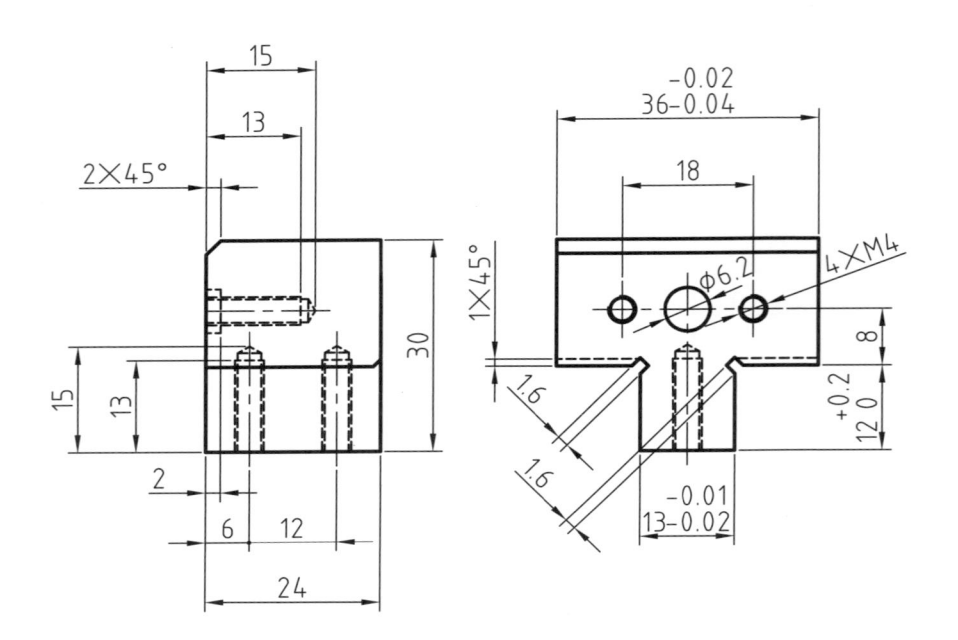

| 一般許可差 ||
| --- | --- |
| 標示尺寸 | 許可差 |
| 0.5以上至 3 | ±0.15 |
| 超過 3至 6 | ±0.20 |
| 超過 6至 30 | ±0.50 |
| 超過 30至120 | ±0.80 |
| 超過120至315 | ±1.20 |

| 圖號 | H02 | 圖名 | 活動爪 | 投影法 | | |
| --- | --- | --- | --- | --- | --- | --- |
| 比例 | 1：1 | 材料 | S20C 38×38×30 | 單 位 | mm (公厘) |

附錄 四、精密磨削虎鉗完整工作圖

| 一般許可差 | |
|---|---|
| 標示尺寸 | 許可差 |
| 0.5以上至 3 | ±0.15 |
| 超過 3至 6 | ±0.20 |
| 超過 6至 30 | ±0.50 |
| 超過 30至120 | ±0.80 |
| 超過120至315 | ±1.20 |

| 圖號 | H03 | 圖名 | 心軸固定板 | 投影法 | |
|---|---|---|---|---|---|
| 比例 | 2：1 | 材料 | S20C 3×38×18 | 單 位 | mm (公厘) |

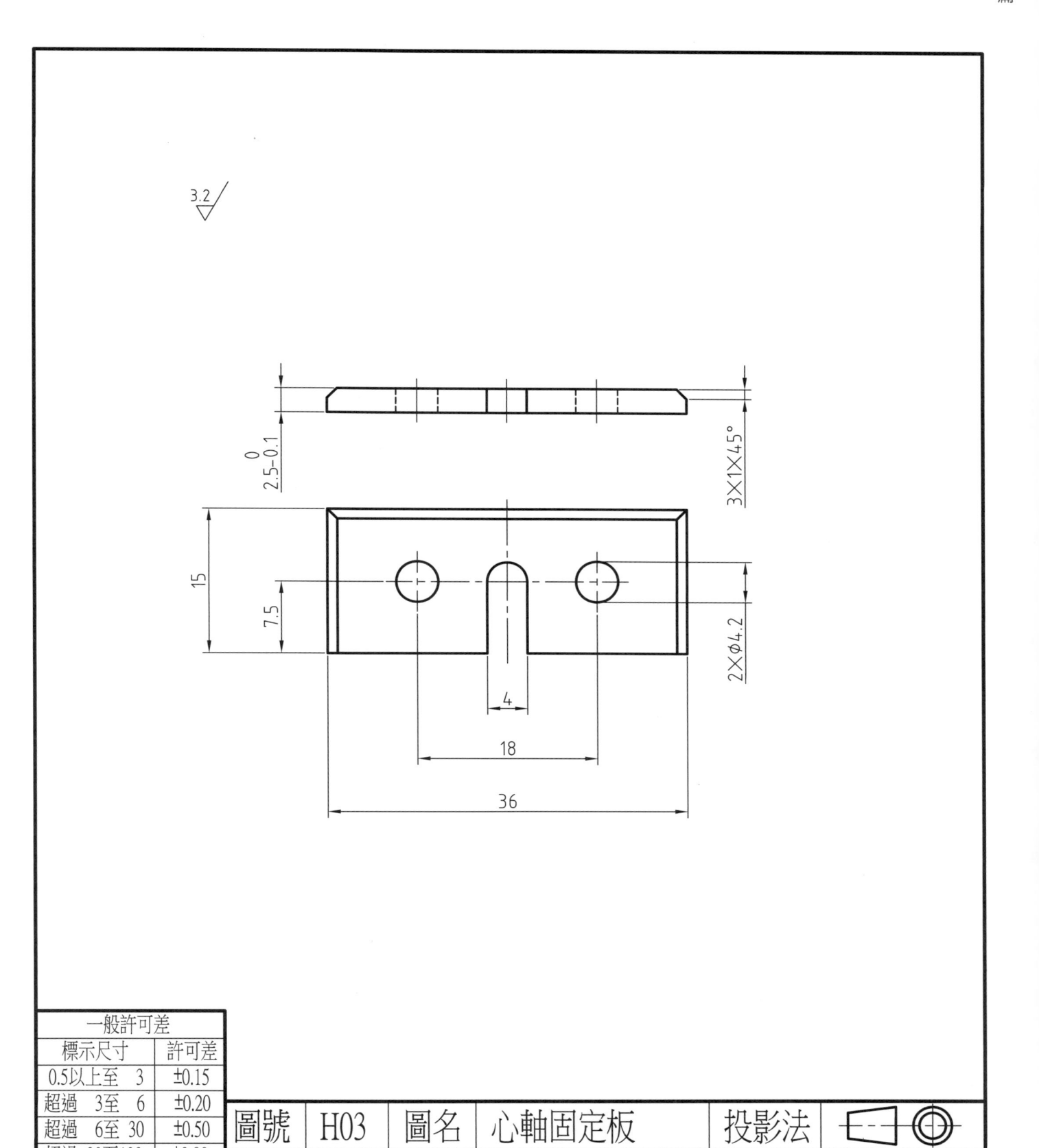

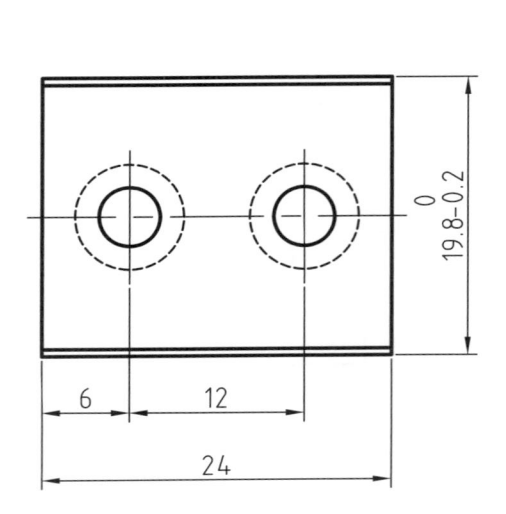

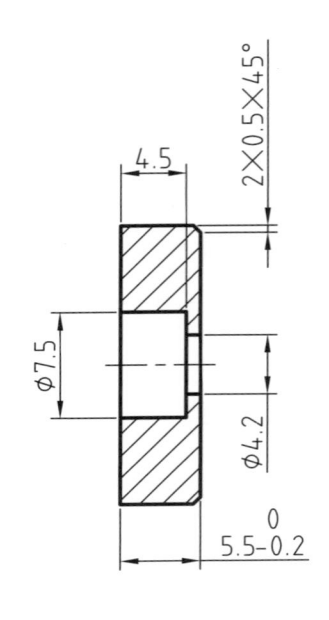

| 一般許可差 ||
| --- | --- |
| 標示尺寸 | 許可差 |
| 0.5以上至 3 | ±0.15 |
| 超過 3至 6 | ±0.20 |
| 超過 6至 30 | ±0.50 |
| 超過 30至120 | ±0.80 |
| 超過120至315 | ±1.20 |

| 圖號 | H04 | 圖名 | 板 | 投影法 | |
| --- | --- | --- | --- | --- | --- |
| 比例 | 2：1 | 材料 | S20C 25×8×27 | 單 位 | mm (公厘) |

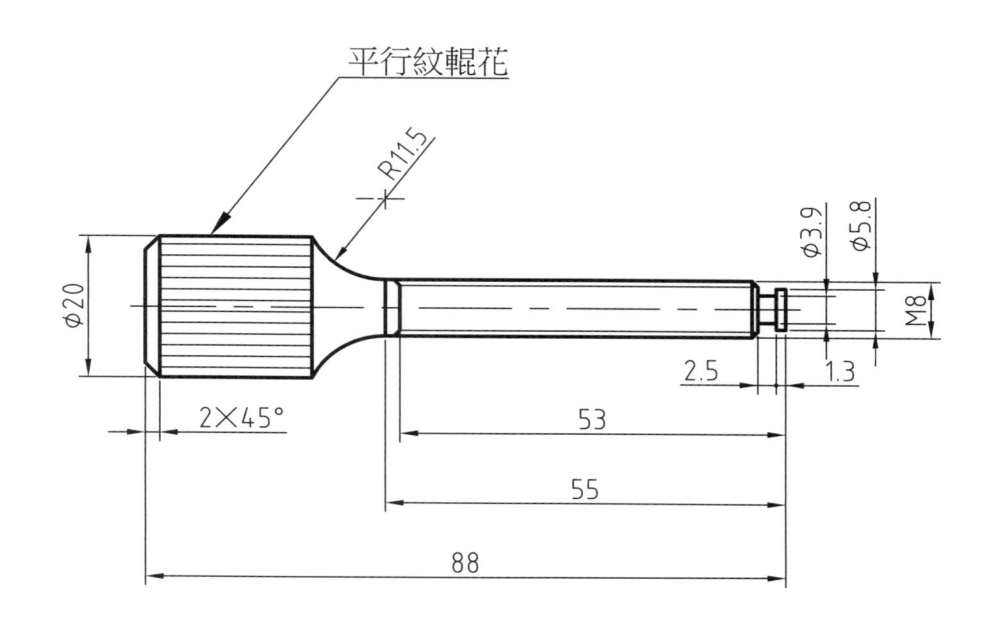

# 附錄 四、精密磨削虎鉗完整工作圖

3.2

平行紋輥花

R11.5
⌀20
⌀3.9
⌀5.8
M8
2×45°
2.5
1.3
53
55
88

| 一般許可差 | |
|---|---|
| 標示尺寸 | 許可差 |
| 0.5以上至 3 | ±0.15 |
| 超過 3至 6 | ±0.20 |
| 超過 6至 30 | ±0.50 |
| 超過 30至120 | ±0.80 |
| 超過120至315 | ±1.20 |

| 圖號 | H11 | 圖名 | 心軸 | 投影法 | |
|---|---|---|---|---|---|
| 比例 | 1：1 | 材料 | S20C ⌀20×95 | 單位 | mm (公厘) |

創意機械專題實作

3.2 ∇

$\phi 15$ | M8 | $\phi 12 r6$

0.5×45°
13 −0.3 / 0

16

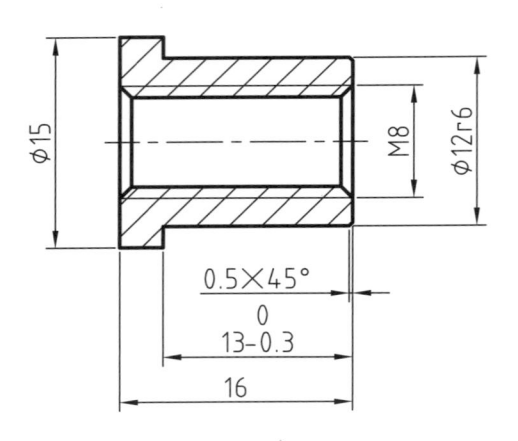

| 一般許可差 ||
| --- | --- |
| 標示尺寸 | 許可差 |
| 0.5以上至 3 | ±0.15 |
| 超過 3至 6 | ±0.20 |
| 超過 6至 30 | ±0.50 |
| 超過 30至120 | ±0.80 |
| 超過120至315 | ±1.20 |

| 圖號 | H12 | 圖名 | 軸套 | 投影法 | ⬒ |
| --- | --- | --- | --- | --- | --- |
| 比例 | 2：1 | 材料 | 黃銅 $\phi 15\times 20$ | 單　位 | mm (公厘) |

## 五、作品說明書格式

〈作品說明書封面〉

中華民國第　　　　屆中小學科學展覽會

# 作品說明書

科　　別：

組　　別：

作品名稱：

關 鍵 詞：　　　　　、　　　　　、　　　　　（最多3個）

編　　號：

※ 製作說明：

1. 說明書封面僅寫科別、組別、作品名稱及關鍵詞。

2. 編號由國立臺灣科學教育館統一編列。

3. 封面編排由參展作者自行設計。

〈作品說明書內文〉

作品名稱

摘要（300字以內含標點符號）

壹、研究動機

貳、研究目的

參、研究設備及器材

肆、研究過程或方法

伍、研究結果

陸、討論

柒、結論

捌、參考資料及其他


※ 書寫說明：

1. 作品說明書一律以A4大小紙張由左至右打字印刷（或正楷書寫影印）並裝訂成冊。

2. 作品說明書內容總頁數以30頁為限（不含封面、封底及目錄）。

3. 內容使用標題次序為壹、一、（一）、1、（1）。

4. 研究動機內容應包括作品與教材相關性（教學單元）之說明。

5. 原始紀錄資料（一律以A4大小紙張裝訂成冊）須攜往評審會場供評審委員查閱，請勿將研究日誌或實驗觀察原始紀錄正本或影本寄交科教館，科教館將予以退回，不代為轉交評審委員。

6. 作品說明書自本頁起請勿出現校名、作者、校長及指導教師姓名等，並且照片中不得出現作者或指導教師之臉部，以便密封作業。

7. 本作品說明書電腦檔案（PDF檔及WORD檔，檔案大小限10M Bytes以內）應於地方科學展覽會結束後，全國科展送件期限內，由縣市政府教育局或分區主辦單位至國立臺灣科學教育館線上報名網上傳提交，並同時郵寄書面作品說明書一式2份。如逾期，國立臺灣科學教育館無法事先送交評審委員審查，以致影響成績者，概由參展學校或單位負責。

8. 參考資料書寫方式請參考APA格式。（詳見附錄）

〈參展作品電腦檔案製作規範〉

**壹、封面：**

一、版面設定：上、下、左、右各 2cm

二、封面字型：16 級

**貳、內頁：**

一、版面設定：上、下、左、右各 2cm

二、字型：新細明體

三、行距：1.5 倍行高

四、主題字級：16 級粗體、置中

五、內文字級：12 級

六、項目符號順序：

例：

```
壹、XXXXXXX
    一、XXXXXXX
        (一) XXXXXXX
            1. XXXXX
                (1) XXXXXX
貳、OOOOOOOO
    一、OOOOOOO
        (一) XXXXXXX
            1. OOOOOO
                (1) OOOOOOO
```

**參、對齊點：** 使用定位點對齊或表格對齊

一、定位點

　　AAAAAAA　　BBBBBBBB

　　CCCCCCC　　DDDDDDD

二、表格

| AAAAAA | BBBBBBB |
|---|---|
| CCCCCCC | DDDDDDD |

**肆、電子檔：**

一、文字與圖表及封面須排版完成於 1 個檔案中。

二、以 WORD 文件檔（＊DOC 或＊DOCX）及 PDF 圖檔為限。

三、檔案名稱為作品名稱。

四、檔案大小限 10M Bytes 以內。

五、一律以內文第一頁起始插入頁碼。

〈當日活動程序表〉

# 第 56 屆國立暨縣（市）公私立高級中等學校第 4 區

# 科學展覽會活動程序表

時間：中華民國 105 年 5 月 4 日（星期三）

地點：國立北港高級中學 志清堂

| 時　　間 | 工 作 要 項 | 地　　點 | 備　　註 |
| --- | --- | --- | --- |
| 7:40~8:30 | 各校報到<br>領取資料 | 志清堂門口 | 請依照各校位置區就座<br>參賽同學不得穿著制服 |
| 8:20~8:40 | 評審會議 | 行政大樓一樓會議室 | |
| 8:30~9:00 | 1.各參賽學生就座<br>2.宣佈注意事項<br>3.開幕典禮 | 志清堂 | |
| 9:00~12:00 | 開始評審 | 志清堂 | 各科作者依參賽組別編號順序聽候通知進入會場，未接獲通知者請先於各自休息區內休息等候 |
| 12:00~13:00 | 午餐 | 1. 文史大樓<br>2. 交通安全教室<br>3. 行政大樓一樓會議室 | 11:30 各校派人至行政大樓一樓總務處領取便當 |
| 13:00~14:00 | 休息 | | 在休息區用餐 |
| | 成績整理 | 設備組 | |
| 14:00~14:30 | 各參賽同學就座 | 志清堂 | 請依照各校位置區就座。 |
| 14:30~16:00 | 1. 教授講評<br>2. 頒獎<br>3. 閉幕 | 志清堂 | 請依照各校位置區就座。 |
| 16：00~ | 作品開始展覽 | | 若有貴重儀器物品請帶回，本校不負責保管 |

附錄 五、作品說明書格式

〈行事曆〉

## 第 56 屆國立暨縣（市）公私立高級中等學校第 4 區科學展覽會

| 日　　　期 | 內　　　　　容 | 備　　　註 |
|---|---|---|
| 3/4(五) | 本校發函各校。 | |
| 4/1(五) | 繳送作品及相關資料（免備文），各校掛號寄達本校或親自送達以下資料至本校教務處設備組：<br>1. 作品件數統計表（附件一，1 份）。<br>2. 作品送展清冊（附件二，1 份）。<br>3. 作品送展表（附件三，5 份，分別夾於作品說明書第一頁，請勿裝訂）。<br>4. 作品說明書（附件四、五，每件 5 份）。<br>5. 資料調查表（附件六，請依需求填寫）<br>6. 參展作品電腦檔案（附件七，一式 1 份，請各校將各科所有作品統整為 WORD 及 PDF 檔統一燒錄於一片光碟片繳交）。<br>7. 請將附件二（作品送展清冊）及附件六（資料調查表）於 3 月 25 日（星期五）17:00 前先以電腦打字後傳回 elvis83086@pksh.ylc.edu.tw。<br>8. 作品名稱請縮減至 18 字以內（含標點符號），以利參展證明書與獎狀列印。 | 1. 請準時送達國立北港高中教務處設備組（非郵戳日）。<br>2. 逾期無法送交教授評審，由各校自行負責。<br>3. 各項文件之資料內容請務必確實校對，避免錯誤發生。 |
| 4/15～29 | 評審教授書面審查作品說明書。 | |
| 5/3(二) | 各校看板送件佈置<br>請於 5/3【二】上午 8:30～12:00、下午 13:30～16:00 親自送至本校志清堂科展會場佈置完竣，並經當場確認規格符合，方可離開，並請於 17:00 前佈置完竣離校。 | |
| 5/4(三) | 1. 7:40～8:30 本校志清堂報到，各科各校休息區當日另行公告。<br>2. 8:20 前各隊伍完成「所有」重要器材（如筆電等）之安置或演練。<br>3. 8:30 請參賽學生準時於本校志清堂就座。<br>4. 9:00 作者依參賽號碼順序聽候通知進入會場，作品作者在場說明科展作品，無人在場說明，不予評審。<br>5. 參賽當天本校將提供師生午餐，請派代表至本校行政大樓總務處領取便當及在休息區用餐。<br>6. 14:30～16:00 評審講評及頒獎。<br>7. 依據教育部 99.1.19 台環字第 0990009957 號函辦理，為響應紙杯減量請參加師生自備環保杯。<br>8. 當日離校前請將識別證套送還服務台人員。 | |
| 5/5(四) | 各校作品展覽時間 8:00～16:00。 | |
| 5/6(五) | 上午 8:00～12:00，請將參展作品攜回。 | |
| 5/9(一) | 預定公告得獎名單日期。 | |
| 7/~25-29 | 中華民國第 56 屆全國中小學科學展覽會。<br>桃園市政府承辦　展覽地點：國立中央大學依仁堂<br>　　　　　　地址：桃園市中壢區中大路 300 號 | |

聯絡電話：05-7821411 轉 205、210 教務處　　承辦組長：05-7821411 轉 205 林典澄組長

　　Email：elvis83086@pksh.ylc.edu.tw　　　　Fax：05-7827427

創意機械專題實作

〈實施計畫相關注意事項〉

# 第 56 屆國立暨縣（市）公私立高級中等學校第 4 區科學展覽會

# 實施計畫相關注意事項

一、評審當天時間表，各件作品編號及評審場地配置圖等請參考當日之活動手冊，各校參賽學生搭乘大客車者，可在本校大門前下車後，直接前往會場（本校無法提供大客車停車位），搭乘小客車者請由本校大門西側之北辰路側門進入停車場，下車後直接前往會場。報到時間：5 月 4 日上午 7:40～8:30 於本校志清堂前「參展學生及指導教師報到處」簽名報到（每位報到學生皆須簽名），以完成報到手續，各校並請指派一位領隊教師於「領隊教師報到處」簽名並領取參賽證及識別證。

二、本次科展組別皆為高級中等學校組，科別分為：(一)數學科；(二)物理與天文學科；(三)化學科；(四)地球與行星科學科；(五)動物與醫學學科（含微生物、生物化學、分子生物）；(六)植物學科（含微生物、生物化學、分子生物）；(七)農業與食品學科；(八)工程學科（一）（含電子、電機、機械）；(九)工程學科（二）（含材料、化工、土木）；(十)電腦與資訊學科；(十一)環境學科（含衛工、環工、環境管理），請各校老師在填寫「作品送展清冊」、「作品送展表」、「作品說明書」及「作品說明板海報」請慎重填寫，且務必注意此四項物件中之「作品名稱（含所有文字及符號）」、「作者姓名（含作者順序）」及「指導教師姓名（含指導教師順序）」皆需一致，若有不一致者將不予評審，送出後不得任意要求更改作品名稱、作者及指導教師姓名及其順序。每件作品作者至多 3 名，每位學生僅得報名一件作品，學生說明時得使用筆記型電腦輔助展示。

三、各參展學校得於其作品說明板海報載明校名及各作者姓名，惟評審結束前應自行以空白紙浮貼其上，評審結束後，方可將空白紙撕下，違者將不予評審；學生於展覽日，不得穿著標示有校名（學校運動服亦不行）及個人姓名之服裝，如有穿著標示有校名及個人姓名之服裝者，由本校視情況要求改善或不予評審。

四、請協調將作品名稱縮減於 18 字以內，俾利獎狀及參展證明書之套印。

五、開幕結束後每科編號第 1 組留在會場進行口試，第 2 組留在會場入口處等待區等待，次 2 組在會場外等待進場，其餘老師與同學請至選手休息區等候通知入場（各科休息區 5 月 4 日當日報到時再行公告），休息室外備有茶水，請勿靠近教學區。

六、評審：

1. 各件作品皆須到場說明，否則不予評審，評審完後請立即離開會場，而場外一組隨即入場，場內同時維持一組進行評審、一組等待評審。

2. 評審期間請指導老師勿到評審會場。

3. 各科得獎名單預定於 5 月 9 日（星期一）公佈於本校網頁。

七、送拆件：

1. 送件時間：5 月 3 日（星期二）8:30 ～ 12:00；13:30 ～ 16:00，各校看板一律統一請參照全國科學展覽會規格製作，貴重器材請於 5 月 4 日（星期三）評審當天 8:20 分前完成安置或擺放至志清堂會場。

2. 拆件時間：5 月 6 日（星期五）8:00 ～ 12:00；預期未拆件，本校恕不負保管責任。

3. 送、拆件時，為免阻礙附近交通，車輛請由校園西側北辰路側門進入校內暫時停車區，再進行作品之搬運。

八、各校附件二（作品送展清冊）、附件六（資料調查表）：請以電腦打字後於 3 月 25 日前先 E-MAIL 傳回，以利統計相關資料。elvis83086@pksh.ylc.edu.tw

九、中午各校餐盒，請於 11：30 派員至行政大樓總務處（見附件十二）領取，食用後並請注意分類回收。

十、傳真號碼：(05)7827427　聯絡電話：(05)7821411 轉 205
國立北港高級中學設備組

◉ 備註：作品說明書附件是以第 56 屆為主，其時間、日期僅提供參考。

## 六、小論文格式

## 110學年度全國高級中等學校小論文寫作比賽實施計畫

**壹、目的**

一、培養中學生從事研究之風氣，透過閱讀與討論，增進自學能力。

二、推廣圖書館利用教育，引導學生深度利用圖書館各項資源。

**貳、辦理單位**

一、指導單位：教育部國民及學前教育署

二、執行單位：全國高級中等學校圖書館輔導團

三、承辦學校：國立中興大學附屬高級中學

**參、參賽對象**：全國高級中等學校學生（含高級中等教育階段非學校型態實驗教育學生，註冊事宜請洽承辦學校）

**肆、投稿時間**：第一學期自110年9月1日起至10月15日中午12時止。
第二學期自111年2月1日起至3月15日中午12時止。
比賽時程表詳見附件1。

**伍、投稿網站**：中學生網站【https://www.shs.edu.tw/】

**陸、投稿規則**

一、小論文主題共分21類（工程技術、化學、文學、史地、生物、地球科學、法政、物理、英文寫作、家事、海事水產、健康與護理、商業、國防、教育、資訊、農業、數學、藝術、體育、觀光餐旅），請學生擇一主題參賽，並採中文或英文撰寫。

二、各校應先辦理校內初賽，再擇優作品參加投稿，投稿至中學生網站之作品須由學生簽立「切結書」（如附件2）才能參賽，未簽立者由原學校刪除作品。

三、每人每次限投稿作品1篇，各校投稿篇數以各校班級數為上限（不含國中部班級數），若投稿篇數超過規定篇數，則由校內自訂控管方式。

四、作品封面自成一頁，封面須註明投稿類別、作品名稱、校名、參賽人員與指導老師，作品含封面不得超過11頁。

五、個人或小組參賽皆可，惟小組成員需同校同年級（可不同班），且最多3人為一小組。

六、寫作及引註資料格式請參照「全國高級中等學校小論文寫作比賽格式說明暨評審要點」、「全國高級中等學校小論文寫作比賽引註及參考文獻格式範例」（請參閱中學生網站小論文寫作比賽專區）。

【嚴禁引用論壇、問答或聊天網站內容，建議引用其有效之資料來源。 引用維基百科資料時，建議引用其文獻資料或參考資料，不建議引用維基百科內容文字】

七、小論文篇幅以 A4 直式紙張 4 至 10 頁（不含封面）為限。

八、作品須以「PDF」檔投稿，檔案大小（含圖檔）不得超過 5MB。

## 柒、投稿方式

一、第 1 次投稿學生須先上中學生網站註冊，學校驗證碼請洽各校承辦處室。

二、小組參賽時只要 1 人負責上傳作品即可，但需輸入小組所有成員基本資料（所有參賽者均須用全名註冊，未註冊或資料不全者無法在獎狀上印出完整姓名）。

三、上傳作品步驟：

1. 登入中學生網站。
2. 點選「我的作品專區」（畫面左邊）。
3. 點選「上傳我的作品」（畫面右邊）。
4. 輸入所有參賽者基本資料（請仔細校對姓名及年級，若因個人疏忽造成獎狀資料有誤，學生須自行負責）。
5. 填入小論文篇名→選擇類別（如選錯類別只能得 1 分）→連結小論文作品檔案 →完成上傳動作。
6. 點選參加比賽圖示完成投稿動作。

四、簽立切結書與作品一覽表：

1. 切結書（如附件 2）一篇（組）簽立一張即可，交由學校留存，未繳交者，請學校逕自中學生網站後台刪除該作品。
2. 學校在確定投稿篇數後，請於中學生網站下載「參賽作品一覽表」（如附件 3），並於校內逐級核章後，留校備查。

五、務請儘早完成投稿，避免因網路壅塞，無法完成投稿。

捌、評審方式

本比賽採校內初選及全國賽 2 階段進行。

一、校內初選：截稿後由各校在 1 週內（含假日）自行篩選符合比賽規定與簽立切結書之作品參加全國賽，篇數不得超過各校之班級數（不含國中部班級數）。如篇數超過班級數而各校初選期間未自行刪除，則系統會依投稿順序自行選取符合班級數之篇數參加全國賽。各校正式參賽作品以中學生網站為準，請各校確認中學生網站參賽作品與參賽作品一覽表一致。如致學生權益受損，由各校自行負責。

二、全國賽：由參賽學校共同擔任評審工作。未依配額協助評審工作之學校，其學生作品取消參賽資格，不予以評審。

玖、獎懲

一、比賽依年級評分，分別錄取 特優 、 優等 、 甲等 ，頒發獎狀以資鼓勵。參賽學生資料須正確，以避免收到不正確的獎狀。獎狀請妥善保存，除因執行單位印製錯誤，可寄回訂正補發外，獎狀不予補發。若因誤植年級，造成評審不公，則獎狀予以取消。

二、參賽作品限未曾在校外出版、發表或獲獎，並不得抄襲、模仿、改編、譯自外文、或頂用他人名義參賽。如有上述情形，經查證屬實者，另將通知學校，並於下個梯次停權一次，若累積二次則永久停權。作品若得獎則取消資格，追回獎狀。

三、參賽學校被通知抄襲後如有異議，須在一個月內提出申復申請，逾期不受理。申復書請於中學生網站下載。

四、參賽得獎作品之著作權，歸教育部國民及學前教育署所有，並擁有結集成冊或運用於其他教育目的之權利，且公開刊登於中學生網站，不再個別通知著作人，並不得要求將作品從網站撤除，亦不支付任何稿費。

五、因侵犯他人著作權或智慧財產權而涉訟，由參賽者負一切法律責任。

六、請各校依權責給予辦理本項比賽之評審老師、指導老師、行政等相關人員敘獎。

拾、本實施計畫經教育部國民及學前教育署核定後實施。

附錄 六、小論文格式

附件1：比賽時程表

## 110學年度全國高級中等學校小論文寫作比賽時程表

| 項次 | 工作項目 | 工作內容 | 期限 | 負責人員 |
|---|---|---|---|---|
| 一 | 小論文投稿 | 1. 各校承辦處室輔導該校學生，確實完成註冊並已將帳號開啟。<br>2. 所有投稿學生均需在中學生網站註冊。<br>3. 投稿截止時間為截止日中午12時。 | 第一學期<br>110-09-01至<br>110-10-15<br><br>第二學期<br>111-02-01至<br>111-03-15 | 各校承辦處室 |
| 二 | 各校進行校內初選 | 1. 進入中學生網站後台管理端，刪除有下列問題的檔案：<br>　(1) 無法開啟之作品。<br>　(2) 投稿作品之封面格式不符規定（如：有插圖、無投稿類別、無指導老師、封面出現其它資訊等）。<br>　(3) 作者資料有誤（超過三人或不同年級參賽）。<br>　(4) 投稿類別、年級錯誤者。<br>　(5) 格式不符六大架構（「壹、前言」、「貳、文獻探討」、「參、研究方法」、「肆、研究分析與結果」、「伍、研究結論與建議」、「陸、參考文獻」（英文寫作類請用：I. Introduction　II. Literature Review　III. Research Methods　IV. Analysis and Results　V. Conclusion and Suggestions　VI. References）<br>　(6) 一人投稿二篇以上或相同作品投稿不同類別。<br>　(7) 參考文獻少於3篇或全部來自「全國高級中等學校小論文寫作比賽引註及參考文獻格式範例」第貳條參考文獻第二項撰寫格式第（七）款之網路相關資源。<br>　(8) 篇幅少於4頁或超過10頁（含封面最多11頁）。<br>　(9) 網路篇名、封面篇名與正文頁首篇名文字有差異。<br>　(10) 內容涉及抄襲之文章。<br>2. 請學生簽立作品未抄襲切結書（學校留存）。<br>3. 如投稿篇數超過學校高中職之班級數，進行校內初選。<br>4. 小論文寫作比賽作品一覽表核章後，請自行留校備查。 | 第一學期<br>110-10-16至<br>110-10-22<br><br>第二學期<br>111-03-16至<br>111-03-22 | 各校負責小論文業務老師（請注意投稿篇數為貴校高中職之班級數總和） |
| 三 | 系統刪除超出篇數 | 1. 系統刪除各校超出參賽篇數的作品。（依投稿時間順序，後投先刪）。<br>2. 各校正式參賽作品以中學生網站為準，請各校確認中學生網站參賽作品與參賽作品一覽表一致。 | 第一學期<br>110-10-23<br><br>第二學期<br>111-03-23 | • 中學生網站<br>• 國立興大附中 |
| 四 | 分配評審學校 | 1. 評審學校設定（國立興大附中）。<br>2. 公文通知各評審學校。若未收到評審公文，請電洽總召學校：國立中興高中 049-2331014 分機613。<br>3. 評審費由總召學校行文18分區召集學校協助發放。 | 第一學期<br>110-10-24至<br>110-10-30<br><br>第二學期<br>111-03-24至<br>111-03-30 | • 國立興大附中<br>• 國立中興高中 |

創意機械專題實作

| 項次 | 工作項目 | 工作內容 | 期限 | 負責人員 |
|---|---|---|---|---|
| 五 | 進行初審 | 1. 進入中學生網站後台管理端評審作業區列印小論文，取下封面頁後裝訂，請承辦處室先協助格式審查，之後再連同小論文寫作比賽格式說明暨評審要點請相關科目老師進行評審。<br>2. 各校小論文業務負責人輸入初審成績並公布。<br>3. 各校按「公布」前請先與合作學校聯繫，是否有疑似抄襲之作品，先進行討論，以減少後續之重評作業流程。（合作學校名單請參見中學生網站） | 第一學期<br>110-10-31 至<br>110-11-19<br><br>第二學期<br>111-03-31 至<br>111-04-19 | 評審學校業務負責人及評審老師 |
| 六 | 疑似抄襲作品重審 | 疑似抄襲作品請兩校討論一致，並於中學生網站上填寫抄襲紀錄。 | 第一學期<br>110-11-20 至<br>110-11-26<br><br>第二學期<br>111-04-20 至<br>111-04-26 | 評審學校業務負責人及評審老師 |
| 七 | 擬定得獎率 | 擬定得獎比率。 | 第一學期<br>110-11-27 至<br>110-11-30<br><br>第二學期<br>111-04-27 至<br>111-04-30 | • 教育部國教署<br>• 國立中興高中<br>• 國立興大附中 |
| 八 | 公布得獎名單 | 於中學生網站公布。 | 第一學期<br>110-12-01 前<br><br>第二學期<br>111-05-01 前 | 國立興大附中 |
| 九 | 得獎名字更正 | 得獎作者名字若有亂碼，請參賽學校將正確資料 email 至總召學校。 | 第一學期<br>110-12-03 前<br><br>第二學期<br>111-05-03 前 | 國立中興高中 |
| 十 | 列印及寄送獎狀 | 獎狀資料若有問題請洽總召學校。 | 第一學期<br>預計<br>110-12-23 前<br><br>第二學期<br>預計<br>111-05-23 前 | 國立中興高中 |
| 十一 | 抄襲作品查證 | 通知學校並協助查證被評審判定為疑似抄襲之作品。 | 第一學期<br>110-12-15 至<br>111-02-15<br><br>第二學期<br>111-05-15 至<br>111-07-15 | 國立臺南女中 |

附件2：切結書

# ＿＿＿＿＿＿＿＿（校名）參加中學生網站舉辦
# 全國高級中等學校小論文寫作比賽作品切結書

立切結書人參加教育部國民及學前教育署於中學生網站舉辦之＿＿＿＿＿＿梯次，全國高級中等學校小論文寫作比賽，已依規定格式撰寫，具結文章內容絕無抄襲之處，若有抄襲，願自負全責，接受校規懲處，並取消得獎資格。

|  | 第一位 | 第二位 | 第三位 |
|---|---|---|---|
| 具結人 |  |  |  |
| 科（學程）別 班級 |  |  |  |
| 學號 |  |  |  |

指導老師簽名：

中華民國　　　年　　　月　　　日

備註：
一、參賽作品不得抄襲、模仿、改編、譯自外文、或頂用他人名義參賽。
二、參賽作品若有參加校外比賽獲獎、或已在校外出版、發表者，不得再投小論文。
三、如有上述情形，經查證屬實者，將通知學校，並於下個梯次停權一次，若累積二次則永久停權。作品若得獎則取消資格，追回獎狀。

創意機械專題實作

附件3：參賽作品一覽表

## ＿＿＿＿＿＿＿（校名）參加教育部國民及學前教育署於中學生網站舉辦全國高級中等學校小論文寫作比賽＿＿＿＿＿＿梯次作品一覽表

| 序號 | 科（學程）別 | 年級班級 | 作品標題 | 學生姓名 | 備註 |
|---|---|---|---|---|---|
|  |  |  |  |  |  |
|  |  |  |  |  |  |
|  |  |  |  |  |  |
|  |  |  |  |  |  |
|  |  |  |  |  |  |
|  |  |  |  |  |  |
|  |  |  |  |  |  |
|  |  |  |  |  |  |

總投稿篇數：　　　篇

說明：

一、請確認學生所投稿之文章無抄襲之虞，並已簽立切結書。

二、每一行填列一篇（組）作品（同組學生均應列名），序號請以數字標示，由1往下遞增。

三、本作品一覽表，於校內逐級核章後，請自行留校備查。

承辦人：　　　　　　主任：　　　　　　校長：

# 全國高級中等學校小論文寫作比賽**引註及參考文獻格式**範例
# （參考 APA 論文格式精神訂定之）

110 年 02 月 17 日小論文格式研商會議修正<br>
109 年 05 月 26 日小論文格式研商會議修正<br>
105 年 12 月 21 日全國高級中等學校圖書館輔導團年度工作檢討會修正

**壹、引註格式**

一、注意事項：

在正文中確實有提及、參考引用之資料，一律採用（姓名，年代）或姓名（年代）的引註格式，不使用註一、註二、頁下註（footnote）方式書寫。

二、格式舉例：

（一）英文文獻：姓氏（出版或發表年代）或（姓氏，出版或發表年代）。

如：Porter（2001）指出…；或…（Porter, 2001）。

作者 3 人以上只列出第一位，其他作者以 "et al." 呈現。

（二）中文文獻：姓名（出版或發表年代）或（姓名，出版或發表年代）。

如：吳清山（2001）指出…；或…（吳清山，2001）。

作者 3 人以上只列出第一位，其他作者以「等」呈現。

例1、張清濱（2005）指出「**教育視導乃是教育行政人員藉由視察與輔導的歷程，督促學校貫徹教育政策與措施。**」

例2、教育選擇權的定義為：「**基於受教者之需求與福祉，進而選擇對其最適當教育的權利。**」（秦夢群，2013）

例3、作者為機構或團體

(1) 無簡稱：須列出全稱，例：教育部（2020）…或（教育部，2020）。

(2) 有簡稱：第一次引用列全稱，並於全稱後用方括號帶出簡稱，後續引用則列簡稱即可，但在「陸、參考文獻」中仍須列出全稱。例：
第一次引用：衛生福利部疾病管制署（〔疾管署〕，2020）指出…；或…（衛生福利部疾病管制署〔疾管署〕，2020）。
第二次引用：疾管署（2020）指出…；或…（疾管署，2020）。

三、間接（改寫）引用，亦必須註明出處，但不必加「」引號、亦不用粗體。

四、圖表引用：若圖表係引用，均須於圖表下方註明資料來源，並於「陸、參考文獻」段列出。資料來源書寫方式與「陸、參考文獻」同。圖表之編號及標題均置於圖表上方置左。

**貳、參考文獻**

一、注意事項：

在正文中確實有參考引用的文獻均須列入「陸、參考文獻」；未參考引用者不得列入。

二、撰寫格式：

（一）書籍類

1. 中文格式：作者（出版年）。**書名**。出版者。

●範例：

(1) 一位作者的著作：

張春興（2001）。**教育心理學（修訂版）**。東華書局。

(2) 二位作者的著作：

曾文星、徐靜（1982）。**精神醫學**。水牛出版社。

(3) 編輯的書本：

孫煜明（主編）（1993）。**動機心理學**。南京大學出版社。

(4) 翻譯的著作：

林翠湄（譯）（1995）。**社會與人格發展**（原作者：D. R. Shaffer）。心理出版社。（原著出版年：1994）

(5) 作者是機構或團體：

教育部訓育委員會（1991）。**台灣地區國中、高中階段少年犯罪資料分析**。教育部訓育委員會。

(6) 沒有作者或編者的書：

昌黎先生集。

2. 英文格式：Author. (Date of publication). *Book title*. Publication information.

●範例：

(1) 一位作者的著作：

Klausmeier, H. J. (1985). *Educational psychology.* Harper & Row.

(2) 二位或二位以上作者的著作：

Leahey, T. H., & Harris, R. J. (1989). *Human learning* ($2_{nd}$ ed.). Pernice-Hall.

(3) 作者是機構或團體：

Educational Products Information Exchange. (1990). *Report of computer-based integrated instructional systems.* Author.

(4) 編輯的書籍：

Letheridge, S., & Cannon, C. R. (Eds.). (1980). *Bilingual Education: Teaching English as a second language.* Praeger.

(5) 沒有作者或編者的書：

*Merriam-Webster's collegiate dictionary* (10$_{th}$ ed.). (1993). Merriam-Webster.

3. 電子書格式：作者（年代）。**書名**。網址（可用短網址）

●範例：

劉政暉（2018）。**學校最該教什麼？直擊 12 種非典型教育現場**。
https://ebookdrm.nlp.edu.tw/ebookservice/epubreader/hyread/v3/reader.jsp

（二）期刊論文類

1. 中文格式：作者（出版年）。論文篇名。**期刊名，卷**（期），起訖頁碼。

●範例：

(1) 林生傳（1994）。實習教師的困擾問題與輔導之研究。**教育學刊，10**，33-103。

(2) 吳裕益、張酒雄、張玉茹（1998）。國中學生英語學習成就測驗的編製、分析、與常模建立。**測驗年刊，45**（2），109-134。

2. 英文格式：Author. (Date of publication). Title of article. *Name of the Periodical, Volume(Issue)*, Inclusive page numbers.

●範例：

(1) Paivio, A. (1975). Percepyual comparisons through the mind's eye. *Memory & Cognition,3*,635-647.（只有一位作者，有期沒有卷）

(2) Becker, L. J., & Seligman, C. (1981). Welcome to the energy crisis. *Journal of Social Issues, 37*(2),1-7.（二位作者，有卷有期）

3. 電子期刊格式：作者（出版年月日）。文章名稱。**期刊名稱，卷**，頁碼。網址（可用短網址）

●範例：

(1) 中文範例：

林基興（2003 年 6 月 24 日）。老化面面觀專輯。**科學月刊，402**，472-473。http://www.scimonth.com.tw/catalog.php?arid=436

(2) 英文範例：

Zehr, M. A. (1977, October 13). Teaching the teachers. *Education Week, 17*(11), 24-29. http://www.edweek.org/sreports/tc/

●說明：有關（二）期刊論文類卷期之寫法如下：
(1) 中文：有卷、期之分的中文期刊，卷數用粗體字，期數加圓括弧但不用粗體字；沒有卷、期之分的，則將期數用粗體字。
(2) 英文：有卷、期之分的英文期刊，卷數用斜體字，期數加圓括弧但不用斜體字；沒有卷、期之分的，則將期數用斜體字。

（三）文集論文類

1. 中文格式：作者（出版年）。篇名。載於主編單位／主編名（主編）：**文集名**（起訖頁碼）。出版者。

●範例：

王家通（2000）。論教育機會的均等與公平：以概念分析為中心。載於國立高雄師範大學教育學系（主編）：**教育基本法相關議題研討會會議手冊・論文彙編**（63-77）。國立高雄師範大學教育學系。

2. 英文格式：Article or chapter author. (Date of publication). Article or chapter title. Book editors. *Book title*, (Article or chapter numbers). Publication information.

●範例：

Triandis, H. C. (1986). Toward pluralism in education. In S. Modgil, G.K. Verma, K. Mallick, & C. Modgil (Eds.), *Muiticultural education: The interminable debate*, ( 頁碼 ). Falmer.

（四）博（碩）士論文

1. 中文格式：作者（出版年）。**篇名**。學校研究所所名：碩（博）士論文。

●範例：

鄒慧英（1989）。**高中男女分校與其學校性別角色、成就動機之關係**。國立高雄師範大學教育研究所：碩士論文。

2. 電子論文格式：作者（出版年）。**篇名**。學校研究所所名：碩（博）士論文。網址（可用短網址）

●範例：

簡菲莉（2019）。**十二年國教課綱高中自主學習建制化之實踐研究**。國立臺灣師範大學教育研究所：博士論文。https://hdl.handle.net/11296/2vx6u6

（五）報紙文章

　　1. 中文格式：作者（年月日）。篇名。**報紙名**，版次。
　　　● 範例：
　　　　朱雲漢（2000年9月18日）。知識經濟的憧憬與陷阱。**中國時報**，2版。

　　2. 電子報格式：作者（年月日）。篇名。**電子報名稱**。網址（可用短網址）
　　　● 範例：
　　　　李家同（2021年1月26日）。科技・人文聯合講座／素養不該和入學制度掛勾。**聯合新聞網**。https://udn.com/news/story/7339/5203592

（六）法規

　　● 法律名稱（公布日期）。
　　● 範例：
　　　師資培育法（2000年12月18日）。

（七）網路相關資源

　　1. 網路資料：網站名稱（登載年月日）。文章名稱。網址（可用短網址）
　　　● 範例：
　　　　教育部全球資訊網（2020年3月12日）。十二年國民基本教育實施計畫。https://reurl.cc/a5G9AG

　　2. 如果網路資料有作者及篇名，請依下列格式書寫
　　　作者（登載年月日）。文章名稱。網址（可用短網址）
　　　● 範例：
　　　　詹益鑑（2016年8月8日）。Uber在臺灣到底挑戰了什麼？。
　　　　https://www.bnext.com.tw/article/40529/BN-2016-08-08-165510-77

　　3. 如果網路資料沒有出版日期，請依下列格式書寫
　　　作者（無日期）。文章名稱。擷取日期，取自網址（可用短網址）

　　4. 其他網路相關資源，例如YouTube、Facebook、部落格，請依下列格式書寫
　　　(1) YouTube：名稱（登載年月日）。標題〔影片〕。YouTube。網址（可用短網址）
　　　　● 範例：
　　　　　TED（2012年12月30日）。蔣勳：留十八分鐘給自己〔影片〕。YouTube。https://www.youtube.com/watch?v=6i7RcP39NB0

(2) Facebook：名稱（登載年月日）。標題〔影片／相簿／動態貼文／圖片…等〕。Facebook。網址（可用短網址）

　●範例：

　中華民國行政院（2021 年 1 月 14 日）。防疫是長期抗戰，團結才能守住台灣〔圖片〕。Facebook。https://www.facebook.com/ey.gov.tw/photos/a.449506128410605/4105067726187742/

(3) 部落格：名稱（登載年月日）。文章標題〔部落格文章〕。網址（可用短網址）

　●範例：

　陳勇延（2019 年 12 月 5 日）。你的學習歷程是有序的故事或雜亂的堆積？〔部落格文章〕。http://yungyenchen.blogspot.com/2019/12/blog-post_5.html

# 全國高級中等學校小論文寫作比賽格式說明暨評審要點

110 年 02 月 17 日小論文格式研商會議修正
109 年 05 月 26 日小論文格式研商會議修正
108 年 07 月 10 日小論文寫作比賽實施計畫研修會議修訂
105 年 12 月 21 日全國高級中等學校圖書館輔導團年度工作檢討會修訂
102 年 12 月 18 日高中高職圖書館輔導團年度工作檢討會修訂
98 年 02 月 06 日圖書館輔導團會議修訂

壹、篇幅規定：

　　小論文篇幅以 A4 紙張 4 至 10 頁為限（含附錄、不含封面）。

貳、版面規定：

　一、字體字型

　　（一）以中文撰寫者，請以繁體中文新細明體 12 級字打字。

　　（二）以英文撰寫者，請以英文 Times New Roman 12 級字打字。

　　（三）字體限以黑色字體、且不可使用底線、斜體、粗體（原文引用及參考文獻之書名、期刊名及卷期除外）。

　　（四）中文撰寫請用全型標點符號，英文撰寫請用半型標點符號。

　二、版面編排

　　（一）單行間距。

　　（二）邊界上下左右各留 2 公分。

　　（三）所有標題皆須單獨成行。

　　（四）標題與段落之間要空一行。

　　（五）段落與段落之間要空一行。

　　（六）段落開頭與一般中英文寫作相同，須整齊一致。

　三、頁首及首尾：每頁（封面頁除外）頁首須加入小論文篇名，頁尾插入頁碼。文字為 10 級字、置中。

**參、格式說明：**

小論文之基本架構分為「封面頁」及六大段落：「壹、前言」、「貳、文獻探討」、「參、研究方法」、「肆、研究分析與結果」、「伍、研究結論與建議」、「陸、參考文獻」（英文寫作類請用：I. Introduction　II. Literature Review　III. Research Methods　IV. Analysis and Results　V. Conclusion and Suggestions　VI. References）。小論文可增加研究工具（如問卷、量表）當附錄，但含附錄之總篇幅應在4至10頁內（不含封面），其餘增刪皆不符。茲說明如下：

一、封面頁

　　（一）單獨一頁、不編頁碼。

　　（二）含投稿類別、小論文篇名、作者及指導老師（不限校內老師）。

　　（三）不能有插圖。

　　（四）作者依「姓名。學校。（科別）／年級班別」之順序編排。

《封面頁範例》

```
投稿類別：○○類
篇名：
○○○○○○○○
作者：
劉○○。○○高中。高二1班
王○○。○○高中。高二1班
李○○。○○高中。高二3班
指導老師：
○○○老師
```

二、本文結構內容

　　（一）各段落書寫重點請參閱本文件「肆、評審要點」。

　　（二）在形式上必須分層次、分段來條列說明。文章之論述層次

　　　　中文可參考下例：

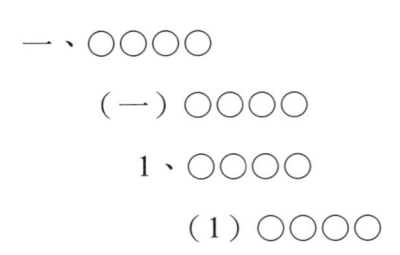

　　　　　　一、○○○○

　　　　　　　　（一）○○○○

　　　　　　　　　　1、○○○○

　　　　　　　　　　　　（1）○○○○

英文可參考下列：

I.

  (I)

    A.

      (A)

※小論文因規模較小，建議分成四個層次即可，若不敷使用，可參考博碩士論文格式。

（三）在內容上應特別強調相關資料的引用、彙整、分析、辯證，亦即須「引經據典」地進行文獻探討。

（四）文中直接或間接引用他人資料時須加註資料來源，標明作者及年代，並於「陸、參考文獻」段說明資料來源。若直接引用原文，須以**粗體**並加「」標明。若為間接（改寫）引用，則不必加「」、亦不用粗體，但仍須註明出處。

（五）同一處引用參考資料之原文不得超過 50 字（不含標點符號），詩文、歌詞、劇本、法律條文不在此限。

（六）若圖表係引用，均須於圖表下方註明資料來源，並於「陸、參考文獻」段列出。資料來源書寫方式與「陸、參考文獻」同。圖表之編號及標題均置於圖表上方置左。

三、內文引註及參考文獻

（一）由於小論文寫作的重點在於援引相關資料進行討論，不僅要「言之有物」，也要「言之有據」。因此，每篇小論文皆須附參考文獻。

（二）參考文獻可方便讀者依線索尋找原資料閱讀，故須註明清楚。

（三）在正文中確實有參考引用的文獻均須列入「陸、參考文獻」；未參考引用者不得列入。

（四）小論文比賽目的在引導同學利用圖書館各項資源，包含圖書、期刊、報紙及各項電子資源，建議同學應多蒐集各種類型的資料加以研讀。小論文比賽參考文獻至少 3 篇，且不得全部來自「全國高級中等學校小論文寫作比賽引註及參考文獻格式範例」第貳條參考文獻第二項撰寫格式第（七）款所列之網路相關資源。

（五）嚴禁引用論壇、問答或聊天網站內容，建議引用其有效之資料來源。引用維基百科資料時，建議引用其文獻資料或參考資料，不建議引用維基百科內容文字。

四、引註格式

引用及參考文獻書寫範例請參閱中學生網站「**全國高級中等學校小論文寫作比賽引註及參考文獻格式範例**」。

**肆、評審要點：**

一、內容評分重點

（一）前言：

1. 研究背景／動機：是否清楚描述研究背景／動機

2. 研究目的／問題：是否清楚具體說明研究目的及問題

（二）文獻探討：

1. 引用資料是否與研究問題相關

2. 是否客觀且有系統的敘述並正確掌握相關知識

3. 相關領域之概念是否正確

（三）研究方法：

1. 是否說明研究概念／架構

2. 研究方法、研究流程是否合宜等

（四）研究分析與結果：

1. 研究分析是否完整並具邏輯性

2. 研究結果闡釋是否合宜

3. 圖表是否正確

（五）研究結論與建議：

1. 結論是否呼應研究目的／問題

2. 研究問題是否被解決

3. 研究建議是否合宜

（六）參考文獻及論文格式：

    1. 引用格式是否正確：尊重著作權，正確引註參考資料，並詳列參考文獻。

    2. 參考文獻及論文格式是否正確：須符合主辦單位所訂格式。

## 二、以下情形【予以淘汰】

（一）無法開啟之作品。

（二）投錯類別或年級。

（三）投稿作品之封面格式不符規定。

    （如：有插圖、無投稿類別、無指導老師、封面出現其它資訊等。）

（四）作者資料有誤

    1. 超過 3 人。

    2. 不同年級參賽。

    3. 不同學校參賽。

（五）小論文格式不符六大架構要求（「壹、前言」、「貳、文獻探討」、「參、研究方法」、「肆、研究分析與結果」、「伍、研究結論與建議」、「陸、參考文獻」（英文寫作類請用：I. Introduction　II. Literature Review　III. Research Methods　IV. Analysis and Results　V. Conclusion and Suggestions　VI. References）
小論文可增加研究工具（如問卷、量表）當附錄，但含附錄之總篇幅應在 4 至 10 頁內（不含封面），其餘增刪皆不符。

（六）篇幅超過 10 頁或少於 4 頁（不含封面）。

（七）參考文獻少於 3 篇或全部來自「全國高級中等學校小論文寫作比賽引註及參考文獻格式範例」第貳條參考文獻第二項撰寫格式第(七)款之網路相關資源。

（八）網路篇名、封面篇名與正文頁首篇名文字有差異。

三、參考文獻及論文格式評分：

以下四大類型，屬同類型錯誤者，扣 1 分，四大類型均有錯誤最多扣 4 分。（例如，字體大小、字型不符版面規定者屬同一類型，扣 1 分。字體大小不符版面規定、內文引註格式錯誤者，則屬二種類型，須扣 2 分。）

（一）不符本要點「貳、版面規定」者。

（二）參考文獻或內文引註格式錯誤者。

（三）同一處引用參考資料之原文超過 50 字（不含標點符號），詩文、歌詞、劇本、法律條文不在此限。

（四）未投錯類別，但封面類別寫錯（如史地類寫成歷史類），或依規定段落結構寫作，但段落標題寫錯者（如結論與建議寫成結論、參考文獻寫成引註資料者……）。

四、有以下情形之一者視為疑似抄襲

（一）正文引用他人資料，未標明作者及年代。

（二）未於「陸、參考文獻」段中註明出處者。

五、總分：評審老師依第一項評分重點，視作品整體內容之優劣，並參酌第二、三項之給（扣）分後，以分數表示評審結果，各等第分數如下表：

| 小論文給分方式 ||||||
|---|---|---|---|---|---|
| 5分 | 4分 | 3分 | 2分 | 1分 | X |
| 最優 | | | | 待加強 | 疑似抄襲 |

# 全國高級中等學校小論文寫作比賽審查原則

高中小論文審查研究小組<br>20201107

## 壹、目的

一、依據小論文審查原則審查小論文，使小論文審查有客觀的評分標準。

二、依據小論文審查原則辦理評審教育訓練，建立評審之評分共識。

三、審查原則可作為高中（職）教師指導學生進行專題研究及撰寫小論文之參考，提升學生自主學習能力。

## 貳、評分向度

一、前言，包含研究背景／動機、研究目的／問題。

（一）研究背景／動機：是否清楚描述研究背景／動機。

（二）研究目的／問題：是否清楚具體說明研究目的及問題。

二、文獻探討：引用資料是否與研究問題相關、是否客觀且有系統的敘述並正確掌握相關知識，相關領域之概念是否正確。

三、研究方法：是否說明研究概念／架構，研究方法、研究流程是否合宜等。

四、研究分析與結果：研究分析完整具邏輯性、研究結果闡釋是否合宜、圖表是否正確。

五、研究結論與建議：結論是否呼應研究目的／問題、研究問題是否被解決、研究建議合宜。

六、參考文獻及論文格式：

（一）引用格式正確：尊重著作權，正確引註參考資料，並詳列參考文獻。

（二）參考文獻及論文格式正確：符合主辦單位所訂格式。

## 參、評分等級

一、評分共分六個向度，每一向度分三或五個等級。

## 肆、評分表

| 評分向度 | | 5 | 4 | 3 | 2 | 1 |
|---|---|---|---|---|---|---|
| 壹、前言 | 是否清楚描述研究背景/動機 | | | | | |
| | 是否清楚具體說明研究目的及問題 | | | | | |
| 貳、文獻探討 | 引用文獻與研究主題相關適切 | | | | | |
| | 文獻分析掌握相關知識 | | | | | |
| 參、研究方法 | 研究架構/概念陳述清晰 | | | | | |
| | 研究方法及流程適宜 | | | | | |
| 肆、研究分析與結果 | 研究分析完整具邏輯性 | | | | | |
| | 研究結果闡釋合宜 | | | | | |
| | 圖表表述正確 | | | | | |
| 伍、研究結論與建議 | 研究結論呼應目的/問題 | | | | | |
| | 研究建議合宜 | | | | | |
| 陸、參考文獻及論文格式 | 正確引註參考資料並詳列參考文獻 | | | | | |
| | 符合主辦單位所訂格式 | | | | | |
| 總分 | | | | | | |

**伍、得獎參考標準**（此標準僅供參考，是否得獎仍以主辦單位最後的決定為主）

特優：總分至少 20 分以上，且無評分為 2 及 1 之評分項目。

優等：總分至少 18 分以上，且無評分為 2 及 1 之評分項目。

甲等：總分至少 16 分以上，且無評分為 1 之評分項目。

# APPENDIX
# 升學篇

1　考招分離與多元入學
1-1　制度內涵
1-2　其他入學管道
1-3　考招類別與科目
1-4　四技二專學校

2　學習歷程檔案
2-1　學習歷程檔案是什麼
2-2　如何蒐集資料
2-3　學習歷程檔案作業注意事項
2-4　學習歷程檔案效益
2-5　學習歷程檔案與現行的備審資料有何不同

# 1 考招分離與多元入學

## 1-1 制度內涵

### 考招分離

　　由教育部統籌辦理，成立入學測驗中心和招生策進總會二個單位，專門負責考試和招生工作，並委託技專院校辦理，各校亦可依實際情況成立招生委員會，辦理各校獨立招生事宜。

### 考試方式

一、辦理單位：技專院校入學測驗中心（http://www.tcte.edu.tw）。
二、成績申請：統一由入學測驗中心提供，入學測驗成績原始分數或接受各校委託提供所需之百分數或等級分數，考生憑測驗成績可向各多元入學管道報名，但限當年度有效。
三、考試對象：應屆畢業生或重考生。

### 招生方式

一、辦理單位：技專院校招生策進總會（http://www.techadmi.edu.tw）。
二、招生單位：各聯招或獨立招生委員會。
三、招生方式規劃：分甄選入學、聯合登記分發、技優保送入學、技優甄審入學、申請入學聯合招生、科技校院繁星計畫聯合推薦甄選、特殊選才聯合招生、各校日間部及進修部單獨招生等多元入學管道。
四、入學標準訂定：由各校系自訂，教育部負責彙整與協調相關事宜。

### 多元入學

　　多元入學方案是考招分離重要精神，學生可依實際需要，考量自身專長及依各學校條件，選擇最佳入學管道。

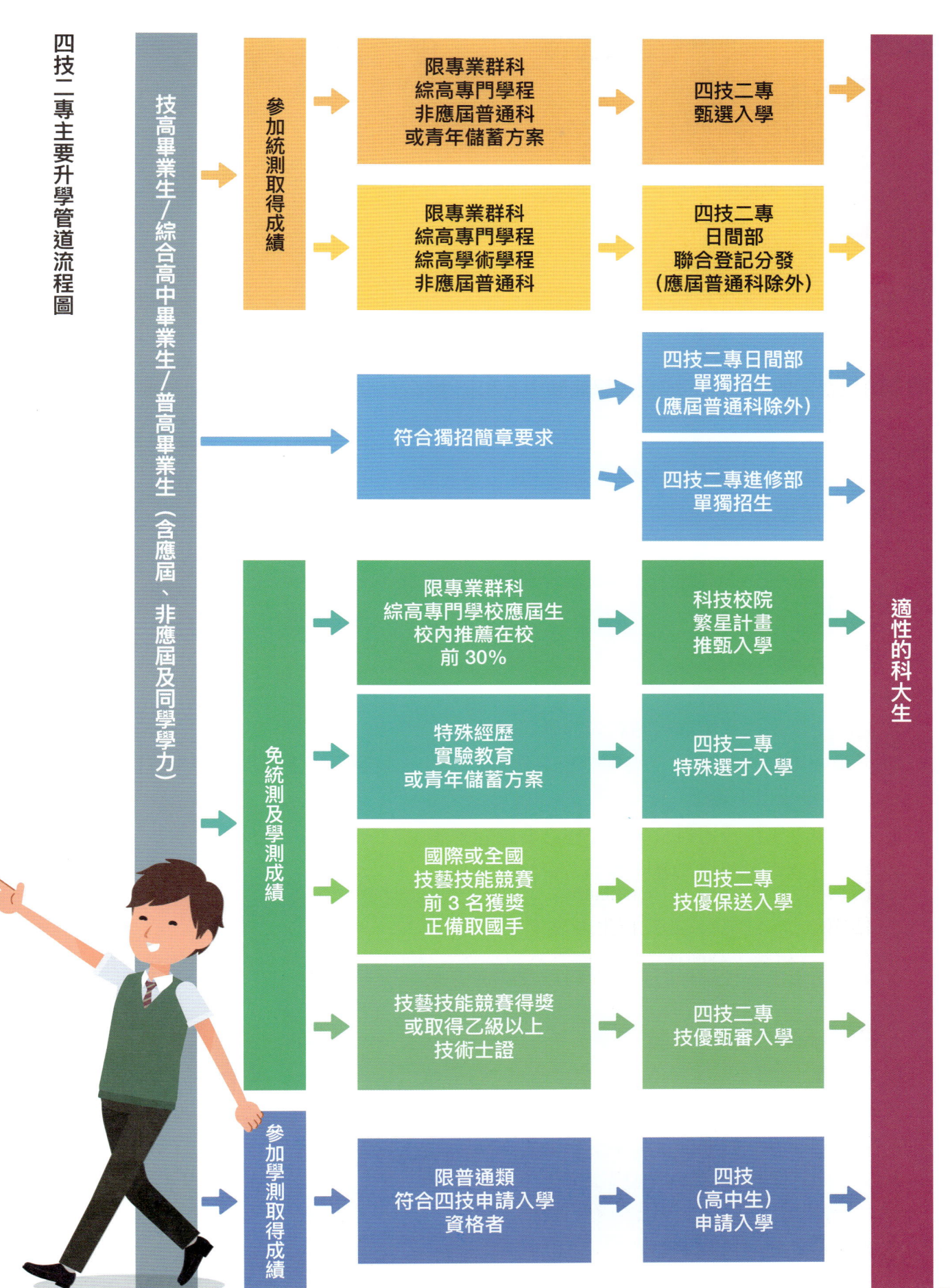

# 1 考招分離與多元入學

## 四技二專主要升學管道流程圖

**技高畢業生／綜合高中畢業生／普高畢業生（含應屆、非應屆及同學學力）** → **適性的科大生**

### 參加統測取得成績

- 限專業群科、綜高專門學程、非應屆普通科或青年儲蓄方案 → 四技二專甄選入學
- 限專業群科、綜高專門學程、綜高學術學程、非應屆普通科 → 四技二專日間部聯合登記分發（應屆普通科除外）

### 符合獨招簡章要求

- 四技二專日間部單獨招生（應屆普通科除外）
- 四技二專進修部單獨招生

### 免統測及學測成績

- 限專業群科、綜高專門學校應屆生、校內推薦在校前30% → 科技校院繁星計畫推甄入學
- 特殊經歷、實驗教育或青年儲蓄方案 → 四技二專特殊選才入學
- 國際或全國技藝技能競賽前3名獲獎、正備取國手 → 四技二專技優保送入學
- 技藝技能競賽得獎或取得乙級以上技術士證 → 四技二專技優甄審入學

### 參加學測取得成績

- 限普通類符合四技申請入學資格者 → 四技（高中生）申請入學

附3

## 考試

### 報名方式
一、**學校集體報名**：應屆畢業生
二、**個別網路報名**：非應屆畢業生及未參加學校集體報名之應屆畢業生

## 招生管道

### 一、甄選入學
㈠ **報名資格**
  1. 高級中等學校專業群科應屆或非應屆畢業生
  2. 高級中等學校辦理綜合高中學程之應屆畢業生（截至高三上學期已修畢專門學程科目 25 學分以上者）
  3. 高級中等學校普通科及學術學程之非應屆畢業生
  4. 其他符合報考四技二專同等學力資格之考生

㈡ **成績採計方式**
  1. 第一階段為統測成績篩選
  2. 第二階段由各校系科訂定採計科目及篩選倍率

### 二、日間部聯合登記分發
㈠ **報名資格**
  1. 高級中等學校專業群科應屆或非應屆畢業生
  2. 高級中等學校辦理綜合高中學程之應屆畢業生或非應屆畢業生
  3. 高級中等學校普通科非應屆畢業生
  4. 其他符合報考四技二專同等學力資格之考生

㈡ **成績採計方式**
  完全採計當學年度四技二專統一入學測驗考試各科成績，無畢業年資及證照加分優待。

## 1-2 其他入學管道

### 技優入學

#### 保送

凡取得國際技能競賽、亞洲技能競賽、國際展能節職業技能競賽、國際科技展覽前三名或優勝者；或者經選拔具備國際技能競賽、國際展能節職業技能競賽國手資格者；或曾在全國技能競賽、全國高級中等學校技藝競賽、全國身心障礙者技能競賽獲各職類之前三名獎項者，符合上述資格之選手，無論應屆或非應屆畢業生，均符合技優保送入學資格，可直接填寫保送分發志願（最多可以填寫50個志願），由招生委員會依競賽獲獎種類與等第、名次及志願分發。

#### 甄審

凡取得認可之競賽獲獎者或持有乙級以上技術士證者，符合資格之技高生或高中生，無論是應屆或非應屆畢業生均可報名，可選擇5個志願參加招生學校辦理之指定項目甄審。皆須至四技二專聯合甄選委員會網站登記就讀志願序，再由聯合甄選委員會依考生志願順序及正備取狀況進行統一分發。

### 日間部申請入學聯合招生（招收高中生）

高中（普通科）應屆及非應屆畢業生外，包括綜合高中學術學程及專門學程學生、藝術群專業群科（美術科、音樂科、舞蹈科、電影電視科、表演藝術科、戲劇科、劇場藝術科等）學生亦可報名參加，每位考生可至多報名5個校系志願。

### 科技校院繁星計畫聯合推薦甄選

高級中等學校專業群科或綜合高中已修畢專門學程科目25學分以上，及在校學校成績（採計至高三上學期之各學期學校成績平均）排名在所就讀科（組）或學程前30%以內者，並由原就讀學校申請推薦。

### 特殊選才聯合招生

在專業領域具備特殊技能或專長，或參與青年教育與就業儲蓄帳戶方案完成2~3年期，且符合招生學校訂定申請條件之青年。

## 日間部、進修部（夜間部）單獨招生

　　由學校自行辦理招生作業，其招生流程、考試科目、採計成績、錄取方式等，皆明訂於單獨招生簡章中。

## 在職專班

　　考生須為非應屆畢業生或同等學力者，應屆畢業生不可報名，且報名時須仍在職中，並持有在職證明。

## 藝術群單獨招生

　　具表演藝術、音樂、美術、戲劇、舞蹈等專長學生。部分科技校院藝術類系科重視考生現場創作或表演實力，採用單獨招生。

## 身心障礙

　　身心障礙學生升學大專院校甄試分視覺、聽覺、腦性麻痺、自閉症、學習障礙、肢體障礙及其他障礙生。
　　大專院校辦理單獨招收身心障礙學生。

## 運動績優

　　凡高級中等以上學校應屆及非應屆畢業生最近 2~3 年內獲得之運動成績合於《中等以上學校運動成績優良學生升學輔導辦法》第 4~8 條規定者，得由學校集體報名，自選一種與獎狀或參賽證明相同之運動種類為限，報名參加甄審或甄試分發。

## 雙軌訓練旗艦計畫招生

　　以技高、四技、二專及二技之產學合作班招生。考生年齡限 29 歲以下，訓練生錄取後將以事業單位工作崗位訓練為主，學校學科教育為輔。

## 產學攜手合作計畫專班招生

各技專校院將以合作技高（或二專、五專）之產學專班學生為主要招生對象，因此技高階段專班學生畢業後皆可透過甄審繼續升學合作技專校院之四技二專專班。

## 產學訓合作訓練四技專班招生

由各招生學校辦理單獨招生，考生年齡限29歲以下，各校另可訂定相關系科或持有證照等限制條件。

## 科技校院辦理多元專長培力課程招生

在取得學士學位後已先修讀由學校或機構開設符合產業需求的專業課程學分班，包含推廣教育、職業訓練機構及職業繼續教育等學分課程，累積專業課程學分並經各校採認後，再加上入學後至少須修讀的12學分，兩者合計符合各校各學系規定之專業課程學分數（至少48學分），修業期滿經考試合格後，即可取得學士後多元專長學士學位。

## 空中進修學院二專招生

空中進修學院採登記入學，無須參加入學考試，專科部（二專）學生修畢規定之學科學分達80學分者，可畢業取得副學士學位，等同其他二專、五專之學歷，可繼續就讀二技。

## 新住民入學招生

《新住民就讀大學辦法》於109年12月7日正式發布實施，依國籍法第四條第一項第一款至第三款規定，申請歸化許可之新住民，得以申請入學方式就讀大學各學制，其中亦包含四技二專日間部及進修部。

## 1-3 考招類別與科目

考招類別共分成單類群 20 類，跨類群 6 類，共有 26 種類群，各類群考科都以共同科目國文、英文、數學各 100 分，其中數學科依類科內容分為 A、B、C 三種版本。無論是單類群或是跨類群，每一群類均有專業科目（一）及（二），每科各占 200 分，滿分為 700 分，跨類生會有兩類群的成績滿分各為 700 分，可擇單一類群分發志願或是推甄。

### 111 學年度四技二專統一入學測驗命題範圍一覽表

| 群類別名稱 | 共同科目 | 專業科目（一） | 專業科目（二） |
| --- | --- | --- | --- |
| 01 機械群 | 國文<br>英文<br>數學(C) | 機件原理<br>機械力學 | 機械製造<br>機械基礎實習<br>機械製圖實習 |
| 02 動力機械群 | 國文<br>英文<br>數學(C) | 應用力學<br>引擎原理<br>底盤原理 | 引擎實習<br>底盤實習<br>電工電子實習 |
| 03 電機與電子群電機類 | 國文<br>英文<br>數學(C) | 基本電學<br>基本電學實習<br>電子學<br>電子學實習 | 電工機械<br>電工機械實習 |
| 04 電機與電子群資電類 | 國文<br>英文<br>數學(C) | 基本電學<br>基本電學實習<br>電子學<br>電子學實習 | 微處理機<br>數位邏輯設計<br>程式設計實習 |
| 05 化工群 | 國文<br>英文<br>數學(C) | 基礎化工<br>化工裝置 | 普通化學<br>普通化學實習<br>分析化學<br>分析化學實習 |
| 06 土木與建築群 | 國文<br>英文<br>數學(C) | 基礎工程力學<br>材料與試驗 | 測量實習<br>製圖實習 |
| 07 設計群 | 國文<br>英文<br>數學(B) | 色彩原理<br>造形原理<br>設計概論 | 基本設計實習*<br>繪畫基礎實習*<br>基礎圖學實習*<br>（* 為術科考試） |
| 08 工程與管理類 | 國文<br>英文<br>數學(C) | 物理 (B) | 資訊科技 |

| 群類別名稱 | 共同科目 | 專業科目（一） | 專業科目（二） |
|---|---|---|---|
| 09 商業與管理群 | 國文<br>英文<br>數學 (B) | 商業概論<br>數位科技概論<br>數位科技應用 | 會計學<br>經濟學 |
| 10 衛生與護理類 | 國文<br>英文<br>數學 (A) | 生物 (B) | 健康與護理 |
| 11 食品群 | 國文<br>英文<br>數學 (B) | 食品加工<br>食品加工實習 | 食品化學與分析<br>食品化學與分析實習 |
| 12 家政群幼保類 | 國文<br>英文<br>數學 (A) | 家政概論<br>家庭教育 | 嬰幼兒發展照護實務 |
| 13 家政群生活應用類 | 國文<br>英文<br>數學 (A) | 家政概論<br>家庭教育 | 多媒材創作實務 |
| 14 農業群 | 國文<br>英文<br>數學 (B) | 生物 (B) | 農業概論 |
| 15 外語群英語類 | 國文<br>英文<br>數學 (B) | 商業概論<br>數位科技概論<br>數位科技應用 | 英文閱讀與寫作（初階英文閱讀與寫作練習、中階英文閱讀與寫作練習、高階英文閱讀與寫作練習） |
| 16 外語群日語類 | 國文<br>英文<br>數學 (B) | 商業概論<br>數位科技概論<br>數位科技應用 | 日文閱讀與翻譯（日語文型練習、日語翻譯練習、日語讀解初階練習） |
| 17 餐旅群 | 國文<br>英文<br>數學 (B) | 觀光餐旅業導論 | 餐飲服務技術<br>飲料實務 |
| 18 海事群 | 國文<br>英文<br>數學 (B) | 船藝 | 輪機 |
| 19 水產群 | 國文<br>英文<br>數學 (B) | 水產概要 | 水產生物實務 |
| 20 藝術群影視類 | 國文<br>英文<br>數學 (A) | 藝術概論 | 展演實務<br>音像藝術展演實務 |

註：考招類別與科目以當年入學測驗中心公布為準

## 1-4 四技二專學校

### 北部地區

國立臺灣科技大學
國立臺北科技大學
國立臺北商業大學（台北校區）
黎明技術學院
宏國德霖科技大學
致理科技大學
醒吾科技大學
明志科技大學
德明財經科技大學
崇右影藝科技大學
台北海洋科技大學
東南科技大學
景文科技大學
耕莘健康管理專科學校（新店校區）
亞東科技大學
臺北城市科技大學
馬偕醫護管理專科學校
華夏科技大學
聖約翰科技大學
經國管理暨健康學院
國立臺灣戲曲學院
中華科技大學（台北校區）
中國科技大學（台北校區）
長庚科技大學（林口校區）
國立臺北護理健康大學

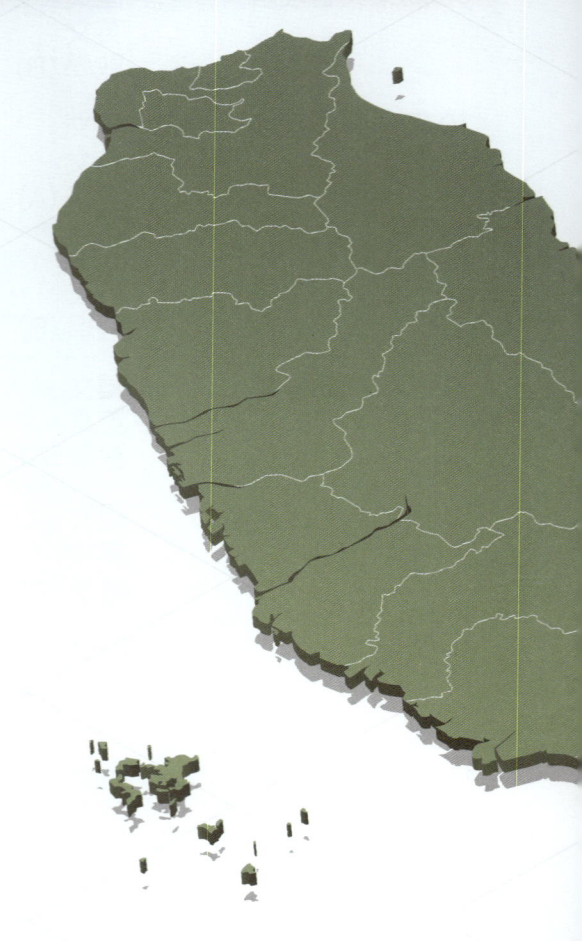

### 桃竹苗地區

龍華科技大學
育達科技大學
明新科技大學
健行科技大學
萬能科技大學
元培醫事科技大學
中國科技大學（新竹校區）
中華科技大學（新竹校區）
仁德醫護管理專科學校
新生醫護管理專科學校
國立臺北商業大學（桃園校區）
南亞技術學院
敏實科技大學

## 東部及離島地區

慈濟科技大學
大漢技術學院
聖母醫護管理專科學校
國立臺東專科學校
耕莘健康管理專科學校（宜蘭校區）
國立澎湖科技大學

## 南部地區

長庚科技大學（嘉義校區）
國立臺南護理專科學校
台南應用科技大學
崑山科技大學
南臺科技大學
遠東科技大學
中華醫事科技大學
嘉南藥理大學
敏惠醫護管理專科學校
國立高雄科技大學
國立高雄餐旅大學
文藻外語大學
樹德科技大學
大同技術學院
正修科技大學
輔英科技大學
樹人醫護管理專科學校
國立屏東科技大學
高苑科技大學
美和科技大學
大仁科技大學
育英醫護管理專科學校
崇仁醫護管理專科學校
吳鳳科技大學
東方設計大學
慈惠醫護管理專科學校

## 中部地區

國立勤益科技大學
國立臺中科技大學
國立虎尾科技大學
國立雲林科技大學
朝陽科技大學
弘光科技大學
建國科技大學
中臺科技大學
嶺東科技大學
中洲科技大學
環球科技大學
修平科技大學
南開科技大學
僑光科技大學

# 2 學習歷程檔案

## 2-1 學習歷程檔案是什麼

### 學生學習歷程檔案作用

**一步一腳印，累積學習歷程紀錄**

　　學生學習歷程檔案將完整記錄學生在高級中等教育階段時的學習表現。除了考試成果之外，透過學生學習歷程檔案，能更真實呈現學生的學習軌跡、個人特質、能力發展等，補強考試之外無法呈現的學習成果。藉由定期且長時間的紀錄，更能大大減輕學生在高三時整理備審資料的負擔。

### 學習歷程檔案四大優點

**一、回應 108 新課綱的多元課程特色**

　　學生修習各類課程所產生的課程學習成果及多元表現，是學生學習表現真實展現，也是學校課程實施成果的最好證明。

**二、呈現考試難以評量的學習成果**

　　尊重個別差異，重視考試成績以外的學習歷程，呈現學生多元表現。

**三、展現個人特色和適性學習軌跡**

　　鼓勵學生定期紀錄並整理自己的學習表現，重質不重量，展現個人學習表現的特色亮點與學習軌跡。

**四、協助學生生涯探索及定向參考**

　　學生透過整理學習歷程檔案的過程中，可以及早思索自我興趣性向，逐步釐清生涯定向。

## 學習歷程檔案四大項目

### 一、基本資料：由學校人員「每學期」進行上傳。

學生學籍資料，包含姓名、身分證明號碼、擔任校級、班級、社團幹部紀錄及其他相關資料。

### 二、修課紀錄：由學校人員「每學期」進行上傳。

包括各科目課程學業成績及課程諮詢紀錄，課程諮詢紀錄將不會上傳至中央資料庫。

### 三、課程學習成果：由學生「每學期」進行上傳。

包括修課紀錄及學分數之課程作業、作品及其他學習成果。本項須經任課教師於系統進行認證，僅認證成果為相關修課之產出，但不會進行評分與評論。

- **注意事項**：每學年由學生勾選 6 件，經由學校人員提交至中央資料庫。
- **大學端參採限制**：學生自中央資料庫勾選提交至招生單位之件數上限，大學至多 3 件，技專院校至多 9 件。

### 四、多元表現：由學生「每學年」進行上傳。

對應 108 新課綱之彈性學習時間、團體活動時間及其他表現。

- **注意事項**：每學年由學生勾選 10 件，經由學校人員提交至中央資料庫。
- **大學端參採限制**：學生自中央資料庫勾選提交至招生單位之件數上限為 10 件。

## 學習歷程檔案的功能

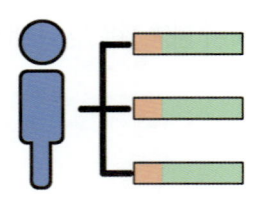

展現個人特色和適性學習軌跡

補充考試無法呈現的學習成果

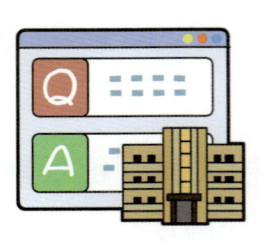

回應新課綱的校訂課程特色

強化審查資料可信度

## 使用時間

申請 / 甄選入學

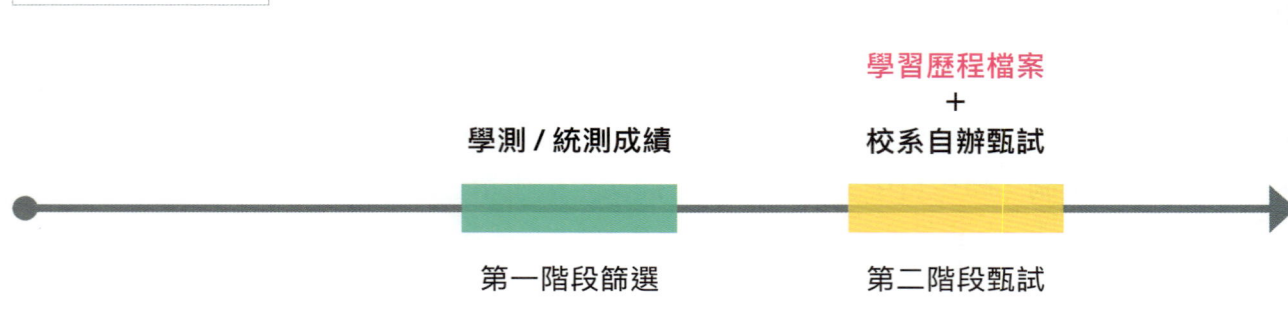

學測 / 統測成績　　　　學習歷程檔案
　　　　　　　　　　　＋
　　　　　　　　　　校系自辦甄試

第一階段篩選　　　　第二階段甄試

# 2-2 如何蒐集資料

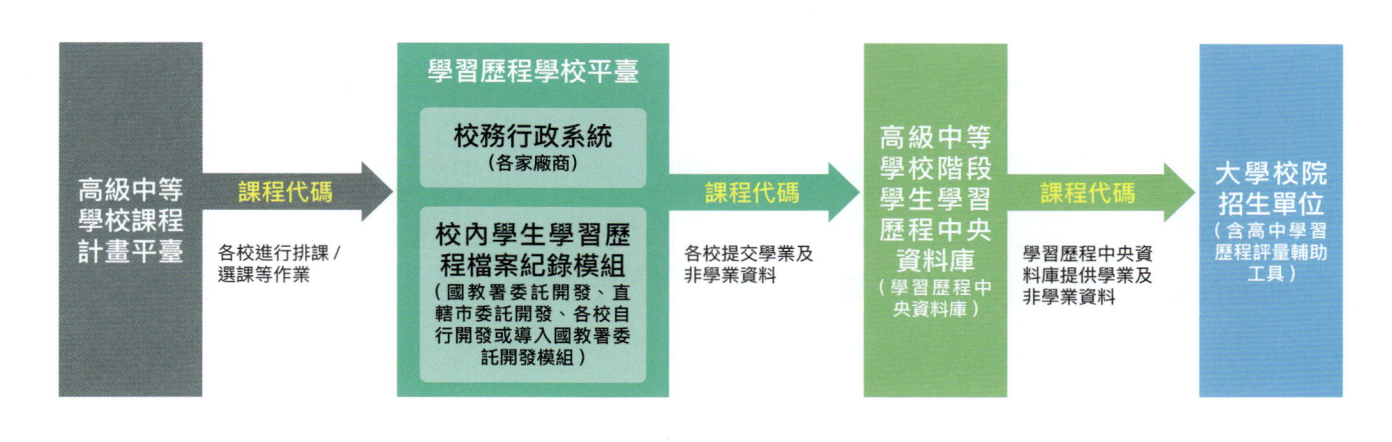

## 學習歷程如何蒐集資料

```
高級中等          學習歷程學校平臺              高級中等                大學校院
學校課程   課程代碼   校務行政系統      課程代碼   學校階段    課程代碼   招生單位
計畫平臺            (各家廠商)                學生學習              (含高中學習
                                          歷程中央               歷程評量輔助
        各校進行排課/  校內學生學習歷   各校提交學業及  資料庫    學習歷程中央   工具)
        選課等作業    程檔案紀錄模組   非學業資料   (學習歷程中   資料庫提供學業及
                   (國教署委託開發、直              央資料庫)   非學業資料
                   轄市委託開發、各校自
                   行開發或導入國教署委
                   託開發模組)
```

## 學習歷程檔案的內容

| 學習歷程學校平臺 | | 學習歷程中央資料庫 |
|---|---|---|
| 學生學籍資料 | **基本資料** | 同學習歷程學校平臺之資料 |
| 每學期修課紀錄，包括修習部定/校訂必修/選修等科目學分數及成績等；課程諮詢紀錄 | **修課紀錄** | 同學習歷程學校平臺之資料；不包括課程諮詢紀錄 |
| (需任課教師認證) 有修課紀錄且具學分數之課程實作作品或書面報告；每學期上傳件數由學校自訂 | **課程學習成果** | 同學習歷程學校平臺之資料；每學期提交至多3件 |
| 彈性學習時間、團體活動時間及其他多元表現；每學年上傳件數由學校自訂 | **多元表現** | 同學習歷程學校平臺之資料；每學年提交至多10件 |

附 15

創意專題實作

# 學習歷程檔案的作業系統

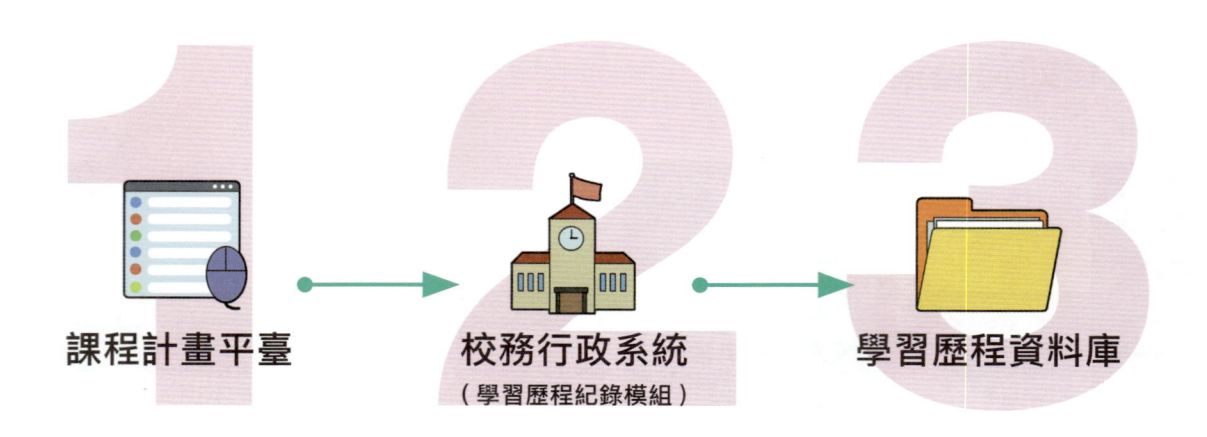

1. 課程計畫平臺 → 2. 校務行政系統（學習歷程紀錄模組）→ 3. 學習歷程資料庫

# 學習歷程檔案的作業流程

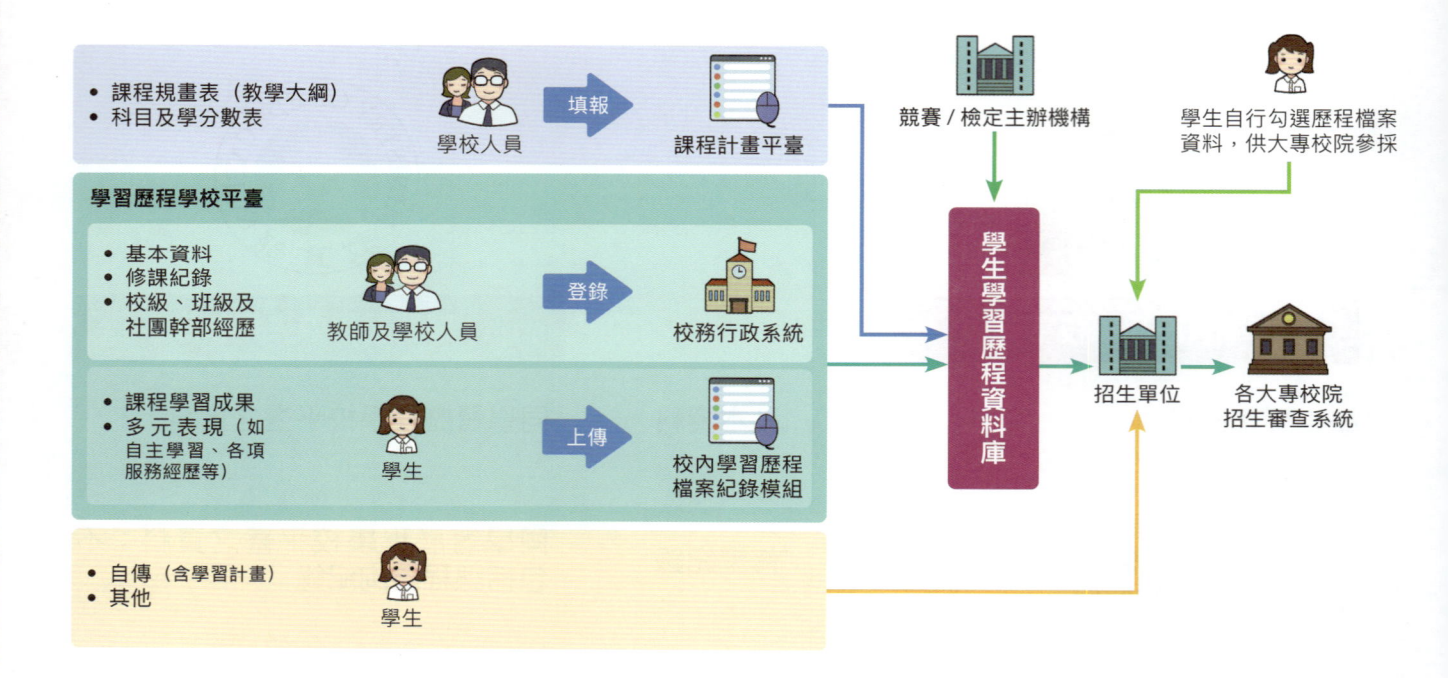

- 課程規畫表（教學大綱）
- 科目及學分數表

學校人員 —填報→ 課程計畫平臺

**學習歷程學校平臺**

- 基本資料
- 修課紀錄
- 校級、班級及社團幹部經歷

教師及學校人員 —登錄→ 校務行政系統

- 課程學習成果
- 多元表現（如自主學習、各項服務經歷等）

學生 —上傳→ 校內學習歷程檔案紀錄模組

- 自傳（含學習計畫）
- 其他

學生

競賽/檢定主辦機構 → 學生學習歷程資料庫

學生自行勾選歷程檔案資料，供大專校院參採 → 招生單位 → 各大專校院招生審查系統

附 16

## 學習歷程檔案資料格式

學習歷程檔案格式類型及大小如下表所示。

| 資料項目 | 檔案格式類型 | 內容說明 |
| --- | --- | --- |
| 課程諮詢<br>（限校內平臺） | 文件：PDF、JPG、PNG | 每件固定上限 2MB |
| | 簡述：文字 | 每件固定 100 個中文字為限 |
| 課程學習成果 | 文件：PDF、JPG、PNG | 每件固定上限 4MB |
| | 影音檔案：MP3、MP4 | 每件固定上限 10MB |
| | 簡述：文字 | 每件固定 100 個中文字為限 |
| 多元表現 | 證明文件：PDF、JPG、PNG | 每件固定上限 4MB |
| | 影音檔案：MP3、MP4 | 每件固定上限 10MB |
| | 外部連結：文字 | － |
| | 簡述：文字 | 每件固定 100 個中文字為限 |

## 2-3 學習歷程檔案作業注意事項

### 一、老師方面

#### (一) 撰寫課程計畫
1. 吸引學生適性選擇：教師所撰寫的課程規劃表讓學生瞭解課程內涵，吸引學生適性選擇。
2. 與大專院校建立信任關係：大專校院可透過系統查閱課程大綱，協助各科系理解高中課程內容。

#### (二) 認證學習歷程
1. 深化課程實踐：透過課程學習成果展現考試成績以外的學習表現，避免「考試不考、學生就不學」的現象，師生皆投入課程，深化學習。
2. 落實多元評量：教師可以透過課程設計，協助學生產出課程學習成果，避免評量受限於紙筆測驗，真正落實多元評量的理想。

※ 老師僅需認證學生課程學習成果是否為課程中所產出，無須評論優缺點。

### 二、學生方面

#### (一) 了解課程計畫
1. 適性選校：國中畢業生可將高中開設的課程特色列入選校參考。
2. 適性探討：利用選修課程的機會適性探索不同領域，參考課程地圖規劃未來方向。

#### (二) 累積學習歷程
1. 一步一腳印：以課堂作業累積學習成果，展現自己的學習足跡。
2. 聚焦未來：上傳資料份數有上限，相關成果需呼應自身志趣與目標科系選才標準。
3. 簡化格式：僅需依照大專校院要求項目勾選資料並匯出，毋須費心美編。
4. 節省製作時間：在學期間逐年上傳資料，降低高三下申請／甄選入學時的準備負擔。

## 三、學校方面

### ㈠ 整合課程計畫
1. 校校有特色：各高中發展校訂課程特色，串聯公共關係與社區資源，建立學校願景並勾勒學生圖像，吸引學生適性就讀。
2. 減輕行政負擔：課程名稱及代碼由課程計畫平台匯入校務行政系統，避免行政人員重複建置。
3. 課程資訊透明：各校課程計畫書上傳至課程計畫平台整合，學校課程資訊可供大眾參考。

### ㈡ 紀錄學習歷程
1. 課程特色受重視：校訂課程列入升學參採，學校用心發展的多元課程更受重視。
2. 幫助學生探究未來：協助學生持續累積各種學習紀錄，落實學生生涯輔導工作。

## 四、大專院校方面

### ㈠ 參考課程計畫
1. 追溯高中課程學習：系統可以自動連結學生修課紀錄中的課程大綱，便於瞭解高中課程內容。
2. 校校是明星：瞭解各高中開設的校訂課程，逐漸建立高中的品牌認知。

### ㈡ 審閱學習歷程
1. 資料整合並優化審查品質：以清晰一致的資料架構檢閱學習歷程，減輕評閱負擔優化審查品質。
2. 真實瞭解學生學習：學期結束即上傳，經由教師認證，學習歷程能真實反映課程學習成果，強化資料公信力。
3. 有助全方位審查：補充考試無法呈現的學習面向。

## 2-4 學習歷程檔案效益

### 高中端與大學端的合作

**高中校務行政系統提供學習歷程中央資料庫，再提供大學端審查**

**基本資料**
學生學籍資料。

**修課紀錄**
每學期修課紀錄，包括修習部定／校定必修／選修等課程學分數及成績等。

**學習歷程中央資料庫提供招生系統，再學生自主勾選，傳送大學端審查**

**課程學習成果**（需任課教師認證）
有修課紀錄且具學分數之課程實作作品或書面報告；每學期提交至多 3 件。

**多元表現**
彈性學習時間、團體活動時間及其他多元表現；每學年提交合計至多 10 件。

**由學生自主上傳招生系統，傳送大學端審查**

**自傳**（含學習計畫）
依申請入學之志願科系，撰寫自傳或學習計畫。

**其他**
大學端需求之補充資料。

### 有了學習歷程檔案，技專院校怎麼看

一、提供歷程項目擇要檢視之便利介面。
二、提供單項資料統整呈現，提升資料評量一致性。
三、競賽、檢定等項目擇要與主辦單位勾稽檢核，並提供統計資訊提供評分參考。
四、串接高中課程計畫平臺，提供科目教學大綱。
五、【學習歷程自述】綜整高中階段多元學習表現。
六、逐年收集學習成果，避免高三下急就章。

# 未來評分作業分工優化

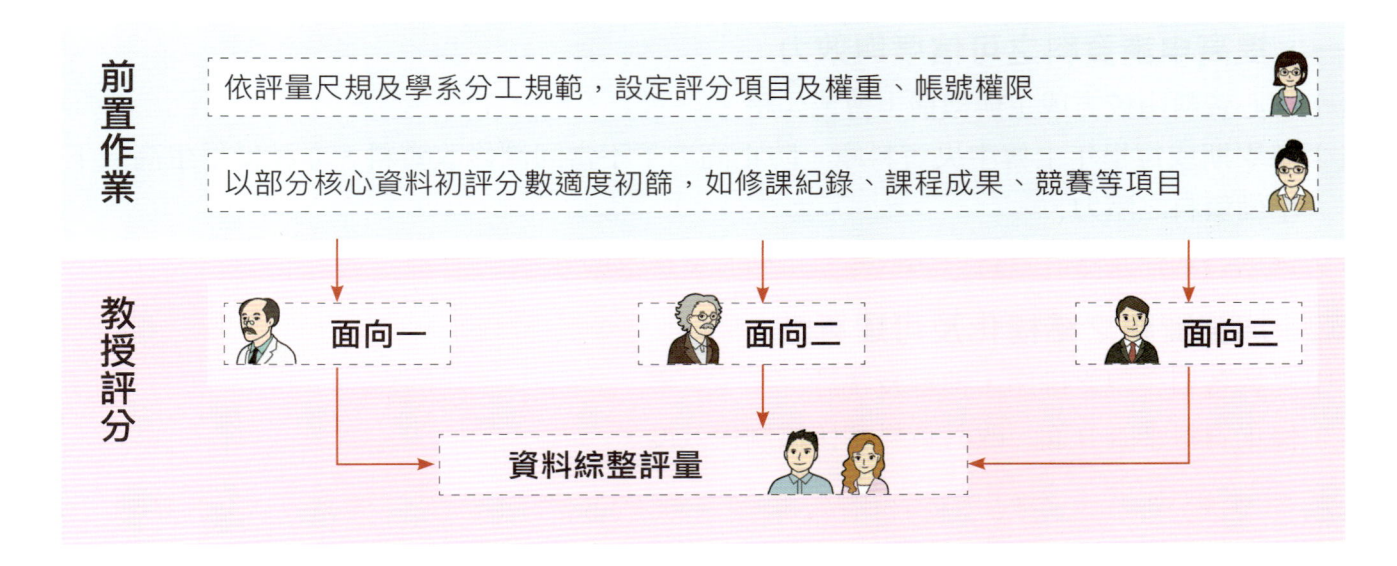

**前置作業**
- 依評量尺規及學系分工規範，設定評分項目及權重、帳號權限
- 以部分核心資料初評分數適度初篩，如修課紀錄、課程成果、競賽等項目

**教授評分**
- 面向一
- 面向二
- 面向三
- 資料綜整評量

# 學習歷程相關配套方案

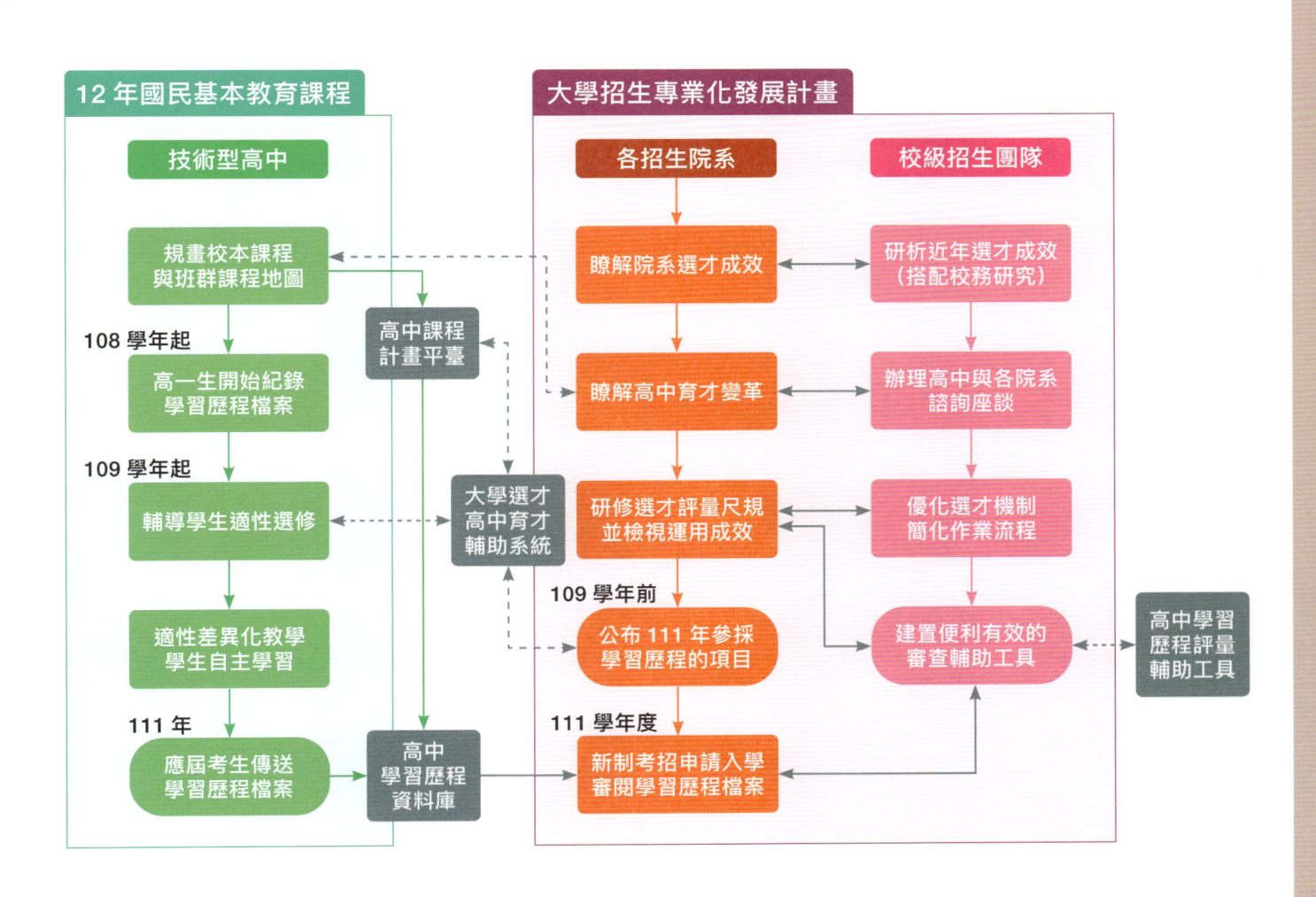

## 12年國民基本教育課程

### 技術型高中

- 規畫校本課程與班群課程地圖
- **108 學年起**：高一生開始紀錄學習歷程檔案
- **109 學年起**：輔導學生適性選修
- 適性差異化教學 學生自主學習
- **111 年**：應屆考生傳送學習歷程檔案

→ 高中課程計畫平臺
→ 大學選才高中育才輔助系統
→ 高中學習歷程資料庫

## 大學招生專業化發展計畫

### 各招生院系
- 瞭解院系選才成效
- 瞭解高中育才變革
- 研修選才評量尺規並檢視運用成效
- **109 學年前**：公布 111 年參採學習歷程的項目
- **111 學年度**：新制考招申請入學審閱學習歷程檔案

### 校級招生團隊
- 研析近年選才成效（搭配校務研究）
- 辦理高中與各院系諮詢座談
- 優化選才機制 簡化作業流程
- 建置便利有效的審查輔助工具

→ 高中學習歷程評量輔助工具

附 21

## 學習歷程的效益

### 一、提高申請資料之可信度與效力
(一) 核心資料由校方或主辦機構上傳或勾稽。
(二) 每學期或每學年上傳中央資料庫，防止高三下不當回溯修改資料，亦減低學生高三下準備資料之壓力。
(三) 提供各式綜整統計資料供比較參考，利於檢核及防弊。

### 二、加強資料之結構化及可運算性
(一) 易於各項表現之排序、搜尋及統計。
(二) 優化資料審查介面，改善資料審核機制信效度。

## 2-5 學習歷程檔案與現行的備審資料有何不同

　　學習歷程檔案與 108 課綱同步實施，也就是 2019 年 9 月入學的高一新生開始適用。自實施後，學生可得知各校科系招生選才方向，並預作準備。

| 現行備審資料 | | 學習歷程檔案 |
|---|---|---|
| 各校科系自訂繳交類別<br>項目不統一 | 內容 | 統一分類上傳項目<br>並新增教師認證機制 |
| 高三下申請／甄選入學的第二階段 | 繳交時間 | 課程學習成果（各學期／年）<br>其他項目（規定時間） |
| 學生自行排版與統整資料 | 格式 | 上傳後由資料庫系統彙整 |
| 無 | 項目數量限制 | 限制參採數目 |
| 無 | 大學專業化審查 | 逐步建置 |

　　學習歷程檔案統一制定項目格式，且納入修課紀錄與課程學習成果，除了能展現學生的個人特色，也能呈現考試看不到的成果，透過每學期／年上傳資料，能引導學生逐步探索學習的方向。

NOTE

# 建構理解 SDGs 與 ESG 的系統性思考篇

1　掌握 SDGs 與 ESG 的核心概念
1-1　何謂 SDGs 與 ESG
1-2　ESG 與 SDGs 的關聯性

2　永續主題的選定與系統性思考方法
2-1　系統性思考是什麼？
2-2　實踐 SDGs 的系統性思考步驟
2-3　如何運用 SDGs 與 ESG 選定主題

3　SDGs 17 目標與 169 項細則

建構理解 SDGs 與 ESG 的系統性思考篇

# 1 掌握 SDGs 與 ESG 的核心概念

## 1-1 何謂 SDGs 與 ESG

　　SDGs（Sustainable Development Goals，永續發展目標）為聯合國提出的全球行動架構，旨在因應人類面臨的重大生存挑戰，涵蓋 17 項主要目標與 169 項細項，涉及經濟、社會與環境三大面向。名稱中的小寫「s」表示這是一套彼此關聯、互為因果的系統性目標。

　　聯合國將「永續發展」定義為：「滿足當代需求而不損及後代世代滿足其需求的發展模式」。SDGs 凝聚全球學者多年研究成果，成為解析現實世界的認知框架，每項細則皆為當前人類面對的重要議題，亦即可作為研究與專題創作的絕佳主題來源。

　　ESG 企業永續經營（Environmental, Social, Governance，環境、社會、治理）則是企業實踐 SDGs 的行動指標，由企業界與國際組織共同推動。SDGs 與 ESG 之間呈現「目標（ends）」與「手段（means）」的關係。企業若欲落實 ESG，需先掌握 SDGs 的核心價值與內容架構。

　　永續發展受到全球高度關注，源於各國將永續發展相關的國際規範內國法化，已對全球經貿秩序產生深遠影響，迫使各國政府與企業積極進行永續轉型。近年來，全球正面臨防疫、戰爭、極端氣候與地緣政治的衝擊，強化人類對生存與永續發展的迫切意識。

## 1-2 SDGs 與 ESG 的關聯性

ESG 是一套企業實踐 SDGs 的操作指標，在選擇題目時兩者可互為參照。然而需注意，ESG 主要應用於企業永續經營，其背後有法規與國際認證標準支撐；若研究主題與企業無直接關聯，則不宜以 ESG 作為題目主軸。

由於 SDGs 與 ESG 所涵蓋範疇極為廣泛、系統複雜，目前尚無通用的評量標準。因此，實踐永續發展仰賴創意思維與在地行動的靈活應變。

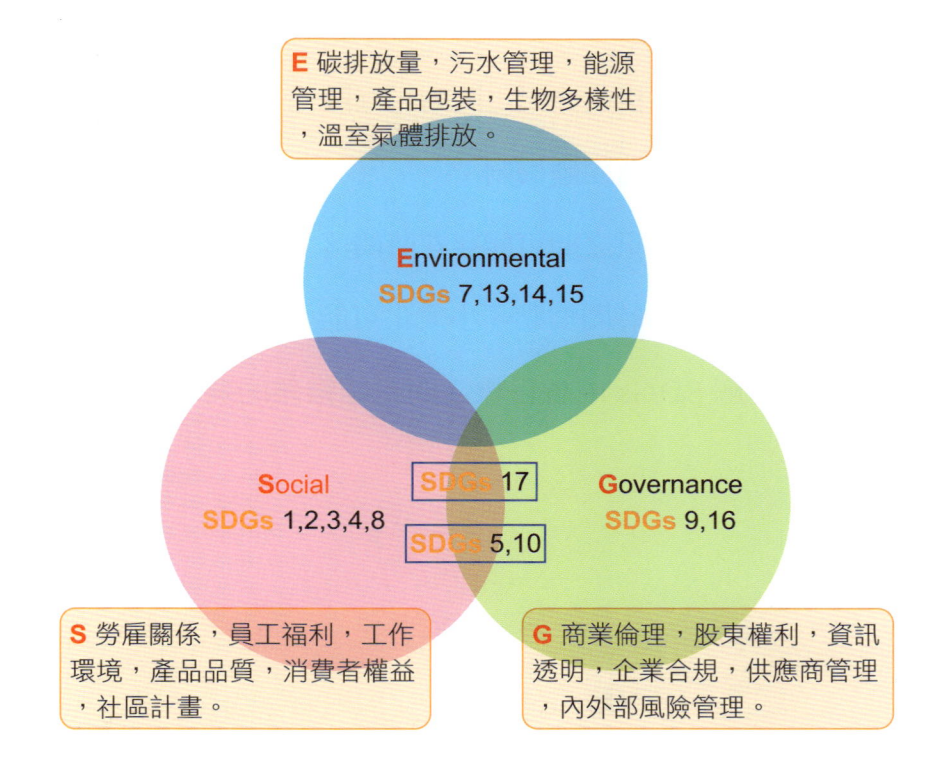

**E** 碳排放量，污水管理，能源管理，產品包裝，生物多樣性，溫室氣體排放。

**Environmental**
SDGs 7,13,14,15

**Social**
SDGs 1,2,3,4,8

SDGs 17

**Governance**
SDGs 9,16

SDGs 5,10

**S** 勞雇關係，員工福利，工作環境，產品品質，消費者權益，社區計畫。

**G** 商業倫理，股東權利，資訊透明，企業合規，供應商管理，內外部風險管理。

▲ ESG 指標與 SDGs 目標對應關係圖（由艾葆國際學校提供），E（環境）涵蓋碳排、污水、生物多樣性等議題，S（社會）涵蓋勞雇、產品品質、社區關係等面向，G（治理）聚焦公司治理、透明度與風險管理。

# 2 永續主題的選定與系統性思考方法

## 2-1 系統性思考是什麼？

　　SDGs 本質上即為一套跨領域、動態演變且相互影響的複雜問題集合，而系統性思考（systems thinking）正是理解與因應此類問題的重要方法。

　　系統性思考強調整體觀點與長期視角，重視關係、循環與結構，並非僅針對單一現象做線性分析，其核心特點包括：

1. **整體性**：著重於系統內各構成要素之間的相互關係。
2. **循環因果**：強調正回饋與負回饋機制。
3. **延遲效應**：認知行動與結果之間可能存在時間落差。
4. **動態與非線性**：系統會隨時間變動，小變化可能引發大影響。

　　此思維模式有助於理解 SDGs 中各目標之間錯綜複雜的關聯，並識別根本原因與策略介入點。

## 2-2 實踐 SDGs 的系統性思考步驟

**Step 1** 繪製因果循環圖（Causal Loop Diagram）

視覺化不同 SDG 細項之間的因果關係，辨識正負回饋機制。

例如： 提升教育品質（SDG 4）
　　　　↓
　　　　提高就業率
　　　　↓
　　　　促進經濟成長（SDG 8）
　　　　↓
　　　　增加環境壓力
　　　　↓
　　　　挑戰氣候行動（SDG 13）

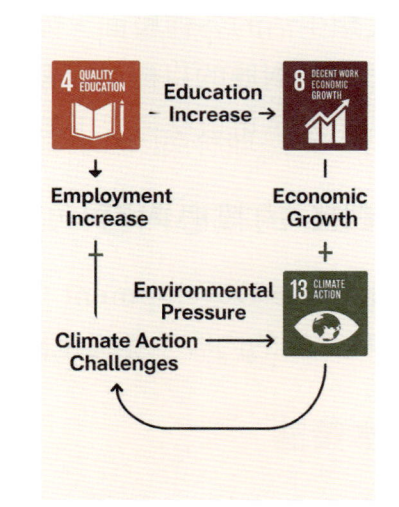

**Step 2** 找出槓桿點（Leverage Points）

尋找系統中能產生最大改變的小處。

例如：婦女教育（SDG 5）可同時帶動健康、經濟、貧窮等多個目標的改善。

**Step 3** 預防負面連鎖效應

分析某一政策是否引發對其他目標的負面影響。

例如：推動某類綠能若忽略資源耗損，可能反傷土地資源（SDG 15）。

## 2-3 如何應用 SDGs 與 ESG 選定專題製作主題

SDGs 整合環境保護、社會包容與經濟發展三大層面，其目標彼此交織且可能相互牴觸。在多元價值中取得對話與折衷，是推動 SDGs 的核心精神。

SDGs 涵蓋人類生活的各種層面，如果已經有想定或感興趣的主題，基本上都可以在 SDGs 架構中找到相對應的目標加以發揮，並進一步探索這個題目與 ESG 的關聯性。如果還沒有想定的主題，可以參考以下的選題策略：

### 了解 SDGs 與 ESG 的核心內容

SDGs（Sustainable Development Goals）共 17 項目標，內容可參考本文附錄的 17 項目標與 169 項細則的內容，並從上圖中找到與 ESG 的關聯性。

### 尋找題目的基本策略

關注你所在社區或生活圈的問題，問題是否涉及環境保護、社會不公或治理缺陷？該問題可否對應 SDGs 中的某一項目標？思考你的興趣與專業領域，你喜歡科技？可研究如何用 AI 解決 ESG 問題。你對教育有興趣？可研究如何設計促進 SDGs 意識的課程。

### 具體的發想方法

1. 問題導向法（problem-based）：找出一個實際存在的社會或環境問題。
   例題：本地河川污染問題的改善是否可納入 ESG 評估？
   SDG 對應：SDG6（潔淨水與衛生）
   ESG 對應：E（環境）

2. 案例研究法（case study）：研究特定企業或組織的永續報告，分析其對 SDGs 的實踐成效，是否可以擴大應用。參考已經發表過的各種相關的研究題目或是專題，從改善或優化的角度去發想主題。

3. 創新解方法（solution-based）：發想一個創新點子，用以解決 SDGs 或 ESG 相關議題。
   例題：開發一套校園用水監測系統，減少浪費並強化學生對 SDG6 的意識。

## 題目設計的起點模板（可依需求修改）

| 主題類型 | 題目發想句型 |
|---|---|
| 比較研究 | 比較 A 與 B 在 ESG／SDGs 實踐上的異同，並提出優化建議。 |
| 解決問題 | 如何設計一項創新措施，促進 SDG X 的達成？ |
| 地方關懷 | 某地面臨 X 問題，是否可透過某項機制達成 SDG Y 的目標？ |
| 教育推廣 | 設計一套教案／課程，提升學生對某項 SDG 或 ESG 的認知與實踐力。 |

# 3　SDGs17 目標與 169 項細則

| | **1 終結貧窮**　目標 1：在全世界消除一切形式的貧困 |
|---|---|
| 1.1 | 在西元 2030 年前，消除所有地方的極端貧窮，目前的定義為每日的生活費不到 1.25 美元。 |
| 1.2 | 在西元 2030 年前，依據國家的人口統計數字，將各個年齡層的貧窮男女與兒童人數減少一半。 |
| 1.3 | 對所有的人，包括底層的人，實施適合國家的社會保護制度措施，到了西元 2030 年，範圍涵蓋貧窮與弱勢族群。 |
| 1.4 | 在西元 2030 年前，確保所有的男男女女，尤其是貧窮與弱勢族群，在經濟資源、基本服務、以及土地與其他形式的財產、繼承、天然資源、新科技與財務服務（包括微型貸款）都有公平的權利與取得權。 |
| 1.5 | 在西元 2030 年前，讓貧窮與弱勢族群具有災後復原能力，減少他們暴露於氣候極端事件與其他社經與環境災害的頻率與受傷害的嚴重度。 |
| 1.a | 確保各個地方的資源能夠大幅動員，包括改善發展合作，為開發中國家提供妥善且可預測的方法，尤其是最低度開發國家（以下簡稱 LDCs），以實施計畫與政策，全面消除它們國內的貧窮。 |
| 1.b | 依據考量到貧窮與兩性的發展策略，建立國家的、區域的與國際層級的妥善政策架構，加速消除貧窮行動。 |

## 目標 2：消除飢餓，實現糧食安全，改善營養狀況和促進永續農業。

| | |
|---|---|
| 2.1 | 在西元 2030 年前，消除飢餓，確保所有的人，尤其是貧窮與弱勢族群（包括嬰兒），都能夠終年取得安全、營養且足夠的糧食。 |
| 2.2 | 在西元 2030 年前，消除所有形式的營養不良，包括在西元 2025 年前，達成國際合意的五歲以下兒童，並且解決青少女、孕婦、哺乳婦女以及老年人的營養需求。 |
| 2.3 | 在西元 2030 年前，使農村的生產力與小規模糧食生產者的收入增加一倍，尤其是婦女、原住民、家族式農夫、牧民與漁夫，包括讓他們有安全及公平的土地、生產資源、知識、財務服務、市場、增值機會以及非農業就業機會的管道。 |
| 2.4 | 在西元 2030 年前，確保可永續發展的糧食生產系統，並實施可災後復原的農村作法，提高產能及生產力，協助維護生態系統，強化適應氣候變遷、極端氣候、乾旱、洪水與其他災害的能力，並漸進改善土地與土壤的品質。 |
| 2.5 | 在西元 2020 年前，維持種子、栽種植物、家畜以及與他們有關的野生品種之基因多樣性，包括善用國家、國際與區域妥善管理及多樣化的種籽與植物銀行，並確保運用基因資源與有關傳統知識所產生的好處得以依照國際協議而公平的分享。 |
| 2.a | 提高在鄉村基礎建設、農村研究、擴大服務、科技發展、植物與家畜基因銀行上的投資，包括透過更好的國際合作，以改善開發中國家的農業產能，尤其是最落後國家。 |
| 2.b | 矯正及預防全球農業市場的交易限制與扭曲，包括依據杜哈發展圓桌，同時消除各種形式的農業出口補助及產生同樣影響的出口措施。 |
| 2.c | 採取措施，以確保食品與他們的衍生產品的商業市場發揮正常的功能，並如期取得市場資訊，包括儲糧，以減少極端的糧食價格波動。 |

## 目標 3：確保健康的生活方式，促進各年齡人群的福祉。

| | |
|---|---|
| 3.1 | 在西元 2030 年前，減少全球的死產率，讓每 100,000 個活產的死胎數少於 70 個。 |
| 3.2 | 在西元 2030 年前，消除可預防的新生兒以及五歲以下兒童的死亡率。 |
| 3.3 | 在西元 2030 年前，消除愛滋病、肺結核、瘧疾以及受到忽略的熱帶性疾病，並對抗肝炎，水傳染性疾病以及其他傳染疾病。 |
| 3.4 | 在西元 2030 年前，透過預防與治療，將非傳染性疾病的未成年死亡數減少三分之一，並促進心理健康。 |
| 3.5 | 強化物質濫用的預防與治療，包括麻醉藥品濫用以及酗酒。 |
| 3.6 | 在西元 2020 年前，讓全球因為交通事故而傷亡的人數減少一半。 |
| 3.7 | 在西元 2030 年前，確保全球都有管道可取得性與生殖醫療保健服務，包括家庭規劃、資訊與教育，並將生殖醫療保健納入國家策略與計畫之中。 |
| 3.8 | 實現醫療保健涵蓋全球（以下簡稱 UHC）的目標，包括財務風險保護，取得高品質基本醫療保健服務的管道，以及所有的人都可取得安全、有效、高品質、負擔得起的基本藥物與疫苗。 |
| 3.9 | 在西元 2030 年以前，大幅減少死於危險化學物質、空氣污染、水污染、土壤污染以及其他污染的死亡及疾病人數。 |
| 3.a | 強化煙草管制架構公約在所有國家的實施與落實。 |
| 3.b | 對主要影響開發中國家的傳染以及非傳染性疾病，支援疫苗以及醫藥的研發，依據杜哈宣言提供負擔的起的基本藥物與疫苗；杜哈宣言確認開發中國家有權利使用國際專利規範 - 與貿易有關之智慧財產權協定（以下簡稱 12 TRIPS）中的所有供應品，以保護民眾健康，尤其是必須提供醫藥管道給所有的人。 |

| | |
|---|---|
| 3.c | 大幅增加開發中國家的醫療保健的融資與借款，以及醫療保健從業人員的招募、培訓以及留任，尤其是 LDCs 與 SIDS。（小島發展中國家） |
| 3.d | 強化所有國家的早期預警、風險減少，以及國家與全球健康風險的管理能力，特別是開發中國家。 |

## 目標 4：確保包容和公平的優質教育，讓全民終身享有學習機會。

| | |
|---|---|
| 4.1 | 在西元 2030 年以前，確保所有的男女學子都完成免費的、公平的以及高品質的小學與中學教育，得到有關且有效的學習成果。 |
| 4.2 | 在西元 2030 年以前，確保所有的孩童都能接受高品質的早期幼兒教育、照護，以及小學前教育，因而為小學的入學作好準備。 |
| 4.3 | 在西元 2030 年以前，確保所有的男女都有公平、負擔得起、高品質的技職、職業與高等教育的受教機會，包括大學。 |
| 4.4 | 在西元 2030 年以前，將擁有相關就業、覓得好工作與企業管理職能的年輕人與成人的人數增加 x%，包括技術與職業技能。 |
| 4.5 | 在西元 2030 年以前，消除教育上的兩性不平等，確保弱勢族群有接受各階級教育的管道與職業訓練，包括身心障礙者、原住民以及弱勢孩童。 |
| 4.6 | 在西元 2030 年以前，確保所有的年輕人以及至少 x% 的成人，不管男女，都具備讀寫以及算術能力。 |
| 4.7 | 在西元 2030 年以前，確保所有的學子都習得必要的知識與技能而可以促進永續發展，包括永續發展教育、永續生活模式、人權、性別平等、和平及非暴力提倡、全球公民、文化差異欣賞，以及文化對永續發展的貢獻。 |
| 4.a | 建立及提升適合孩童、身心障礙者以及兩性的教育設施，並為所有的人提供安全的、非暴力的、有教無類的、以及有效的學習環境。 |

| | |
|---|---|
| 4.b | 在西元 2020 年以前,將全球開發中國家的獎學金數目增加 x%,尤其是 LDCs、SIDS 與非洲國家,以提高高等教育的受教率,包括已開發國家與其他開發中國家的職業訓練、資訊與通信科技(以下簡稱 ICT),技術的、工程的,以及科學課程。 |
| 4.c | 在西元 2030 年以前,將合格師資人數增加 x%,包括在開發中國家進行國際師資培訓合作,尤其是 LDCs 與 SIDS。 |

**目標 5:實現性別平等,增強所有婦女和女童的權能。**

| | |
|---|---|
| 5.1 | 消除所有地方對婦女的各種形式的歧視。 |
| 5.2 | 消除公開及私人場合中對婦女的各種形式的暴力,包括人口走私、性侵犯,以及其他各種形式的剝削。 |
| 5.3 | 消除各種有害的做法,例如童婚、未成年結婚、強迫結婚,以及女性生殖器切割。 |
| 5.4 | 透過提供公共服務、基礎建設與社會保護政策承認及重視婦女無給職的家庭照護與家事操勞,依據國情,提倡家事由家人共同分擔。 |
| 5.5 | 確保婦女全面參與政經與公共決策,確保婦女有公平的機會參與各個階層的決策領導。 |
| 5.6 | 依據國際人口與發展會議(以下簡稱 ICPD)行動計畫、北京行動平台,以及它們的檢討成果書,確保每個地方的人都有管道取得性與生殖醫療照護服務。 |
| 5.a | 進行改革,以提供婦女公平的經濟資源權利,以及土地與其他形式的財產、財務服務、繼承與天然資源的所有權與掌控權。 |
| 5.b | 改善科技的使用能力,特別是 ICT,以提高婦女的能力。 |
| 5.c | 採用及強化完善的政策以及可實行的立法,以促進兩性平等,並提高各個階層婦女的能力。 |

## 6 淨水及衛生

**目標 6：為所有人提供水資源衛生及進行永續管理。**

| | |
|---|---|
| 6.1 | 在西元 2030 年以前，讓全球的每一個人都有公平的管道，可以取得安全且負擔的起的飲用水。 |
| 6.2 | 在西元 2030 年以前，讓每一個人都享有公平及妥善的衛生，終結露天大小便，特別注意弱勢族群中婦女的需求。 |
| 6.3 | 在西元 2030 年以前，改善水質，減少污染，消除垃圾傾倒，減少有毒物化學物質與危險材料的釋出，將未經處理的廢水比例減少一半，將全球的回收與安全再使用率提高 x%。 |
| 6.4 | 在西元 2030 年以前，大幅增加各個產業的水使用效率，確保永續的淡水供應與回收，以解決水饑荒問題，並大幅減少因為水計畫而受苦的人數。 |
| 6.5 | 在西元 2030 年以前，全面實施一體化的水資源管理，包括跨界合作。 |
| 6.6 | 在西元 2020 年以前，保護及恢復跟水有關的生態系統，包括山脈、森林、沼澤、河流、含水層，以及湖泊。 |
| 6.a | 在西元 2030 年以前，針對開發中國家的水與衛生有關活動與計畫，擴大國際合作與能力培養支援，包括採水、去鹽、水效率、廢水處理、回收，以及再使用科技。 |
| 6.b | 支援及強化地方社區的參與，以改善水與衛生的管理。 |

## 7 可負擔的潔淨能源

**目標 7：確保人人負擔得起、可靠和永續的現代能源。**

| | |
|---|---|
| 7.1 | 在西元 2030 年前，確保所有的人都可取得負擔的起、可靠的，以及現代的能源服務。 |
| 7.2 | 在西元 2030 年以前，大幅提高全球再生能源的共享。 |
| 7.3 | 在西元 2030 年以前，將全球能源效率的改善度提高一倍。 |

| | |
|---|---|
| 7.a | 在西元 2030 年以前，改善國際合作，以提高乾淨能源與科技的取得管道，包括再生能源、能源效率、更先進及更乾淨的石化燃料科技，並促進能源基礎建設與乾淨能源科技的投資。 |
| 7.b | 在西元 2030 年以前，擴大基礎建設並改善科技，以為所有開發中國家提供現代及永續的能源服務，尤其是 LDCs 與 SIDS。 |

**目標 8：促進持久、包容和永續經濟增長，促進充分的生產性就業和人人獲得適當工作。**

| | |
|---|---|
| 8.1 | 依據國情維持經濟成長，尤其是開發度最低的國家，每年的國內生產毛額（以下簡稱 GDP）成長率至少 7%。 |
| 8.2 | 透過多元化、科技升級與創新提高經濟體的產能，包括將焦點集中在高附加價值與勞動力密集的產業。 |
| 8.3 | 促進以開發為導向的政策，支援生產活動、就業創造、企業管理、創意與創新，並鼓勵微型與中小企業的正式化與成長，包括取得財務服務的管道。 |
| 8.4 | 在西元 2030 年以前，漸進改善全球的能源使用與生產效率，在已開發國家的帶領下，依據十年的永續使用與生產計畫架構，努力減少經濟成長與環境惡化之間的關聯。 |
| 8.5 | 在西元 2030 年以前，實現全面有生產力的就業，讓所有的男女都有一份好工作，包括年輕人與身心障礙者，並實現同工同酬的待遇。 |
| 8.6 | 在西元 2020 年以前，大幅減少失業、失學或未接受訓練的年輕人。 |
| 8.7 | 採取立即且有效的措施，以禁止與消除最糟形式的童工，消除受壓迫的勞工；在西元 2025 年以前，終結各種形式的童工，包括童兵的招募使用。 |
| 8.8 | 保護勞工的權益，促進工作環境的安全，包括遷徙性勞工，尤其是婦女以及實行危險工作的勞工。 |

| | |
|---|---|
| 8.9 | 在西元 2030 年以前,制定及實施政策,以促進永續發展的觀光業,創造就業,促進地方文化與產品。 |
| 8.10 | 強化本國金融機構的能力,為所有的人提供更寬廣的銀行、保險與金融服務。 |
| 8.a | 提高給開發中國家的貿易協助資源,尤其是 LDCs,包括為 LDCs 提供更好的整合架構。 |
| 8.b | 在西元 2020 年以前,制定及實施年輕人就業全球策略,並落實全球勞工組織的全球就業協定。 |

### 目標 9:建設具防災能力的基礎設施,促進具包容性的永續工業化及推動創新。

| | |
|---|---|
| 9.1 | 發展高品質的、可靠的、永續的,以及具有災後復原能力的基礎設施,包括區域以及跨界基礎設施,以支援經濟發展和人類福祉,並將焦點放在為所有的人提供負擔的起又公平的管道。 |
| 9.2 | 促進包容以及永續的工業化,在西元 2030 年以前,依照各國的情況大幅提高工業的就業率與 GDP,尤其是 LDCs 應增加一倍。 |
| 9.3 | 提高小規模工商業取得金融服務的管道,尤其是開發中國家,包括負擔的起的貸款,並將他們併入價值鏈與市場之中。 |
| 9.4 | 在西元 2030 年以前,升級基礎設施,改造工商業,使他們可永續發展,提高能源使用效率,大幅採用乾淨又環保的科技與工業製程,所有的國家都應依據他們各自的能力行動。 |
| 9.5 | 改善科學研究,提高五所有國家的工商業的科技能力,尤其是開發中國家,包括在西元 2030 年以前,鼓勵創新,並提高研發人員數,每百萬人增加 x%,並提高公民營的研發支出。 |
| 9.a | 透過改善給非洲國家、LDCs、內陸開發中國家(以下簡稱 LLDCs)與 SIDS 的財務、科技與技術支援,加速開發中國家發展具有災後復原能力且永續的基礎設施。 |

| | |
|---|---|
| 9.b | 支援開發中國家的本國科技研發與創新,包括打造有助工商多元發展以及商品附加價值提升的政策環境。 |
| 9.c | 大幅提高 ICT 的管道,在西元 2020 年以前,在開發度最低的發展中國家致力提供人人都可取得且負擔的起的網際網路管道。 |

**目標 10：減少國家內部和國家之間的不平等。**

| | |
|---|---|
| 10.1 | 在西元 2030 年以前,以高於國家平均值的速率漸進地致使底層百分之 40 的人口實現所得成長。 |
| 10.2 | 在西元 2030 年以前,促進社經政治的融合,無論年齡、性別、身心障礙、種族、人種、祖國、宗教、經濟或其他身份地位。 |
| 10.3 | 確保機會平等,減少不平等,作法包括消除歧視的法律、政策及實務作法,並促進適當的立法、政策與行動。 |
| 10.4 | 採用適當的政策,尤其是財政、薪資與社會保護政策,並漸進實現進一步的平等。 |
| 10.5 | 改善全球金融市場與金融機構的法規與監管,並強化這類法規的實施。 |
| 10.6 | 提高發展中國家在全球經濟與金融機構中的決策發言權,以實現更有效、更可靠、更負責以及更正當的機構。 |
| 10.7 | 促進有秩序的、安全的、規律的,以及負責的移民,作法包括實施規劃及管理良好的移民政策。 |
| 10.a | 依據世界貿易組織的協定,對開發中國家實施特別且差異對待的原則,尤其是開發度最低的國家。 |
| 10.b | 依據國家計畫與方案,鼓勵官方開發援助（以下簡稱 ODA）與資金流向最需要的國家,包括外資直接投資,尤其是 LDCs、非洲國家、SIDS、以及 LLDCs。 |
| 10.c | 在西元 2030 年以前,將遷移者的匯款手續費減少到小於 3%,並消除手續費高於 5% 的匯款。 |

## 目標 11：建設包容、安全、具防災能力與永續的城市和人類住區。

| | |
|---|---|
| 11.1 | 在西元 2030 年前，確保所有的人都可取得適當的、安全的，以及負擔的起的住宅與基本服務，並改善貧民窟。 |
| 11.2 | 在西元 2030 年以前，為所有的人提供安全的、負擔的起、可使用的，以及可永續發展的交通運輸系統，改善道路安全，尤其是擴大公共運輸，特別注意弱勢族群、婦女、兒童、身心障礙者以及老年人的需求。 |
| 11.3 | 在西元 2030 年以前，提高融合的、包容的以及可永續發展的都市化與容積，以讓所有的國家落實參與性、一體性以及可永續發展的人類定居規劃與管理。 |
| 11.4 | 在全球的文化與自然遺產的保護上，進一步努力。 |
| 11.5 | 在西元 2030 年以前，大幅減少災害的死亡數以及受影響的人數，並將災害所造成的 GDP 經濟損失減少 y%，包括跟水有關的傷害，並將焦點放在保護弱勢族群與貧窮者。 |
| 11.6 | 在西元 2030 年以前，減少都市對環境的有害影響，其中包括特別注意空氣品質、都市管理與廢棄物管理。 |
| 11.7 | 在西元 2030 年以前，為所有的人提供安全的、包容的、可使用的綠色公共空間，尤其是婦女、孩童、老年人以及身心障礙者。 |
| 11.a | 強化國家與區域的發展規劃，促進都市、郊區與城鄉之間的社經與環境的正面連結。 |
| 11.b | 在西元 2020 年以前，致使在包容、融合、資源效率、移民、氣候變遷適應、災後復原能力上落實一體政策與計畫的都市與地點數目增加 x%，依照日本兵庫縣架構管理所有階層的災害風險。（WCDR 2005 世界減災會議 - 兵庫宣言與行動綱領） |
| 11.c | 支援開發度最低的國家，以妥善使用當地的建材，營建具有災後復原能力且可永續的建築，作法包括財務與技術上的協助。 |

## 目標 12：確保永續的消費和生產模式。

| | |
|---|---|
| 12.1 | 實施永續消費與生產十年計畫架構（以下簡稱 10YEP），所有的國家動起來，由已開發國家擔任帶頭角色，考量開發中國家的發展與能力。 |
| 12.2 | 在西元 2030 年以前，實現自然資源的永續管理以及有效率的使用。 |
| 12.3 | 在西元 2030 年以前，將零售與消費者階層上的全球糧食浪費減少一半，並減少生產與供應鏈上的糧食損失，包括採收後的損失。 |
| 12.4 | 在西元 2020 年以前，依據議定的國際架構，在化學藥品與廢棄物的生命週期中，以符合環保的方式妥善管理化學藥品與廢棄物，大幅減少他們釋放到空氣、水與土壤中，以減少他們對人類健康與環境的不利影響。 |
| 12.5 | 在西元 2030 年以前，透過預防、減量、回收與再使用大幅減少廢棄物的產生。 |
| 12.6 | 鼓勵企業採取可永續發展的工商作法，尤其是大規模與跨國公司，並將永續性資訊納入他們的報告週期中。 |
| 12.7 | 依據國家政策與優先要務，促進可永續發展的公共採購流程。 |
| 12.8 | 在西元 2030 年以前，確保每個地方的人都有永續發展的有關資訊與意識，以及跟大自然和諧共處的生活方式。 |
| 12.a | 協助開發中國家強健它們的科學與科技能力，朝向更能永續發展的耗用與生產模式。 |
| 12.b | 制定及實施政策，以監測永續發展對創造就業，促進地方文化與產品的永續觀光的影響。 |
| 12.c | 依據國情消除市場扭曲，改革鼓勵浪費的無效率石化燃料補助，作法包括改變課稅架構，逐步廢除這些有害的補助，以反映他們對環境的影響，全盤思考開發中國家的需求與狀況，以可以保護貧窮與受影響社區的方式減少它們對發展的可能影響。 |

## 目標 13：採取緊急行動應對氣候變遷及其衝擊。

| | |
|---|---|
| 13.1 | 強化所有國家對天災與氣候有關風險的災後復原能力與調適適應能力。 |
| 13.2 | 將氣候變遷措施納入國家政策、策略與規劃之中。 |
| 13.3 | 在氣候變遷的減險、適應、影響減少與早期預警上，改善教育，提升意識，增進人與機構的能力。 |
| 13.a | 在西元 2020 年以前，落實 UNFCCC 已開發國家簽約國的承諾，目標是每年從各個來源募得美元 1 千億，以有意義的減災與透明方式解決開發中國家的需求，並盡快讓綠色氣候基金透過資本化而全盤進入運作。 |
| 13.b | 提昇開發度最低國家中的有關機制，以提高能力而進行有效的氣候變遷規劃與管理，包括將焦點放在婦女、年輕人、地方社區與邊緣化社區。 |

## 目標 14：保護和永續利用海洋和海洋資源，促進永續發展。

| | |
|---|---|
| 14.1 | 在西元 2025 年以前，預防及大幅減少各式各樣的海洋污染，尤其是來自陸上活動的污染，包括海洋廢棄物以及營養污染。 |
| 14.2 | 在西元 2020 年以前，以可永續的方式管理及保護海洋與海岸生態，避免重大的不利影響，作法包括強健他們的災後復原能力，並採取復原動作，以實現健康又具有生產力的海洋。 |
| 14.3 | 減少並解決海洋酸化的影響，作法包括改善所有階層的科學合作。 |
| 14.4 | 在西元 2020 年以前，有效監管採收，消除過度漁撈，以及非法的、未報告的、未受監管的（以下簡稱 IUU）、或毀滅性魚撈作法，並實施科學管理計畫，在最短的時間內，將魚量恢復到依據它們的生物特性可產生最大永續發展的魚量。 |

| | |
|---|---|
| 14.5 | 在西元 2020 年以前,依照國家與國際法規,以及可取得的最佳科學資訊,保護至少 10% 的海岸與海洋區。 |
| 14.6 | 在西元 2020 年以前,禁止會造成過度魚撈的補助,消除會助長 IUU 魚撈的補助,禁止引入這類補助,承認對開發中國家與開發度最低國家採取適當且有效的特別與差別待遇應是世界貿易組織漁撈補助協定的一部分。 |
| 14.7 | 在西元 2030 年以前,提高海洋資源永續使用對 SIDS 與 LDCs 的經濟好處,作法包括永續管理漁撈業、水產養殖業與觀光業。 |
| 14.a | 提高科學知識,發展研究能力,轉移海洋科技,思考跨政府海洋委員會的海洋科技轉移準則,以改善海洋的健康,促進海洋生物多樣性對開發中國家的發展貢獻,特別是 SIDS 與 LDCs。 |
| 14.b | 提供小規模人工魚撈業者取得海洋資源與進入市場的管道。 |
| 14.c | 確保聯合國海洋法公約(以下簡稱 UNCCLOS)簽約國全面落實國際法,包括現有的區域與國際制度,以保護及永續使用海洋及海洋資源。 |

**目標 15:保育和永續利用陸域生態系統,永續管理森林,防治沙漠化,防止土地劣化,遏止生物多樣性的喪失。**

| | |
|---|---|
| 15.1 | 在西元 2020 年以前,依照在國際協定下的義務,保護、恢復及永續使用領地與內陸淡水生態系統與他們的服務,尤其是森林、沼澤、山脈與旱地。 |
| 15.2 | 在西元 2020 年以前,進一步落實各式森林的永續管理,終止毀林,恢復遭到破壞的森林,並讓全球的造林增加 x%。 |
| 15.3 | 在西元 2020 年以前,對抗沙漠化,恢復惡化的土地與土壤,包括受到沙漠化、乾旱及洪水影響的地區,致力實現沒有土地破壞的世界。 |
| 15.4 | 在西元 2030 年以前,落實山脈生態系統的保護,包括他們的生物多樣性,以改善他們提供有關永續發展的有益能力。 |

| | |
|---|---|
| 15.5 | 採取緊急且重要的行動減少自然棲息地的破壞，終止生物多樣性的喪失，在西元 2020 年以前，保護及預防瀕危物種的絕種。 |
| 15.6 | 確保基因資源使用所產生的好處得到公平公正的分享，促進基因資源使用的適當管道。 |
| 15.7 | 採取緊急動作終止受保護動植物遭到盜採、盜獵與非法走私，並解決非法野生生物產品的供需。 |
| 15.8 | 在西元 2020 年以前，採取措施以避免侵入型外來物種入侵陸地與水生態系統，且應大幅減少他們的影響，並控管或消除優種。 |
| 15.9 | 在西元 2020 年以前，將生態系統與生物多樣性價值納入國家與地方規劃、發展流程與脫貧策略中。 |
| 15.a | 動員並大幅增加來自各個地方的財物資源，以保護及永續使用生物多樣性與生態系統。 |
| 15.b | 大幅動員來自各個地方的各階層的資源，以用於永續森林管理，並提供適當的獎勵給開發中國家改善永續森林管理，包括保護及造林。 |
| 15.c | 改善全球資源，以對抗保護物種的盜採、盜獵與走私，作法包括提高地方社區的能力，以追求永續發展的謀生機會。 |

**目標 16：創建和平與包容的社會以促進永續發展，提供公正司法之可及性，建立各級有效、負責與包容的機構。**

| | |
|---|---|
| 16.1 | 大幅減少各地各種形式的暴力以及有關的死亡率。 |
| 16.2 | 終結各種形式的兒童虐待、剝削、走私、暴力以及施虐。 |
| 16.3 | 促進國家與國際的法則，確保每個人都有公平的司法管道。 |
| 16.4 | 在西元 2030 年以前，大幅減少非法的金錢與軍火流，提高失物的追回，並對抗各種形式的組織犯罪。 |
| 16.5 | 大幅減少各種形式的貪污賄賂。 |

| | |
|---|---|
| 16.6 | 在所有的階層發展有效的、負責的且透明的制度。 |
| 16.7 | 確保各個階層的決策回應民意,是包容的、參與的且具有代表性。 |
| 16.8 | 擴大及強化開發中國家參與全球管理制度。 |
| 16.9 | 在西元 2030 年以前,為所有的人提供合法的身分,包括出生登記。 |
| 16.10 | 依據國家立法與國際協定,確保民眾可取得資訊,並保護基本自由。 |
| 16.a | 強化有關國家制度,作法包括透過國際合作,以建立在各個階層的能力,尤其是開發中國家,以預防暴力並對抗恐怖主義與犯罪。 |
| 16.b | 促進及落實沒有歧視的法律與政策,以實現永續發展。 |

**目標 17:加強執行手段,重振永續發展的全球夥伴關係。**

**財政**

| | |
|---|---|
| 17.1 | 強化本國的資源動員,作法包括提供國際支援給開發中國家,以改善他們的稅收與其他收益取得的能力。 |
| 17.2 | 已開發國家全面落實他們的 ODA 承諾,包括在 ODA 中提供國民所得毛額(以下簡稱 GNI)的 0.7% 給開發中國家,其中 0.15-0.20% 應提供該給 LDCs。 |
| 17.3 | 從多個來源動員其他財務支援給開發中國家。 |
| 17.4 | 透過協調政策協助開發中國家取得長期負債清償能力,目標放在提高負債融資、負債的解除,以及負責的重整,並解決高負債貧窮國家(以下簡稱 HIPC)的外部負債,以減少負債壓力。 |
| 17.5 | 為 LDCs 採用及實施投資促進方案。 |

| 技術 | |
|---|---|
| 17.6 | 在科學、科技與創新上,提高北半球與南半球、南半球與南半球,以及三角形區域性與國際合作,並使用公認的詞語提高知識交流,作法包括改善現有機制之間的協調,尤其是聯合國水平,以及透過合意的全球科技促進機制。 |
| 17.7 | 使用有利的條款與條件,包括特許權與優惠條款,針對開發中國家促進環保科技的發展、轉移、流通及擴散。 |
| 17.8 | 在西元 2017 年以前,為 LDCs 全面啟動科技銀行以及科學、科技與創新(以下簡稱 STI)能力培養機制,並提高科技的使用度,尤其是 ICT。 |

| 能力建置 | |
|---|---|
| 17.9 | 提高國際支援,以在開發中國家實施有效且鎖定目標的能力培養,以支援國家計畫,落實所有的永續發展目標,作法包括北半球國家與南半球國家、南半球國家與南半球國家,以及三角合作。 |

| 貿易 | |
|---|---|
| 17.10 | 在世界貿易組織(以下簡稱 WTO)的架構內,促進全球的、遵循規則的、開放的、沒有歧視的,以及公平的多邊貿易系統,作法包括在杜哈發展議程內簽署協定。 |
| 17.11 | 大幅增加開發中國家的出口,尤其是在西元 2020 年以前,讓 LDCs 的全球出口占比增加一倍。 |
| 17.12 | 對所有 LDCs,依照 WTO 的決定,如期實施持續性免關稅、沒有配額的市場進入管道,包括適用 LDCs 進口的原產地優惠規則必須是透明且簡單的,有助市場進入。 |

| 制度議題;政策與制度連貫 | |
|---|---|
| 17.13 | 提高全球總體經濟的穩定性,作法包括政策協調與政策連貫。 |
| 17.14 | 提高政策的連貫性,以實現永續發展。 |
| 17.15 | 尊敬每個國家的政策空間與領導,以建立及落實消除貧窮與永續發展的政策。 |

| 多邊合作 | |
|---|---|
| 17.16 | 透過多邊合作輔助並提高全球在永續發展上的合作，動員及分享知識、專業、科技與財務支援，以協助所有國家實現永續發展目標，尤其是開發中國家。 |
| 17.17 | 依據合作經驗與資源策略，鼓勵及促進有效的公民營以及公民社會的合作。 |
| 資料、監督及責任 | |
| 17.18 | 在西元 2020 年以前，提高對開發中國家的能力培養協助，包括 LDCs 與 SIDS，以大幅提高收入、性別、年齡、種族、人種、移民身分、身心障礙、地理位置，以及其他有關特色的高品質且可靠的資料數據的如期取得性。 |
| 17.19 | 在西元 2030 年以前，依據現有的方案評量跟 GDP 有關的永續發展的進展，並協助開發中國家的統計能力培養。 |

資料來源：行政院國家永續發展委員會

| | |
|---|---|
| 書　名 | **創意機械專題實作**<br>含SDGs永續發展目標與ESG |
| 書　號 | BT10201 |
| 版　次 | 2021年10月初版<br>2025年8月二版 |
| 編著者 | 鄧富源・葉忠福・WonDerSun |
| 責任編輯 | 陳宇欣 |
| 校對次數 | 7次 |
| 版面構成 | 顏彣倩 |
| 封面設計 | 林伊紋 |

國家圖書館出版品預行編目資料

創意機械專題實作含SDGs永續發展目標與ESG / 鄧富源, 葉忠福, WonDerSun編著. -- 二版. --
新北市：台科大圖書股份有限公司, 2025.08
　面；　公分
ISBN 978-626-391-565-7(平裝)

1.CST: 機械工程 2.CST: 技職教育

528.831　　　　　　　　　114008534

| | |
|---|---|
| 出版者 | 台科大圖書股份有限公司 |
| 門市地址 | 24257新北市新莊區中正路649-8號8樓 |
| 電　話 | 02-2908-0313 |
| 傳　真 | 02-2908-0112 |
| 網　址 | tkdbook.jyic.net |
| 電子郵件 | service@jyic.net |
| 版權宣告 | **有著作權　侵害必究** |

本書受著作權法保護。未經本公司事前書面授權，不得以任何方式（包括儲存於資料庫或任何存取系統內）作全部或局部之翻印、仿製或轉載。

書內圖片、資料的來源已盡查明之責，若有疏漏致著作權遭侵犯，我們在此致歉，並請有關人士致函本公司，我們將作出適當的修訂和安排。

| | |
|---|---|
| 郵購帳號 | 19133960 |
| 戶　名 | 台科大圖書股份有限公司 |

※郵撥訂購未滿1500元者，請付郵資，本島地區100元 / 外島地區200元

| | |
|---|---|
| 客服專線 | 0800-000-599 |

勁園科教旗艦店 蝦皮商城
博客來網路書店 台科大圖書專區
勁園商城

| 各服務中心 | 總　公　司 | 02-2908-5945 | 台中服務中心 | 04-2263-5882 |
|---|---|---|---|---|
| | 台北服務中心 | 02-2908-5945 | 高雄服務中心 | 07-555-7947 |

線上讀者回函
歡迎給予鼓勵及建議
tkdbook.jyic.net/BT10201